Comité evaluador: Esta investigación arbitrada por pares académicos, se privilegia con el aval de la institución coeditora.

Diseño y composición: Eduardo Rosende

Edición: Primera. Septiembre de 2019
Tirada: 1000 ejemplares

ISBN: 978-84-17133-88-7

Codificación Thema: JBSL11 Pueblos indígenas; JBSL1 Minorías étnicas y estudios multiculturales; JBCC Estudios culturales

Lugar de edición: Buenos Aires, Argentina

o La**Consejo**ericano
Cienciad Sociales   **CLACSO**

Conselho Latino-americano
de Ciências Sociais

Secretario Ejecutivo Pablo Gentili

Estados Unidos 1168 | C1023AAB Ciudad de Buenos Aires | Argentina

Tel [54 11] 4304 9145 | Fax [54 11] 4305 0875 | <clacso@clacsoinst.edu.ar> | <www.clacso.org>

No se permite la reproducción total o parcial de este libro, ni su almacenamiento en un sistema informático.

Patrocinado por la Agencia Sueca de Desarrollo Internacional   **Asdi**

Jorge E. Horbath y María Amalia Gracia
— coordinadores —

Indígenas en las ciudades de las Américas

Condiciones de vida, procesos de discriminación e identificación y lucha por la ciudadanía étnica

CONACYT
Consejo Nacional de Ciencia y Tecnología

CLACSO

ECOSUR

MIÑO y DÁVILA
◆ E D I T O R E S ◆

MÉXICO

PRESIDENCIA DE LA REPÚBLICA

CONACYT

Consejo Nacional de Ciencia y Tecnología

Dirección Adjunta de Desarrollo Científico
Dirección de Investigación Científica Básica
Subdirección de Control de Proyectos de Investigación

ECOSUR

EL COLEGIO DE LA FRONTERA SUR

Dirección postal: Carretera Panamericana y Periférico Sur s/n
Barrio de María Auxiliadora
San Cristóbal de Las Casas, Chiapas
(CP 29290)
web: www.ecosur.mx

MIÑO y DÁVILA
♦ E D I T O R E S ♦

MIÑO Y DÁVILA EDITORES

Dirección postal: Tacurí 540
(C1071AAL) Buenos Aires, Argentina
Tel: (54 011) 4331-1565

e-mail producción: produccion@minoydavila.com
e-mail administración: info@minoydavila.com
web: www.minoydavila.com

Índice

Agradecimientos

Agradecemos profundamente a todos los colectivos de pueblos originarios del continente, especialmente a las y los indígenas a quienes nos acercamos en nuestros trabajos de investigación con la intención de visibilizarlos en los contextos urbanos en los que viven y así contribuir a que se reconozcan integralmente sus derechos y se respeten su sabiduría y ancestralidad negadas por la modernidad. A ellas y ellos dedicamos nuestro trabajo y los acompañamos en su lucha, que también es nuestra lucha.

Asimismo, expresamos nuestro agradecimiento al Fondo Sectorial de Ciencia Básica del Consejo Nacional de Ciencia y Tecnología (CONACyT) que financió el proyecto "Exclusión, discriminación y pobreza de los indígenas urbanos en México" (CB-2012-01, Solicitud 000000000177438, modalidad F3) al que se adscribió el seminario internacional "Indígenas en las ciudades de las Américas: condiciones de vida, procesos de discriminación e identificación y lucha por la ciudadanía étnica", realizado del 15 al 17 de agosto de 2018 en la ciudad de Chetumal, Quintana Roo, México, que impulsó el proyecto editorial para la publicación de la presente obra.

De la misma forma, agradecemos a las autoridades de El Colegio de la Frontera Sur, por su permanente respaldo, en especial al Dr. Mario González Espinosa, ex Director General de El Colegio de la Frontera Sur, y al Dr. Héctor Hernández, ex Director de la Unidad de Chetumal, por el apoyo institucional que ofrecieron al proyecto y a la organización del seminario.

Finalmente, expresamos nuestro reconocimiento al Consejo Latinoamericano de Ciencias Sociales (CLACSO) por haber apoyado la conformación del Grupo de Trabajo "Indígenas y espacio urbano", permitiendo la articulación de una red de medio centenar de investigadores de treinta instituciones, universidades y centros de investigación de norte, centro y suramérica, quienes, con su acompañamiento, realizan las distintas actividades del grupo, entre ellas, este proyecto editorial.

Introducción

A lo largo y a lo ancho de América los pueblos indígenas han sufrido persecución y despojo. Un recorrido por la historia revela distintas formas en que la codicia de los colonizadores se plasmó en estrategias de apropiación que, en muchas regiones, llegaron al exterminio. Históricamente, antes de la colonización muchos pueblos indígenas migraban de un lugar a otro dentro de un vasto territorio, pero la expansión colonial los fue confinando a espacios rurales cada vez más reducidos hasta que finalmente comenzó el proceso de descampesinización voluntaria o forzada y la migración a las ciudades; en tiempos más recientes este proceso se ha acelerado considerablemente: la invasión de tierras indígenas, la deforestación, los cambios climáticos, la dificultad de comerciar en un mercado dentro del que no tienen cabida, la precariedad o inexistencia de vías de comunicación y, sobre todo, la ausencia de apoyo desde las políticas gubernamentales los condenan a optar por una subsistencia rural marcada por la pobreza extrema, traducida en carencia de servicios básicos —salud y educación, agua potable y electricidad, entre otros— o en la búsqueda en las ciudades de una perspectiva mejor.

Hablar de indígenas urbanos es un tema que abre polémicas e interrogantes desde la cuestión misma de la identidad. ¿Qué es un indígena si no está en el campo, si no tiene territorio? Los datos actuales, que indican que más del 50% de los indígenas de las Américas viven en las ciudades, obligan a cuestionar dicotomías como urbano-rural e indígena-no indígena, para enfocar en la problemática de la identidad de un indígena que, al decir de Gustavo Solís Fonseca —autor de uno de los capítulos de este libro—, "pasa de ser indio rural a indio urbano, abandonando luego la condición indígena" cuando el tránsito lo lleva de no occidental a occidental en su cultura, a ser "menos indio";[1] en muchos otros casos esa condición es resignificada y en algunos adquiere politicidad al demandar por derechos y territorializar sus espacios urbanos o conectar con los reclamos de los "hermanos" o de los "compas" que viven en los territorios ancestrales. En la mayoría de los casos, la migración a las ciudades en busca de mejores posibilidades de trabajo, educación y salud no resultó en una transformación significativa de la realidad económico-laboral del indígena y sí lo obligó a recurrir a estrategias que ayudaran a paliar las condiciones de precariedad de su nuevo hábitat y a resolver de alguna manera las experiencias cotidianas de discriminación. Al mismo tiempo, en algunos países, fue su contacto con lo urbano lo que fortaleció la conciencia de marginalidad y propició el surgimiento de los grupos activistas. También las ciudades con mayor presencia indígena se vieron modificadas: nuevos colores, sabores, músicas, al igual que cosmovisiones y lenguas diferentes, que constituyeron, a su vez, el principal motivo de segregación.

Una cuestión que suma a la actitud de negación de la presencia indígena en las ciudades es la escasez de datos en los censos de población (en ocasiones causada por el no reconocimiento de su origen por parte los propios descendientes de indígenas) razón por la que, en lugar de la construcción de interculturalidad a través de procesos de inclusión, se genera un problema de autorreconocimiento y de pérdida de identidad histórico-cultural. La Lic. Ana María Barbosa Oyanarte, también autora de un capítulo en esta obra, reporta que en Uruguay muchos pueblos indígenas objetan la forma de preguntar en los cuestionarios censales, pues deja afuera a un importante número de indígenas al encuadrarlos dentro de otras categorías, refiriéndose a esto como un "genocidio estadístico".[2]

La mayor parte de los diversos aspectos relacionados con el tema de los indígenas urbanos reviste un grado de complejidad que obliga a una mirada amplia, sostenida por investigaciones rigurosas y comprometidas que abarquen la cuestión de las representaciones e indaguen sobre nuevas formas de reconocimiento y percepción, distanciadas de conceptos tan racistas como el de fenotipo. Es en América Latina donde el tema de la autoidentificación como indígenas aparece con mayor fuerza: además de responder a una estrategia posible para enfrentar la discriminación y la exclusión, es consecuencia de posturas históricas sostenidas a lo largo del tiempo en las que el relato oficial los invisibiliza pues en ocasiones

---

1   "Pueblos indígenas en Lima: nuevas perspectivas".
2   "Indígenas urbanos en el Uruguay".

hasta se afirma que antes de la llegada de los colonizadores ya no existían comunidades indígenas.

En los distintos países del continente (cabe recordar que las localizaciones originales de los pueblos indígenas no corresponden a países sino a regiones), las migraciones a las ciudades se pueden identificar principalmente como estrategias de sobrevivencia. En varios países de América Latina y América del Norte estos desplazamientos fueron impulsados por políticas públicas que los estimularon para luego desatender la realidad económico-laboral de los migrantes en los nuevos contextos, llegando incluso a tildarlos de inadaptados. Existieron y existen leyes y normativas que han contribuido a la invisibilización de los indígenas urbanos, como en los casos en los que se declara la igualdad o se los asimila a la población pobre y vulnerable, ignorando rasgos culturales diferentes; se puede decir que homologar desde el derecho determina pérdidas identitarias. En algunos países, medidas como el empadronamiento o leyes que les confieren el "estatus de indios" han resultado en mecanismos de control pues limitan seriamente su autonomía.

Académicas y académicos de diferentes países de América, cuyos trabajos integran este libro, procuran responder a las cuestiones que giran en torno a las condiciones de vida de los indígenas en ciudades de las Américas: los procesos migratorios, la ocupación urbano territorial, los procesos de discriminación e identificación, la exclusión social en las políticas públicas, las luchas por el reconocimiento de derechos, y los desafíos de la supervivencia. A pesar de las diferencias en los procesos y en las condiciones en distintos países y regiones, existen similitudes que permiten una mirada compartida sobre la cuestión de los indígenas urbanos, sus estrategias y procesos de resiliencia como datos que puedan aportar a experiencias de crecimiento y al diseño de políticas públicas sensibilizadas a esta problemática y que, de este modo, coadyuven a la construcción de espacios interculturales genuinos. Se pone el foco en el movimiento y en las estrategias de los indígenas urbanos más allá de su mera existencia, buscando lograr consensos en cuanto a los conceptos mismos de lo que está en discusión —como el de indígenas urbanos— y entenderlos dentro de procesos transicionales que permitan escapar del estereotipo.

Los dieciocho capítulos del libro —divididos en siete partes— recorren realidades pasadas y presentes que, a pesar de las diferencias regionales, revelan paralelismo en las investigaciones llevadas a cabo a lo largo de varios años.

La Primera Parte, Los indígenas en las ciudades: procesos históricos y emergencias, comienza con el capítulo "Indígenas urbanos en el Uruguay", de la Lic. Ana María Barbosa Oyanarte (Uruguay), en el que plantea la dificultad de hablar de la cuestión indígena en su país ya que para muchos se trata de un tema del pasado; esta negación de lo indígena constituye un obstáculo para la aceptación de nuevos conceptos que contradicen lo que históricamente la educación ha procurado instalar. Sin embargo, se han logrado avances como la inclusión de la pregunta sobre la ascendencia indígena en el censo de población de 2011, que permitió visibilizar la presencia de un número importante de personas con ascendencia indígena o que se sienten indígenas, de las cuales un 80% vive en las ciudades. El trabajo del Dr. Gustavo Solís Fonseca (Perú), "Pueblos indígenas en Lima: nuevas perspectivas", señala que desde fines del siglo pasado y comienzos de este llama la atención la presencia en Lima de segmentos de pueblos o de comunidades nativas ejerciendo su presencia como pueblos indígenas específicos y la entrada —cada vez más notable— de miembros de los pueblos amazónicos al cuerpo del Estado, hecho que puede atribuirse al acceso de vanguardias de estos pueblos a mayores niveles de educación. Es notable el hecho de que en los últimos tiempos hay quienes se proclaman indios, aun cuando no son culturalmente tales por no pertenecer a un pueblo indígena actual. Sin embargo, esta opción de autorreconocimiento como indígena no se muestra abiertamente en la ciudad, excepto en circunstancias que se relacionan con la interacción dentro de un grupo de pertenencia. El Dr. Solís Fonseca analiza la evaluación del manejo de lengua castellana como la clave utilizada por los indígenas para decidir la migración, que se acentúa en la segunda mitad del siglo XX, coincidente con el mayor alcance nacional del sistema educativo. La Dra. Heather A. Howard (Canadá), en "Comunidades y vida urbana de los pueblos indígenas en Canadá", recorre la historia de las relaciones políticas entre las naciones indígenas y el Estado colonial como base para entender el proceso de urbanización. La autora enfatiza la autodeterminación de los indígenas en esta historia y el contexto actual y futuro de la llamada "era de reconciliación" en Canadá, tomando el estudio de caso del Área Metropolitana de Toronto para señalar cuestiones clave como políticas de colonización y asimilación, racismo y discriminación institucionales, junto a movimientos sociales indígenas y la construcción de una comunidad autodeterminada.

La Segunda Parte, La configuración múltiple de lo urbano, inicia con "El control vertical de los pisos socioeconómicos: la multilocalidad como estrategia de ocupación territorial urbano rural de las comunidades andinas de Bolivia" del Dr. Nelson Antequera Durán (Bolivia), en el que se aborda el concepto de "control vertical de los pisos socioeconómicos" como una de las características de los asentamientos urbanos andinos; el autor plantea que las ciudades de Bolivia se han "andinizado" tanto en manifestaciones culturales como en estructura económica, territorial y social profunda: lo andino se ha urbanizado, existe continuidad entre lo rural y lo urbano y en la dinámica son fundamentales los principios de "control vertical de un máximo de pisos ecológicos" y el "doble domicilio". El Dr. Antequera Durán sostiene que se ha adecuado este modo de control territorial a un modo de control socio-económico. El capítulo "La urbanidad de los Guaraní Occidentales en el Chaco paraguayo" de la Dra. Paola Canova (Paraguay y EE. UU.) explora las genealogías de la urbanidad indígena en el Chaco paraguayo y analiza cómo divergentes trayectorias históricas han influenciado las realidades contemporáneas de urbanidad que experimentan los indígenas en esta región, atendiendo a las implicaciones de estos procesos para la autodeterminación de los pueblos indígenas de la Región Occidental del Paraguay. Se toma como estudio de caso el proceso de urbanización de miembros del grupo indígena Guaraní Occidentales (familia lingüística Guaraní) del Chaco. El capítulo muestra cómo un grupo de familias Guaraní han experimentado y utilizado el rechazo como fuerza productiva para la apropiación de espacios urbanos, desarrollando lo que denomina una "invisivilización estratégica" para negociar procesos de inclusión y exclusión. Posteriormente, programas sociales del Gobierno Nacional han motivado a este grupo de familias urbanas a iniciar una reivindicación de sus subjetividades indígenas y urbanas en un contexto de violencia y discriminación histórica, evidenciando articulaciones y desarticulaciones resultantes de relaciones desiguales de poder.

La Tercera Parte, Conflictos, transformaciones e identidades indígenas, abre con el trabajo de las Dras. Andrea Aravena Reyes y Angie Seguel Ferreira (Chile), "Migración e identidad mapuche en los medios urbanos en Chile. Imaginarios de ayer y de hoy", en el que exponen los resultados de una investigación sobre los imaginarios sociales que han construido los chilenos con respecto a la identidad mapuche en la Provincia de Concepción, Región del Biobío, Chile. Las autoras reflexionan sobre los procesos de interacción social que se llevan a cabo dentro de una sociedad como determinantes de procesos de alterización al interior de la misma y la elaboración de imaginarios sociales que permiten dar sentido a las acciones de los propios sujetos y a las de los "otros". El siguiente documento, "La vida religiosa de los indígenas en el área urbana: el caso de los pentecostales sakapultekos y awakatekas de Fraijanes, Guatemala", de la Dra. Claudia Dary Fuentes (Guatemala), se centra en las estrategias de adaptación social y étnica de los indígenas para sobrevivir en la ciudad capital, entre las cuales aparece la conversión y la afiliación a nuevas iglesias y congregaciones religiosas. El trabajo explora los principales procesos de cambio sociocultural en el mundo indígena urbano luego del terremoto del 4 de febrero de 1976 hasta el 2016, en uno de los países del continente americano con mayor porcentaje de población indígena, y sostiene que la expresión religiosa es vital para comprender las transformaciones culturales de los indígenas en la ciudad capital.

El primer capítulo de la Cuarta Parte, Reconocimiento, cuestión social y políticas públicas, se presenta en portugués con el título "A proteção social e os povos indígenas na Amazônia: políticas públicas e direitos sociais no espaço de tríplice fronteira (Brasil, Colômbia, Peru); no tempo, a FUNAI". Los autores, Adolfo Neves de Oliveira Júnior, Danielle Moreira Brasileiro y Heloísa Helena Corrêa da Silva, sostienen que en la región de la triple frontera (Brasil, Perú y Colombia), en el municipio de Atalaia del Norte, en el extremo suroeste de la Amazonia brasileña, la aplicación y efectividad de los llamados derechos sociales para los pueblos indígenas han sido inadecuados e insuficientes en cuanto a competencias constitucionales y realidades socioculturales. La Fundación Nacional del Indio (FUNAI) rescata el alcance de leyes, convenios y declaraciones que constituyen el marco legal contemporáneo y trabaja para que estos instrumentos se conviertan en una protección efectiva para los pueblos indígenas. Sigue luego el documento del Dr. Freddy Simbaña Pillajo (Ecuador), "Diálogos entre pueblos indígenas y Estado. El caso del Pueblo Kitu Kara del Distrito Metropolitano de Quito en Ecuador", que trabaja sobre la incidencia de los pueblos y nacionalidades indígenas en las políticas públicas. A partir de un trabajo etnográfico desarrollado entre 2015 y 2016 en las comunas y comunidades indígenas urbanas en la Ciudad de Quito, se pone en evidencia la problemática de las competencias administrativas del gobierno local con los gobiernos comunitarios y cómo desde los diálogos entre el pueblo Kitu Kara y el gobierno local se logró un documento base de lineamientos de políticas públicas para visibilizar la presencia del pueblo Kitu Kara en el marco de la construcción del Distrito Metropolitano de Quito (DMQ), como una ciudad incluyente, plurinacional e intercultural. El Dr. Jorge Enrique Horbath (México), en el capítulo

"Indígenas en la ciudad de Tuxtla Gutiérrez Chiapas y su exclusión social en las políticas públicas de la ciudad", relata una investigación llevada a cabo en la capital del Estado de Chiapas, Tuxtla Gutiérrez, que revela que, pese a las vetas generacionales indígenas, existe en la ciudad una fuerte discriminación y exclusión en cuanto a identidad y tradiciones, además de una evidente segregación espacial entre las distintas etnias. El Dr. Horbath muestra la ausencia de políticas sociales incluyentes, lo que resulta en invisibilidad y pobreza urbana para los indígenas, quienes se obligan a despojarse de su identidad originaria para que sus derechos sean —siquiera parcialmente— contemplados.

En la Quinta Parte, Interculturalidad y derechos, las Dras. Lila Aizenberg y Brígida Baeza (Argentina), en el documento "Migración, salud y cultura: miradas comparativas entre profesionales sanitarios y mujeres migrantes bolivianas en dos ciudades argentinas" examinan, en un estudio cualitativo, exploratorio-descriptivo, las percepciones de equipos sanitarios y mujeres migrantes bolivianas en cuanto al acceso a la salud. Las percepciones de los equipos evidencian un "reduccionismo cultural" originado en formas de dominación social —étnica, de clase y de género— que influye en la reproducción de desigualdades sanitarias, mientras que las migrantes desarrollan una serie de estrategias —auto-atención del cuerpo y redes comunitarias— para superar estas desigualdades. El segundo capítulo de esta parte, "Acceso a la justicia y los indígenas residentes en la Ciudad de México", corresponde a la Dra. Rebecca Lemos Igreja (Brasil), quien indaga sobre el reconocimiento de los derechos de los indígenas en la Ciudad de San Pablo, Brasil, luego de haber realizado una investigación de campo sobre el tema en la Ciudad de México. El eje gira en torno a cuestiones como reconocimiento identitario, discriminación y racismo. Por último, en "Educación inter y multicultural en universidades de Colombia: ¿Hay un proceso de inclusión de saberes de jóvenes indígenas para una interculturalidad plena?", el Dr. Guillermo D'abbraccio Krentzer (Colombia) expone la complejidad del tema. Si bien el ingreso a la Universidad Nacional de Colombia para estudiantes indígenas tiene condiciones favorables a través de un programa de admisión, PEAMA, la alta tasa de deserción señala dificultades de adaptación académica a una institución que sigue la lógica de la educación occidental, sumado a los prejuicios y estereotipos que construyen los compañeros no indígenas y, en ocasiones, los propios docentes.

La Sexta Parte, Discursos públicos, participación política y resistencias, se inicia con el capítulo "Reclamos indígenas en contextos urbanos de Buenos Aires y Norpatagonia" de el Dr. Juan Manuel Engelman, la Prof. María Laura Weiss y el Dr. Sebastián Valverde (Argentina) y aborda el tema de la consolidación de los indígenas urbanos como sujetos públicos a partir del análisis de sus reclamos contemporáneos. Los autores señalan la importancia del reconocimiento constitucional de la población indígena y el conjunto de políticas públicas en los procesos de negociación, participación y autonomía, a la vez que dichos procesos pueden ser entendidos como el resultado de acciones de reapropiación de recursos y espacios públicos junto con la capitalización de esas experiencias que hace la nueva capa de dirigentes indígenas. Siguen las Dras. Nalúa Rosa Silva Monterrey y Carla Pérez Alvarez (Venezuela) quienes, en "Desarticulación urbana y violación de derechos humanos en las zonas indígenas. A propósito del denominado Arco Minero del Orinoco", analizan el impacto del reconocimiento de los derechos de los pueblos indígenas en la Constitución de 1999 en relación a la cuestión de la identidad étnica, las exigencias por la concreción de esos derechos y su efecto en las poblaciones indígenas urbanas. Las autoras observan el incremento de la migración indígena rural-urbana a sus comunidades de origen o a países vecinos en los últimos tres años como resultado del deterioro del país. El análisis del proyecto gubernamental "Arco Minero del Orinoco" establece que contraviene derechos indígenas y puede tener consecuencias para la región.

La Séptima Parte, Participación económica, organización social y percepciones de la discriminación, comienza con el aporte de la Dra. Susan Lobo (EE. UU.), "Organización social, patrones de residencia e identidad en comunidades indígenas urbanas en Estados Unidos", en un documento complementario del presentado en agosto de 2016 en Chetumal, que ofreció un panorama de la migración indígena a las ciudades. En este trabajo la Dra. Lobo ahonda en la exploración y descripción de la historia de la migración, la organización social y los patrones de residencia, así como en la naturaleza y el funcionamiento de redes sociales y la construcción de identidad en las comunidades urbanas en contraste con la membresía e identidad tribal rural. En segundo lugar, la Dra. María Amalia Gracia (México), en "Segregación residencial y ocupacional y procesos de discriminación a indígenas en la ciudad de Mérida, Yucatán, México", analiza las condiciones de vida y trabajo de los grupos indígenas migrantes a la ciudad e identifica los espacios sociales en los que se exacerba la discriminación, así como los principales mecanismos que la misma asume. Asimismo, examina las estrategias de resiliencia que la población indígena se ve obligada a asumir frente a prácticas de desigualdad y exclusión. La discriminación identitaria los lleva, en muchas ocasiones, a la invisibilidad, mimetizándose como pobres urbanos. Por último, el trabajo del Dr. Fernando García Serrano (Ecuador), "Los comerciantes indígenas de productos básicos de la ciudad de Guayaquil: ¿una nueva burguesía indígena?", se centra en el caso del pueblo puruway de la nacionalidad kichwa de la provincia de Chimborazo en la Sierra central del Ecuador, que inició un proceso de migración masiva a la ciudad de Guayaquil desde mediados del siglo pasado y actualmente controla el mercado de productos básicos. Este manejo les ha permitido cambiar sus condiciones de vida: consolidar un barrio indígena, acceder a la educación bilingüe e iniciar un proceso de acumulación de capital que nos pone frente a la pregunta sobre la formación de una nueva burguesía indígena.

María Amalia Gracia, Jorge Horbath y María Elena Sain

PRIMERA PARTE

Los indígenas en las ciudades: procesos históricos y emergencias

Indígenas urbanos en el Uruguay

Ana María Barbosa Oyanarte[1]

Introducción

A partir de la década del 70 se abre al debate el tema de la ciudadanía de grupos étnicos que a su vez forman parte de la ciudadanía de un país. Esta ciudadanía étnica se basa en el derecho de mantener una identidad cultural y una organización social diferente dentro de un Estado-Nación. Por supuesto que el reconocimiento de ese derecho se ha dado dentro de un proceso en el cual actualmente se reclama el derecho a proteger y sancionar jurídicamente esa diversidad.

En cierta forma, se ha cuestionado la legitimidad del Estado para imponer por la fuerza una idea estrecha de nación o de nacionalidad. Sostiene Guillermo de la Peña que esto implica el replanteamiento de lo que hasta ahora llamamos Estado-Nación, que, si bien mantiene las funciones estatales de administración y orden público, sus funciones de homogeneización centralista del territorio y de la cultura se encuentran en entredicho.

Por otro lado, hablando de derechos de los pueblos indígenas, esta ciudadanía étnica también tendría que ser reconocida en el Derecho Internacional porque sucede que muchas naciones originarias ocupan aún territorios diferentes a los marcados por la geografía política actual. A esto se suma la actual problemática de la movilidad y las migraciones también étnicas, traspasando las fronteras de los países. Por eso las organizaciones indígenas también reclaman derechos étnicos en las ciudades y en los distintos países donde las circunstancias de la vida los lleven.

---

1   Egresada de la Universidad de la República (UDELAR), Uruguay, Facultad de Ciencias Sociales. Licenciada en Desarrollo. Integrante de la Asociación de Descendientes de la Nación Charrúa de Uruguay (ADENCH), creada en 1989, con sede en Montevideo Uruguay. Correo electrónico: jilguero.anamaria@gmail.com.

En Uruguay es difícil hablar de la cuestión indígena y, más aún, enfocarlo desde el punto de vista de la ciudadanía étnica. La temática se aborda generalmente como un tema del pasado, de un pasado no muy claro, donde algunos hablan de genocidio, de emboscadas o de traiciones. A pesar de la abundante documentación, que suficientemente demuestra esos hechos, aún existen muchas personas que no creen que hayan sucedido.

Sin embargo, los estudios científicos avanzan y, poco a poco, se va tomando conocimiento sobre los pobladores originarios de nuestro territorio. Las investigaciones llevadas adelante por el Dr. José López Mazz y un equipo de antropólogos y arqueólogos uruguayos y españoles y otros equipos de investigadores, ha producido una ruptura de los viejos conceptos respecto a nuestros ancestros, sobre todo de aquella idea de pueblos nómades, sin organización social y semi salvajes.

Pero hacer la transición desde aquellos días al presente resulta muy difícil a un pueblo cuya educación se ha empeñado desde sus inicios en negar lo indígena. Con ese pensamiento dominante de que "en el Uruguay no hay indios", hasta quienes aún conservan el fenotipo, no se permite el autorreconocimiento.

Así, se ha negado durante años la continuidad de una ascendencia que está guardada secretamente en muchas de nuestras familias, por temor a la discriminación y a la exclusión social. Se ha mantenido un pacto de silencio, como tantos otros que arrastramos en nuestra memoria colectiva, que no es casualidad, es una construcción social de años, de la clase política dominante, protegiendo a uno de los suyos.

Nos costó más de dos años la aprobación de la Ley N° 18.589 "11 de abril. Día de la Nación Charrúa y de la Identidad Indígena"[2] y muchas veces, durante el proceso de aprobación, debimos cambiarle el nombre para que fuera aceptada por todos los legisladores.

La respuesta del censo de población de 2011 nos sorprendió a todos. Las organizaciones de descendientes de indígenas en el Uruguay, de integración relativamente reciente, no contamos con fondos suficientes para hacer una campaña publicitaria de sensibilización y nuestra fortaleza organizacional no alcanza para llegar al conjunto de la población. Aun así, sobre una población total de 3.200.000 uruguayos, con las limitantes mencionadas, un 4,5% de la población (159.319 personas) dijeron tener ascendencia indígena y un 2,4%, (76.452 personas) dijeron autoidentificarse indígenas. De ese total, el 96,4% vive en las ciudades. Esta realidad

---

2   Aprobada en el Parlamento uruguayo en 2009.

no es exclusiva de la población indígena, sino que es una característica general de la población del Uruguay.

Una tendencia continental

En el siglo XXI, más del 50% de los indígenas de América Latina y América del Norte viven en las ciudades. En Estados Unidos más del 60% de los indígenas viven en ciudades de más de 50.000 habitantes según los censos realizados a partir del año 2000.

En nuestra América Latina, siguiendo los datos de los últimos censos de población realizados en los años 2010-2011, la presencia indígena en las ciudades supera el 50%, considerando un total de aproximadamente 45 millones de indígenas.

Nos pareció importante traer este cuadro, elaborado por CELADE, donde se ilustra la realidad de diez países latinoamericanos y, por primera vez en datos comparativos, se incluye a la población indígena del Uruguay.

Tabla 1.
América Latina (10 países). Población indígena en zonas urbanas y rurales, alrededor de 2010-2011 en número de personas y porcentaje

País y año censal	Total urbano y rural	Total urbano	Total rural	Porcentaje urbano	Porcentaje rural
Brasil 2010	821.501	321.748	499.753	39.2	60.8
Colombia 2005	1.397.673	298.275	1.094.348	21.4	78.6
Costa Rica	104.153	42.517	61.626	40.8	59.2
Ecuador 2010	1.018.176	218.571	799.605	21.5	78.5
México 2010	16.933.283	9.093.447	7.839.836	53.7	46.3
Nicaragua 2005	311.704	123.852	187.852	39.7	60.3
Panamá 2010	417.559	99.655	317.904	23.9	76.1
Perú 2007	648.919	3.621.440	2.867.669	55.8	44.2
Uruguay 2011	76.452	73.723	2.729	96.4	3.6
Venezuela 2011	724.592	458.219	266.373	63.2	36.8
Total	28.289.142	14.351.447	13.907.695	50.7	49.3

Fuente: Centro Latinoamericano y Caribeño de Demografía (CELADE, División de Población de la CEPAL, sobe la base de procesamiento de microdatos censales).

A esta realidad de los datos objetivos debemos agregarle que, por primera vez, en esta última ronda censal se pudieron incluir datos aportados por los propios pueblos, que antes no se lograba. Aún en muchos países, la forma de "hacer" las preguntas introduce un sesgo importante en los datos finales. Muchos pueblos indígenas hacen referencia a un "genocidio estadístico" porque sostienen que la forma de preguntar en los cuestionarios censales deja afuera a un importante número de personas indígenas, encuadrándolas dentro de otras categorías.

En Uruguay, el censo de 2011 introduce por primera vez preguntas sobre la ascendencia étnico-racial para todas las personas, proporcionando una lista donde la persona encuestada debe optar por las siguientes categorías: afro o negra; asiática o amarilla; blanca; o indígena. Al optar por una de las respuestas, se abre una nueva pregunta: ¿cuál es la principal?, ¿con cuál se identifica? Tal vez en muchos países esto no sea un hecho novedoso, pero en el Uruguay fue bastante inédito y se hizo por primera vez en 2011.

Un poco de historia

Durante trescientos años los charrúas combatieron a los conquistadores que trataban de fundar ciudades en el estuario del Río de la Plata y establecerse allí, donde las condiciones para un puerto eran óptimas y sería una importante puerta de entrada al continente, considerando que la costa oceánica del actual territorio de Brasil estaba dominada por el imperio de Portugal. La resistencia indígena fue feroz, hasta que finalmente los españoles logran fundar la ciudad de Montevideo en 1764.

Aunque no es el tema central de esta ponencia, debemos hacer referencia aquí a una serie de hechos históricos que fueron creando condiciones y determinantes que explican la situación actual de la cuestión indígena en Uruguay.

El modelo artiguista

José Artigas, el líder que surgió desde el medio rural y llevó adelante la Revolución Oriental a partir de 1810, se planteó siempre un modelo multicultural porque su vida en el campo, a pesar de ser descendientes de españoles, lo había acercado mucho a la población más vulnerable socialmente que en ese momento histórico vivía en la campaña, es decir: los negros, los gauchos y los indios.

Entre 1810 y 1820 trató de llevar adelante un modelo político confederado, las Provincias Unidas del Río de la Plata. Pero el contexto político regional no fue propicio para que pudiera seguir adelante con esa idea y en 1820 se retira, traicionado, al Paraguay.

A partir de ahí el proceso revolucionario de la Provincia Oriental, más que libertario se vuelve independentista, influenciado por la diplomacia inglesa que valoraba en gran medida el acceso al puerto de Montevideo, estratégico y de aguas profundas, que permitía la entrada de sus barcos hasta la orilla misma del continente, favoreciendo el comercio de cueros y tasajo de toda la región a través de las cuencas de los ríos Uruguay y Paraná. El Uruguay independiente se convirtió así en un Estado tapón entre dos gigantes, Argentina y Brasil.

Salsipuedes

En 1830, cuando se consolida el Estado Oriental del Uruguay al jurarse la primera Constitución, el modelo de país y la integración regional eran muy distintas a aquel modelo inicial multicultural planteado por Artigas en sus documentos.[3]

Ya no estaban en los planes del nuevo Estado las soluciones sociales que planteaba el Reglamento de Tierras. Uno de los primeros actos de gobierno, del nobel presidente Fructuoso Rivera, con la complicidad de los terratenientes establecidos en la campaña, fue planificar una estrategia de exterminio de los indígenas mediante un operativo militar, que no fue exclusividad suya, sino un modelo bastante corriente en varios lugares de nuestro continente. Minuciosamente preparó la emboscada en la horqueta del Salsipuedes,[4] donde cayeron a manos del ejército gran parte de los guerreros charrúas. Algunos lograron escapar, otros no asistieron a la cita con el presidente. Durante los días siguientes la persecución y la matanza continuaron. Mujeres y niños fueron apresados y llevados prisioneros a Montevideo. Se repartieron, como trofeos de guerra entre las familias pudientes de los círculos sociales cercanos a la clase política criolla. Fue una operación estratégica porque se separó a las madres de los hijos y a los hermanos entre sí. Este hecho determinó que se cortara la transmisión cultural, fue un etnocidio. Aun así, muchas mujeres y hombres lograron trasmitir a las generaciones futuras sus costumbres, su espiritualidad y

---

3   "Reglamento Provisorio de la Provincia Oriental para el Fomento de la Campaña y Seguridad de sus hacendados", también llamado "Reglamento de tierras", dado a conocer por Artigas el 10 de septiembre de 1815 en Purificación.

4   El arroyo Salsipuedes es un afluente del Río Negro, que se ramifica en Salsipuedes grande y Salsipuedes chico, formando una horqueta, rodeada de monte antes de su desembocadura.

su cosmovisión, pero entre las pérdidas está la casi total desaparición de la lengua originaria.

El silencio de muchos años: "Uruguay un país sin indios"

En 1841, cuando Juan de la Sota escribe el primer libro de historia del Uruguay, ya se dice en sus páginas que en el Uruguay no hay indios y se empieza a construir un paradigma que casi se mantiene hasta la actualidad.

El Uruguay europeizado empieza a ganar la cabeza de sus intelectuales y de su gente, mientras en las casas montevideanas el servicio doméstico, casi en su totalidad formado por "chinas" charrúas y mujeres negras, silenciosamente transmite sus pautas culturales a través de la oralidad y el mundo mágico de los rituales. Desde entonces poco se sabe de nuestros pueblos originarios, nada más que las historias relatadas desde el prejuicio y la discriminación.

Es muy duro, para un país que busca su identidad entre dos grandes naciones, reconocer desde el Estado que su primer presidente constitucional y posteriormente fundador de uno de los partidos políticos tradicionales (que gobernara por más de 170 años), fue el asesino de los indios, de los pueblos originarios de este territorio.

Somos un país joven, recién se están conmemorando los bicentenarios de la Revolución Oriental, el Estado en sí aún no llega a los doscientos años.[5] Cíclicamente los uruguayos retomamos la búsqueda de nuestra identidad. Eso ha ocurrido nuevamente en los últimos años del siglo XX y en lo que va del XXI.

Organizaciones de descendientes que se autoidentifican indígenas y otras personas que adhieren a la idea de un revisionismo histórico, han logrado organizarse para plantear nuevamente el debate público sobre la verdad histórica, que se reconozcan las matanzas del siglo XIX y se pueda investigar sobre nuestros pueblos originarios.

¿De cuántos pueblos indígenas estamos hablando?

Charrúas y minuanos

Sabemos, por las crónicas de los viajeros y por la historia oral de nuestros antepasados, que en este territorio habitaban los charrúas,

---

5   La primera Constitución del país, a la cual se le han hecho pequeñas reformas, data de 1830.

Indígenas urbanos en el Uruguay

denominados así por los españoles en sus primeras incursiones, desconocemos como se llamaban a sí mismos en épocas anteriores. Hablamos de un territorio que no se limita a lo que es hoy el Uruguay, sino de un territorio más amplio que incluía gran parte de Río Grande do Sul (Brasil) y de Entre Ríos (Litoral argentino), donde también hay vestigios de esta cultura originaria. Algunos investigadores hablan del pueblo minuán, de los minuanos distinguiéndolo del charrúa, otros hablan de macroetnia charrúa.

Guaraníes misioneros

Más tarde en el tiempo, en una época posterior a la introducción del ganado, llegó, de la mano de la iglesia católica, un contingente importante de guaraníes misioneros, provenientes de la selva misionera de Brasil, reducidos por la iglesia y convertidos al cristianismo, a establecerse como peones de las estancias guaraníticas de la iglesia, que tenía enormes vaquerías en el norte.

Hay una importante descendencia de guaraníes actualmente en nuestro país.

Abipones y guaicurúes

En la época artiguista, a comienzos del siglo XIX, Artigas trajo indios agricultores del territorio argentino, abipones y guaicurúes, para tratar de integrarlos a los indígenas de este territorio en pequeños establecimientos rurales agrícolas y que de alguna forma fueran cambiando el modelo productivo de ganadería extensiva, que en el desorden posterior a las luchas libertarias producía un mayor caos en la campaña donde había demasiado conflicto de intereses.

La cultura de los cerritos: ¿las primeras ciudades?

Las últimas investigaciones, de comienzos del siglo XXI, nos sorprenden con el descubrimiento de los cerritos de indios y la cultura de los pueblos de las tierras bajas.[6] Estas investigaciones, que han permitido encontrar miles de cerritos en las riberas de los ríos de nuestro territorio, nos traen noticias de poblaciones establecidas durante años, de varias

---

6   Equipo de los antropólogos Dr. López Mazz y la arqueóloga Dra. Camila Gianotti. Investigación en el marco de un convenio entre la Universidad de la República (UDELAR) y el Laboratorio de Arqueología del Paisaje y Patrimonio del Uruguay (LAPPU Incipit).

generaciones. Estamos hablando de verdaderas ciudades, comunidades de más de cinco mil personas en algunos casos. Queda mucho por investigar, nada sabemos sobre estos pueblos de las tierras bajas y qué ocurrió con ellos. Los vestigios arqueológicos son de más de tres mil años de antigüedad. Hay muchas interrogantes: ¿son los mismos que dieron lucha a los conquistadores?, ¿fueron modificando su cultura con la introducción del ganado vacuno, del lanar y de los caballos?

Hacia nuestros días

Después de todo este resumen del proceso histórico, podemos decir que muchos de los charrúas sobrevivientes de las matanzas, guaraníes escapados de las reducciones de la iglesia, abipones y guaycurúes desprotegidos después de la época artiguista, quedaron viviendo en el medio rural, sobre todo al norte del país donde se establecieron y formaron familia.

Muchas de las mujeres llevadas a las ciudades también formaron familia con hombres criollos y extranjeros. Eso ha determinado un alto grado de mestizaje en nuestra población, que siempre se ha caracterizado por ser poca.

En Uruguay a los indios no se los ve como indios, sino como "pardos". Esto significa nada menos que la invisibilidad total de nuestros indígenas, pues ni siquiera son discriminados por indígenas, sino por su color de piel diferente al predominante en nuestro país, es decir, el blanco.

¿Cuáles son las causas de la movilidad hacia las ciudades?

El acceso a la educación y los servicios públicos

En Uruguay, al igual que en otros países del continente, la población rural y, dentro de ella, los indígenas migran hacia las ciudades buscando mejores oportunidades educativas para sus hijos y la cercanía a los servicios públicos básicos, como ser salud, agua potable y electricidad.

El cambio de la matriz productiva

El nuevo modelo productivo, instaurado a partir de los últimos años de siglo XX y de principios del siglo XXI, como los agroemprendimientos de la soja y el trigo para biocombustibles y la forestación para la industria del papel, fueron progresivamente cambiando el paisaje del territorio nacional y transformando la matriz productiva.

En ese proceso de transformaciones el pequeño productor rural, una franja de población donde podemos ubicar a quiénes se autoidentifican indígenas en el país, se vieron obligados por las circunstancias a migrar hacia las ciudades por una cuestión de supervivencia.

Estas pequeñas economías familiares durante años pudieron vivir de su producción agrícola-ganadera-granjera, de donde obtenían los recursos para su sustento alimentario y además podían vender sus pequeños excedentes para cubrir otros gastos de sus familias.

A partir del nuevo modelo productivo, el abastecimiento de las ciudades a través de los comercios denominados "grandes superficies" y las importaciones quitan lugar a la oferta de los productos de granjas ecológicas y dejan sin nicho de mercado a las pequeñas economías, que muy a pesar suyo, fueron dejando el medio rural y migraron hacia las ciudades más cercanas en una primera etapa y, posteriormente, a las ciudades del sur del país, donde tienen mejores posibilidades de empleo.

Se da un fenómeno interesante cuando en épocas de crisis hay movilidad de la población, quiénes migran nuevamente desde las ciudades grandes a las pequeñas son los indígenas.

Tabla 2.
Migración interna en época de crisis económicas

Uruguay 2006-2011	DAM	Población indígena inicial	Saldo migratorio	Porcentaje
Mayores saldos negativos	Montevideo	24.885	-402	-1.6
	Artigas	2.741	-257	-9.4
	Tacuarembó	4.888	-102	-2.1
	Rivera	3.124	-77	-2.5
Mayores saldos positivos	Canelones	10.852	712	6.6
	Maldonado	3.210	156	4.9
	San José	1.803	110	6.1
	Colonia	1.229	39	3.2

Fuente: CELADE – CEPAL en base a microdatos censales de INE Uruguay.

En varios países de América Latina: Costa Rica, México, Uruguay y Venezuela, la migración de población indígena se da desde las áreas que albergan las ciudades capitales (San José, el Distrito Federal, Montevideo y el Distrito Capital, respectivamente). En relación con estos casos, se ha constatado que

> la causa de tal condición no radica en la pobreza ni la marginación históricas, sino en algunas transformaciones urbanas y metropolitanas relativamente conocidas (cambios en el uso del suelo, agotamiento del espacio urbanizable, aumento de los costos de la vivienda en zonas céntricas, políticas de vivienda social basadas en la construcción periférica y menor control de las "invasiones" en la periferia, entre otros), cuya consecuencia directa es la expulsión de residentes hacia la periferia de la ciudad y el desincentivo para la llegada masiva de inmigrantes por lo que tales flujos se reorientan a la periferia. (Rodríguez y Busso, 2009)

En la Tabla 2 se puede observar que los indígenas salen de Artigas, Tacuarembó y Rivera, tres departamentos del norte del país con bajos índices de desarrollo humano, y migran hacia los departamentos del sur, Canelones, San José, Maldonado y Colonia, todos ellos de tradición agrícola. También salen de Montevideo, la ciudad capital, pero en menor porcentaje. Podría inferirse aquí que la mayor causa de la movilidad es la variable trabajo.

¿Una vida más comunitaria?

Los estudios sobre los pueblos indígenas que migran a las ciudades nos dan datos muy certeros respecto a los cambios en las costumbres y la necesaria adaptación que deben realizar para poder sobrevivir en un entorno que mayormente les es hostil.

Se produce entonces ese fenómeno del sincretismo cultural, donde quiénes llegan con todo su bagaje cultural, con respuestas a todos los problemas cotidianos muy diferentes a los que se encuentran en su nueva localización, deben necesariamente "mixturar" ambos.

Pero, indudablemente, tratan de instalarse en lugares donde están cercanos a sus iguales.

En Uruguay ese fenómeno se da en las periferias de las ciudades, un medio rurbano donde conviven los pobres que vienen del campo y los pobres de la ciudad y podríamos inferir que existe un intento de vida comunitaria donde "los vecinos" tienen salidas solidarias a los problemas diarios de desempleo, cuidado de los hijos y hasta estrategias comunes de soluciones alimentarias.

La distribución territorial actual

En el Uruguay es la Región Metropolitana la que concentra la mayor parte de la población indígena del país, con un 52,9%, de la cual Montevideo y Canelones alojan a más de la mitad.

La región que le sigue en importancia en este sentido es la de Región Norte, con el 27,3% de la población indígena del país, principalmente concentrada en los departamentos de Salto y Tacuarembó.

Tabla 3.
Uruguay: población según la condición étnica y distribución territorial

Regiones y departamentos	Indígenas	No indígenas	Porcentaje de indígenas
Total de la Región Metropolitana	40.457	1.878.285	2.15
Montevideo	26.104	1.266.029	2.02
Canelones	12.300	506.230	2.37
San José	2.053	106.026	1.91
Total de la Región Norte	20.868	567.799	3.67
Salto	5.649	118.979	4.53
Tacuarembó	5.040	84.883	5.60
Rivera	3.218	100.203	3.11
Artigas	2.611	70.559	3.57
Paysandú	2.269	110.770	2.01
Cerro Largo	2.081	82.405	2.46
Total de Región Este	7.566	328.079	2.30
Maldonado	3.557	158..35	2.20
Treinta y Tres	1.609	46.480	3.35
Rocha	1.590	65.609	2.37
Toral de Región Centro Sur	2.909	146.199	1.71
Durazno	1.422	55.639	2.49
Florida	947	66.092	1.41
Flores	540	24.468	2.16
Total de la Región Litoral Sur	4.642	254.830	1.82
Soriano	2.071	80.003	2.52
Colonia	1.377	121.366	1.12
Río Negro	1.194	53.461	2.18

Fuente: elaboración propia, con procesamiento de datos microcensales de CEPAL-CELADE.

En la Región Este también reside un porcentaje relativamente importante de la población indígena del país (17,5%).

Sin embargo, si se analiza el porcentaje de población indígena respecto del total de la población de cada departamento, se advierte que es muy escasa su representatividad, puesto que no supera el 6% en ningún caso.

Antes de la llegada de los españoles, vivían en el territorio uruguayo el pueblo Charrúa y otros pueblos indígenas. Luego de la fundación de la ciudad de Montevideo, los Charrúas se desplazaron hacia el norte, absorbiendo a los otros pueblos y quedando prácticamente confundidos con ellos, por lo que usualmente se ha designado con su nombre a todos estos grupos.

De todas maneras, se cree que, dada la invisibilidad que ha afectado a la población indígena en el país, existe un grave problema de reconocimiento y negación de la identidad étnica (Buchelli y Cabella, 2010), que probablemente se vaya superando en el futuro, debido a la revitalización de los movimientos indígenas, especialmente del pueblo Charrúa.

Situación actual de la población indígena de Uruguay: algunos indicadores sociales

Fecundidad, esperanza de vida al nacer y mortalidad infantil

En este apartado incluimos muchos datos del Informe de CEPAL "Los Pueblos Indígenas en América Latina: avances en el último decenio y retos pendientes para la garantía de sus derechos", elaborado por CELADE, con la participación de un grupo de ocho asesores indígenas, en el cual tuve el gusto de participar como representante del ECMIA (Enlace Continental de Mujeres Indígenas de las Américas).

El trabajo de elaboración de este informe, que insumió más de un año de trabajo y coordinación con el equipo de CEPAL, se realizó como insumo en el entorno de la Conferencia Mundial sobre Pueblos Indígenas, realizada en Nueva York, los días 22 y 23 de septiembre de 2014.

Los datos aquí presentados no son solamente de Uruguay, porque nos pareció estratégico presentarlo dentro de un conjunto de países de América Latina. Entre otras cosas, se puede observar la similitud de la situación de vulnerabilidad social en que viven los indígenas urbanos del Uruguay con el resto de los indígenas del continente. Es decir, aunque campee la negación y la invisibilidad de los indígenas en el Uruguay, los datos objetivos obtenidos en el censo de 2011 demuestran que están ahí y viven las mismas emergencias sociales.

Tabla 4.
Tasas globales de fecundidad según condición étnica
y zona de residencia, alrededor de 2010

Países con estimación al 2010, derivada de último censo	Total de mujeres		Zona urbana		Zona rural		Brecha relativa entre mujeres indígenas y no indígenas		
	Indí-gena	No indígena	Indí-gena	No indígena	Indí-gena	No indígena	País	Urbano	Rural
Brasil 2010	3,7	1,8	2,6	1,7	4,7	2,5	2,03	1,50	1,90
Ecuador 2010	3,9	2,6	2,9	2,4	4,3	3,0	1,50	1,17	1,45
México 2010	2,9	2,2	2,5	2,1	3,6	2,8	1,32	1,18	1,29
Nicaragua 200	3,7	2,6	2,6	2,1	4,8	3,5	1,41	1,23	1,38
Panamá 2010	5,0	2,3	3,5	2,1	5,7	2,8	2,21	1,67	2,01
Uruguay 2011	2,4	2,1	2,4	2,1	2,5	2,3	1,16	1,17	1,06
Venezuela 2011	4,3	2,4	3,9	2,3	5,2	3,2	1,79	1,68	1,62

Fuente: Centro Latinoamericano y Caribeño de Demografía (CELADE), División de Población de la Comisión Económica para América Latina y el Caribe (CEPAL), sobre la base de procesamientos especiales de los microdatos censales.

Históricamente la tasa de fecundidad en el país es baja, llegándose a los niveles más bajos de la historia en la actualidad. En la Tabla 4 se puede observar que, en el conjunto de los países estudiados, aún en el grupo de las mujeres indígenas, la tasa de fecundidad de Uruguay es la más baja, aunque se mantiene la tendencia de una tasa mayor al considerar la condición étnica de mujer indígena.

En la Tabla 5 se presentan las tasas de fecundidad relacionándolas con la variable: años de escolaridad de la madre. También se mantiene la tendencia de que las mujeres con menos años de escolaridad son las que tienen más hijos. No se presentan datos de mujeres con menos de 3 años de escolaridad porque la educación primaria es obligatoria desde principios del siglo XX en el Uruguay. La condición étnica al igual que en los demás países presentados en el cuadro muestra la tendencia de las mujeres indígenas a tener más hijos aún con más años de estudio.

Tabla 5.
Tasas globales de fecundidad según condición étnica
y años de escolaridad, alrededor de 2010

País y fechas censales	Años de estudio de las mujeres							
	Indígenas				No indígenas			
	0 a 3	4 a 6	7 a 12	13 y más	0 a 3	4 a 6	7 a 12	13 y más
Brasil 2010	4,6	3,9	1,9	1,3	2,5	2,4	1,5	1,0
Ecuador 2010	4,9	4,2	3,9	2,4	3,9	3,5	3,2	1,8
México 2010	4,5	3,7	2,7	1,5	3,5	3,1	2,6	1,5
Nicaragua 2005	6,0	4,7	3,1	2,1	4,6	3,4	2,6	1,5
Panamá 2010	6,6	5,5	4,0	1,8	3,8	3,6	2,7	1,6
Uruguay 2011	-	3,2	2,5	1,2	-	2,9	2,2	1,5

Fuente: Centro Latinoamericano y Caribeño de Demografía (CELADE), División de Población de la Comisión Económica para América Latina y el Caribe (CEPAL), sobre la base de procesamientos especiales de los microdatos censales.

Tabla 6.
América Latina (7 países). Mortalidad infantil según condición étnica y zona de residencia y brechas relativas, alrededor de 2010 (por 1000 nacidos vivos)

País y años censales	Mortalidad infantil								
	Total país		Zona urbana		Zona rural		Brechas entre población indígena y población no indígena		
	Pobl. indígena	Pobl. No indígena	Pobl. indígena	Pobl. No indígena	Pobl. indígena	Pobl. No indígena	Total	Zona urbana	Zona rural
Brasil 2010	21,9	16,7	20,2	15,4	22,9	22,5	1,31	1,31	1,01
Costa Rica 2011	10,0	8,9	9,4	9,2	10,1	8,3	1,12	1,02	1,22
Ecuador 2010	33,8	21,0	27,1	19,4	36,9	23,8	1,6	1,40	1,51
México 2010	19,5	14,5	16,8	13,5	22,3	17,8	1,35	1,25	1,25
Panamá 2010	37,8	12,0	18,5	11,0	42,7	13,9	3,16	1,68	3,07
Uruguay 2011	13,8	10,0	13,5	10,2	23,5	7,5	1,38	1,33	3,13
Venezuela 2011	24,3	14,0	22,9	13,8	26,4	15,4	1,73	1,66	1,71

Fuente: Centro Latinoamericano y Caribeño de Demografía (CELADE), División de Población de la Comisión Económica para América Latina y el Caribe (CEPAL), sobre la base de procesamientos especiales de los microdatos censales.

En las Tablas 6 y 7, comparativos de 7 países de Latinoamérica, entre ellos Uruguay, se puede observar la tendencia de mortalidad infantil tanto en la primera infancia como en la niñez, desfavorable a la población indígena, sobre todo la que está situada en el medio rural.

Tabla 7.
América Latina (7 países). Mortalidad en la niñez según condición étnica y zona de residencia y brechas relativas alrededor de 2010 (por 1000 nacidos vivos)

País y años censales	Mortalidad en la niñez								
	Total país		Zona urbana		Zona rural		Brechas entre población indígena y población no indígena		
	Pobl. Indígena	Pobl No indígena	Pobl. Indígena	Pobl. No indígena	Pobl. Indígena	Pobl. No indígena	Total	Zona Urbana	Zona rural
Brasil 2010	24,3	18,7	22,4	17,3	25,3	25,0	1,30	1,29	1,01
Costa Rica 2011	11,5	10,3	10,8	10,6	11,6	9,6	1,11	1,02	1,20
Ecuador 2010	41,5	25,0	32,5	23,1	44,4	28,3	1,66	1,41	1,57
México 2010	22,7	16,9	19,6	15,8	26,0	20,8	1,34	1,24	1,25
Panamá 2010	46,4	14,3	21,6	13,2	53,6	16,5	3,25	1,34	3,25
Uruguay 2011	15,8	11,7	15,4	11,9	26,3	9,0	1,35	1,30	2,93
Venezuela 2011	27,6	16,4	26,1	16,2	30,0	17,9	1,69	1,61	1,68

Fuente: Centro Latinoamericano y Caribeño de Demografía (CELADE), División de Población de la Comisión Económica para América Latina y el Caribe (CEPAL), sobre la base de procesamientos especiales de los microdatos censales.

En lo que respecta a la maternidad adolescente de la población indígena, nuestro país acompaña la tendencia del resto de los países presentados en la Tabla 8, con sus particularidades. Tiene mucha relación con otros indicadores incluidos en este informe, como la tasa de fecundidad. Se puede observar aquí que, aun siendo el sector de la población con mayor tasa de fecundidad (INE-Uruguay), es baja si la comparamos con otros países del continente.

También se puede observar la tendencia de mayor frecuencia de embarazos adolescentes en mujeres indígenas, tanto en el medio rural como en el medio urbano.

Tabla 8.
América Latina (8 países). Jóvenes de 15 a 19 años que son madres según
condición étnica, zona de residencia y grupo de edad, varios años (porcentaje)

País y años censales	Grupos de edad	Población indígena			Población no indígena		
		Zona urbana	Zona rural	Total	Zona urbana	Zona rural	Total
Brasil 2010	De 15 a 17	10,6	22,9	18,7	6,4	8,6	6,8
	De 18 a 19	26,8	46,9	39,4	18,2	26,6	19,5
	De 15 a 19	17,0	31,6	26,4	11,1	15,2	11,8
Costa Rica 2011	De 15 a 17	8,5	20,3	17	5,3	6,7	5,7
	De 18 a 19	23,6	42,1	36,1	17	22,2	18,4
	De 15 a 19	15,2	28,7	24,7	10	12,6	10,8
Ecuador 2010	De 15 a 17	9	9,6	9,5	8,3	11,9	9,6
	De 18 a 19	28,9	34,2	32,9	25,2	34,1	28,1
	De 15 a 19	17,4	18,5	18,3	15	20,3	16,8
México 2010	De 15 a 17	6,3	7,4	6,9	5,7	7,1	6,0
	De 18 a 19	23,4	27,4	25,3	20,6	25,8	21,6
	De 15 a 19	13,2	14,8	14,0	11,6	14,2	12,20
Nicaragua 2005	De 15 a 17	10,9	15,1	13,4	8,5	14,7	11,2
	De 18 a 19	29,7	45,3	38,4	27,7	42,5	33,5
	De 15 a 19	18,2	25,6	22,5	16,2	25,1	19,9
Panamá 2010	De 15 a 17	16,9	20,5	19,6	5,7	8,9	6,7
	De 18 a 19	38,8	54,2	49,7	19,1	28,6	21,7
	De 15 a 19	26,0	32,4	30,7	11,3	16,2	12,7
Uruguay 2011	De 15 a 17	6,0	4,1	6,0	4,6	4,9	4,6
	De 18 a 19	20,2	25,8	20,4	16,9	21,9	17,1
	De 15 a 19	11,6	12,5	11,6	9,3	11,3	9,4
Venezuela 2011	De 15 a 17	8,6	15,5	11,0	7,6	11,8	8,1
	De 18 a 19	27,8	37,4	30,9	23,1	34,2	24,2
	De 15 a 19	16,1	23,7	18,7	13,9	20.2	14,6

Fuente: Centro Latinoamericano y Caribeño de Demografía (CELADE) División de Población
de la Comisión Económica para América Latina y el Caribe (CEPAL), sobre la base de
procesamientos especiales de los microdatos censales.

Desde el punto de vista demográfico este dato es muy interesante
porque se ha observado que la población de nuestro país crece como
resultado del embarazo adolescente, lo que sin dudas compromete a
pensar políticas públicas en ese sentido.

Hay programas especiales que atienden esta temática en el MIDES
(Ministerio de Desarrollo Social).

Indígenas urbanos en el Uruguay

Educación

Tabla 9.

América Latina, 10 países: población de 6 a 11 años que asiste a la escuela según condición étnica y sexo, y brechas relativas, varios años (en porcentajes)

País y años censales	Asistencia escolar						Brechas relativas	
	Población indígena			Población no indígena			Entre población indígena y no indígena	Entre mujeres y hombres indígenas
	Hombres	Mujeres	Total	Hombres	Mujeres	Total		
Brasil 2010	82,6	83,1	82,8	97,1	97,5	93,3	0,85	1,01
Colombia 2007	72,0	73,4	72,7	90.9	92,4	91,7	0,79	1,02
Costa Rica 2011	88,8	87,7	88,2	94,6	94,7	94,6	0,93	0,99
Ecuador 2010	96,1	96,1	96,1	96,4	96,8	96,6	0,99	1,00
México 2010	95,7	95,7	95,7	96,7	97,1	96,9	0,99	1,00
Nicaragua 2005	83,4	85,5	84,4	80,5	83,4	81,9	1,03	1,03
Panamá 2010	92,6	92,0	92,3	98,5	98,6	98,6	0,94	0,99
Perú 2005	93,4	93,3	93,4	95,4	95,5	95,4	0,98	1,00
Uruguay 2011	98,8	99,3	99,0	99,0	99,2	99,1	1,00	1,01
Venezuela 2011	80,7	83,2	81,9	95,0	95,7	95,4	0,86	1,03

Fuente: Centro Latinoamericano y Caribeño de Demografía (CELADE), División de Población de la Comisión Económica para América Latina y el Caribe (CEPAL), sobre la base de procesamientos especiales de los microdatos censales.

Como ya lo expresamos en otro apartado de este informe, la Educación Primaria es gratuita y obligatoria en Uruguay desde principios del siglo XX. Lo interesante de los datos comparativos desarrollados en la Tabla 9, es la efectividad de una política pública dirigida específicamente a la universalización de la educación primaria, en este caso, que incluso barre las desigualdades entre indígenas y no indígenas.

En la Tabla 10 se muestra la situación de los estudiantes que asisten a la educación media, los ciclos de educación secundaria, así denominados en Uruguay. Baja el porcentaje de asistencia en los datos aportados por el censo de 2011. A partir del año 2008,[7] la educación secundaria es obligatoria en el país, equiparándose en la región con Chile (2003) y Argentina (2006), aunque aún el proceso de infraestructura y condiciones

---

7   Ley de Educación N° 18.437.

no acompaña el espíritu de la ley. Hay una pequeña brecha entre jóvenes indígenas y no indígenas desfavorable a los primeros. El otro dato interesante que nos aporta este cuadro es la brecha de género favorable a las mujeres indígenas en Uruguay, también a las no indígenas, mientras que en la mayoría de los demás países comparados en el mismo hay una brecha de género no favorable a las mujeres indígenas.

Tabla 10.
América Latina (10 países). Población de 12 a 17 años que asiste a la escuela según condición étnica y sexo, y brechas relativas, varios años (en porcentajes)

País y años censales	Asistencia escolar						Brechas relativas	
	Población indígena			Población no indígena			Entre población indígena y no indígena	Entre mujeres y hombres indígenas
	Hombres	Mujeres	Total	Hombres	Mujeres	Total		
Brasil 2010	79,4	76,3	77,8	89,4	89,8	89,6	0.87	0.96
Colombia 2007	59,3	58,2	58,8	76,9	79,9	78,4	0,75	0,98
Costa Rica 2010	76,7	73,8	75,3	83,2	85,1	84,2	0,89	0,96
Ecuador	79,7	73,9	76,8	83,3	83,5	83,4	0,92	0,93
México 2010	75,1	74,3	74,7	79,2	80,6	79,9	0,94	0,99
Nicaragua 2005	69,8	71,3	70,5	66,9	71,2	69,0	1,02	1,02
Panamá 2010	82,5	72,5	77,6	88,9	91,4	90,1	0,86	0,88
Perú 2005	87,2	84,1	85,7	84,7	83,2	84,0	1,02	0,96
Uruguay 2011	77,0	83,2	80,0	80,9	86,6	83,7	0,96	1,08
Venezuela 2011	70,6	73,5	72,0	83,1	86,0	84,5	0,85	1,04

Fuente: Centro Latinoamericano y Caribeño de Demografía (CELADE), División de Población de la Comisión Económica para América Latina y el Caribe (CEPAL), sobre la base de procesamientos especiales de los microdatos censales.

La Tabla 11 ilustra respecto a la asistencia al nivel educativo terciario. Hay un bajo porcentaje de asistentes a la educación superior en nuestro país. Hay algunos factores que inciden en esos números, por ejemplo, la existencia de una única universidad pública de acceso gratuito, la UDELAR (Universidad de la República), que además está ubicada en la capital del país y con muy poca extensión al resto del territorio. Existen pocas universidades privadas y también están en la capital. Esto en cierta forma incide para que haya menos estudiantes indígenas de nivel terciario porque, a pesar de la gratuidad de la educación, supone un traslado de ciudad y gastos adicionales que no pueden afrontar. También, como en el caso anterior, se observa una brecha de género favorable a las mujeres tanto indígenas como no indígenas.

Tabla 11.
América Latina (10 países). Población de 18 a 22 años que asiste a un establecimiento educativo, según condición étnica y sexo, y brechas relativas, varios años (en porcentajes)

| País y años censales | Asistencia escolar | | | | | | Brechas relativas | |
| | Población indígena | | | Población no indígena | | | Entre población indígena y no indígena | Entre mujeres y hombres indígenas |
	Hombres	Mujeres	Total	Hombres	Mujeres	Total		
Brasil 2010	40,1	36,5	8,3	33,8	36,3	35,0	1,09	0,91
Colombia 2007	20,1	18,8	19,4	29,8	32,7	31,3	0,62	0,94
Costa Rica 2010	39,8	39,8	39,8	46,3	52,5	49,4	0,81	1,00
Ecuador 2010	37,4	31,7	34,5	40,2	44,0	42,1	0,82	0,85
México 2010	24,9	23,1	24,0	35,4	35,3	35,4	0,68	0,93
Nicaragua 2005	28,8	29,9	29,4	28,7	32,6	30,7	0,96	1,04
Panamá 2010	29,1	20,0	24,5	35,5	44,4	39,9	0,61	0,69
Perú 2005	38,9	34,7	36,8	4,9	40,5	40,7	0,90	0,89
Uruguay 2011	26,9	37,4	32,3	32,9	44,4	38,7	0,83	1,39
Venezuela 2011	30,9	38,9	34,9	44,2	54,2	49,2	0,71	1,26

Fuente: Centro Latinoamericano y Caribeño de Demografía (CELADE), División de Población de la Comisión Económica para América Latina y el Caribe (CEPAL), sobre la base de procesamientos especiales de los microdatos censales.

A modo de cierre

Casi en la última década del siglo XX, en el año 1989, se conformó la Asociación de Descendientes de la Nación Charrúa (ADENCH) con el objetivo de la recuperación de la cultura de nuestros pueblos originarios.

Desde entonces, quienes nos autorreconocemos indígenas en el Uruguay hemos tenido algunos avances en nuestras luchas por la reivindicación histórica y cultural de nuestros ancestros, pero de todas maneras tenemos grandes desafíos por delante.

El Estado uruguayo está en deuda con sus pueblos originarios. El actual Presidente de la República, Dr. Tabaré Vázquez, en su discurso de asunción al cargo hizo muchas menciones al papel que los indígenas tuvieron en las luchas libertarias del siglo XIX y, recientemente, también reconoció en un Consejo de Ministros la continuidad indígena del Uruguay. Pero aún seguimos esperando el reconocimiento oficial del genocidio de Salsipuedes de abril de 1831. En el ámbito legislativo se ha iniciado un lento proceso de conversaciones para dar inicio a la ratificación del Convenio 169 de la OIT. En Uruguay se sigue conmemorando el 12 de octubre como el Día del Descubrimiento de América, también se está haciendo lobby parlamentario para llevar adelante un proyecto de ley que propone el cambio de la fecha a Día de la resistencia.

Por otro lado, la evidencia demostrada por los primeros datos oficiales, provenientes de las encuestas de hogares y del último censo de población, suponen un gran desafío para quienes están en el ámbito de las políticas públicas, porque obliga a pensar en las particularidades, más aún considerando que la mayor parte de los indígenas en el país están en las ciudades y en situación de vulnerabilidad social.

También existen grandes desafíos para el sistema educativo. Estamos en vísperas de la realización de un Congreso Nacional de la Educación y será un espacio de gran importancia para plantear el asunto con la profundidad y responsabilidad que merece.

En lo que respecta a las organizaciones que reúnen indígenas, descendientes y gente afín a la temática, el gran desafío es el fortalecimiento organizacional para llegar a la mayor parte de la sociedad y dar a conocer la verdad histórica y romper los paradigmas: "Uruguay es un país sin indios", "venimos de los barcos", o aquel famoso eslogan turístico de hace unos años: "no hay terremotos, ni accidentes geográficos, ni el problema indígena". Cuando hablo de organizaciones me refiero específicamente a las de trayectoria más conocida: el CONACHA, el Consejo de la Nación Charrúa de Uruguay, y ADENCH, la Asociación de Descendientes de la Nación Charrúa. Tenemos que incidir en el necesario cambio cultural que deben hacer los uruguayos, a través del sistema educativo, de la investigación en la Universidad de la República, conformando los equipos multidisciplinarios que están empezando el proceso de investigación.

Vivimos en un "paisito" de tres millones doscientos mil habitantes, de cultura occidental, donde la Universidad de la República y el Estado son las instituciones en las que confía la población y a través de las cuáles deberemos llevar adelante una investigación profunda de nuestros pueblos originarios y, sobre todo, la reivindicación histórica que permita a los uruguayos interesarse por conocer sus raíces americanas, sentirse parte de América Latina, dejar de mirar hacia Europa y, sobre todo, sentir orgullo de su sangre indígena.

Queda mucho por hacer.

Bibliografía

Acosta y Lara, E. 1989 *La Guerra de los Charrúas* (Montevideo: Uruguay editores Linardi y Risso).

Bengoa, J. 2000 *La Emergencia Indígena en América Latina* (Santiago de Chile: Fondo de Cultura Económica).

Bengoa, J. 2009 "¿Una segunda etapa de la Emergencia Indígena en América Latina?" en *Cuadernos de Antropología Social* Nº 29 (Buenos Aires: Instituto de Ciencias Antropológicas, Facultad de Filosofía y Letras, Universidad de Buenos Aires).

Bucheli, M; Cabella, W. 2010 "Perfil demográfico y socioeconómico de la población uruguaya según su ascendencia racial" en Huenchuan, S.; Bay, G. (ed.) *Notas de población* Nº 91, pp. 161-200.

Cabrero, F. (coord.); Pop, A.; Morales, Z.; Chuji, M.; Mamani, C. 2013 *Ciudadanía intercultural* (Quito: PNUD-GPECS).

CEPAL, CELADE 2014 *Los pueblos indígenas en América Latina: avances en el último decenio y retos pendientes para la garantía de sus derechos* (Santiago de Chile: CEPAL).

De la Peña, G. 1999 "Territorio y ciudadanía étnica en la nación globalizada" en *Revista Desacatos* N° 1 (México: Centro de Investigaciones y Estudios Superiores en Antropología Social - CIESAS).

Fondo Indígena 2007 *Pueblos Indígenas y Ciudadanía: Los Indígenas Urbanos* (La Paz: ediciones del fondo indígena).

Gianotti, C. 2015 "El paisaje arqueológico de los cerritos de indios en los departamentos de Tacuarembó y Rocha". Tesis de doctorado (Santiago de Compostela: Universidad de Santiago de Compostela).

López Mazz, J.; Bracco, D. 2010 *Minuanos: notas y apuntes para el estudio y la arqueología del territorio guenoa-minuán* (Montevideo: Uruguay editores Linardi y Risso)

López Mazz, J.; Gianotti, C.; *et al.* 2010 "Paisaje y territorio como marcos para la cooperación en Patrimonio: experiencia del LAPPU en Uruguay" en *Actas IV Congreso Internacional Patrimonio Cultural y Cooperación al Desarrollo* (Sevilla, 16, 17 y 18 de junio de 2010, Sevilla).

Oliva Martínez, D; Blázquez, M. 2007 *Los derechos humanos ante los desafíos internacionales de la diversidad cultural* (Valencia: Publicaciones de la Universidad de Valencia).

Rodríguez, J.; Busso, G. 2009 *Migración interna y desarrollo en América Latina entre 1980 y 2005: un estudio comparativo con perspectiva regional basado en siete países* (Santiago de Chile: Comisión Económica para América Latina y el Caribe. CEPAL).

Turpo Choquehuanca, A. 2006 *Estado plurinacional: reto del siglo XXI* (La Paz: Instituto Itinerante de la Resiliencia; Plural editores).

Pueblos indígenas en Lima: nuevas perspectivas

Gustavo Solís Fonseca[1]

Introducción

La población del Perú puede ser ahora de alrededor de 30 millones. El número de los habitantes de Lima, la capital del país, podría estar alcanzando los diez millones de personas. La cantidad real podrá conocerse después de septiembre de este año (2017), cuando se disponga de los resultados del Censo Nacional de Población y Vivienda que se tiene previsto realizar. También, a la par del censo en referencia, este año se realizará el III Censo de Comunidades Indígenas, con lo que se podrá conocer la cantidad de habitantes indígenas peruanos, pues se planea averiguar el número de personas que se autoidentificarán como indígenas (originarios) o afrodescendientes.

Ningún censo de la época republicana del Perú brinda información confiable sobre la identidad étnica de los limeños; pues no tenemos datos cuantitativos étnicamente específicos —salvo para la Amazonia indígena— que nos permitan mostrar la diversidad de Lima o el Perú. En Lima habitan personas que son miembros de pueblos originarios andinos, pero también hoy viven en esta ciudad personas de varias etnias amazónicas y de ascendencia no americana, tales como chinos, japoneses, árabes palestinos, judíos, etc.; todos ellos desarrollan algún nivel de socialización comunitaria culturalmente específica, que se evidencia de varias formas,

---

1 Profesor de la Universidad Nacional Mayor de San Marcos en el Centro de Investigación de Lingüística Aplicada. Correo electrónico: gsolisf@unmsm.edu.pe.

como poseer centros educativos orientados desde una perspectiva que recoge la particularidad de la comunidad étnica y cultura propia.[2]

Los habitantes peruanos de las ciudades mayores (capitales de Departamento o Región) se autoidentifican como criollos o mestizos en mayor medida, pero habrá también quienes se identifican como afro-peruanos, niseis (de origen japonés), tusanes (de origen chino), machiguengas, quechuas y de los varios otros grupos indígenas del país. En los últimos tiempos hay quienes se proclaman indígenas o indios, aun cuando no son culturalmente tales por no pertenecer a un pueblo indígena actual. En este sentido, superando la condición de clase campesina, muchos habitantes de cualquiera de las regiones naturales del Perú muestran re-identificación indígena, incluso siendo de la región costeña o del litoral marítimo, quienes parecían preferir asimilarse como grupo a los criollos. Sin embargo, esta opción de autorreconocimiento como indígena no es algo que se muestre abiertamente en la ciudad, excepto en circunstancias que se relacionan con ocasiones que implican al grupo o a los asentamientos de donde proceden las personas o sus antepasados. En todo esto es claro el juego de conductas entre la identidad asumida como conducta individual, y aquella que implica comportamiento social. Si bien se pueden observar conductas de rechazo a su identidad étnica, se puede también ver que los mismos individuos lo aceptan cómodamente cuando interactúan como parte de un grupo. Con todo esto a la vista, la cuenta de individuos indígenas en Lima o en cualquier otra ciudad mayor del Perú no es un dato confiable si es que lo hubiera; así, las informaciones cuantitativas son en realidad aproximaciones.

Las suposiciones o referencias de población indígena en Lima, por ejemplo, son de cifras relativas que van desde el 30% hasta el 40%. En todo caso, no se trata de poca cosa aún cuando sean percepciones que asumen un fuerte componente indígena en esta ciudad (Solís, 1998).

Los procesos migratorios del campo a la ciudad, que han tenido lugar en forma sostenida desde los años cincuenta del siglo pasado, son los responsables de trasladar a Lima a miles de habitantes de los pueblos de la

---

2   La ausencia de datos que contemplen una perspectiva cualitativa de la población limeña es un déficit evidente, que da pie para señalar la precariedad del último censo hecho en el Perú el año 2005, que eliminó incluso la averiguación mínima sobre lenguas que hablan los peruanos. Incidentalmente, debe señalarse que nunca se ha hecho en el Perú durante la época republicana censo que permita averiguar sobre membresía étnica y lingüística de los peruanos. Paradójicamente, los censos hechos durante la colonia han sido claramente mejores en el aporte de información cualitativa sobre la población peruana.

región andina (serrana). Lo mismo comienza a ocurrir partir de los años 70, con miembros de los pueblos indígenas amazónicos, especialmente con los de los pueblos asháninca, awajun y shipibo que aparecen en esas fechas, cuando se hacen conocidos los nombres de Evaristo Nunkuang y César Sarasara del pueblo awajun, los de los hermanos Mikeas Mishari y Elías Mishari del grupo Arawak de la Selva Central, y otros de la zona de asentamiento del pueblo shipibo en la cuenca del río Ucayali. Ellos son los pioneros de las mayores organizaciones representativas de los pueblos (Nunkuang de AIDESEP y Sarasara de CONAP) o de organizaciones regionales, algunas afiliadas a las dos mayores y algunas relativamente autónomas. Es bueno reconocer que AIDESEP ha sido y sigue siendo una escuela de formación de líderes jóvenes, desde los que ahora dirigen las organizaciones indígenas a nivel nacional o regional, hasta las más específicas de las comunidades o pueblos, especialmente amazónicos.

Este trabajo trata básicamente de la migración de los miembros de pueblos indígenas en el Perú, especialmente a Lima, la capital del país. No todos los pueblos peruanos están representados en el trabajo, pues no disponemos de datos suficientes ni observaciones sostenidas. Las observaciones son mías y se relacionan con mi propia experiencia de migrante final a Lima desde Ancash, y con mi familiaridad en virtud de mi trabajo cono lingüista con lenguas de varios pueblos peruanos de las diferentes regiones del país. Parece importante destacar algunas cuestiones al tratar de la migración como decisión autónoma: a) las habilidades culturales que facilitan; b) la educación como objetivo mayor de las sociedades indígenas en los últimos tiempos; c) la vida urbana como la deseable en lugar de la vida rural. Es obvio que esta simplificación no cubre la complejidad del tema, por ejemplo, quedan al margen los desplazamientos forzados por violencia, las huidas por ataques de plagas, enfermedades o fenómenos naturales como terremotos y huaycos, etc.

Presencia indígena en la ciudad de Lima

La lengua que se necesita para migrar

Tanto ahora como hace más de 50 años, en los procesos migratorios colectivos —o en las decisiones personales para migrar— la clave para decidir ha sido la evaluación del manejo de lengua castellana, que ha funcionado y aún lo hace, como el factor que puede determinar la migración o no de las personas. No es inmotivado que la migración en el Perú del campo a la ciudad, del mundo rural a la urbe, se acentúe en la segunda mitad del siglo XX, coincidentemente con el mayor alcance nacional del sistema educativo, que se nota además como exitoso en el aprendizaje efectivo del castellano, aunque no se hubiera planificado tal resultado. Pero el hecho es que centenares de miles de personas migraron a las grandes ciudades, habiendo comprobado previamente que eran competentes en castellano, cuyo dominio era importante para que la gente, especialmente joven, evaluara positivamente sus posibilidades de vida en un lugar donde se exigía hablar castellano y donde se discriminaba en razón de la condición indígena.[3] Esta evaluación ha sido hecha inevitablemente por todos para migrar a un espacio que requiere el uso de una lengua que no es la suya. Es obvio que hay una cantidad de otros supuestos que ya han sido resueltos anticipadamente, por ejemplo, la pregunta de con quiénes hablar, quiénes son sus parientes allí a dónde va, etc. La cuestión de decidir o no tiene que haber sido más difícil para los indígenas amazónicos. Por ello, es bueno preguntarse: ¿Hasta qué punto muchos de los adultos de ahora, queriendo migrar no lo hicieron, porque su evaluación de manejo del castellano les aconsejó no hacerlo? No deja de haber en todas partes y en todo momento gente que lo hace de todas maneras, sobre todo aquellos que saben que tienen don de lenguas y que pueden aprender rápidamente.

La urbanización de los individuos indígenas tuvo que ser un proceso largo en el tiempo, pero en todos los casos significó acercarse a Lima, tanto en el aspecto cultural como en términos de cercanía geográfica; en este último caso se trata del tránsito para dejar de ser rural y pasar a ser un habitante de la urbe, comenzando por ser ciudadano de la periferia geográfica de las ciudades, para luego entrar en algún momento al centro relativo de la ciudad (Coello de la Rosa, 2006). Este simple tránsito geográfico ha significado lo que algunos han llamado el paso de "indio a campesino", pero que con propiedad debería decirse de *indio rural a indio urbano*, donde abandonan o niegan luego la condición indígena.

El comercio es la actividad económica urbanizadora por excelencia, por lo mismo es la desindianizadora por antonomasia. Esto lo podemos

---

3   Recordamos la incredulidad de los familiares, quienes habiendo averiguado el paradero de sus hijos que habían huido de su casa hacia Pativilca, en la Costa Central del Perú, aceptaban el hecho señalando que esos huidos habían sido afectados por "la mar viento", que era un poder maligno que vuelve locas a las personas. Ninguna otra cosa tendría que haber sido el motivo de la locura ir a Lima, donde no hablan en quechua y, además, en Lima mataban a la gente los "pishtakus" para extraerles la grasa que usaban en las fábricas para la lubricar las máquinas.

afirmar a partir de lo que ha sucedido con la migración urbanizadora. Esto mismo se observa con los japoneses y chinos traídos en el siglo XIX para trabajar en el campo (Rodríguez Pastor, 2018), al que abandonan para iniciarse en la periferia de las ciudades en el comercio, en la bodega tradicional del chino o japonés de la esquina de alguna calle.

De indio a campesino

Esta expresión "de indio a campesino" tiene uso generalizado durante el gobierno militar de Juan Velazco, con la Reforma Agraria que su régimen impulsa en la región de la costa y la sierra peruanas con el apoyo ideológico de un grupo de intelectuales. En el caso de la selva, el reconocimiento de territorios comunales hizo, con el tiempo, algo semejante, pues al reconocer tierras a las comunidades, los que ejecutaron el proyecto pensaron en extensiones como para comunidades campesinas andinas o costeñas, imaginando indebidamente que sus miembros eran exclusiva o mayormente campesinos. El tiempo ha demostrado que algunas comunidades nativas terminaron siendo efectivamente "comunidades campesinas" y no comunidades indígenas.

Muy al comienzo de la República, Simón Bolívar despojó a los Curacas quechuas de su condición de autoridad culturalmente indígena. Se señala que el propósito era que en adelante todos debían considerarse "ciudadanos" de la República. Esta decisión de Bolívar tuvo repercusión en el cambio de la condición de indio a campesino que, en la práctica, implica el paso a la condición preponderante de "ciudadano".[4]

El tránsito de la periferia al centro urbano de la ciudad, o de la morada rural o del campo a la morada en la ciudad, lo han experimentado muchos limeños en Lima durante su vida, con el pasaje de vivir en la periferia de la ciudad y luego entrar a lo que ya no es periferia, debido al continuo crecimiento de la urbe. El crecimiento de la ciudad ha hecho que las periferias siempre tengan sus periferias. Esta imaginaria ruta al centro es, en muchos casos, con su casa a cuestas, por ese acto de las ciudades de crecer engullendo a sus periferias.

El otro tránsito imaginablemente paralelo ha sido el que lleva de individuo culturalmente amerindio a occidental en cultura; en realidad, otra

---

4   En la época de Velazco se identificó a las comunidades indígenas de la sierra como comunidades campesinas, lo que implicó la concepción estrecha de las formaciones sociales indígenas en el marco de una perspectiva de clases sociales o como una cuestión de clase social.

forma de lo mismo, es de indio pleno a menos indio, o de no occidental a cada vez más occidentalizado. Del éxito de este tránsito es la escuela la mayor responsable.

El mito de la ciudad

La ciudad es, en alguna medida, un mito para los indígenas. La diferencia está en la fuerza de ese mito moderno, en la solidez y en su capacidad de atraer y convencer. Esta capacidad se evidencia en gradación dependiendo a quiénes atrae. El nivel de cognición de la ciudad que ha adquirido una persona es diferente y tiene correlación con su grado de identidad cultural con su pueblo o comunidad. Los menos alienados posiblemente serán los que más elaboran el mito de la ciudad a partir de lo que escuchan, aquello que se les cuenta, etc. Los otros tienen diferente cercanía con el mito. Y esto ha ocurrido siempre, pues los arqueólogos especializados en la llamada "Cultura Lima" mencionan la atracción de la práctica funeraria que se hacía en el recinto sagrado de Pachakamaq, al que la gente prefería como sitio de sus tumbas o como lugar de peregrinaciones de sus pueblos, casi como si tratara de una suerte de vuelta a la *pacarina* original. Lo que de la ciudad atrae ahora son los edificios, la abundancia de carros, lo que ya se ha visto por la televisión; o lo que se ha oído por radio: los partidos de fútbol, las chicas en la playa, los regalos, las abundancias en general, etc.

Saber desenvolverse en la ciudad es uno de los aprendizajes que deben desarrollar los jóvenes indígenas para migrar. Una de las capacidades más cultivadas ha sido, con toda seguridad, el manejo de lengua, de aquella que hablan en el lugar al que migra. La evaluación de su capacidad de lengua es rigurosa, veraz y personal, y aporta con el puntaje más alto para la decisión de migrar. La lengua es obviamente el idioma castellano, con la cual se asociaba a la ciudad y a Lima en forma exclusiva. El uso de moneda y billetes es otro elemento de la ciudad. El joven debe definir con responsabilidad que habla bien castellano como para desenvolverse en la ciudad, puede estar enterado del *mote* que tiene, por lo que él será motivo de burla; pero habrá decidido llevar a cabo la afrenta para conseguir su objetivo.

Los que van a migrar saben que pueden desempeñarse en trabajos físicos en general: en limpieza, construcción civil, mandados, ayudantes de cocina "pela pollo", "tira pluma", "copiloto" (suponen de avión, siendo en realidad practicante de una moderna profesión que es "jalador" de pasajeros de las combis de Lima).

Lima tiene fantasmas para los indígenas, es parte de la elaboración mítica, que ahuyentan para que no vayan a Lima. Se trata de los discursos de advertencias sinceras de los familiares o de los amigos: "allí matan a la gente" (pishtacos: los que degüellan); en Lima roban, engañan, desprecian, explotan, prostituyen; en Lima no tienen buenas costumbres, no se bañan, no saludan, no saben tu nombre; las mujeres son ociosas, etcétera son algunos de los prejuicios dentro de una larga lista. Frente a ellos hay que imaginar la fuerza de atracción de la ciudad que prevalece más allá de todos los temores que puedan levantar. La cuestión detrás es que los temores son de quienes advierten, porque aquellos que deciden ir a Lima ya han enfrentado sus miedos con los recursos que la escuela les ha dado, de los que están seguros ya que han hecho la evaluación que les asegura plena confianza.

Lo que te dice que puedes irte

Tener una familia en Lima o en ciudades cercanas a Lima fue o pudo haber sido un gatillador para inducir a migrar fuera del ámbito de la comunidad. Los pasos previos para migrar, vistos como razonables por los jóvenes, debieron contar con un acuerdo previo con los padres y los familiares a lo lejos, siendo el objetivo satisfacer necesidades educativas que no se satisfacían en la comunidad: continuar el estudio en centros más integrales para atender toda la primaria o para completarla, para seguir con la secundaria, luego para ir a la institución de educación superior. Estas instituciones con el tiempo fueron acercándose a las comunidades, por lo que abandonar para acceder a tal nivel podía conseguirse sin viajar a la capital provincial. De igual manera, las universidades (UEs) han ido acercándose, poniéndose en la capital del departamento. En todos los casos, Lima aparece como la última escala alta a la que hay que llegar, aun cuando no pocos de entre los migrantes pueden haber estado ya en Lima, estudiando en el Colegio Guadalupe, una suerte de institución emblemática de educación secundaria de nivel nacional.

Lo que caracteriza a quienes se van

Los que se van son educados por el servicio educativo que brinda el Estado, lo que significa que ese servicio cumple con las exigencias que el migrante o su familia considera que debe cumplirse, y sobre cuya base alguien decide migrar o se atreve a hacerlo.

La decisión de irse es resultado de una serie de evaluaciones, la primera de las cuales es la competencia en lengua castellana; otra es obviamente la evaluación de competencia cultural, y otra las habilidades de trabajo. Suponemos que hay una serie de consideraciones que todos elaboran y asumen. Una de ellas es el supuesto en la forma de una lista de las facilidades que tienen en la ciudad a donde migran, por ejemplo, los familiares con los que cuentan, lo que saben de sus conversaciones con otros que han migrado etc., pero es obvio que hay más complejidades. Anotamos un parecer relevante de Ismael Vega (2014): "los que migran son más frente a los no migran". Incidentalmente, es bueno advertir la idea de Vega que: "los amazónicos son más entusiastas, no ven, por ejemplo, la discriminación en Lima. Dicen que no sentían la discriminación. Más discriminación sintieron en las ciudades intermedias como Bagua, Jaén, Tarapoto o en La Selva central".

¿Quiénes se quedan y cómo son ellos?

Es posible anotar y hacer algunas correlaciones sobre la base de una general, que reconoce que la formación cultural con un currículo implícito que prepara a la gente para migrar es exitosa por sus resultados. A este éxito la sociedad no le ha visto con buenos ojos, por prejuicios relacionados con la apreciación de que migrar no es bueno. ¿Quiénes tienen este prejuicio? ¿Los que se quedan o los habitantes a donde los migrantes van tal vez a "afear"? Esto dicen los limeños que hacen los serranos que migran a la ciudad de Lima con sus asentamientos surgidos a través de las invasiones a la periferia de la urbe limeña.

A mayor cultura de los migrantes, menos posibilidades de retorno permanente a su espacio de origen; a menor cultura occidental, más posibilidad de no migrar. Los que no migran son generalmente adultos y más mujeres que varones. Esta serie de correlaciones nos dice bastante de lo que está sucediendo.

La ideología de la educación de los padres con respecto a sus hijos tiene que ver bastante en toda esta cuestión de migraciones. La asunción de esa ideología y su práctica en la escuela o academia occidental es la base de sustento de las decisiones y de las bondades que se presumen van a resultar con la migración. Los que se quedan son conservadores, tienen la responsabilidad de la supervivencia cultural, de la lengua, de las continuidades biológicas y de otras sociales y culturales. A veces también lo hacen para alimentar la melancolía de los que se fueron, que esperan regresar al menos a alguna fiesta de la comunidad, del pueblo y, más específicamente, de la familia o clan.

Continuidad o no

Si se preguntara sobre si las ciudades peruanas actuales muestran o no continuidad de ocupación indígena, la respuesta positiva o negativa no es fácil de determinar. La continuidad de indígenas biológicos sí se asume, pero la continuidad ideológica o mental de habitantes de matriz cultural indígena no parece razonable asumir plenamente, aún cuando en muchos casos la cultura indígena pueda percibirse como fuertemente presente.

Las ciudades han sido hasta antes del siglo XX o hasta la primera mitad de tal siglo, lugares de visita, de curiosidad, o lugares de servicio de los indígenas a sus patrones habitantes de la urbe. Hoy es obviamente de experiencia diferente. Para los shipibos de la selva central son el mercado de sus productos a donde ellos van a comercializar. Eso es Lima, eso es Pucallpa, eso es Iquitos, e incluso ciudades más pequeñas en dimensión, como La Merced, Pichanaquí o Satipo de la cuenca del río Perené en la Selva central, que son también espacios de negocio a donde van para vender sus artesanías, aprovechando que los grupos étnicos propios de la zona no tienen una tradición artesanal de la belleza o la calidad de obra de los shipibos. La ciudad ha sido luego el espacio de la desruralización indígena, desde los primeros indígenas de los extramuros de Lima que trabajan en la ciudad hispana, en el damero de Pizarro vendiendo sus productos de agricultura, y también la ciudad del trabajo como servidumbre. Pero, también, la ciudad es el espacio en donde se cumple la asimilación y en donde la desindianización prueba que tiene sentido para algunos en vista de los resultados de inserción o afincamiento, primero en las afueras y luego, como correlato de una mayor asimilación, en el ingreso al espacio mismo de la ciudad hispana.

Los culíes chinos y los migrantes japoneses del siglo XIX que vinieron para el servicio de las haciendas, huyendo de ellas se instalaron en las afueras de ciudades como Lima y otras pequeñas del llamado norte chico y del norte en la costa (Rodríguez Pastor, 2017). Algunas de estas personas, huyendo como cimarrones, se asentaron previamente en la zona rural de las afueras de Lima, luego pasaron a la periferia de la ciudad y después algunos entraron con servicios de tiendas o bodegas más al interior. Los negros huidos de las haciendas se alejaron también de los núcleos urbanos, pero luego se acercaron por las cercanías de las haciendas a las fronteras de las ciudades aledañas.

Pueblos indígenas y lenguas originarias en el Perú

Es altamente probable que el Perú sea uno de los tres países de América Latina de acentuada diversidad cultural y alta población indígena (Degregori, 2000). Esto lo sabremos puntualmente en el presente año 2018, cuando se publiquen los resultados del censo realizado el año de 2017. El CEPAL señala que en población indígena nos superara Bolivia y Guatemala (CEPAL, 2007). Se han hecho censos específicos indígenas de regiones, como el II Censo de Comunidades Indígenas Amazónicas (2007) —que no es un censo especializado en varios aspectos y sufre de la duda razonable de subestimación de la población indígena—. Dicho censo fue rechazado por las organizaciones indígenas, por la desconfianza en su veracidad y por la subestimación del número de miembros de los pueblos amazónicos indígenas.

Suelen usarse actualmente dos rasgos para identificar a la población indígena peruana: lengua materna y autoidentificación étnica (Valdivia, 2011). Según estadísticas oficiales disponibles y recientes la población indígena sería de:

- 3.919.314 mayores de 5 años de edad, según su lengua materna. De estos, 83% son quechuas, 11% aimaras y 6% indígenas de la Amazonia, lo que equivale al 16% de la población en el grupo etario señalado (Censo Nacional, 2007).
- 36,7% de los jefes de hogar señalan que son indígenas. Esta cifra disminuye al 27,9% con el criterio de lengua materna (ENAHO, 2009).
- En el 2007 (II Censo de Comunidades Indígenas Amazónicas) se había empadronado a 332.975 habitantes en 1.786 comunidades indígenas (nativas) en 11 regiones o departamentos de la Amazonia del noreste del Perú. Loreto es el departamento con más población indígena amazónica (31,8%), siguen Junín (22,1%) y Amazonas (15,6%).

Según el Documento Nacional de Lenguas originarias del Perú (Ministerio de Educación y Ministerio de Cultura, 2013) hay en el Perú 52 pueblos indígenas: 48 en la Amazonia y 4 en la Región Andina: quechua, aimara, jaqaru y uro. Por otra parte, hay 47 lenguas indígenas con distinto nivel de uso y de vitalidad que se afilian genéticamente a 19 familias lingüísticas.

Los quechuas en Lima

La población indígena quechua de Lima prehispánica quedó diluida con el tiempo en un proceso que implicó una asimilación cultural y una desruralización, que llevó a los indígenas desde los asentamientos de los extramuros de la ciudad a la urbe hispánica, que se va consolidando poco a poco alrededor del llamado Damero de Pizarro. Quedan hasta hoy, en términos arqueológicos en gran medida, los restos de los numerosos asentamientos prehispánicos cuyo abandono evidencia el paso de lo rural a lo urbano de los tiempos de la colonia y hasta la república, y también la puesta en escena de una nueva lógica de urbanización, que decide dedicar para el espacio urbano los mejores terrenos: planos, arbolados, frescos; en lugar de reservar dichos espacios a lo que era importante para la vida: para producir mediante la agricultura el sustento para vivir. Este es un cambio radical y todavía puede escucharse lo doloroso que fue para la gente, cuando dicen lo incomprensible que es "dedicar tan bonitas tierras para sembrar cemento como si se pudiera vivir comiendo el concreto".

Los grupos quechuas que migran a Lima, que le dan a la ciudad ese rostro andino que hoy tiene, se relacionan con los lugares andinos adyacentes. Los del valle del Mantaro estaban y aún están en lo que se llama el Cono este, los de Ancash y en general los del norte son los que ocupan el Cono norte, los de Ayacucho y el sur en general son los que pueblan el Cono sur. Esto en términos generales.

La etapa de violencia de los últimos tiempos desplazó gente de Ayacucho a muchos lugares de Lima, formando enclaves muy definidos, tal es el caso del asentamiento Virgen de Luren en San Juan de Lurigancho, que hacia 1975 estaba constituido casi exclusivamente por gente migrante de comunidades de Ayacucho, en el que el uso del quechua era cosa habitual, lo que hacía posible que las criaturas aprendieran este idioma en el diario convivir con sus abuelos ancianos monolingües. Para estos niños, solo después de los 3 a 4 años el castellano pasaba a constituir opción de aprendizaje, cuando la criatura podía traspasar de la puerta de su vivienda a la vereda o a la calle, donde podía escuchar a hablantes de castellano.

Los datos del Censo nacional de 2007 arrojan una población de 898.443 habitantes en el distrito de San Juan de Lurigancho, con un crecimiento del 3.14% anual; por ello, el cálculo poblacional debe estar ahora por encima de los 1.300.000 habitantes. Este distrito es asentamiento de cinco generaciones de personas, su población es mayormente migrante de provincias. Los primeros son de la década del 50 y 60, atraídos por el crecimiento industrial; una segunda migración es de la década 70 al 80, que viene del campo, luego del fracaso de la Reforma Agraria decretada en la época del gobierno militar de Velazco Alvarado. Estos migrantes se convierten en vendedores ambulantes de Lima, o forman el gran grupo de los informales económicos. Este distrito es el que más población migrante acogió: campesinos de Huancavelica, Ayacucho, Huánuco, Junín, Arequipa, y Lambayeque, en mayor medida.

Los aimaras y el negocio (Gamarra y Unicachi)

El escenario urbano de Lima (Suxo, 2006) es un contexto de las relaciones desiguales de los migrantes, así como de las lenguas en contacto, en que el aimara está en la condición de lengua dominada o subordinada con relación al castellano, y el bilingüismo apunta a privilegiar el castellano en desmedro del aimara. En este contexto, los migrantes de Unicachi y Huancho de la zona del Altiplano de Puno enfrentan un dilema como conducta lingüística, pues encaran la opción de mantener el idioma aimara o de perderlo. Así, algunos aimaras opinan que hablar castellano es símbolo de progreso y éxito, y que hablar aimara significa lo opuesto. Contraria a la idea colonial de homogeneidad étnica, en Lima lo que se comprueba es la diversidad y presencia indígena representativa de los pueblos que hay en el Perú, pero invisibilizada, debido a los diferentes grados de asimilación y pérdida de la especificidad étnico-cultural.

Suxo anota que lo que explica este comportamiento diferente en el caso de Lima son los factores de mantenimiento de naturaleza social, emotivo-actitudinal, género femenino y cultural.

En las relaciones económicas en Unicachi están de por medio los paisanos, lo que obliga a usar el aimara en alguna medida; en tanto que en Huancho las familias laboran en contextos en los que el castellano es predominante, por lo que el uso del aimara no es frecuente.

Lo señalado muestra, según Suxo, que entre los migrantes aimaras en la ciudad de Lima: "los elementos de desplazamiento son más recurrentes e incisivos que los del mantenimiento".

Según mi colega Felipe Huayhua Pari, quien es aimara, muchos de sus paisanos de Azángaro, Puno, vinieron a Lima en el siglo pasado y lo hicieron porque tuvieron la posibilidad arreglada por otro paisano de insertarse en el servicio de Baja Policía de varias municipalidades de Lima (Breña) y Callao. Como en los casos de invasiones para hacerse de un espacio para vivir, en este caso es o un familiar o un paisano que "pasa la voz" de la oportunidad a aprovechar, y dependiendo de la amplitud de la posibilidad la decisión de pasar la voz puede sobrepasar el ámbito familiar y llegar hasta el paisano.

Hacia el sur de Lima surgió en 1990 un asentamiento producto de invasión cuyo nombre es Ciudad Gosen. Este es un asentamiento que es parte del Distrito de Villa María del Triunfo. Gosen surge por iniciativa de aimaras, por ello los aimaras mayoritarios procedentes en gran medida de la provincia de Moho, Puno, lo dirigen, pero también hay quechuas que provienen de diversos lugares de la Sierra (Huancavelica, Ayacucho, Huancayo, Ancash, etcétera). Algunos pobladores de Gosen son jaqaro hablantes, migrantes de la provincia limeña de Yauyos; otros son hijos de migrantes y nacidos en Lima. Gosen es multilingüe y, además de castellano, se habla cotidianamente aimara y quechua. Las relaciones sociales (matrimonios, fiestas, trabajo, deporte, etc.) constituyen un contexto que posibilita el uso de lenguas y su aprendizaje por los pobladores. Se observa que el uso de las lenguas quechua y aimara no está marcado por la discriminación lingüística, pues se las usa en pie de igualdad con el castellano.

Las shipibas y las artesanías

Los shipibos son población amazónica perteneciente lingüística y culturalmente a la familia lingüística Pano. El nombre del grupo con la terminación -bo identifica a la formación social del tipo de clan en que se organizan los panos. La denominación actual de pueblo constituido por varios clanes, que han devenido unificados mediante un proceso de etnogénesis, es shipibo-conibo. Este pueblo es, en el inicio, una síntesis de dos clanes: sihipibo y conibo. Pero también hay en este pueblo miembros del clan shetebo, pisquibo, e individuos de otros clanes, pero que asumen que todos son el pueblo shipibo-conibo. Independientemente del asentamiento en Lima, los shipibos son el pueblo que más ha cambiado en la dirección de hacerse urbanos: ellos han pasado en menos de 500 años de cazadores a "campesinos" como comunidad nativa, y ahora es el grupo más "urbanizado"

Las mujeres shipibas son famosas en todo el Perú por su intrepidez y habilidad para el comercio de la artesanía de su pueblo. Las telas hermosamente decoradas, así como las cerámicas y chaquiras, son los productos preferentemente comercializados por ellas. Un lugar ampliamente conocido por los paisanos o acopiadores en los pueblos, se encuentra o se encontraba en los Barrios Altos de Lima.

Hay en Lima alrededor de 240 personas del pueblo shipibo-conibo (2007), la mayor parte de ellos vive en Cantagallo (Rímac-Lima), y otra parte en el distrito de Ventanilla. Se dedican a la producción de artesanía, pues el lugar de Cantagallo es prácticamente una factoría bien establecida con abastecimiento planificado de materiales para el trabajo artesanal desde la zona del Ucayali, y de producción con distribución a distintos lugares del país, además de Lima. Es interesante señalar que los productos de los shipibos incluso vuelven a la selva, a la zona de La Merced y Satipo para su venta a los turistas, aprovechando que en esta zona los pobladores nativos de la misma, los asháninkas, no tienen tradición sostenida de trabajo artesanal.

Un rasgo interesante del shipibo de Cantagallo es que ellos sí tienen algún nivel de vida comunal culturalmente propia, favorecido bastante por la centralidad cultural y económica de la producción artesanal. Este hecho da cuenta también del éxito de algunas reivindicaciones que proponen ante las instancias del Estado, tal como el funcionamiento de un programa de Educación Intercultural Bilingüe (EIB) en su asentamiento (MINEDU, 2013).

Los asháninkas de la Selva Central

Existe un colectivo de aproximadamente unas 95 familias asháninkas que viven en forma dispersa en varios asentamientos de Lima, como Huaycán, Horacio Zevallos, Ventanilla, Cantogrande, Santa Eulalia, etc. El cálculo total de asháninkas en Lima, según el dirigente asháninca Enrique Kasanto, es de alrededor de 300 personas. Se dedican a actividades distintas, tales como peón, albañil, chofer, guachimanes, obreros, vendedores en mercados, empleados públicos, etc. No hacen vida comunal, aunque los de Huaycán abrigan un proyecto desde hace algunos años de constituir un Club de los Pueblos Indígenas de la Amazonía, algo que todavía no se ha concretado debido a los vaivenes políticos de los grupos locales de Huaycán.

Todos los asháninkas provienen de la zona de la Selva Central, de la cuenca del río Perené. Si bien estas familias asháninkas se conocen mutuamente, no podemos decir que ellas constituyen una comunidad nativa en la ciudad. Para que haya comunidad debe haber sociedad, y esto no es el caso idealmente hablando, pero es evidente que hay algunas relaciones sociales entre todos los asháninkas de Huaycán, pero también una cantidad de no relaciones que determinan que ellos no constituyen una comunidad. Conviene repensar la comunidad tradicional tal como la conocemos, pues debe definirse de modo diferente para capturar la nueva naturaleza de las relaciones comunitarias que se dan en las ciudades.

Los awajun y la burocracia

Los awajun son habitantes pre andinos de la selva norte peruana; comparten la misma estirpe lingüística con el shuar del Ecuador y con los grupos achuar / achual y wampis del Perú. Los awajun en Lima no son numerosos.

Un rasgo cultural de mucha trascendencia de los awajun es su alta capacidad organizativa, de dirección o liderazgo y el fuerte orgullo étnico que sustenta una alta autoestima de sus miembros, que hace de este pueblo uno muy singular. Han sido los awajun quienes dieron origen a las organizaciones indígenas peruanas más exitosas en la defensa de sus miembros y de sus respectivos pueblos.

Existe en Lima un lugar simbólico donde los awajun impregnan los rasgos de su identidad cultural: el local de la Asociación Interétnica de Desarrollo de la Selva Peruana, más conocida por su sigla AIDESEP, que es, a la vez, local sindical, local indígena de los pueblos que pertenecen a su asociación, local de encuentro indígena, de interculturalidad, de hospedaje de indígenas dirigentes y, en general, de cualquier miembro de un pueblo amazónico; también lugar de encuentro de estudiantes que se hallan en Lima, o de estudiantes en camino de postular a alguna universidad capitalina.

En forma cada vez más creciente, constatamos la presencia de miembros del pueblo awajun en instancias del aparato del Estado en distintas posiciones, marcando así un hecho que se condice con el acceso profesional relativamente amplio de muchos indígenas, que es resultado de mayores niveles de educación en general, y se destaca claramente con los awajun no solo en instancias de la burocracia estatal en general, sino también en organismos de distinta naturaleza, nacionales e internacionales. Este acceso a la burocracia puede ser consecuencia de una serie de factores, pero sin duda tiene que ver con características culturales específicas.[5]

---

5   Muchos otros pueblos amazónicos existen en forma dispersa en Lima. Hay por lo menos cinco familias de jeberos; sabemos también que hay yines, harambel, machiguengas, boras, etc.

Migración y educación: presencia indígena en centros académicos

En 1999 la Universidad de San Marcos hizo una innovación en su sistema de admisión de postulantes para el ingreso a la Universidad, introduciendo la modalidad de ingreso de estudiantes indígenas de la Amazonia. En dicho año, ingresaron más de cien postulantes, distribuyéndose en todas las facultades. En el referido proceso de admisión entraron a la universidad estudiantes provenientes de los pueblos: awajun, huambisa, asháninca, machiguenga, yanesha, shipibo, cashibo, bora, quechua, cocama, harakmbut y candoshi (Tejada, 2005).

La mencionada modalidad de ingreso a la UNMSM de "miembros de las comunidades nativas" fue una suerte de discriminación positiva, y se planeó como una respuesta de buen eco al ambiente de confianza que surgió entre el Perú y Ecuador luego del arreglo del conflicto fronterizo de fines del siglo pasado. Este fue el inicio de una corriente de afluencia de jóvenes indígenas para trasladarse a Lima a estudiar. La modalidad respectiva de ingreso languideció poco a poco y finalmente desapareció en la Universidad de San Marcos (Valqui & Salazar, 2014).

Otras universidades públicas implementaron el ingreso de estudiantes indígenas preferentemente de las comunidades nativas de la Amazonia, mencionamos a la Universidad de Educación de La Cantuta, la Universidad de Huacho, de la Amazonia en Iquitos, entre otras. En varias de estas universidades tal modalidad de ingreso continúa.

Universidades interculturales como centros urbanos de atracción

Existen ahora en el Perú cuatro universidades interculturales que proponen facilidades para acoger a estudiantes indígenas. Ninguna se ubica en Lima, todas ellas están en el lado oriental de los Andes. Todos estos centros se ubican en ciudades menores.

Una observación relevante es que estas universidades son la expresión franca de los motivos para migrar por parte de los jóvenes, pues la universidad resulta ser el siguiente espacio lógico de la educación ya cumplida, y el de su reivindicación de mayor educación, que no está en el ámbito de la comunidad, sino fuera de ella.

Puede decirse que la sociedad o el Estado se dieron cuenta de lo que querían los migrantes jóvenes a diferencia de los de la edad de sus padres o abuelos. Los jóvenes no ven a la comunidad como el espacio de continuidad de sus vidas luego que la educación rompiera el cordón más fuerte que los unía a su pueblo y a su espacio. Por eso, como se suele señalar muy comúnmente, las comunidades son ahora el espacio de los ancianos y ya no el espacio de todos, menos de los jóvenes educados, quienes están preparados expresamente para salir y ser evaluados justamente para dar ese paso que rompe el cordón con el seno comunitario.

La evaluación es obvia porque todos los que se van a ir y los que se van a quedar tienen claro cuáles son los elementos de la alforja que les dicen que sí pueden dejar la comunidad y marcharse para otros lares, o que no pueden hacerlo.

Las cuatro universidades interculturales son las siguientes:

- La Universidad Nacional Intercultural de la Amazonía-UNIA, ubicada en la región Ucayali y creada en el año 2000.
- La Universidad Nacional Intercultural Fabiola Salazar Leguía - UNIBAGUA, ubicada en la región Amazonas y creada en el año 2010.
- La Universidad Nacional Intercultural de la Selva Central Juan Santos Atahualpa - UNISCJSA, ubicada en la región Junín y creada en el año 2010; su creación fue perfeccionada en el año 2011.
- La Universidad Nacional Intercultural de Quillabamba - UNIQ, ubicada en la región Cusco y creada en el año 2010.

Abajo figuran algunos datos del contexto de carencias y pobreza de los pueblos indígenas del Perú, para quienes la educación superior universitaria aparece como una opción de mejora social, con la universidad tradicional y especialmente la intercultural, como la herramienta pertinente.

Programa de becas "Beca 18"

Este programa del Estado peruano consiste en la facilidad de becas a jóvenes de 18 años que hubiesen concluido su educación secundaria para continuar estudios en el nivel superior, fundamentalmente universitario. Es un programa sin antecedentes en el Perú. Una buena porción de estas becas está orientada a los jóvenes de los pueblos indígenas. Ellos deciden la carrera que quisieran estudiar y los centros universitarios a los cuales podrían postular para seguir sus estudios. Por el monto anual dedicado a este programa por los años en que está vigente, es la mayor fuente de desruralización de pobladores indígenas. A la desindianización y desruralización alcanzada con la escuela primaria y secundaria, la adición del programa Beca 18 lleva la mayor efluencia de miembros de los pueblos para alejarse de sus comunidades tradicionales y para caminar hacia el mundo occidental. Salvo un alto desarrollo de compromiso con sus pueblos, Beca 18 será la mayor causa efectiva de migración a las ciudades, especialmente de jóvenes, y sin muchas esperanzas de retorno a sus comunidades o pueblos como miembros militantes de ellos. El destino individual puede haberse logrado, pero no la ciudadanía indígena de un pueblo específico, esta esperanza social no tiene muchas posibilidades en tanto la sociedad indígena subsista sin poder y sin autonomía. Puesto que las universidades no están en zona rural, sino en capitales de departamento, o en capitales de provincia. En cualquier caso, Beca 18 es un pasaporte para alejarse del mundo propio para caminar al mundo del otro que es occidental.

En la sierra o en la costa, ¿a dónde vas si te expulsan de la zona rural?

La historia puede ser compleja, y puede comenzar señalando que, por lo que sabemos en el Perú, ningún pueblo ha permanecido siempre en el mismo lugar a lo largo de los tiempos. Los que ahora están allí donde están son los últimos, pero no son ni remotamente los primeros. No se necesitan ejemplos. Lo que se sabe es que los últimos desplazaron a otros y se asentaron en el espacio de los desplazados. En Lima podemos señalar hasta cuatro horizontes de ocupación. Sabemos que el imperio inca es el nombre de al menos tres imperios incas, relacionados con tres pueblos diferentes que lo impulsaron en momentos sucesivos y desde lugares distintos.

Déjenme señalar tres migraciones que nos constan en términos histórico-míticos:

- Los awajun fueron desplazados de los Andes del norte peruano a la Amazonia inmediata;
- Los asháninca fueron desplazados del valle del Río Rímac —donde se ubica Lima— hacia donde están ahora, en la selva alta inmediata. Los recuerdos de los yanesha (Arawak) de sus antiguos asentamientos en la cuenca del río Rímac y de sus peregrinaciones a Pachakamaq son algo que ahora se asegura y se discute;
- Los incas últimos desplazaron a una serie de pueblos y llevaron mitimaes a esos lugares desde distintos sitios del imperio.

La historia del caucho de la primera mitad del siglo pasado muestra sin ninguna duda el traslado de porciones importantes de pueblos, o de casi todo el pueblo en ciertos casos, desde la zona entre el Putumayo y el Caquetá en la Amazonia, que era territorio peruano, hacia la cuenca del río Ampiyaco (Loreto) en un lapso de 6 años. Los pueblos peruanos andoque, bora, huitoto y resígaro, por ejemplo, eran inexistentes en el Perú antes de la cesión a Colombia por el Perú del territorio entre el Putumayo y Caquetá, donde vivían tradicionalmente los grupos referidos.

Reyes incas anteriores, que eran de lengua aimara, hicieron igual; y los más anteriores, de lengua puquina, modificaron el panorama de pueblos del Altiplano del Collao, pues hicieron que los ocupantes uros de la zona continental del lago pasaran a ser habitantes de las islas lacustres y crearan lo que ahora admira a los visitantes, las islas artificiales, que comenzaron con una operación sencilla: unir una hoja de totora (llacho) en puquina con otra y así sucesivamente hasta generar un espacio como nido donde rellenar tierra, dando inicio al nacimiento de una isla que crecerá más y más.

Si la pregunta ¿a dónde vas? fuera planteada en la Selva a miembros de los pueblos indígenas de la Selva Baja, la respuesta es directa: *Más al interior de la Selva*; aunque esto signifique un sentido abandono de territorios tradicionales, como sucede ahora mismo en la Selva Central como consecuencia de la invasión de madereros o papayeros que desplazan a los nativos.

Del campo a la ciudad

No todos los pueblos que conocemos son pueblos de campesinos. No lo son en la costa, menos los pescadores del litoral, como los quingnam antiguos, ni los pastores de altura que crían las alpacas, las llamas y aprovechan la lana de las vicuñas. Los pescadores no migraban fuera del litoral, los pastores no migraban fuera de sus espacios tradicionales de pastoreo, en ningún caso podían llevarse consigo sus animales y menos a los peces. Todos intercambian productos, pero no tenían que irse.

Los de la Amazonia baja siempre han estado organizados en clanes y esta es una organización social culturalmente desarrollada para ser de pocos miembros: 30, 50, 100; difícil que hubiera un clan de 200 miembros en la selva Baja. Los productos no alcanzan, entonces la cultura dice que no se crezca como sociedad, o se asume ese conocimiento.

Cuando llegaron los europeos la gente no quería convivir con ellos, se distanciaron. La gente de la costa empujó a los de la sierra adyacente, y los de la sierra desplazaron a los de la selva inmediata, y estos tuvieron siempre a quienes arrumar cada vez más al interior de la selva baja. Este proceso sigue ahora, es la gente de las urbes la que empuja, son los que tienen que comerciar en cantidad papayas, plátanos, piñas o maderas. Al final sucede el desplazamiento y las estrategias son varias, una de estas, el matrimonio de nativos con gente de fuera, no deja de ser interesante por su relativa frecuencia, sobre todo cuando se trata de varones indígenas con mujeres "afuerinas". A través del matrimonio interétnico, si este es con miembros del pueblo criollo, el indígena se introduce en las ciudades, en funciones laborales que los mestizos no desean realizar.

Los censos no nos dicen gran cosa sobre la diversidad étnica del Perú en términos específicos, por ejemplo, no nos dicen ni siquiera cuantitativamente cuál es, en números, tal realidad de diversidad.

En el año 2017 se realizó un nuevo censo en el Perú y habrá novedades, pues había preguntas para que los peruanos ejerzan la posibilidad de declarar su condición e identidad indígena, es decir, para que mediante la autoidentificación declaren que son indígenas de los pueblos originarios. Lamentablemente, los resultados de este censo aún no se conocen. Dado el alto grado de discriminación al indio, que es conducta social generalizada, la plena identificación como indígena no será fácil de declarar. La regla ha sido siempre ocultar la identidad indígena, pero presumimos que se abre la posibilidad de ver la densidad poblacional indígena en el Perú.

La escuela ha sido claramente exitosa facilitando la asimilación indígena al mundo occidental; es verdad que no era su propósito, pero es lo que hacía con el "currículo oculto", porque asumía la aspiración implícita más anhelada de los interesados y porque se alineó con la corriente.

La cultura y sus ventajas para urbanizarse

De modo general, la cultura es el marco de posibilidades y restricciones de la migración, y hay particularidades que debemos señalar. La primera, las diferencias culturales de pueblo a pueblo que son relevantes y aquí anoto casi incidentalmente las condiciones culturales que podríamos suponer están en la base de resultados de éxito de migrantes de dos pueblos peruanos: los aimaras y los awajun/wampis.

Algunos estudiosos (Louana Furbee y Felipe Huayhua, conversación personal) señalan la propensión al análisis cuidadoso del aimara para tomar decisiones de cualquier clase, lo que se supone asegura éxito por el poco o menos margen que se deja al azar. Referencias anecdóticas de este rasgo cultural del pueblo parecieran confirmar esta característica. Por ejemplo, se dice que un agricultor aimara toma en consideración muchos más factores para tomar decisiones que les competen, "mucho más que los ingenieros agrónomos de la universidad especializada". El resultado que se reclama es que "se equivocan menos". En otro caso, se relata con respecto a la planificación de una invasión en los años 70 del siglo pasado a un terreno baldío del Estado para hacerse de un espacio para construir su vivienda: "... los dirigentes del proyecto de invasión habrían encomendado a un señor afrodescendiente costeño a observar las posibilidades para invadir un lugar X. El señor cumple el encargo y da su informe diciendo que es un lugar no deseable pues 'allí no hay nada, solo un criador de chanchos con desperdicios'. Este entiende que el informe no satisface y arregla una segunda opinión. Esta vez va un andino y este regresa señalando: 'es un arenal grande y allí hay una persona con quien nos podemos juntar'".

La conclusión habría sido la indicación de que había alguien y ese era un recurso importante de *cooperación*, que se dice es característico de los andinos.

Testimonio de Dina Ananco (mayo de 2014)

Estudiar o estudiar era la opción que su padre le impuso. Su necesidad era evadir el destino de tener que casarse con su primo, que debía cumplir como parte de las reglas de parentesco de su cultura awajun/wampis.

Al inicio ella no quería que la reconocieran como wampis o awajun, pues quería pasar desapercibida para eludir la fuerte discriminación que sentía. Luego trabajó en SERVINDI, una revista digital de apoyo a los pueblos indígenas. La conclusión que Ananco permite desprender es que la educación está en la base para los eventos de migración.

Testimonio de Juan Agustín (Líder shipibo)

Existe un sueño que todo nativo peruano abriga para sí y es "el sueño de ir a Lima, y poder residir en ella". Agustín fue a Lima en 1981, sin contacto previo. Él dejó su comunidad rumbo a Lima a los 10 años, llevado por un señor de la ciudad. En Lima, en la década del 80, encuentra 33 shipibos en una casa de estudiantes que vivían con muchas carencias. No tenían apoyo de ninguna clase, pero había becas administradas por AIDESEP para jóvenes indígenas "orgánicos" mas no para aquellos "que en forma aventurera estaban en Lima", aunque fueran igualmente indígenas y estuvieran estudiando, algunos con excelentes resultados.

Juan Agustín es una de las personas que participa en la formación de la comunidad shipiba de Cantagallo, comunidad que prefirió no tener relaciones orgánicas con las organizaciones indígenas, porque no le significaban ninguna ventaja fundamental. La referencia de Agustín implica y explica una suerte de discriminación a aquellos que por su cuenta vinieron a Lima frente a aquellos que orgánicamente desde su comunidad, trataron de venir cumpliendo con las consideraciones establecidas para, por ejemplo, competir por una beca que ofrecía AIDESEP.

El caso wampis, ¿una experiencia contra corriente de la migración?

Los wampis constituyen una etnia jíbaro cuyo territorio cubre una zona de las laderas orientales de los Andes en el norte peruano. Son parientes de los awajun, para quienes constituyen una suerte de hermanos menores, sea en poder o en consideración. Mantienen siempre algún nivel de enemistad con los awajun.

Los wampis han acordado una suerte de autonomía de pueblo en su territorio, como una forma de limitar la injerencia del Estado en la explotación de las riquezas del subsuelo (minas y petróleo). El Estado peruano no ha tenido una reacción fuerte hasta ahora, pese a que la presentación de la propuesta wampis ha sido hecha en la misma capital de la república, en Lima. Esta decisión de los wampis va a contrapelo de la migración a las ciudades, va hacia la búsqueda de la felicidad en la vida rural, lo que es conceptualmente diferente a la perspectiva occidental que ha llevado a ver la felicidad en la urbanización.

Esta experiencia podría resultar interesante como una pica en el centro de un tema que está en el ambiente un tanto en la penumbra, pero que cada vez se hace más sugerente porque plantea la posibilidad de la vida rural como opción para satisfacer una existencia con felicidad; o la contrapuesta sobre los límites de la vida urbana para "un buen vivir".

Los wampis, que son numéricamente un pequeño pueblo jibaro de la Amazonia, han decidido declarar intangible su territorio. Sabemos de la clara intención de ambigüedad en el término, pero también no deja de ser clara la coincidencia fortuita o no con posiciones que apuntan a la pregunta sobre el sentido de la vida urbana o la vida rural, que para mucha gente puede ser una cuestión central ahora, sobre todo para aquellos que viven en ciudades donde es cada vez difícil transitar, que implica pérdida de bastante tiempo, que estresa, etc. (Solís, 2012).

Conclusiones

Lima, tal como el Puerto de Belén en Iquitos, se "come" a los indígenas

Si bien a diferente escala, hay varias ciudades hacia donde los indígenas van para dejar de ser indígenas: entre ellas dos ciudades son paradigmáticas: Iquitos en la Amazonia, a través del Puerto de Belén, y Lima a nivel de todo el Perú. Estas dos ciudades se "comen a los indígenas", como decía el Poeta Chacho Martínez refiriéndose a Lima, por lo que decidió vivir en Chosica, alejado de ese lugar tenebroso donde "mataban a los que iban y se comían a los indígenas", como una suerte de lo que Aurolyn Liukx identificó "la ciudad como factoría de ciudadanos a partir de indígenas" para el caso de ciudades bolivianas, especialmente Cochabamba.

A diferente dimensión hay varias ciudades que hacen lo mismo que Lima. Tenemos a Arequipa en el sur Andino que siempre ha atraído a los de Puno; Puerto Maldonado en Madre de Dios, en el sureste amazónico, que atrae a los de los Andes ahora por el oro, y siempre a los selváticos por ser la ciudad inmediata de sus sueños; Pucallpa en Ucayali, en la Selva Central, que es un polo y una capital de Región.

Loa indígenas aquí sufren malas condiciones de vida. Antes de llegar a Lima han vivido en ciudades intermedias en el circuito de la migración: Bagua, Jaén y otras, pero el objetivo es llegar a Lima, porque el imaginario dice que Lima ofrece la opción para acceder a mejores condiciones de vida.

Vega (2014) sostiene que desde hace treinta años salir de la comunidad ya es una necesidad, por tanto, comienza el éxodo. Hasta hace tres décadas la comunidad y los mayores de edad podían resolver las necesidades de sus miembros sin recurrir a la migración.

Hay varios momentos migratorios, tales como la década entre el 85-95 para huir de la violencia política, los últimos años del siglo pasado (1996-2000) por razones de educación, a partir de 2000 por razones también de educación que no ofrecían las universidades más cercanas a las zonas de los pueblos indígenas, etc. En esta perspectiva se considera que Lima pareciera ofrecer mayores posibilidades de trabajo, educación y salud. En cualquier caso, la experiencia de dificultades no está ausente, pero lo seguro es la convicción que tienen los migrantes de mayores oportunidades que en sus comunidades. ¿Qué hay en la base de esta convicción que asumen los jóvenes que van a Lima? La respuesta nos lleva a poner en el centro la educación como la que genera éxito y satisfacción.

La primera generación de migrantes mantiene rasgos propios del pueblo al que pertenece, más que la segunda generación. Los de esta generación tienen a sus padres bilingües y culturalmente bastante asimilados, y seguramente con actitudes de prohibición de la lengua propia y de prácticas culturales de sus ancestros. Los jóvenes de las nuevas generaciones manejan los instrumentos tecnológicos nuevos de comunicación y trabajo, tienen opciones a diferentes tipos de trabajo, a una mejor calidad de los estudios, a atenciones de salud. A pesar de que Lima es una ciudad difícil por conductas de discriminación a miembros de los pueblos indígenas, los amazónicos parecieran que no guardan memoria de experiencias de discriminación. Cabe preguntarse, ¿cómo explicar esto cuando la discriminación estructural y la discriminación personal son hechos constantes? Habrá que examinar cuál es el peso del parecer sobre que hay opinión de mayor simpatía hacia los selváticos, diferente a la opinión que se tiene de los andinos.

La ciudad genera no indígenas, esto es, generará criollos o asimilados en distinto grado o dimensión a la sociedad mayor culturalmente occidental. ¿Cuánto se aleja cada cual concretamente de su indianidad en la ciudad? Es una cosa secundaria precisarlo, de lo que no hay duda es que en la ciudad todos encaminan sus pasos para dejar de ser indios (Vega, 2014). Hay lugares paradigmáticos en esto de alejarse las personas del predio indígena para introducirse en el predio del otro, mestizo o criollo urbano. Un sitio por antonomasia en la Amazonía es el puerto de Belén, en Iquitos, pues se trata del portón por el cual el indígena ingresa al mundo no indígena para dejar de ser indígena, pasándose al otro bando, hecho que se ve incluso como una decisión de alejarse para poner distancia entre la *pacarina* indígena y el ingreso al boquerón que traga a las personas convirtiéndolas en individuos de la otra cultura, ubicándolas físicamente en la periferia urbana para que, partiendo de allí, el individuo inicie su recorrido azaroso por la trocha que lo lleva al corazón de la urbe occidental, donde puede entrar plenamente cuando ha dejado todos sus signos visibles de indio, o ha asumido con plenitud el proceso de desindianización en el que es ayudado por la escuela, aunque esta institución no tenga como objetivo explícito desindianizar.

La búsqueda de felicidad en el mundo rural, algo a crear

Todos —campesinos e indios— comprobarán en su fuero interno que cada vez son menos campesinos, cada vez menos indios; que fuera de la comunidad o del pueblo está el mundo que se desea, para lo que se han esforzado y para lo que en realidad el Estado los ha formado desde los primeros años de escuela. Es obvio que quienes han llegado lejos o más lejos van a afirmar que "tienen más razón" para decir que no tienen nada que hacer en la comunidad, incluso serán puestos como ejemplos a los que deben seguir.

La Reforma Agraria de Velazco, en cuyo contexto las comunidades indígenas andinas y costeñas son reconocidas como comunidades campesinas, es un hito importante que marcó cambios profundos en el orden social. Como equivalentes de las comunidades campesinas de la Sierra, en la Amazonía se reconoce a las llamadas comunidades nativas, en cierta medida se introduce una perspectiva que reconoce la naturaleza diferente de las formaciones sociales andinas y amazónicas, a las primeras con la percepción de clase social y a las segundas con un matiz que advierte más sobre la especificidad cultural, antes que su identidad étnica. La atingencia es que la especificidad cultural no fue vista debidamente, pues lo más fácil fue verlos como clase social, para quienes había que demarcarles territorios como si fueran terrenos de cultivo. La perspectiva de los agentes del Estado de ver diferencia social se sobrepuso a la necesaria perspectiva de considerar la diferencia cultural.

A todo esto, la mentalidad colonial continúa con fuerza y, en mucha medida, sin cambios en tanto conducta colonial asumida y ejercida desde y por ambos lados, es decir, por los criollos herederos de la Colonia y también desde la colonialidad del colonizado.

La felicidad rural no tiene aliados por ahora, incluso no los tiene entre nosotros, como lo dijo un maestro hace más de 20 años en una comunidad andina en Ancash: "quiero un buen caballo para seguir en la ruralidad. Ahora quiero un carro, entonces podría seguir en el campo".

Bibliografía

Coello de la Rosa, A. 2006 *Espacios de exclusión, espacios de poder. El cercado de Lima colonial (1568-1606)* (Lima: IEP – PUC).

Cuenca, R. 2012 *Educación Superior, Movilidad social e Identidad* (Lima: Instituto de Estudios Peruanos).

Degregori, C. I. 2000 *No hay país más diverso. Compendio de antropología peruana* (Lima: Red para el Desarrollo de las Ciencias Sociales en el Perú).

Espinoza de Rivero, O. 2014 *¿Indigenismo, Ciudadanías? Nuevas Miradas* (Lima: Ministerio de Cultura).

INEI 2005 *Censo: X de población y V de Vivienda. Resultados Definitivos* (Lima: Instituto Nacional de Estadística e Informática).

INEI 2007 *II censo de comunidades indígenas de la Amazonia Peruana* (Lima: INEI).

Luykx, A. 1998 *The citizen Factory: Schooling and cultural production in Bolivia...* (Buffalo: SUNY press).

Ministerio de Cultura 2016 *Lenguas indígenas u originarias del Perú* (Lima: ALEPH Impresores).

Ministerio de Educación-Perú (MINEDU) 2013 Documento Nacional de Lenguas Originarias del Perú (Lima: Corporación Gráfica Navarrete).

OXFAM Internacional. 2010 *Informe Perú 2009-2010. Pobreza, desigualdad y desarrollo en el Perú*. Lima.

Rodríguez Pastor, H. 2017 *Presencia, influencia y alcances: chinos en la sociedad peruana, 1850-2000* (Lima: UNMSM, Facultad de Ciencias Sociales).

Rodríguez Pastor, H. 2018 *El peón y empresario Nikumatsu Okada y la comunidad japonesa del valle de Chankay (1900-1950)* (Lima: APJ Fondo Editorial).

Suxo, M. 2006 El monopolio del castellano está matando al aimara. Procesos sociolingüísticos que inciden en la dinámica de la lengua materna de las familias migrantes aimaras en lima metropolitana. Tesis de Maestría (Cochabamba: UMSM).

Solís Fonseca, G. 1998 "Los censos en el Perú" en *Lengua y Sociedad* Nº 1 (Lima).

Solís Fonseca, G. 2012 "La consulta previa y retos para una institucionalidad estatal en materia indígena" en Oliva, I. (ed.) (Grupo Parlamentario Indígena del Congreso de la República del Perú, CAAAP).

Solís Fonseca, G. 2013 "Pueblos indígenas en Lima. La ciudad como maloca" en *Lengua y Sociedad* Nº 13(1) (Lima).

Tejada, L. 2005 *Los Estudiantes indígenas amazónicos de la UNMSM. Oficina Técnica del Estudiante* (Lima: UNMSM).

Valdivia, N. 2011 *El uso de categorías étnico/raciales en censos y encuestas en el Perú: balance y aportes para una discusión*. Documento de Trabajo Nº 60 (Lima).

Valqui, J.; Salazar, K. 2014 "Incorporación de la diversidad lingüística y cultural en la universidad peruana: San Marcos y las poblaciones amazónicas" en *Lengua y Sociedad* Nº 14 (Lima).

Vega, I. 2014 *Buscando el Río: identidad, Transformaciones y Estrategias de los Migrantes Indígenas Amazónicos en Lima Metropolitana* (Lima: Terra Nuova-Perú, CAAAP).

Comunidades y vida urbana de los pueblos indígenas en Canadá

Heather A. Howard¹

Introducción

Este capítulo presenta una perspectiva general de cuestiones que surgen de la historia de los pueblos indígenas y la urbanización en Canadá. Introduce al lector en el tema de las relaciones políticas entre las naciones indígenas y el estado colonial como base para comprender cómo se conformaron las comunidades indígenas en áreas urbanas. Destaca la auto-determinación de los pueblos indígenas en esta historia y en el contexto actual y futuro de la denominada era de la reconciliación en Canadá.

Al mismo tiempo se concentra en el caso de estudio del área metropolitana mayor de Toronto en la Región de los Grandes Lagos donde cuento con más de veinte años de experiencia personal y de investigación con pueblos indígenas. Entre 1995 y 2003, fui directora del programa Centro Canadiense Nativo de Toronto (NCCT). Asimismo, fui fundadora y continúo siendo miembro activo de "Primera Historia Toronto" (*First Story Toronto*). Este es un grupo de historia de la comunidad que gestiona un archivo y una colección de cultura material, participa en la educación pública sobre los pueblos indígenas urbanos e historia y desarrolla investigación con base en la comunidad. Por ejemplo, Primera Historia Toronto realiza visitas guiadas en bus y caminatas por la ciudad guiadas por personas indígenas y participa en proyectos de arte públicos, eventos que conmemoran la historia indígena de la ciudad y otras actividades que destacan cuestiones difíciles y la vitalidad de la comunidad contempo-

---

1   PhD, Assistant Professor of Anthropology, Michigan State University. Correo electrónico: <howardh@msu.edu>.

ránea. Al final del capítulo sugiero bibliografía completa y recursos en línea para ampliar la información.

Especialmente este trabajo destaca las particularidades de las políticas de colonización y asimilación canadienses, la discriminación y el racismo institucional, así como los movimientos sociales indígenas, la resistencia, la resiliencia y la construcción de la comunidad auto-determinada, en tanto estos movimientos se relacionan con la vida urbana.

En 2017 se cumple el 150º aniversario de Canadá y se dice que el país está en una transición hacia una nueva era de reconciliación con los pueblos indígenas, como una continuación del trabajo de la Fundación Indígena de Sanación (*Aboriginal Healing Foundation*) y la Comisión de Reconciliación y Verdad (*Truth and Reconciliation Commission*) desencadenadas por eventos de crisis en la década de 1990 cuando los pueblos indígenas aumentaron la protección de sus tierras, culturas y recursos, y dieron a conocer las prácticas genocidas de la sociedad canadiense. En particular, se ha centrado la atención en la política de extracción de niños indígenas de sus familias para ser ubicados en internados diseñados para aniquilar las culturas y lenguas indígenas y donde el abuso físico y sexual está, actualmente, bien documentado.

Muchos argumentan que aún queda mucha verdad por ser revelada antes de que sea posible la reconciliación. Al respecto, la comentarista indígena Pamela Palmater se cuestiona, ¿es momento de celebrar "mientras las Primeras Naciones continúan viviendo los efectos del nivel de crisis de ese legado [histórico]. Quizás Canadá debería cancelar sus celebraciones y emprender el arduo trabajo necesario para la reparación" (Palmater, 2017). Los centros urbanos son lugares significativos para el compromiso de las voces indígenas en estos debates pues son lugares donde las luchas indígenas por la comunidad, la cultura y la vida tienen larga data.

Historia de los pueblos indígenas y el desarrollo de los centros urbanos canadienses

Si entendemos los centros urbanos como polos para el comercio y la actividad económica, con densidad de población e infraestructura de ambientes construidos o manejados, entonces la mayoría de las ciudades canadienses son extensiones de centros urbanos indígenas que anteceden a los asentamientos europeos. Aunque Canadá ha sido representado icónicamente como un espacio natural, vacío, vasto y prístino, cuando los europeos llegaron a Canadá a comienzos del siglo XVI encontraron vida urbana sobre lagos, ríos y principales rutas de transporte ricas en diversos recursos lo cual facilitaba las relaciones inter-tribales. Al primer explorador francés en la región noreste de estos territorios en la década de 1530, Jacques Cartier —quien es sabido malinterpretó los complejos contextos sociales de estos lugares— se le adjudica haber nombrado al país, "Kanatha", con la lengua del pueblo Wendat que vivía en la gran aldea de origen de Stadacona, hoy día la ciudad de Quebec. También describió Hochelaga, actualmente Montreal (Sioui, 2011). Hochelaga es un derivado de un término en la lengua Haudenosaunee que significa "camino del castor" o "grandes rápidos", cualquiera de los cuales hace referencia al comercio y la abundancia de recursos del área (Gagné, 2015). Aunque los canadienses disfrutan de la historia de que estas ciudades se habían "desvanecido" cuando los colonizadores vinieron definitivamente alrededor de un siglo más tarde, es más probable que los pueblos indígenas se hayan reubicado como parte de los patrones de movilidad relacionados con el manejo del ambiente que implicaba el traslado de los asentamientos luego de algunas generaciones de ocupación. El contacto más temprano con europeos también introdujo las enfermedades que diezmaron las poblaciones por lo que quizás los líderes planearon una retirada estratégica anticipando el retorno de los europeos de aquellas ubicaciones en las que los encuentros fueron devastadores.

En la costa oeste, Vancouver —cuyo nombre proviene de uno de los tantos exploradores europeos que llegaron al área a fines de 1700— ha sido ocupada de forma continua durante más de 4000 años por el pueblo Musqueam, uno de los tres pueblos indígenas Salish, junto con los Squamish y los Tsleil-Waututh cuyos territorios abarcan esta área abundante de la desembocadura del Río Fraser (Barman, 2007). De forma similar, en Winnipeg y Toronto (ambos nombres derivados de lenguas indígenas) los centros de la vida indígena fueron importantes para el comercio, las relaciones sociales y el manejo del ambiente (Norris, 2013; Perry, 2016; Silver, 2006; Bobiwash, 1997; Johnson, 2013; mapa tribalnationsmaps.com).

Las complejas relaciones sociales y el comercio inter-tribales formaban parte de la vida indígena y se llevaban a cabo mediante una combinación de movimientos a través de largas distancias y asentamientos en áreas ricas en recursos. Los extensos cursos de agua del noreste del continente y la región de los Grandes Lagos, por ejemplo, movilizaban personas y bienes a lo largo de grandes extensiones (Wright, 1994). En el centro de la tradición oral de los Anishinaabe, cuyos territorios ocupan la mayor parte de esta región, una historia de migración cuenta su traslado desde la costa este de América del Norte al extremo oeste del Lago Superior (Benton-Banai, 2010). Cuando los exploradores europeos llegaron, aprovecharon el vasto conocimiento de viajes de los pueblos indígenas para acceder y explotar los recursos animales y minerales a lo largo de las Américas. El comercio de pieles de animales —en particular de castor— fue central para la expansión europea en Canadá y para crear las bases de la riqueza de varias de sus principales ciudades de colonos. El comercio re-configuró las relaciones sociales indígenas y estimuló la colonización no indígena. El declive de este comercio creó el marco para el dominio estructuralmente violento y las políticas que apoyaron la apropiación de los recursos y las tierras indígenas, la destrucción de familias y culturas indígenas y continúan siendo legados centrales que dan forma a las vidas de los pueblos indígenas y sus relaciones con los canadienses no indígenas (Brown, 1996; Dickason & McNab, 2008).

Políticas de gobierno y sus implicancias para los pueblos indígenas urbanos

A continuación, se presentan puntos claves para entender el contexto histórico específico de las políticas y relaciones entre el gobierno y los pueblos indígenas urbanos en Canadá, contexto que difiere un poco del de Estados Unidos. Los pueblos indígenas mantienen relaciones basadas en tratados de nación a nación que reconocen su soberanía. Cabe destacar el que mantienen con la corona británica a partir de la derrota de los franceses en 1763. La Proclamación Real de 1763 y el Tratado de Niágara con las Primeras Naciones afirma los "poderes de auto-determinación" indígenas (Borrows, 1997: 165). Los líderes de las comunidades indígenas urbanas sostienen que este poder es transferible y que el derecho de auto-gobierno no se deja en la puerta de la ciudad (Bobiwash, 1997). Esto añade un importante elemento de estructuración a la negociación de recursos del estado para las comunidades indígenas urbanas y a la forma en que son distribuidas y controladas.

Previa y posteriormente a la confederación de las colonias en 1867 —vista como la fundación de Canadá— el gobierno instituyó políticas de asimilación paternalistas hacia los pueblos indígenas que desestimaban por completo la Proclamación Real y los tratados con las Primeras Naciones. La Ley de civilización gradual, promulgada en 1857 bajo la administración del imperio británico, apuntaba a que las personas indígenas adquirieran los valores y prácticas europeas tales como la propiedad privada de la tierra. Más tarde, el gobierno canadiense en 1876 consolidó esta ley bajo la Ley sobre los indios que establecía la categoría de "estatus de indio". Esto no incluía a todos los pueblos indígenas y limitaba seriamente la autonomía y movimiento de aquellos que caían bajo su gestión. Hasta que se realizaron enmiendas a la ley a lo largo del siglo XX, numerosas circunstancias podían conducir a la pérdida del estatus "indio" reconocido por el gobierno, incluyendo la habilitación como ciudadano canadiense, los viajes al extranjero o comenzar un negocio fuera de la reserva. Hasta 1985, las mujeres indígenas que se casaban con hombres no indígenas también perdían su estatus. Sin estatus, la residencia en reservas no estaba permitida entonces esto también contribuyó a la migración rural-urbana.

La Ley sobre indios aún está vigente y su derogación se debate polarizadamente entre los pueblos indígenas pues, por un lado, simboliza lo último en ley racista y discriminatoria —ningún otro grupo en Canadá tiene una ley que lo gobierne específicamente como población desde que nacen hasta que muere— y, por otra parte, la ley también resalta la responsabilidad fiscal federal hacia aquellos con estatus indio, lo cual puede ser interpretado como un "sustituto" ante la falta de respeto por los tratados. Esta ley y en 1982, la constitución de Canadá repatriada, establecieron las complejas formas de categorizar a los pueblos indígenas como "indios" con o sin estatus, Metis o Inuit y sus diferentes grados de identificación y derechos. Más allá de los detalles, lo importante para las comunidades urbanas indígenas es que estas divisiones tienen implicancias para el acceso a servicios como salud y educación, son significativas en el establecimiento de los servicios controlados por indígenas y pueden ser una fuente de temas de autenticidad, identidad interpersonal y reconocimiento (Lawrence, 2004).

Una política de asimilación importante que se extendió por más de un siglo desde la década de 1860 hasta mediados de la década de 1990 fue el sistema educativo residencial. Las escuelas residenciales sirvieron para desposeer a los pueblos indígenas de su patrimonio cultural y lingüístico; a menudo los niños eran apartados de su familia a una edad muy temprana y enviados a escuelas lejanas donde permanecían durante años. El abuso físico y sexual sufrido por aquellos que asistieron a las escuelas residenciales está bien documentado (Comisión de Verdad y Reconciliación; Dónde están los Niños). Incluso entre aquellos que no tuvieron tales experiencias, muchos hallaron difícil reintegrarse a sus comunidades rurales natales y se mudaron a áreas urbanas (Sanderson & Howard-Bobiwash, 1997).

El alcance de estas escuelas disminuyó en algunas partes del país en la década de 1960 y las escuelas fueron reemplazadas por agresivas extracciones de niños por parte de las autoridades de bienestar social y masivas "adopciones fuera" por parte de familias no indígenas, conocidas como las *"Sixties Scoop"*. Las personas indígenas continuaron siendo objeto del sistema de bienestar social infantil tres veces más que la población general. El enfoque sobre la disfuncionalidad familiar continua y el resguardo de los niños por parte del estado son legados fundamentales de la colonización. La transformación de los enfoques hacia las familias indígenas en el sistema de bienestar social infantil y la toma de control de la sanación es, actualmente, de máxima prioridad para las personas indígenas de Canadá (Blackstock, 2011; McKenzie *et al.*, 2016). Las comunidades indígenas urbanas son importantes defensoras de la creación de conciencia sobre este tema y proveen oportunidades para la reconexión con la cultura, la lengua y la reunificación con otras familias por los miles de personas que han atravesado esta experiencia.

Todas estas políticas contribuyeron de varias maneras a la migración de los pueblos indígenas hacia áreas urbanas, lo cual se intensificó luego de la Segunda Guerra Mundial y fue facilitado en parte por la ayuda federal para asistir a programas de capacitación disponibles en las ciudades en ese tiempo (McCallum, 2014), aunque estos programas no se comparan en escala con los extensos programas de reubicación realizados en los Estados Unidos. Las décadas de 1960 y 1970 también vieron el ascenso del Movimiento del Poder Rojo (*Red Power Movement)* organizado contra la opresión de los pueblos indígenas por medio de acciones de protesta, vinculándose internacionalmente con otros movimientos indígenas mundiales y formando organizaciones nacionales. Respondieron directamente en contra de las propuestas del gobierno federal de asimilación completa con demandas para la autodeterminación, en particular respecto a la educación indígena (Dyck, 1991). Los centros urbanos, especialmente aquellos que tienen las sedes del gobierno provincial y nacional, fueron importantes lugares de protesta. Pero también se convirtieron en sitios de importante respuesta de activistas para establecer escuelas controladas por indígenas y organizaciones sociales, culturales y de servicios de salud. Estas organizaciones a menudo proveyeron una infraestructura fundamental, visible y permanente para las comunidades indígenas urbanas (Krouse & Howard, 2009; Howard & Proulx, 2011).

Parte de esta historia refleja el activismo indígena de Estados Unidos. Sin embargo, la Ley sobre los indios se tornó un eje central para la contención del activismo indígena en Canadá por su discriminación específica hacia las mujeres indígenas. Entre los años 1971 y 1977 mujeres indígenas desafiaron a la Ley sobre los indios en todas las instancias de los tribunales en Canadá y ante la Comisión de Derechos Humanos Internacionales de las Naciones Unidas. A pesar de que sus acciones no resultaron completamente exitosas, las luchas de las mujeres condujeron a la legislación de 1985 que abordaba la discriminación sexual de la Ley sobre los indios. También generaron mayor fragmentación del "estado indio", que sigue siendo un problema (Green, 2001; Lawrence, 2004).

Estas mujeres también fueron activas en la organización de servicios dirigidos por indígenas que abordaban la violencia doméstica (Janovicek, 2003) y en dirigir la atención hacia las formas en que la colonización impactó en las relaciones familiares indígenas. Estas actividades se desarrollaron en las principales ciudades a que se mudaron las mujeres para escapar de la violencia en busca de oportunidades de independencia socioeconómica. Las ciudades fueron y continúan siendo lugares donde las mujeres indígenas son particularmente vulnerables a la violencia, principalmente debido al racismo sistemático que justifica la violencia sexual contra ellas (Culhane, 2003; Johnston, 2017). Aunque esto ha sido un problema desde la conquista y colonización, desde la década del setenta se han destacado casos que demuestran la falta de protección de mujeres indígenas vulnerables y la falta de procesamiento, principalmente a violadores y asesinos no indígenas de mujeres indígenas. Finalmente, en la década del 2000 el tema adquirió atención pública y de los derechos humanos internacionales y en 2015 se logró una investigación nacional para indagarlo (*National Inquiry into Missing and Murdered Indigenous Women*).

Finalmente, un hito decisivo entre muchas acciones de protesta para proteger las tierras indígenas en la década del noventa fue la resistencia Mohawk a la ocupación y destrucción de la tierra de un cementerio para construir un campo de golf en los suburbios de Montreal, a lo que el gobierno canadiense respondió con un cerco militar (Kanehsatake, 2011). Como consecuencia, se logró una Comisión Real para estudiar los asuntos indígenas y recomendar acciones. A pesar de que se invirtieron mucho tiempo, dinero y esfuerzos en el estudio, muy pocas de las recomendaciones aparecidas en 1996 fueron implementadas lo cual resultó frustrante para los pueblos indígenas (RCAP, 1996). Sin embargo, la creación de la Fundación Indígena de Sanación (*Aboriginal Healing Foundation*) fue significativa pues reconoció el trauma intergeneracional y las consecuencias de salud del sistema de escuelas residenciales y fundó programas de bienestar basados en la comunidad (*Aboriginal Healing Foundation*). A esto le siguió la Comisión de Verdad y Reconciliación (TRC) que condujo su trabajo documentando experiencias de sobrevivientes de estas escuelas y organizando eventos de diálogo en todo el país. También produjo un informe con "llamamientos a la acción" (Truth and Reconciliation Commission, 2015).

Muchos tienen esperanza de que este trabajo traiga una nueva era de reconciliación en Canadá que transformará las relaciones entre los pueblos indígenas y no indígenas. También hay voces que llaman a ser cautos, como el ejemplo de Pam Palmater mencionada al comienzo, sobre la celebración de la reconciliación cuando aún queda mucha verdad por ser revelada y en base a la cual se debe actuar (Truth and Reconciliation Commission 2015; ver también Corntassel y Holder, 2008). Y como destacara el movimiento "*Idle No More*" (Nunca más la inacción) en 2012, el gobierno canadiense aprobó una legislación perjudicial para los pueblos indígenas, incluyendo cambios en la Ley sobre los indios que violan el deber de consultarlos. Mientras que los líderes del gobierno han cambiado su acción continuada, especialmente con respecto a la energía y los recursos, los acontecimientos antes mencionados parecen sugerir que en Canadá no hubiera ocurrido nada (Wilt, 2016). *Idle No More* le dio visibilidad a una línea continuada y extensa de resistencia indígena, pero también destacó la fuerza joven de la población indígena actual (Graveline, 2012). A continuación, expondré la transformación demográfica de la población indígena urbana.

Perspectiva general de la migración urbana, población y comunidad

Las estimaciones de la población al momento del contacto varían entre 500.000 y 2 millones, población que se redujo a un mínimo de 125.000 durante el siglo XIX a la par de los números de genocidios de otras partes de América (Daschuk, 2013; McDonald & Logan, 2016). A pesar de la intensificación de las políticas de asimilación del siglo XX, la población indígena se recuperó y, en el último censo federal de 2011 llegaba a 1,5 millones. Esta es una población muy joven con más del 50% menor de 24 años de edad.

La síntesis histórica antes presentada es importante para comprender a las comunidades indígenas contemporáneas en centros urbanos de manera diferente a lo representado en los estudios más tempranos del "problema indígena urbano",[2] que los describía como migrantes rurales inadaptados de la pos Segunda Guerra Mundial. A diferencia de esos relatos, los pueblos indígenas están integrados al desarrollo urbano, aunque a menudo a partir de procesos de discriminación, marginalización y desplazamiento. Diversos pueblos indígenas se mudaron masivamente a áreas urbanas a mediados del siglo XX, sin embargo, las circunstancias que causaron esta movilidad fueron variadas y se superponen e incluyeron: el escapar de las áreas rurales pobres o reservas que estaban bajo supervisión gubernamental, la búsqueda de mejores oportunidades educativas y de empleo, tener la experiencia de ser extraídos de sus familias y colocados en escuelas residenciales, otras instituciones o familias adoptivas no-indígenas, necesitar o ser enviado a áreas urbanas por servicios de salud o dejar el servicio militar (Howard & Lobo, 2013).

Figura 1

Porcentaje de pueblos indígenas que viven en zonas urbanas, 1951-2011

año	%
1951	6.7
1981	28
2001	49
2011	56

Newhouse & Peters, 2003; Statistics Canada, 2006; Indigenous and Northern Affairs Canada, 2013

Estimaciones de la población indígena en el tiempo y en las principales ciudades (2011)

ciudad	# de personas indígenas
Winnipeg	78,420
Edmonton	61,765
Vancouver	52,375
Toronto	36,995*
Calgary	33,370
Ottawa	30,570
Montreal	26,280
Saskatoon	23,895
Regina	19,785

Indigenous and Northern Affairs Canada, 2016.
*Los líderes comunitarios indígenas de Toronto han cuestionado las estimaciones federales de la población de la ciudad durante décadas. En 1996 Statistics Canada informó a 16.095 personas indígenas en Toronto, mientras que un estudio realizado en 1994 para la Asociación de Servicios Sociales Aborígenes de Toronto estimó la población en 65.000 (Bobiwash, 1994). Un estudio reciente de la salud estima que la población indígena actual de Toronto es 2-4 veces más alta que estimaciones federales, posiblemente 69,000 (Seventh Generation Midwives & Well-Living House, 2016).

De acuerdo con el censo federal al comenzar el siglo XXI más de la mitad de todos los pueblos indígenas en Canadá vivían en áreas urbanas,

---

2   Para críticas de estos estudios tempranos ver Peters (1996); Newhouse & Peters (2003); Howard & Proulx (2011); Peters & Andersen (2013)

mientras otras fuentes afirmaban que este número era cercano al 75% (Figura 1; RCAP, 1993). Sin embargo, la migración a las ciudades no es unidireccional e involucra frecuentes intercambios con las comunidades rurales y un movimiento interurbano. Mientras que las cifras del censo se caracterizan por una variedad de defectos y no cuenta con cifras precisas para antes de 1950, la Figura 1 muestra un panorama general de la transición de la población a lo largo del tiempo y las cifras disponibles más recientes de las principales ciudades (2011). El crecimiento desde el último censo de 2006 varía entre el 10% en Saskatoon a 48% en Ottawa (Howard y Lobo, 2013).

En la actualidad, existe bastante variación entre ciudades en su composición cultural y la dinámica de las comunidades indígenas urbanas. Las ciudades de la región de las praderas canadienses han recibido, principalmente, miembros de poblaciones indígenas de la región: en 1996, aproximadamente 55% en Winnipeg identificaban el Ojibway como su lengua materna y más del 80% en Edmonton Cree (Norris y Jantzen, 2003: 109). Esto contrasta con las áreas urbanas donde la mayoría de la población indígena puede provenir de tierras natales lejanas. En la región de Ontario la mayoría de las poblaciones indígenas —Cree, Anishinaabe y Haudensaunee— están profusamente representadas en la comunidad indígena de Toronto. Sin embargo, este gran centro urbano en Canadá también ha atraído grandes cantidades de pueblos indígenas de todo Norteamérica. Las comunidades indígenas en áreas urbanas, aunque únicas en sus historias de migración del ámbito rural al urbano, son característicamente multitribales y por tanto multiculturales, incluyendo una cantidad de niveles económicos, así como multigeneracionales. Están compuestas por redes fluidas basadas en relaciones, más que en distritos agrupados residencialmente. Las residencias están dispersas, pero existen nodos en la red de la comunidad que incluyen individuos, familias, organizaciones comunitarias y servicios sociales, eventos o actividades estacionales, intermitentes o sitios que tienen un significado especial. La comunidad indígena de Toronto ejemplifica una combinación de estas características ya que está ubicada dentro de una distancia de fácil acceso desde varias comunidades de reservas locales e incluye muchas personas que están lejos de su tierra natal. Esta comunidad es conocida por su marcada diversidad socioeconómica, tanto con una representación desproporcionada entre los sin hogar y una clase media sustancial con educación superior, empleo estable y propiedad de su hogar (Our Health Counts, Toronto).

La recuperación de la población durante el siglo XX no ha significado la equidad para los pueblos indígenas de Canadá. Aunque algunos han intentado demostrar cómo la urbanización ha mejorado las condiciones para los pueblos indígenas (por ejemplo, Urban Aboriginal Peoples Survey —Encuesta sobre Pueblos Aborígenes Urbanos—), el racismo y la discriminación, la vivienda y el empleo, la criminalización y los temas de salud continúan siendo importantes preocupantes. Los hallazgos de un informe de Winnipeg, por ejemplo, muestran que las personas indígenas son dos veces más pobres que la población general y tienen tres veces más posibilidades de estar desempleados (Brandon y Peters, 2014). Estas son barreras significativas para asegurarse una vivienda digna, y exacerban la carencia de hogar, los temas de bienestar infantil, la seguridad alimentaria y el bienestar físico y mental.

El racismo y la discriminación son parte importante de esta ecuación y son una barrera demostrada para el acceso igualitario a la salud y a la equidad en el sistema judicial, particularmente cuando se consideran en la intersección con la discriminación de género. Por ejemplo, Allan (2013) y Allan y Smylie (2015) detallan como:

> health care access is significantly affected by past experiences and subsequent anticipation of poor treatment by health care providers including the presumption that they are intoxicated or using substances, having their concerns ignored or discounted (i.e. having health care providers ignore pain symptoms with the assumption that they are narcotics-seeking), belittlement, and, for women with children, fear of child welfare intervention or poor treatment due to racist assumptions that they are bad mothers.[3] (Allan & Smylie, 2015: 27).

LaPraire (2002) documentó el contexto urbano para la sobre-representación de los indígenas en el sistema de justicia penal a comienzos de los años 2000. A pesar de que no hay ninguna revisión sistemática de la situación para actualizar sus hallazgos, recientes estudios detallados y específicos de cada ciudad (Monchalin, 2016; Hansen, 2014) y la Investigación Nacional sobre las Mujeres Desaparecidas y Asesinadas

---

3   El acceso a la salud se ve significativamente afectado por las experiencias pasadas y la consiguiente anticipación de tratamiento inadecuado por los proveedores de salud que incluyen la presunción de que están ebrios o utilizando sustancias, ignorando o no prestando atención a sus preocupaciones (por ejemplo, que los proveedores de salud desestimen los síntomas de dolor asumiendo que solo buscan narcóticos), la infravaloración y para mujeres con hijos pequeños, el miedo a la intervención de los servicios infantiles o el tratamiento inadecuado debido a presunciones racistas de que son malas madres. Traducción de la autora.

(*National Inquiry into Missing and Murdered Indigenous Women*) revelan formas concretas en que se criminaliza más a las personas indígenas urbanas y se investiga menos las inequidades sociales de colonialidad que experimentan.

Historia, política y experiencia de la comunidad: el estudio de caso de Toronto

La experiencia indígena urbana es diversa a lo largo del país. Sin embargo, en cada ciudad se han desarrollado comunidades urbanas fuertes, y la historia, política, racismo y discriminación descripta en este capítulo son significativas en todas partes. Finalizo con un panorama rápido y general de la comunidad indígena de Toronto para ilustrar mediante un estudio de caso todas las dimensiones que he discutido.

Desde el punto de vista histórico, Toronto está situada en un cruce importante de caminos entre ocupaciones Wendat, Anishinaabe y Haudenosaunee dentro de la vasta región de relaciones intertribales de los Grandes Lagos (Bohaker, 2006). La evidencia arqueológica muestra que en el sitio donde está Toronto ha habido presencia humana por diez a doce mil años. Varios cientos de años antes de la llegada de los europeos, los Wendat y los Seneca (Haudenosaunee) tenían allí grandes poblados. Los Mississauga (Anishinaabe) se movían a través del área en una circulación regular de caza y recolección y consideraban al área dentro de su territorio el cual se extiende desde la costa norte del Lago Huron en el oeste y más de cien kilómetros hacia el este a lo largo y al norte del río St. Lawrence. Los Mississauga estaban presentes en el momento de la ocupación europea y firmaron una serie de "rendiciones problemáticas" entre los años 1787 y 1805 que dieron lugar a la fundación de la ciudad de Toronto (como "York") en 1793, incorporada en 1834 (Freeman, 2010).

Los Wendat, cuyos territorios se extendían hasta la desembocadura del río St. Lawrence, eran participantes centrales del comercio de pieles y aliados de los franceses. Algunos historiadores sostienen que esto condujo al conflicto con los Mohawk que resultó en la dispersión de los Wendat y su absorción por los Mohawk y otras Primeras Naciones. Las epidemias y la hambruna también fueron factores clave en la severa reducción de la población Wendat durante la primera mitad del siglo XVII luego de lo cual, se retiraron del área que es ahora Toronto hacia Wendake, una reserva cerca de la ciudad de Quebec, así como hacia donde estaban otros familiares en áreas donde luego sería Estados Unidos (Trigger, 1976). Durante su ausencia, dejaron a sus vecinos Anishinaabe como encargados de sus tierras. Estos pactos significativos entre pueblos indígenas perduran en el presente (Bohaker, 2006).

Durante el siglo XVIII, las naciones indígenas del área fueron tanto la resistencia a la ocupación británica de sus tierras como sus aliados durante las guerras americanas de independencia y conflictos posteriores entre Estados Unidos y Gran Bretaña. Los líderes indígenas coordinaron batallas clave y fueron condecorados y reconocidos (Dolan, 2003). Sin embargo, en pocas décadas, al cambiar la economía colonial hacia la extracción de recursos principales y la agricultura, la tierra fue cada vez más codiciada. Los Mississauga fueron expulsados primero hacia un asentamiento en el borde oeste de la creciente ciudad y nuevamente en 1847 hacia una esquina del territorio del Gran Río Haudenosaune a unos 90 km de distancia. Para fines del siglo XIX, la ciudad de Toronto se había convertido en el centro del Imperio Británico en Norteamérica revisando su pasado reciente, por haber tanto borrado, así como idealizado a los pueblos indígenas del área (Freeman, 2010).

Los pueblos indígenas del área fueron forzados bajo la tutela de la Ley sobre los indios que regulaba una vigilancia intensiva, la asimilación y el desmantelamiento de los gobiernos tradicionales. Este sometimiento y su extensión en el racismo antiindígena del público canadiense, ha sido intensamente resistido hasta el presente por los indígenas de la reserva Six Nations recientemente defendiendo sus tierras contra la invasión de viviendas suburbanas (Siegel, 2016; Lewis, 2017) y por los Mississauga que, a través de la colaboración con aliados no indígenas, llegaron a un acuerdo sobre una demanda de 145 millones de dólares por las tierras ocupadas por la ciudad de Toronto (McCarthy *et al.*, 2013).

El Instituto Mohawk, una escuela residencial también conocida como el *"Mush-hole"*[4] por la polenta que se les servía allí a los niños, fue inaugurado dentro del Territorio del Gran Río en 1885. Muchos de los niños indígenas de los pueblos desplazados por la expansión de la ciudad de Toronto fueron internados allí junto con niños indígenas de otras partes de Ontario. Esta escuela, que no cerró hasta 1972, ahora es un monumento con el objetivo de "salvar la evidencia" del brutal sufrimiento y abuso que se desarrolló allí y en otras escuelas en todo el país (Brown, 2016).

Siendo jóvenes adultos, muchos antiguos estudiantes se mudaron a Toronto donde se unieron con otras personas indígenas para formar

---

4   *Mush-hole* sería literalmente el "agujero de la polenta" haciendo referencia tanto a la comida que servían a los niños como a lo terrible e inhóspito del lugar.

organizaciones sociales ya en la década de 1920 (Sanderson y Howard-Bobiwash, 1997). Luego de pasar muchos años en estas escuelas muy pocos pudieron reintegrarse a sus comunidades natales al tiempo que la ciudad les ofrecía posibilidades de educación en escuelas técnicas y vocacionales y una posibilidad de movilidad económica. Esas oportunidades estaban sesgadas por género dado que las mujeres se especializaban en escuelas de secretariado y enfermería lo cual conducía a empleos administrativos o de servicios, mientras que los hombres tendían a los trabajos manuales y de transporte. Esta masa crítica accedió a empleos de mejor paga que lo que previa y generalmente había disponibles para las personas indígenas, ascenso que está relacionado con el desarrollo de la comunidad indígena y las organizaciones de servicio social en Toronto (Howard-Bobiwash, 2003).

Aunque algunos se tornaron más estables e independientes económicamente que antes, no se distanciaron de la pobreza y los problemas sociales a los que buscaban escapar. El éxito económico de algunos condujo a muchos otros hacia la ciudad donde buscaban emular los logros de sus hermanos mayores, primos y tíos. Mientras que los últimos formaban una clase media emergente, a menudo eran responsables directos del bienestar de muchos parientes, tanto en la ciudad como en su lugar de origen. Para comienzos de la década del sesenta, este crecimiento de la comunidad indígena aumentó las disparidades socioeconómicas. Las mujeres eran especialmente activas en la organización de recolecciones y distribución de vestimenta y alimentos y otros servicios, tales como visitas en hospitales y ayudar a personas recién llegadas a ubicarse. Esto no fue porque los hombres no lo hicieran, sino que porque el tipo de empleo que tenían las mujeres les otorgaba mayores oportunidades para organizar estas cosas.

Las mujeres se dieron cuenta de que la comunidad indígena necesitaba su propio centro para formalizar sus servicios sociales *ad hoc*. Realizaron un gran esfuerzo para recaudar decenas de miles de dólares que se destinaron a comprar el edificio del primer Centro Nativo Canadiense de Toronto (NCCT) inaugurado en el centro de Toronto en 1962. El trabajo de las mujeres permitió la acumulación de bienes de capital que ha colocado a la comunidad en una buena situación hasta el presente (Howard-Bobiwash, 2003; Howard, 2011). Los servicios provistos por el NCCT diferían de los servicios no indígenas donde las personas indígenas temían atenderse y enfrentaban la discriminación, en especial en vivienda, bienestar social y servicios de empleo y en los tribunales. Las personas indígenas se sentían más cómodas con quienes compartían la experiencia de adaptarse al paisaje urbano. A menudo podían recibir servicios, como asesoramiento o visitas en el hospital de personas que hablaban su lengua. El NCCT también brindaba un lugar para mantener y revitalizar las tradiciones culturales y la lengua a través de la programación social, educativa y ceremonial.

A pesar de que las divisiones de clase provocaron algunos conflictos internos dentro de la comunidad, el NCCT brindó una plataforma estable para los movimientos sociales y la autodeterminación urbana y sirvió de incubadora para la mayoría de las organizaciones dirigidas por indígenas de más de cuarenta que conforman el eje de la muy diversa comunidad actual de Toronto. El NCCT fue líder en la formación de una asociación nacional de centros comunitarios indígenas urbanos y en las luchas con el gobierno federal para que cumpliera sus responsabilidades fiduciarias hacia las personas indígenas viviendo en las ciudades. Toronto fue una fuerza central para el movimiento de derechos civiles en Canadá "Red Power" (Poder Rojo) en las décadas del sesenta y setenta con demandas concentradas en el control indígena de la educación indígena. En 1974 se inauguró la Escuela de las Primeras Naciones (*First Nations School*) en el NCCT como un programa pequeño que ahora está ubicado en un complejo que puede albergar 600 estudiantes y también aloja al Centro de Educación Indígena del Consejo Escolar del Distrito de Toronto. Este centro apoya a las familias indígenas y produce recursos curriculares indígenas que se utilizan en todo el sistema educativo común (TDSB, 2017; Gordon, 2017).

El centro Anishnawbe de Salud de Toronto (*Anishnawbe Health Toronto*) comenzó como un programa para la diabetes en el NCCT a comienzos de la década de 1980. Durante décadas ha mantenido firmemente la autodeterminación de proveer servicios de salud culturalmente informados que combinan la medicina tradicional con los cuidados biomédicos. La organización es líder en la promoción de la creación de conciencia sobre las enormes desigualdades en la salud que sufren las personas indígenas y la integración innovadora de prácticas culturales, servicios y proveedores que buscan cerrar esta brecha (Howard, 2014, Howard & Lavallée, 2011). La Casa Vivir Bien (*Well Living House*) es otra de las principales organizaciones de la salud establecida en el Hospital St. Michael de Toronto bajo el liderazgo de la doctora Metis Janet Smylie. Coloca la investigación sobre la comunidad indígena como principal forma de comprensión de las enfermedades indígenas urbanas en el contexto de la pobreza y la discriminación sistémica. La Casa Vivir Bien también demuestra que la salud indígena emerge en servicios holísticos, basados en la cultura y autodeterminados. Por ejemplo, el servicio de parteras indígenas ofrecido en Toronto desde 2005 ha probado que *"cultural safety both has benefits and a place in the mainstream health care system"*[5] (Churchill, 2015). Un hallazgo clave de la encuesta de Nuestra Salud Cuenta (Our Health Counts) de Toronto, uno de los muchos proyectos colaborativos de investigación de la Casa Vivir Bien, es que el 90% de la población indígena urbana vive debajo del umbral de bajos ingresos pues una familia gasta 20% más de sus ingresos totales que la familia promedio en alimento, vivienda y vestimenta. Estos resultados son el arma de la comunidad indígena urbana con los datos que necesitan para acceder a los recursos públicos adecuados para cubrir sus necesidades.

El Servicio de Familias y Niños Nativos (*Native Child and Family Services*) de Toronto se estableció en 1985 para proveer liderazgo y promoción indígena dentro del sistema de bienestar infantil para apoyar a las familias que luchaban por permanecer intactas y proveer servicios de adopción y cuidados de hogares sustitutos indígenas. Como ha escrito su director ejecutivo Kenn Richard, *"equal weight must be given to the cultural context of the child as has been given to culturally biased interpretations of bonding or continuity of care"*[6] (Richard, 2004: 108; Baskin *et al.*, 2015). Esta organización es también líder en la investigación impulsada por la comunidad, exponiendo los problemas que surgieron de la magnitud de la práctica de adopción fuera *"Sixties Scoop"* y dando lugar a la reintegración de los miembros "perdidos" de la comunidad.

Finalmente, los Servicios Legales Aborígenes de Toronto (*Aboriginal Legal Services of Toronto - ALST*) también comenzaron en el NCCT luego de una evaluación de necesidades en 1980. El programa continuó el trabajo comenzado por los fundadores indígenas de la comunidad para acompañar y atender a otras personas indígenas atrapadas dentro del sistema judicial (Proulx, 2003). Además de su "programa de trabajadores de los tribunales" y clínica legal aún en curso, ALST brinda un juzgado de pueblos indígenas y un programa de derivación penal y está implicado en liderar los principales litigios, defensas y reformas legales, especial-

---

5   "La seguridad cultural tiene sus beneficios, así como un lugar en el sistema de salud general". Traducción de la autora.

6   "Se debe otorgar el mismo peso al contexto cultural del niño como se ha dado a las interpretaciones con un sesgo cultural del apego o la continuidad de los cuidados". Traducción de la autora.

mente con respecto a Mujeres Indígenas Desaparecidas y Asesinadas de Canadá. ALST colabora con la organización No Más Silencio (*No More Silence*) para apoyar el trabajo llevado a cabo por activistas, académicos, investigadores, agencias y comunidades para detener los asesinatos y desapariciones de mujeres indígenas. Recientemente, crearon un video para apoyar a los miembros de las familias con un familiar asesinado o desaparecido y proveer información y comprensión de primera línea para los trabajadores (Kabatay, 2016).

Esta breve historia representa solo algunos ejemplos de la complejidad de la vida indígena contemporánea en Toronto. He dejado fuera muchas dimensiones como las que tratan del desarrollo comercial indígena, la vivienda y las artes y las vidas de aquellos que no frecuentan o utilizan los servicios organizados. Dicho esto, las organizaciones y los miembros de comunidades indígenas promedio aprovechan el ambiente urbano para practicar, revitalizar y proteger las tradiciones y lengua indígena, perspectivas que han sido difíciles dadas las circunstancias de vigilancia y ruptura de la infraestructura que a menudo ocurre en el contexto rural y en las reservas.

Reflexiones finales

A pesar de tener una historia obviamente extensa y comunidades indígenas urbanas muy activas y vitales, las fuerzas que silencian a los pueblos indígenas en las ciudades continúan siendo formidables en Canadá. En el contexto de celebración de su aniversario 151º, ¿tendrá el país una nueva perspectiva de la vida indígena, responderá a los llamamientos de acción de las Comisiones de Verdad y Reconciliación y, fundamentalmente, cambiará sus relaciones con los pueblos indígenas, o la Comisión de Verdad y Reconciliación (TRC) será su 'crisis de los cuarenta'? Como se presenta en las frecuentes visitas guiadas de Primera Historia de Toronto, el llamamiento a la acción de la TRC incluye la demanda de los canadienses de que nuestro gobierno "*repudiate concepts used to justify European sovereignty over Indigenous lands and peoples such as the Doctrine of Discovery and terra nullius.... And renew or establish Treaty relationships based on principles of mutual recognition, mutual respect, and shared responsibility for maintaining those relationships into the future*".[7] En nuestras visitas

---

7   "Repudie los conceptos utilizados para justificar la soberanía europea sobre las tierras y pueblos indígenas tales como la Doctrina del Descubrimiento y *terra nullius*... Y renueve o establezca relaciones de Tratados basadas en principios de reconocimiento

guiadas de las que a menudo participan nuevos canadienses, también repetimos el llamamiento de la TRC de que el juramento de ciudadanía prestado por los nuevos inmigrantes declare "*bear true allegiance to Her Majesty Queen Elizabeth II, Queen of Canada, Her Heirs and Successors, and... faithfully observe the laws of Canada including Treaties with Indigenous Peoples*".[8] Los contextos urbanos brindan a los pueblos indígenas y no indígenas oportunidades para redefinir nuestro paisaje compartido, y quizás las mejores oportunidades para la reconciliación como modelo para todo el país.

Bibliografía

Allan, B. 2013 *Rupture, defragmentation and deconciliation: re-visioning urban Indigenous women's health in Toronto*, unpublished doctoral dissertation (Toronto: University of Toronto).

Allan, B.; Smylie, J. 2015 *First peoples, second class treatment: the role of racism in the health and well-being of Indigenous peoples in Canada* (Toronto: The Wellesley Institute). En <http://www.wellesleyinstitute.com/wp-content/uploads/2015/02/Report-First-Peoples-Second-Class-Treatment-Final.pdf> acceso 15 de junio de 2017.

Barman, J. 2007 "Erasing Indigenous indigeneity in Vancouver" en *BC Studies* (Vancouver: University of British Columbia) N° 155, otoño, pp. 3-30.

Benton-Banai, E. 2010 *The Mishomis Book* (Minneapolis: Minnesota Historical Society Press).

Blackstock, C. 2011 "The canadian human rights tribunal on first nations child welfare: why if Canada wins, equality and justice lose" en *Children and Youth Services Review* (Elsevier) N° 33(1), pp.187-194.

Bobiwash, R. 1997 "Native urban self-government and the politics of self-determination" en Sanderson, F.; Howard-Bobiwash, H. (eds.) *The Meeting Place: Aboriginal Life in Toronto* (Toronto: Native Canadian Centre of Toronto), pp. 84-94.

Borrows, J. 1997 "Wampum at Niagara: the royal proclamation, canadian legal history, and self-government" en Asch, M. (ed.) *Aboriginal and Treaty Rights in Canada* (Vancouver: UBC Press) pp. 155-172.

Brandon, J.; Peters, E. J. 2014 *Moving to the city: housing and aboriginal migration to Winnipeg* (Winnipeg: Canadian Centre for Policy Alternatives).

Brown, J. S. 1996 *Strangers in blood: fur trade company families in indian country* (Tulsa: University of Oklahoma Press).

Corntassel, J.; Holder, C. 2008 "Who's sorry now? Government apologies, truth commissions, and indigenous

---

mutuo, respeto mutuo y responsabilidad compartida para mantener esas relaciones en el futuro". Traducción de la autora.

8   "Tener verdadera lealtad a Su Majestad la Reina Elizabeth II, Reina de Canadá, Sus Herederos y Sucesores, y... cumplir fielmente las leyes de Canadá incluyendo los Tratados con los Pueblos Indígenas". Traducción de la autora.

self-determination in Australia, Canada, Guatemala, and Peru" en *Human Rights Review* (Springer) N° 9(4), pp. 465-489.

Coulthard, G. 2012 "Canada's first nations: a history of resistance" en *Decolonization: Indigeneity, Education and Society* (Canadá) N° 24, diciembre. En <http://www.globalresearch.ca/canadas-first-nations-a-history-of-re-sistance/5318199> acceso 15 de junio de 2017.

Culhane, D. 2003 "Their spirits live within us: Aboriginal women in downtown eastside Vancouver emerging into visibility" en *The American Indian Quarterly* (Lincoln) N° 27(2), pp. 593-606.

Daschuk, J. 2013 *Clearing the plains* (Regina: University of Regina Press).

Dickason, O.; McNab, D. 2008 *Canada's first nations, a history of founding peoples from earliest times, fourth edition* (Oxford: Oxford University Press).

Dyck, N. 1991 *What is the Indian "Problem": Tutelage and Resistance in Canadian Indian Administration* (St. John's, Newfoundland: Institute of Social and Economic Research, Memorial University of Newfoundland).

Gagné, M. 2015 "Hochelaga" en *The Canadian Encyclopedia* (Canadá). En <http://www.thecanadianencyclopedia.ca/en/article/hochelaga/> acceso 4 de junio de 2017.

Graveline, F. J. 2012 "Idle no more: enough is enough!" en *Canadian Social Work Review* (Ottawa: Canadian Association for Social Work Education) N° 29(2), pp. 293-300.

Green, J. 2001 "Canaries in the mines of citizenship: Indian women in Canada" en *Canadian Journal of Political Science* (Cambridge: Cambridge University Press) N° 34(4), pp. 715-738.

Hansen, J. 2014 "Indigenous-settler incarceration disparities in Canada: How tribal justice programming helps urban Indigenous youth" en *Indigenous Policy Journal* (Canadá) N° 25(3), pp. 1-16.

Harper, A. 2010 "Narrating the 'indian girl problem': The media and public perceptions of aboriginal women in Vancouver in the 1960s" *The Seed* Vol. 12, 16-25.

Howard, H.; Lobo, S. 2013 "Indigenous peoples' rural to urban migration in the United States and Canada" en Ness, I. (ed.) *The Encyclopedia of Global Human Migration* (Oxford: Blackwell).

Howard, H.; Proulx, C. 2011 *Aboriginal peoples in canadian cities* (Waterloo: Wilfrid Laurier University Press).

Indigenous and Northern Affairs Canada 2013 *Aboriginal demographics from the national household survey* (Canada). En <https://www.aadnc-aandc.gc.ca/eng/1370438978311/1370439050610> acceso 4 de junio de 2017.

Indigenous and Northern Affairs Canada 2016 *Urban Indigenous Peoples* (Canadá). En <https://www.aadnc-aandc.gc.ca/eng/1100100014265/1369225120949> acceso 4 de junio de 2017.

Janovicek, N. 2003 "'Assisting our own': urban migration, self-governance, and native women's organizing in Thunder Bay, Ontario, 1972-1989" en *American Indian Quarterly* (Estados Unidos) N° 27(2), pp. 548-565.

Johnson, J. 2013 "The Indigenous environmental history of Toronto" en Sandberg, L. A.; Bocking, S.; Cruikshank, K. (eds.) *Urban explorations: environmental histories of the Toronto region* (Toronto: Wilson Institute for Canadian History), pp. 59-71.

Johnston, J. 2017 "'I'm the victim and i'm in shackles': Edmonton woman jailed while testifying against her attacker" en *CBC News* (Canadá) 5 de junio. En <http://www.cbc.ca/news/canada/edmonton/sex-assault-victim-jailed-judge-edmonton-1.4140533> acceso 8 de junio de 2017.

Krouse, S. A.; Howard, H. A. 2009 *Keeping the campfires going: Native women's activism in urban áreas* (Lincoln: University of Nebraska Press).

LaPrairie, C. 2002 "Aboriginal over-representation in the criminal justice system: A tale of nine cities" en *Canadian Journal of Criminology* (Canadá) № 44(2), pp. 181-208.

Lawrence, B. 2004 *Real indians and others: Mixed-blood urban native peoples and indigenous nationhood* (Lincoln: University of Nebraska Press).

McCallum, M. J. L. 2014 *Indigenous women, work and history, 1940-1980* (Winnipeg: University of Manitoba Press).

McDonald, D. B.; Logan, T. 2016 "Introduction to special issue on genocide studies, colonization, and indigenous peoples" en *Genocide Studies and Prevention: An International Journal* (Estados Unidos) № 10(1), pp. 2-4.

McKenzie, H.; Varcoe, C.; Browne, A. J.; Day, L. 2016 "Disrupting the continuities among residential schools, the sixties scoop, and child welfare: an analysis of colonial and neocolonial discourses" en *International Indigenous Policy Journal* (Canadá) № 7(2). En <http://ir.lib.uwo.ca/iipj/vol7/iss2/4> acceso 8 de junio de 2017.

Monchalin, L. 2016 *The colonial problem: An Indigenous perspective on crime and injustice in Canada* (Toronto: University of Toronto Press).

Newhouse, D.; Peters, E. J. (eds.) 2003 *Not strangers in these parts* (Ottawa: Policy Research Initiative).

Norris, M. J.; Clatworthy, S.; Peters, E. J. 2013 "The urbanization of aboriginal populations in Canada: A half century in review" en Peters, E. J.; Andersen, C. (eds.) *Indigenous in the City: Contemporary Identities and Cultural Innovation* (Vancouver, UBC Press) pp. 29-45.

Norris, Mary Jane y Lorna Jantzen 2003 "Aboriginal languages in Canada's urban areas" en David Newhouse y Evelyn Peters (eds.) *Not Strangers in These Parts* (Ottawa: Policy Research Initiative), 51-78.

Palmater, P. 2017 "Canada 150 is a celebration of Indigenous genocide" en *Now Magazine* (Canadá) 29 de marzo. En <https://nowtoronto.com/news/canada-s-150th-a-celebration-of-indigenous-genocide/> acceso 6 de junio de 2017.

Perry, A. 2016 *Aqueduct: Colonialism, resources, and the histories we remember* (Winnipeg: ARP Books).

Peters, E. J. 1996 "'Urban and aboriginal': an impossible contradiction?" en Caufield, J.; Peake, L. (eds.) *City Lives and City Forms: Critical Research and Canadian Urbanism* (Toronto: University of Toronto Press) pp. 47-62.

Peters, E. J.; Andersen, C. (eds.) 2013 *Indigenous in the city: contemporary identities and cultural innovation* (Vancouver: UBC Press).

Royal Commission on Aboriginal Peoples 1993 *Aboriginal peoples in urban centres* (Ottawa: Minister of Supply and Services Canada).

Sanderson, F.; Howard-Bobiwash, H. (eds.) 1997 *The meeting place: Aboriginal life in Toronto* (Toronto: Native Canadian Centre of Toronto).

Seventh Generation Midwives y Well-Living House Toronto 2016 *Our Health Counts Toronto Study* (Canadá). En <http://www.welllivinghouse.com/what-we-do/projects/our-health-counts-toronto/> acceso 8 de junio de 2017.

Silver, J. 2006 "Building a path to a better future: Urban aboriginal people" en *In their own voices: building urban aboriginal communities* (Halifax: Fernwood) pp. 11-39.

Sioui, G. 2005 "Canada: its cradle, its name, its spirit: the stadaconan contribution to Canadian culture and identity" en Voyageur, C. J.; Newhouse, D. R.; Beavon, D. (eds.) *Hidden in Plain Site: Contributions of Aboriginal Peoples to Canadian Identity and Culture* (Toronto: University of Toronto Press) pp. 225-236.

Stanger-Ross, J. 2008 "Municipal colonialism in Vancouver: City planning and the conflict over Indian reserves, 1928-1950s" en *Canadian Historical Review* (Canadá) N° 89(4), pp. 541-580.

Statistics Canada 2006 *Population by Aboriginal group, by census metropolitan area, 2006 Census* (Canadá). En <www.40.statcan.ca/l01/cst01/demo64a-eng.htm> acceso 8 de noviembre de 2011.

Wilt, J. 2016 "Justin Trudeau can fully back pipelines or Aboriginal rights, but not both" en *Vice Magazine* (Canadá) 17 de mayo. En <https://www.vice.com/en_ca/article/justin-trudeau-can-back-pipelines-or-aboriginal-rights-but-not-both> acceso 8 de junio de 2017.

Wright, J. V. 1994 "Before European contact," en Rogers, E. S.; Smith, D. B. (eds.) *Aboriginal Ontario: Historical Perspectives on the First Nations* (Toronto: Dundurn).

Referencias en línea

Aboriginal Healing Foundation (archivo). <http://www.ahf.ca/>.

Amnesty International Canada Campaign. <http://www.amnesty.ca/our-work/campaigns/site-c>.

Kanehsatake: 270 Years of Resistance. YouTube. 20 de septiembre de 2011.

National Inquiry into Missing and Murdered Indigenous Women. <http://www.mmiwg-ffada.ca/>.

Our Health Counts Toronto. <http://www.welllivinghouse.com/what-we-do/projects/our-health-counts-toronto/>.

Our Health Counts Urban Aboriginal Health Database Research Project. <http://www.ourhealthcounts.ca/>.

RCAP. *Final Report of the Royal Commission on Aboriginal Peoples.* Ottawa: Minister of Supply and Services Canada, 1996. <http://www.collectionscanada.gc.ca/webarchives/20071115053257/http://www.ainc-inac.gc.ca/ch/rcap/sg/sgmm_e.html>.

Reconciliation Canada. <http://reconciliationcanada.ca/>.

The Health of Aboriginal People Residing in Urban Areas Report. <http://www.nccah-ccnsa.ca/Publications/Lists/Publications/Attachments/53/Urban_Aboriginal_Health_EN_web.pdf>.

Truth and Reconciliation Commission (archivo). <http://www.trc.ca/websites/trcinstitution/index.php?p=3>.

Urban Aboriginal Knowledge Network. <http://uakn.org/>.

Urban Aboriginal Peoples Study. <http://www.uaps.ca/>.

Where are the Children? Healing the Legacy of the Residential Schools. <http://wherearethechildren.ca/en/>.

SEGUNDA PARTE

La configuración múltiple de lo urbano

El control vertical
de los pisos socioeconómicos:

la multilocalidad como estrategia
de ocupación territorial urbano rural
de las comunidades andinas de Bolivia

Nelson Antequera Durán

Introducción

El vertiginoso crecimiento urbano que ha sufrido Bolivia en las últimas tres décadas se explica en gran medida por los cambios en la dinámica económica y social del país que han llevado a la población rural, mayoritariamente perteneciente a los pueblos originarios andinos, a migrar a las ciudades.

Podemos decir que, en cierto sentido, las ciudades de Bolivia se han "andinizado", no solo en cuanto a manifestaciones culturales, sino en cuanto a su estructura económica, territorial y social profunda. Podemos decir también que lo andino se ha urbanizado, puesto que a la lógica andina del "control vertical de un máximo de pisos ecológicos" se ha introducido el elemento urbano y con ello, sostenemos, se ha adecuado este modo de control territorial a un modo de control socioeconómico.

De ahí que podemos hablar de un "control vertical de un máximo de pisos socioeconómicos" y ya no solo ecológicos. A este tipo de ocupación espacial lo denominamos "multilocalidad", puesto que no se trata solo del control de pisos ecológicos, sino de una tecnología social de mayor complejidad. La multilocalidad, como estrategia de ocupación de distintos espacios territoriales, pero al mismo tiempo de distintos ámbitos sociales y culturales, ha permitido a las sociedades andinas desarrollarse en el medio urbano desde o a partir de las comunidades asentadas en el medio rural. Y viceversa.

La "multilocalidad" nos remite también a una diversidad de situaciones en las que la población de raíz cultural andina, aymara o quechua, construye las ciudades y diversos modos de habitar y de relacionarse con el medio urbano. Desde esta perspectiva, sostenemos que ser quechua o aymara en las ciudades bolivianas no es una categoría estática, sino que es un modo de relacionarse y de vivir. Y este modo de relacionarse y de vivir se asienta en sus raíces profundamente andinas, al mismo tiempo que las trasciende.

La categoría de "indígena urbano" supone que a las categorías de "indígena" y "no indígena" se añade la categoría de "lo urbano", implica al mismo tiempo la categoría de "lo rural", como opuestas una de la otra. En ambos casos, hacemos referencia a dos tipos de ocupación espacial o territorialización. A estos dos tipos de ocupación del espacio y sus recursos les corresponde también diversas formas de manifestación cultural, organización social, económica, productiva, etcétera.

Es evidente que existen sustanciales diferencias entre "lo rural" y "lo urbano" como realidades sociales. Sin embargo, no es tan evidente que estas sean contrapuestas y dicotómicas como aparece en el imaginario común, o al menos en el imaginario urbano. Estas categorías y sus equivalencias no son conjuntos de personas o atributos de las mismas, sino que implican relaciones sociales estandarizadas y móviles. De este modo, la dicotomía urbano/rural, en nuestro caso, arrastra consigo otros pares categoriales respectivos, tales como progreso/atraso, civilizado/bárbaro, prosperidad/pobreza, limpio/sucio, bello/feo, no indio/indio, educado/ignorante, trabajador/flojo, etcétera. Las relaciones sociales marcadas por este tipo de construcciones categoriales no solo entre el campo y la ciudad, sino al interior de la ciudad misma, se han ido naturalizando.

Sin embargo, diversos trabajos de investigación en base a los que se presenta este artículo, muestran que estas dicotomías son en gran parte construcciones sociales y que, en la realidad, es precisamente la continuidad y no la oposición entre el campo y la ciudad, entre lo rural y lo urbano, uno de los elementos constitutivos de los centros urbanos en Bolivia. Consideramos que la circulación de bienes, productos, personas, y servicios entre el área urbana y rural y entre áreas urbanas de mayor o menor dimensión responde a un proceso de "urbanización" de la dinámica territorial y económica andina, en la que son fundamentales los principios de "control vertical de un máximo de pisos ecológicos" y el "doble domicilio".

Lo urbano y lo periurbano

Entenderemos la categoría de lo urbano y lo rural como formas distintas de territorialización. Esto quiere decir formas de actuar sobre el espacio y de apropiarse del mismo. Una determinada forma de apropiación del espacio implica al mismo un determinado tipo de organización social, una dinámica económica y política. Es así que lo urbano y lo rural puede entenderse no solo como un tipo de ocupación espacial o de territorialización, sino como un tipo de relación social en sí y, al mismo tiempo, la relación entre lo urbano y lo rural se puede entender como un tipo de relación social. De este modo, las categorías de lo urbano, rural y periurbano no son solo categorías territoriales, sino también categorías sociales. En este apartado intentaremos una aproximación conceptual a la ciudad, lo urbano y lo periurbano como categorías sociales para entrar posteriormente en el análisis de la relación entre lo urbano, lo periurbano y lo rural.

Centelles (2006: 23) afirma que podemos identificar con el término *ciudad* a aquel territorio, de base urbana, donde existe "una cierta *unidad económica, cultural y social* que puede o no coincidir con las demarcaciones administrativas". De esta manera, la ciudad se debe comprender no solo como aglomeración física, sino también en relación a su *hinterland* o territorios bajo su influencia/dependencia socioeconómica. De aquí que la ciudad, para ser tal, tiene dos elementos principales: la unidad económica, social y cultural al interior de un territorio y su base urbana. Por tanto, no todo lo urbano es ciudad, pero sí toda ciudad, para ser tal, debe tener un carácter urbano.

Para Nel·lo, las características que hacen a la ciudad son la convivencia de usos y personas. "La separación de las dos cosas hace que el espacio se convierta en urbanización pero no en ciudad" (Nel·lo en Boira, 2001). La urbanización estaría definida más bien en términos de aglomeración física. Desde el punto de vista demográfico, el Instituto Nacional de Estadística define, con fines censales, la zona urbana como aquella que tiene más de dos mil habitantes. Por tanto, no todo centro urbano es una ciudad.

Con estos elementos podemos definir la ciudad como aquel territorio de base urbana, con cierta unidad económica, cultural y social que se constituye en un centro de convivencia de usos y personas a la vez que posee un *hinterland* o territorios bajo su dependencia o influencia y lo urbano en términos de aglomeración física. Sin embargo, el concepto de *hinterland* no es del todo adecuado para definir las ciudades en Bolivia, puesto que presupone que la ciudad "influye" sobre una determinada área contigua que se constituye en uno de sus elementos constitutivos. Afirmamos más bien que en nuestro caso la ciudad y las zonas periurbanas no solo "influyen" sobre determinada área, sino que m son un punto más en una dinámica socioeconómica itinerante.

El acelerado crecimiento de las ciudades ha traído aparejado el surgimiento de barriadas, chabolas, favelas, etcétera, donde habitan quienes llegan a las ciudades en busca de mejores opciones de vida y trabajo. La característica de estas zonas es la situación de pobreza, la carencia de servicios básicos, de ingresos fijos, de vivienda adecuada, etcétera.

Las zonas suburbanas han sido estudiadas normalmente como unidades residenciales desde el enfoque estrictamente urbanístico. Desde este punto de vista, se trata de lugares situados a las orillas de las ciudades, "carentes de equipamiento y deficitario en servicios e infraestructura" (Cáceres, 2002). Estos estudios llevan a la suposición de que el problema de la marginalidad se eliminaría al reemplazar las barriadas por complejos habitacionales modernos. Este punto de vista se ha abandonado, puesto que la residencia en barriadas no basta para definir la marginalidad.

Otros autores han intentado describir las barriadas como campamentos de transición entre lo urbano y lo rural, como un mero incidente del proceso migratorio. Lamentablemente, la evidencia de que varias generaciones de migrantes siguen viviendo en barriadas desmiente esta visión de lo suburbano como un momento transitorio. Sin embargo, la pobreza, el origen rural y la residencia en suburbios son rasgos concomitantes al hecho estructural de la marginalidad (Lomnitz, 1978: 23).

En términos generales, el suburbio es aquella parte que se encuentra junto a la ciudad pero que está fuera de la ciudad, es decir fuera de aquella unidad económica social o cultural que define la ciudad. Desde el concepto de ciudad de Nel·lo, lo suburbano sería aquella parte si bien puede encontrarse en el mismo territorio que la ciudad, o próximo a ella, se encuentra fuera del tejido de redes que la conforman y, por tanto, fuera de la "red mundial" de la que habla Centelles.

Otra de las ideas planteadas por Centelles es que se concibe a la ciudad como el lugar de la oportunidad: oportunidad de trabajo, de mercado, de estudio. El concepto de calidad de vida en las ciudades se basa más en el "acceder" que en el "poseer". El "acceso" a esta gama de oportunidades que ofrece la ciudad no depende solo de su existencia u oferta, es necesario que dentro del espacio urbano existan los medios que permitan a los pobladores el acceso a la educación, al trabajo, a la cultura o al ocio, etcétera (Centelles, 2006: 64). No basta vivir en la ciudad para ser parte de ella, es necesario también tener la posibilidad de acceder a aquellas oportunidades que puede ofrecer. La exclusión en la ciudad se puede entender también como la imposibilidad de acceso a estas oportunidades que ofrece el medio urbano.

EL CONTROL VERTICAL DE LOS PISOS SOCIOECONÓMICOS

En definitiva, lo urbano y las ciudades pueden ser concebidas en la actualidad bajo la figura de "puntos nodales" de un sistema de "redes". Sin embargo, no toda la población urbana es parte del "mundo globalizado"; al contrario, la mayoría de la población, que es la que vive en las zonas periurbanas, está excluida de esta red global. Sin embargo, en la periurbe es donde se evidencia que las ciudades o esta parte que podríamos denominar las "no ciudades", en el caso de las concentraciones urbanas de Bolivia, están vinculadas más bien con otros puntos nodales que pueden ser otras zonas urbanas, zonas rurales, zonas de colonización, etcétera. La dinámica de estas redes debe entenderse a través de dos conceptos clave en el manejo territorial del mundo andino: el doble domicilio y el control vertical de los pisos ecológicos. Estos conceptos clásicos que han sido desarrollados por destacados estudiosos del mundo andino (Condarco y Murra, 1987), hoy en día, cuando nuestro país ha pasado a ser un país con población predominantemente urbana, tienen todavía sorprendente vigencia no solo para entender las actuales sociedades rurales andinas, sino para entender las nuevas concentraciones urbanas bolivianas.

Indígenas en las ciudades de Bolivia: un vistazo cuantitativo

Si bien el tema de la identidad étnica es complejo en cuanto a su definición y cuantificación, los datos censales de los que disponemos nos pueden dar una visión aproximada de la magnitud de la presencia de personas que se autoidentifican como pertenecientes a algún pueblo o nación indígena u originario en las ciudades de Bolivia.

Los datos del Censo se dividen en tres grandes grupos por tipos de datos: datos de población, datos de vivienda y datos de hogares. El primer y más relevante dato es el del recuento de población en el nivel mínimo de análisis censal que es el de la "localidad". El recuento poblacional más el patrón de asentamiento permite definir si una "localidad" es "urbana" o "rural". Aquellas localidades cuyo patrón de asentamiento es de tipo amanzanado (es decir que las viviendas están ubicadas contiguamente, formando manzanos) y tienen más de dos mil habitantes se las considera localidades urbanas. De este modo, la primera gran variable que arrojan los datos del Censo es la división del territorio y la población en dos grandes "áreas geográficas", el "área urbana" y el "área rural", donde el conjunto de localidades "urbanas" constituye al "área urbana" y el conjunto de localidades de menos de dos mil habitantes constituye el "área rural".

El primer dato que nos interesa es la proporción de población que habita el área urbana y la que habita el área rural.

Figura 1. Población rural y urbana de Bolivia.

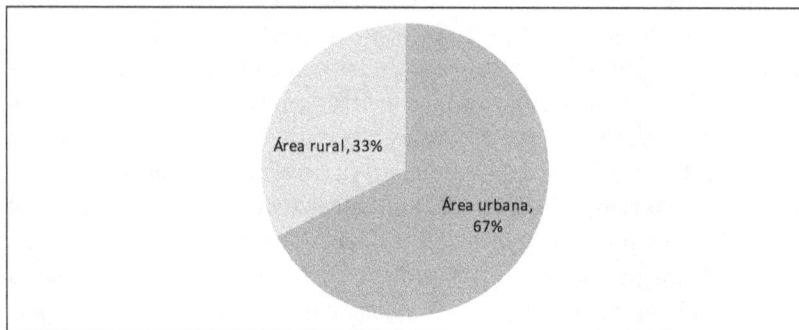

Fuente: elaboración propia en base a datos del Censo 2012 (INE).

Este dato de por sí nos revela que Bolivia ha experimentado en las últimas dos décadas un proceso acelerado de urbanización, a tal punto que en la actualidad más de dos tercios de los bolivianos viven en áreas urbanas. El año 2001, el último Censo Nacional de Población y Vivienda reportaba que el índice de población urbana de nuestro país era del 62,4%. Ya para el año 1992 en que se realizó el censo anterior al de 2001, Bolivia tenía un 57,5% de población urbana.

Una vez realizada la distinción entre población urbana y población rural, y vista la tendencia de distribución de la población en estas dos áreas, pasemos a ver qué sucede con la distribución de la población urbana según los municipios, pues en el caso del Censo 2012 contamos con la información desagregada a este nivel y no en el nivel de localidad. De este modo, no resulta sencillo establecer una distinción tan clara entre "municipio urbano" y "municipio rural". Sin embargo, en base a los datos disponibles, y tomando las variables de tamaño de la población y proporción de población urbano-rural, podemos hacer el siguiente análisis:

EL CONTROL VERTICAL DE LOS PISOS SOCIOECONÓMICOS

Tabla 1. Número de municipios según tamaño y área geográfica

		Más de 500 mil	Entre 100 y 500 mil	Entre 50 y 100 mil	Entre 10 y 50 mil	Menos de 10 mil	
		Gigante	Grande	Intermedio	Mediano	Pequeño	Total
Población urbana	80 a 100%	4	8	5	9	2	28
Población rural	60 a 80%			4	17	5	26
Población rural	40 a 60%			1	21	20	42
Población rural	20 a 40%			1	36	10	47
Población rural	0 a 20%			1	75	120	196
	Total	4	8	12	158	157	339

Fuente: elaboración propia en base a datos del Censo 2012 (INE).

Podemos apreciar en la tabla 1 que la gran mayoría de los municipios es de población eminentemente rural.

Pero en los 21 municipios más grandes del país se concentra el 57,7% de la población total de Bolivia, como vemos en el siguiente gráfico:

Figura 2. Población de Bolivia según tipo de Municipio

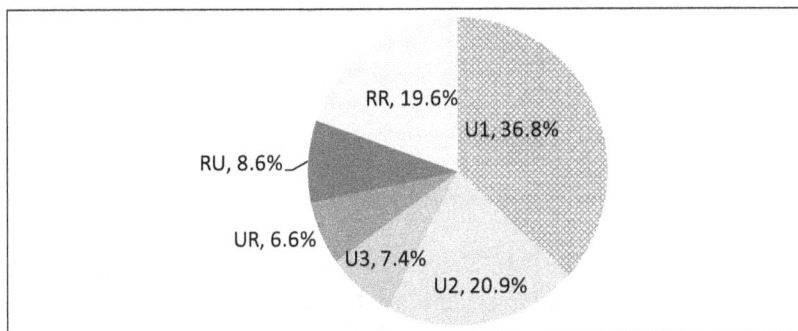

Fuente: elaboración propia en base a datos del Censo 2012 (INEX).

Si observamos la distribución territorial de la población según tipo de municipio, vemos que casi el 60% de la población habita en una mínima parte del territorio nacional.

Mapa 1. Municipios altamente urbanizados de Bolivia

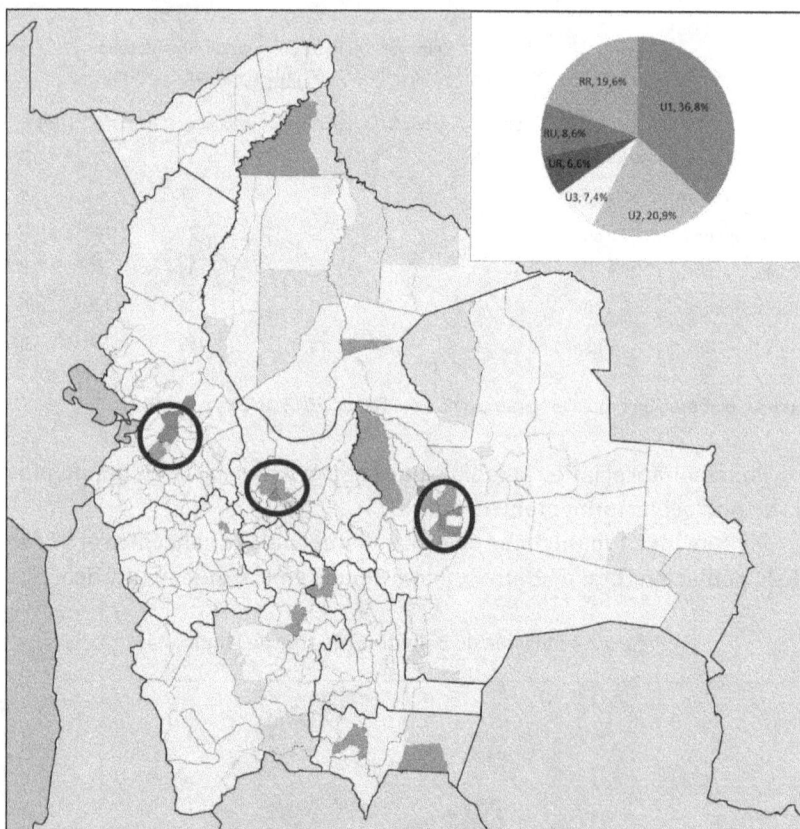

Fuente: Elaboración propia en base a datos del Censo 2012 (INE).

El Censo Nacional de Población y Vivienda del año 2012 establece tres categorías distintas en la variable "pertenencia a una nación o pueblo indígena originario campesino (NPIOC)", las cuales son las siguientes.

La primera categoría es la "A. Naciones o pueblos mayoritarios", que son dos, aymara y quechua.

En la categoría "B: Naciones o pueblos minoritarios contemplados en la Ley de Régimen Electoral" tenemos un listado de 43 denominaciones distintas que han sido establecidas en la mencionada ley.

Finalmente, se tiene una categoría "C. Otro tipo de declaraciones", que comprende adscripciones étnicas declaradas por los encuestados que no se encuentran en ninguna de las anteriores. Se aclara que no es posible definir si las declaraciones registradas corresponden a un grupo lingüístico, a un lugar de pertenencia o a un subgrupo de los NPIOC.

Esta variable, según el mismo INE, no genera una categoría agregada como "población indígena". Sin embargo, podemos realizar esta agregación como "Población que declara pertenecer a una NPIOC", sin que esto implique negar las particularidades de cada grupo indígena, originario o campesino.

Figura 3. Pertenencia de la población boliviana a una NPIOC

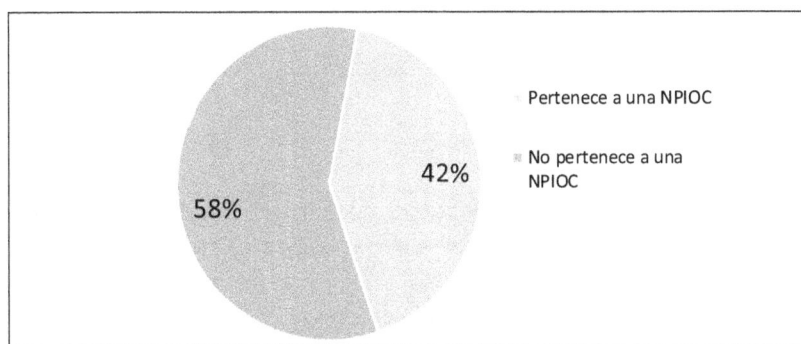

Fuente: datos del Censo 2012.

Si contrastamos los datos del total de la población con el total de la variable pertenencia a una NPIOC (Figura 1), vemos que un 42% del total de la población es identificada como perteneciente a una NPIOC. Esta proporción nos muestra que, pese a la creciente urbanización de Bolivia, la diversidad étnica y cultural de raíz indígena, originaria o campesina es todavía una característica importante en la composición poblacional.

Veamos ahora la composición de ese 42% de la población según las categorías consignadas en esta variable.

En la gráfica podemos ver que, efectivamente, los aymara y quechua son los dos pueblos mayoritarios, pues suman más del 80% de la población que se identifica como perteneciente a una NPIOC. En nuestro análisis sobre la presencia indígena en las ciudades, nos centraremos en el análisis de los pueblos de la categoría A, no solo por el peso demográfico de estos, sino porque su matriz cultural corresponde a la cultura andina. Los pueblos consignados en la categoría B son, en su gran mayoría, pueblos o naciones de tierras bajas.

Figura 4. Distribución de la población perteneciente a NPIOC

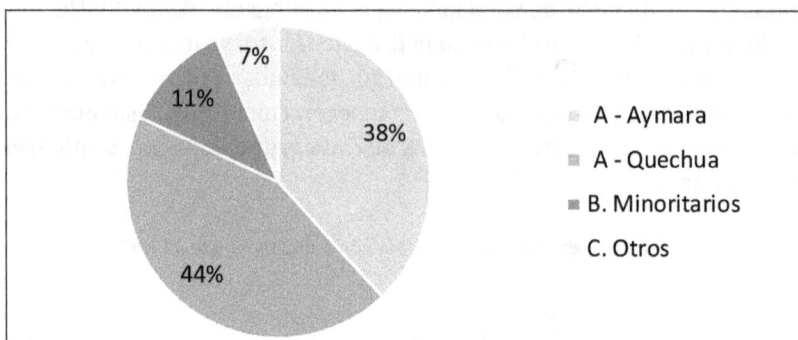

Población aymara

La población aymara asciende a alrededor de 1.6 millones de personas. La población que se identifica como aymara está distribuida entre el área urbana y rural en proporciones similares. Poco más de la mitad de la población aymara ha sido censada en el área rural y el 49% en el área urbana. Vemos en la Tabla 2 que la población urbana aymara se concentra en la conurbación La Paz-El Alto. Sin embargo, es importante advertir que casi la mitad de la población aymara vive en la ciudad de El Alto. Los datos también nos muestran que en El Alto el 45% de su población total se identifica como aymara, y el 4% como perteneciente a otra NPIOC. El Alto es no solo la segunda ciudad más poblada del país, sino la que tiene mayor población NPIOC en términos absolutos y relativos.

Otro porcentaje importante de la población aymara (16,53%) se encuentra en la ciudad de La Paz, sede del Gobierno Central. La población aymara también representa el 17% de la población total del Municipio de La Paz.

En Oruro, otra importante capital altiplánica, se encuentra el 5% de la población urbana aymara. En la ciudad de Cochabamba (valles) y Santa Cruz (llanos) concentran 34 mil y 26 mil aymaras, respectivamente.

EL CONTROL VERTICAL DE LOS PISOS SOCIOECONÓMICOS

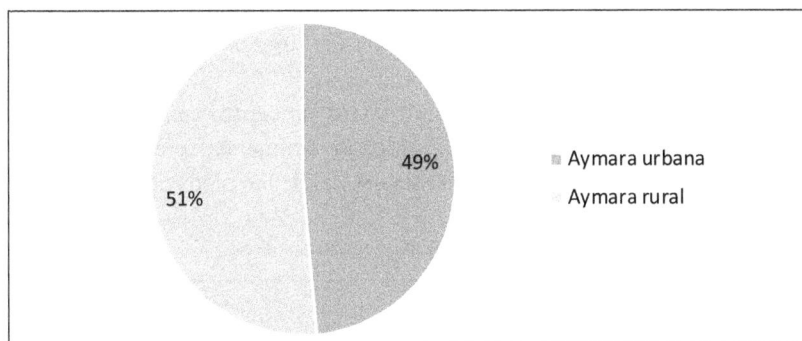

Figura 5. Población aymara por área

Fuente: CNPV 2012.

Tabla 2. Población aymara urbana según ciudad de residencia

Localidad		% población urbana aymara
Conurbación La Paz-El Alto		72%
El Alto	49%	
La Paz	17%	
Viacha	4%	
Achocalla	1%	
Oruro		5%
Cochabamba		4%
Santa Cruz de la Sierra		3%
Otras localidades		16%
Total población aymara urbana		**100%**

Fuente: elaboración propia en base a datos del CNPV 2012.

Población quechua

La población quechua asciende a 1.8 millones de habitantes. El 38% habita en el área urbana y el 62% en el área rural.

La población urbana quechua se encuentra distribuida en varias localidades. En la siguiente tabla podemos ver que en los valles de Cochabamba se encuentra el 36% de la población quechua urbana. La ciudad con mayor población quechua es la capital del Departamento, Cochabamba, seguida de la ciudad de Santa Cruz y la ciudad de Sucre. Debe llamar la atención que el 13,50 % de la población urbana quechua se encuentra en la ciudad de Santa Cruz y en centros urbanos aledaños o cercanos a esta ciudad.

Otra parte importante de la población quechua (el 14,76%) se halla en los centros urbanos ligados a la actividad minera, ubicados en las zonas andinas de altura. Finalmente, una parte no menor se encuentra en el conurbado La Paz-El Alto (4,37%).

Analizaremos estos datos a partir de los conceptos centrales que nos permiten explicar los patrones andinos de ocupación territorial. Estos son el "doble domicilio" y el "control vertical de los pisos ecológicos".

Figura 6. Población quechua por área

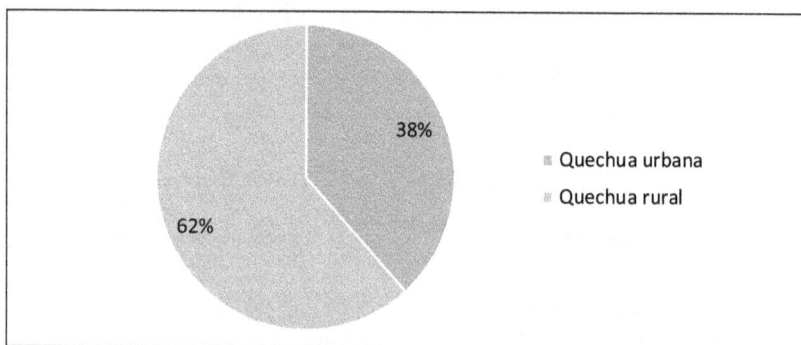

38%

62%

▪ Quechua urbana
▪ Quechua rural

Fuente: CNPV 2012.

Tabla 3. Población quechua urbana según ciudad de residencia

Localidad		% población urbana quechua
Conurbación valle central de Cochabamba		34%
	Cochabamba 16,46%	
	Quillacollo 5,15%	
	Vinto 2,15%	
	Tiquipaya 1,67%	
	Colcapirhua 1,53%	
	Sacaba 6,00%	
	Sipesipe 0,83%	
Valle Alto Cochabamba		2,28%
	Punata 1,26%	
	Cliza 1,02%	
Conurbación La Paz-El Alto		4,37%
	La Paz 2,12%	
	Cliza 2,25%	
Sucre		7,96%

EL CONTROL VERTICAL DE LOS PISOS SOCIOECONÓMICOS

Centros mineros		14,76%
Oruro	4,93%	
Huanuni	1,03%	
Potosí	6,55%	
Llallagua	2,25%	
Santa Cruz de la Sierra		8,10%
Otras localidades del Dpto. de Santa Cruz		5,39%
La Guardia	0,78%	
El Torno	0,44%	
Warnes	0,77%	
Yapacaní	1,11%	
Montero	1,24%	
Fernández Alons	0,44%	
San Pedro	0,26%	
Cuatro Cañadas	0,34%	
Otras localidades		23,35%
Total población quechua		**100%**

Fuente: elaboración propia en base a datos del CNPV 2012.

El "control vertical de los pisos ecológicos"

Es impensable la vida en la comunidad campesina sin su relación con otros espacios, en particular los espacios urbanos. La economía agropecuaria local necesariamente se complementa con el comercio eventual o el intercambio y el trabajo asalariado. La migración estacional, el intercambio y el trabajo asalariado forman parte esencial de la cultura y la economía andinas. En este sentido, podemos hablar de un ciclo agrícola —laboral— comercial.

El control territorial está estrechamente ligado a la producción agrícola y pecuaria. De este modo, otra de las características fundamentales en la cultura andina ha sido el manejo discontinuo del territorio, el archipiélago territorial o el "control vertical de los pisos ecológicos". En el norte de Potosí, donde están vigentes los niveles de ayllu mayor, se mantiene esta forma de control territorial. Los ayllus poseen tierras en áreas de puna como en los valles, yungas, e incluso se reconoce un espacio intermedio, con lo que sigue viva la imagen del archipiélago territorial o la discontinuidad territorial (Rivera y equipo THOA, 1992: 83).[1] En el

---

1 Silvia Rivera y equipo THOA (1992: 84) dan cuenta de cómo los ayllus del norte de Potosí, en particular los ayllus de la Provincia Bustillos, conservan el tipo de control vertical de los pisos ecológicos bajo el modelo de archipiélago territorial, donde los ayllus

caso de los ayllus de Oruro y La Paz, la mayor distancia entre la puna y los valles, y la existencia de prósperas haciendas en estos, ha hecho que el esquema del ayllu solo se conserve en la puna y el contacto con los valles sea solo en viajes de trueque y trabajo temporal (Carter y Albó, 1988: 16).

Otra estrategia que han desarrollado los ayllus para acceder a distintos pisos ecológicos ha sido el desarrollo del control de nuevos pisos ecológicos, en las regiones como el Chapare, o en el Alto Beni. Estas regiones, que se encuentran en zonas tropicales, han sido ocupadas gradualmente por los miembros de los ayllus que tienen su residencia en las alturas. En estos asentamientos prima la lógica del control espacial del ayllu y, en muchos casos, están sujetos al control de los ayllus centrales ubicados en la puna (Conde y Santos 1987: 117).

Es necesario recalcar que en ningún caso los campesinos controlan toda la variedad de pisos ecológicos, pero sí acceden a la mayor variedad posible, por lo cual muchos campesinos tienen doble domicilio, uno en el valle o en los nuevos asentamientos mencionados y otro en la puna.

Quienes no tienen productos para intercambiar en los valles optan por irse a trabajar a las ciudades durante los meses en que no hay labores en el campo. Los trabajos en la ciudad normalmente son: ayudantes en la construcción, cargadores en los mercados y algunos más afortunados se dedican al comercio minorista. Después de las labores de cultivo, especialmente en el mes de diciembre, que es cuando hay mayor movimiento económico en las ciudades, también se desplazan las mujeres, niños y ancianos a las ciudades en gran cantidad para pedir limosna en las calles.

La insuficiencia de la producción agrícola, las condiciones climáticas adversas, así como la cada vez menor disponibilidad de tierras están ocasionando desde hace más de veinte años el sistemático abandono del campo y la migración a las ciudades. Si bien antiguamente la economía doméstica rural se complementaba con viajes a los valles, donde también tenían acceso a tierras, poco a poco estos viajes de intercambio fueron reemplazados por la migración estacional a las ciudades y, posteriormente, la migración estacional fue dando paso a la migración definitiva. Además, la posibilidad de que los hijos accedan a mejores condiciones educativas y laborales que garanticen su subsistencia, es otro de los incentivos para la migración.

---

poseen tierras en las alturas (región que localmente denominan "suni"), en los valles (región localmente denominada "likina") e incluso se reconoce un territorio intermedio denominado "taypirana" o "chawpirana".

Así, podemos decir que el trabajo temporal en las ciudades ha sido incorporado dentro de esta lógica del control de pisos ecológicos, en una lógica de complementariedad ya no solo ecológica en cuanto al acceso a productos, sino en una lógica de complementariedad económica. Y en la medida en que el trabajo asalariado en vez de ser complementario se va convirtiendo en la principal fuente de sustento de la familia, la producción agrícola pasa a un segundo lugar, convirtiéndose en complementaria.

Control vertical de un máximo de pisos socioeconómicos

En muchos casos podemos hablar incluso de residencia múltiple y no solo doble. Migrantes orureños establecidos en la ciudad de Cochabamba, por ejemplo, conservan derechos sobre sus tierras en las comunidades altiplánicas de origen, pero también tienen derechos sobre tierras en zonas tropicales del Chapare. Entonces, una parte de la familia (normalmente los ancianos) vive en el altiplano, otra parte en la ciudad (los hijos que están estudiando) y otra parte en el Chapare (los padres).

De este modo, la familia extendida controla no solo una diversidad de pisos ecológicos y económicos, sino que tiene acceso a distintos espacios sociales. Del ejemplo anterior, los más ancianos resguardan las tierras en su lugar de origen en calidad de pastores o agricultores, incluso en los ayllus pasan los cargos originarios, etcétera. La siguiente generación, los hijos, ha migrado al Chapare, donde poseen tierras en calidad de colonizadores, dirigentes sindicales, transportistas, comerciantes, etcétera. La tercera generación, los hijos de estos, estudian en la ciudad o en Oruro, o si terminaron los estudios a lo mejor tienen algún tipo de empleo (maestros, policías, secretarias, etcétera), o se dedican al comercio o han emprendido la migración a España. De esta manera, una sola familia extendida, sin contar a hermanos, cuñados, etcétera, tiene acceso a una diversidad de espacios sociales, económicos y ecológicos. Podemos hablar así de un "control vertical de un máximo de pisos socio económicos" (además de ecológicos) que responde perfectamente a la antigua lógica andina del control vertical.

A este tipo de ocupación espacial lo denominamos "multilocalidad", puesto que no se trata solo del control de pisos ecológicos, sino de una tecnología social de mayor complejidad. La multilocalidad, como estrategia de ocupación de distintos espacios territoriales, pero al mismo tiempo de distintos ámbitos sociales y culturales, ha permitido a las sociedades andinas desarrollarse en el medio urbano desde o a partir de las comunidades asentadas en el medio rural. Y viceversa.

Esta dinámica del "control vertical de un máximo de pisos socioeconómicos y ecológicos" tiene que ser considerada seriamente para una mayor y mejor comprensión de la dinámica social en nuestro país, en particular en lo que se refiere a las diversidades culturales en contextos urbanos.

Revisemos ahora los datos estadísticos para comprender mejor estas situaciones en los casos concretos de los aymara y quechua por separado.

En el caso de la población aymara, sin duda que la ciudad de El Alto se ha creado y desarrollado bajo esta lógica del control vertical de los pisos socioeconómicos. Casi el 25% de la población aymara de Bolivia reside en esta ciudad. Lo que llama la atención es que solo el 45% de la población alteña se identifica como aymara. ¿Qué pasa con el resto de la población? Consideramos que una gran parte de la población de esta ciudad es de origen aymara y, sin embargo, ya no se considera como tal, pese a que pueda tener sus padres o abuelos aymaras e incluso residiendo en el área rural.

El concepto antes desarrollado de "control vertical de los pisos socioeconómicos" nos puede ayudar a explicar este fenómeno. No se trata de una negación de las propias raíces, sino que aquella parte de la población que se ha incorporado al mundo "no indígena", occidental, por llamarlo de alguna manera, mediante la adquisición de capital cultural y/o económico, posiblemente ya no se considere "aymara", pero sí participa activamente del entramado llamado "control vertical de los pisos socioeconómicos" y reafirma su identidad, por ejemplo, en las fastuosas fiestas que se celebran en esta ciudad, o asistiendo a las fiestas patronales de sus lugares de origen.

En el caso de la población quechua, podemos ver que el eje de ocupación territorial se ha ido desplazando desde las zonas de puna (por ejemplo, las zonas mineras y las ciudades de Oruro y Potosí) hacia los valles de Cochabamba y hacia el trópico (la región del Chapare) y las tierras bajas ubicadas en Santa Cruz. La presencia de población quechua en diversas regiones corrobora esta estrategia de ocupación territorial antes descrita.

Asimismo, la población migrante de segunda generación que habita en ciudades como Santa Cruz y los municipios aledaños posiblemente ya no se identifique como "quechua", por la necesidad e interés de integrarse a un tipo de sociedad "urbana" y "cruceña". Sin embargo, más que un dato negativo, este puede ser parte de una estrategia orientada a ocupar distintos pisos socioeconómicos, que implica trascender una identidad étnica o lingüística.

El "doble domicilio"

La migración debe ser comprendida en la lógica del "doble domicilio" y no como un proceso lineal según el cual la familia traslada su residencia definitivamente de un lugar a otro. La migración a las ciudades es un proceso de cambio de la residencia principal que implica el vínculo con la comunidad de origen. Este vínculo tiene razones tanto culturales como económicas.

Una de las explicaciones que ofrecen los entrevistados para la migración de las familias a las ciudades es la escasez de tierras y/o la insuficiente producción de las mismas. Sin embargo, las condiciones de vida de los migrantes en las ciudades son mucho más duras que en el campo, como veremos más abajo. La explicación de la migración debe buscarse más bien en las oportunidades a futuro que ofrece la vida en las ciudades. Para las familias que tienen hijos pequeños, el factor que define el cambio de residencia es la educación. En las comunidades los niños no pueden hacer más que tres o cuatro cursos de primaria y luego se quedan sin estudiar. Cuando pueden elegir, los padres prefieren establecerse en las ciudades para que sus hijos puedan asistir a la escuela.

Para los jóvenes, la ciudad ofrece mayores oportunidades laborales. Los jóvenes trabajan como jornaleros y las muchachas normalmente se emplean en alguna casa para el servicio doméstico. Sin embargo, normalmente son las familias y no los jóvenes quienes se establecen en la ciudad. Los jóvenes tienen una etapa de trabajar por tiempos largos en las ciudades, pero a la hora de establecer una familia regresan a la comunidad, reciben tierras para trabajarlas, etcétera y recién en pareja pueden tomar la decisión de establecerse en la ciudad. Las parejas que se establecen en la ciudad se dedican principalmente al trabajo eventual como jornaleros en una primera etapa y luego al comercio. El comercio implica también el desplazamiento del jefe o jefa de familia a otras ciudades o poblaciones intermedias. Por tanto, lo que determina el lugar de residencia no son tanto las condiciones laborales sino el lugar donde los hijos estudian. Es el caso de una persona que tiene tierras en una comunidad de Bolívar (Sur de Cochabamba), pero vive en Oruro. En las ciudades trabaja como comerciante. Lleva relojes o pan a Santa Cruz, donde se aloja en la casa de un "conocido" cerca del mercado La Ramada, allí vende su mercadería en forma ambulante, así como en otros mercados. En Oruro tiene un hijo que estudia informática en una universidad privada y otro que está en el colegio.

La economía familiar de quienes están establecidos en las ciudades es complementada por el trabajo agrícola en la comunidad. Durante la época de siembra y de cosecha la familia, o parte de ella se traslada a la comunidad para realizar las labores agrícolas. De esta manera se aseguran la provisión de alimentos, especialmente papa y *chuño*, durante varios meses.

En caso de que el propietario de la tierra no pueda realizar personalmente las labores agrícolas, las mismas se delegan a los parientes que residen en la comunidad, quienes deberán entregar parte de la cosecha al propietario, ya sea en papa o *chuño*. Es importante que las tierras se cultiven y no se abandonen para mantener el derecho sobre las mismas.

El cambio de residencia a la ciudad implica la movilización del capital social tanto para establecerse en la ciudad como para mantener los vínculos con la comunidad. Es el caso de un entrevistado que se iba a trabajar a Oruro, a una empresa minera donde trabaja su tío, quien le consiguió el trabajo. Esta misma persona anteriormente trabajó en Santa Cruz, donde está su hermano. De esta forma, las redes familiares no solo funcionan al interior de la comunidad, sino al exterior, en los procesos de migración temporal o definitiva.

Otra de las condiciones para mantener el derecho sobre la tierra es asumir los cargos. Quienes tienen tierras en la comunidad tienen la obligación de pasar los cargos así vivan en las ciudades. Cuando a una persona (sería más apropiado decir a una familia, porque los cargos recaen sobre el varón y la mujer) le toca pasar el cargo debe asumirlo y retornar a la comunidad mientras dure el cargo. En algunos casos deben retornar de ciudades lejanas como Santa Cruz o Buenos Aires a cumplir con el cargo. Esto implica cambiar temporalmente de domicilio. Sin embargo, cuando los hijos están en la escuela en la ciudad es solo el varón que retorna a la comunidad a cumplir el cargo.

El patrón de doble domicilio incide sobre la distribución de la fuerza de trabajo y los insumos productivos al interior de la unidad doméstica de producción. La combinación de los diversos insumos en el proceso productivo, se facilita por el acceso directo a una gama variada de los nichos diferenciados. El desfase en los calendarios agrícolas de puna y valle o trópico permite aumentar la intensidad del uso de la fuerza de trabajo doméstica, y es posible que la familia entera se desplace estacionalmente entre la puna y el valle o el trópico (Platt, 1981: 676-678).[2]

El vínculo con la comunidad, además de las razones económicas, es fundamental en la identidad de la persona. Los migrantes en las ciudades no tienen referentes sociales, no tienen vínculos sino los laborales o vecinales. Sin embargo, en la comunidad tienen una identidad, son reconocidos en su pertenencia al grupo, en su jerarquía. El hombre anónimo que carga las bolsas en la ciudad es *hilanco* en su comunidad. La señora que pide limosna en las calles es secretaria de actas o tesorera en su organización comunitaria. En la comunidad se tiene el sentido de pertenencia y de identidad. Uno de los entrevistados expresa cómo en las ciudades se sufre esta crisis de identidad:

> en algunos casos [...] tenemos hijos pero cuando se van a la ciudad, ese hijo sin preparación mental, sin ideología, sin decir quién es él, quién soy yo, de dónde he nacido, se siente avergonzado [...] pero esa gente a veces de aquí va y trabaja de empleada, o de empleado pero no tiene su conocimiento de dónde es, y le dicen "indio" y se avergüenza de su propia gente, no tiene su autoestima...otros papás dicen váyanse de aquí, váyanse donde sea, pero salen sin formación sin moral sin ética, entonces esa gente se avergüenza de nosotros, ...en las ciudades también entre primos se discriminan, no quieren saludar a su propia gente en la calle, no quieren dar la mano... pero la gente siempre retorna, no se olvida, siempre vienen, pese que hay algunos que han nacido en la ciudad, vienen para las fiestas, hablan quechua [...]. (Entrevista a NT, diciembre, 2005 en Antequera, 2016)

El tema del "doble domicilio" nos invita a cuestionar en nuestro análisis la categoría de "indígena urbano". En este caso es más adecuado pensar en el "ser indígena en la ciudad" como una condición social que es eminentemente cambiante y que hace referencia a una diversidad de situaciones.

Una situación puede ser la del migrante temporal, que llega estacionalmente a las ciudades. Otra situación es la de las familias que tienen su residencia principal en la comunidad de origen y una residencia secundaria en la ciudad. En otros casos las familias pueden tener residencia

---

2   Platt (1981) menciona solo dos regiones, la puna y el valle. El control de tierras del trópico es posterior a 1981, tiene lugar principalmente a partir de 1985, cuando se dio el desplazamiento masivo al trópico cochabambino y paceño donde el cultivo principal es la coca. Los cultivos o intercambios de productos de los valles estaban destinados principalmente al consumo familiar. En cambio, la producción de la coca está destinada al mercado, lo cual permite complementar la producción de la puna.

principal en la ciudad y trasladarse ocasionalmente o solo algunos de sus miembros en la comunidad de origen. También puede darse el caso de familias que han migrado definitivamente a las ciudades y cuyos lazos con la comunidad ya se han ido debilitando o perdiendo. En fin, las situaciones son diversas y cambiantes.

Podemos decir que, en el caso de las ciudades andinas, ser indígena es un modo de ser y de relacionarse no solo con la ciudad, sino con diversos espacios territoriales, económicos, sociales y culturales. Considero que, en nuestro caso, la categoría de lo indígena en la ciudad puede asociarse al concepto de lo "periurbano" como espacio constituyente de la ciudad y también como categoría social.

Lo periurbano como ruptura y articulación

Hemos sentado al principio que "lo rural" y "lo urbano" son, además de categorías territoriales, categorías sociales. Un determinado segmento de la sociedad que se autoidentifica como urbana elaborará una serie de pares categoriales a partir de la contraposición de esta categoría con la categoría de "lo rural". Lo urbano es signo de "mestizaje", civilización, educación, orden, limpieza, belleza, progreso, desarrollo, confort, etcétera. Lo rural será signo de "indio", incivilizado, retraso, desorden, suciedad, retraso, aburrimiento, etcétera. El transitar de lo rural a lo urbano significa, también en la mentalidad rural, un tránsito hacia un "mundo mejor". La ciudad se presenta como un mundo de oportunidades, de progreso, de bienestar, de acceso a la educación y al dinero.

Pero lo periurbano es una categoría negativa por excelencia. Lo periurbano es lo "no urbano", allá donde no funcionan las categorías que se le asignan a lo urbano. Lo periurbano no es signo de belleza, orden, progreso, desarrollo, etcétera, sino la negación de todo aquello. Y es, paradójicamente, en las zonas periurbanas donde habita la mayoría de la gente "urbanizada".

La categoría de lo "periurbano" es la que nos ayuda a romper precisamente con estas falsas dicotomías entre lo urbano y lo rural y sus diversos significantes. Es en las zonas periurbanas donde se asientan los "migrantes", a donde llegan los migrantes temporales, donde compran lote quienes llegan de otras ciudades o del campo y que viven al mismo tiempo en la zona del trópico y que tienen sus padres en el altiplano potosino, orureño o paceño.

La periurbe en Bolivia es la continuación de la ruralidad a la vez que su negación. Es al mismo tiempo la negación de lo urbano, es la "no ciudad" pero junto a la ciudad. Es por eso que para la comprensión de nuestras ciudades es imprescindible comprender los barrios periurbanos desde las categorías de doble domicilio o residencia múltiple y control vertical.

Es precisamente aquí donde se construye lo urbano desde su negación. Los nuevos asentamientos, se caracterizan por que no cuentan por lo general con papeles de los predios. Los dueños de los lotes no viven en la zona, son lotes baldíos y otros con construcciones precarias. No se cuenta con ningún tipo de servicio: agua, alcantarillado, en muchos casos no llega la luz, y tampoco las vías de acceso son adecuadas. Su organización está en función al proceso de asentamiento y las necesidades básicas del mismo: apertura de calles, edificación de viviendas, conformación como junta vecinal, etcétera.

En estas zonas, los vecinos deben autogestionar sus servicios, abrir sus calles, comprar agua de los aguateros hasta que se organizan en un comité e instalan su infraestructura para la provisión de agua, lo que puede durar varios años, deben pelear por tener áreas "verdes", que no son sino lotes baldíos donde la gente echa basura mientras sueñan con que algún día allí habrá un "parque" como en otras zonas de la ciudad. No hay alumbrado público ni servicio de transporte, ni escuelas ni atención médica. Todo debe ser hecho por los vecinos, porque como los papeles no están regularizados todavía no son OTB y el Municipio no puede asignarles recursos. Es así como se van construyendo los barrios de la futura "ciudad".

Las zonas perirurbanas, así, son parte de un circuito económico y social mucho más amplio que los conecta con las zonas rurales, con otros centros urbanos, con zonas de producción de tierras bajas como el Chapare o Santa Cruz, con el altiplano, etcétera. Comprenderlas desde esta perspectiva permitirá superar las dicotomías urbano-rural, indígena y no indígena, y las relaciones sociales que estas determinan.

Conclusión

El crecimiento urbano en Bolivia, producto principalmente de la migración del campo a la ciudad, ha configurado, ha transformado completamente el panorama social y territorial de nuestro país. Al haberse producido un crecimiento urbano sin industrialización, como en otros contextos, no se explica el crecimiento de las ciudades sin su intrínseca relación con el campo, de donde vienen los migrantes que han engrosado las zonas periurbanas de Bolivia.

Desde esta perspectiva, es necesario en primer lugar cuestionar profundamente la dicotomía entre lo urbano y lo rural y las demás categorías que con ella vienen asociada. Antes bien, es necesario buscar en los principales patrones de ocupación territorial de la cultura andina, una explicación acerca de la dinámica social y económica de las urbes bolivianas.

Estos dos rasgos principales son, a nuestro entender, el doble domicilio y el control vertical de un máximo de pisos ecológicos.

Los centros urbanos se han incorporado en la dinámica económica andina. En principio, y desde hace mucho, como un destino temporal y, recientemente, como un destino definitivo de las familias campesinas, además de otras nuevas zonas como el oriente de Bolivia. Sin embargo, la migración en nuestro contexto no debe entenderse como un movimiento lineal, sino como un itinerario según el cual, las familias no renuncian definitivamente al control sobre las tierras de origen o sobre otras zonas de producción. De esta manera, las zonas periurbanas son una estación más del peregrinaje continuo de las familias que van trashumando en busca de mejores condiciones de vida.

En el aspecto territorial podemos decir que las ciudades se han integrado a antiguos circuitos migratorios y laborales. Pero en el plano social, podemos decir que las sociedades andinas han desarrollado, a partir de la lógica del control vertical de un máximo de pisos ecológicos, el control vertical de un máximo de pisos socioeconómicos además de ecológicos, que les permita su supervivencia.

Dentro de los centros urbanos, son precisamente las zonas periurbanas donde se evidencian las rupturas o continuidades entre lo rural y lo urbano. La multilocalidad, como estrategia de ocupación de distintos espacios territoriales y, al mismo tiempo, de distintos ámbitos sociales y culturales, ha permitido a las sociedades andinas desarrollarse en el medio urbano y periurbano en estrecha relación con las comunidades asentadas en el medio rural.

El estudio de "lo urbano" en Bolivia debe atender a una perspectiva amplia según la cual las ciudades están articuladas precisamente a territorios más amplios, que definitivamente trascienden las divisiones políticas impuestas. En el plano del análisis social es necesario superar las dicotomías urbano-rural, de modo que una concepción menos polarizada de lo urbano y lo rural permita a la vez un cambio no solo en el conocimiento de la realidad urbana, sino también en las relaciones sociales que están determinadas por las categorías territoriales, étnicas y sociales construidas en nuestra sociedad.

Bibliografía

Antequera, N. 2007 *Territorios Urbanos* (La Paz: Plural, CEDIB).

Antequera, N. 2016 Debemos gobernarnos a nosotros mismos. Organización política originaria del ayllu andino (Kirkyawi – Bolivia). (Cochabamba: Edición del autor)

Antequera, N.; Cielo, C. (eds.) 2011 *Ciudad sin fronteras. Multilocalidad de lo urbano rural en Bolivia* (La Paz: Plural Editores).

Bauman, Z. 2001 *La Globalización Consecuencias Humanas* (México: Fondo de Cultura Económica).

Boira, J. 2001 "La dispersión de la ciudad implica la no ciudad" en <https://metode.es/revistas-metode/monograficos/entrevista-a-oriol-nel%-C2%B7lo.html>.

Cáceres, G. 2002 "Suburbanización y suburbio en el Chile: una mirada al gran Valparaíso decimonónico (1820-1870)" en *Revista Archivum* Nº 4 (Valparaíso).

Carter, W.; X. Albó 1988 "La comunidad aymara: mini estado en conflicto" en Albó, X. (comp.) *Raíces de América. El mundo aymara* (Madrid: Alianza Editorial).

Centelles y Portella, J. 2006 *El buen gobierno de la ciudad. Estrategias urbanas y política relacional* (La Paz: Plural editores).

Condarco, R.; Murra, J. 1987 *La teoría de la complementariedad vertical eco simbiótica* (La Paz: Hisbol).

Conde, R.; Santos Quispe, F. 1987 "Ayllu y sindicato en el norte de Potosí (Provincia Bustillos)". Manuscrito, Simposio ayllu y sindicato, 11 pp.

Lomnitz, L. 1978 *Cómo sobreviven los marginados* (México: Siglo Veintiuno Editores).

Madrid, E. 1998 "La tierra es de quien pasa cargos. Relación de los 'residentes' con su pueblo (Huayllamarca y Llanquera)" en *Eco andino Nº 6* (Oruro: CEPA) pp. 83-120.

Murra, J.; Wachtel, N.; Revel, J. 1986 *Anthropological History of Andean Polities* (Londres: Cambridge University Press).

Pérez, M. 1997 "Del comunalismo a las megaciudades. El nuevo rostro de los indígenas urbanos" (La Paz).

Platt, T. 1981 "El papel del *ayllu* andino en la reproducción del régimen mercantil simple en el norte de Potosí" en *América Indígena* Nº 41, Octubre-Diciembre (México).

Platt, T. 1986 "Mirrors and maize: the concept of yanantin among the Macha of Bolivia" en Murra, J.; Wachtel, N.; Revel, J. *Anthropological History of Andean Polities* (Londres: Cambridge University Press) pp. 228-259.

Prats, J. 2000 "Las ciudades latinoamericanas en el umbral de una nueva época, La dimensión local de la gobernabilidad democrática y el Desarrollo Humano" en < https://www.researchgate.net/publication/39181089_Las_ciuda-

des_latinoamericanas_en_el_umbral_
de_una_nueva_epoca_La_dimension_
local_de_la_gobernabilidad_democra-
tica_y_el_desarrollo_humano >.

Rivera, S. y equipo THOA 1992 *Ayllus y proyectos de desarrollo en el Norte de* Potosí (La Paz: Aruwiyiri).

Tilly, C. 2000 *La desigualdad persistente* (Buenos Aires: Manantial).

La urbanidad de los Guaraní Occidentales en el Chaco paraguayo

Paola Canova

Introducción: la negación en la construcción de las subjetividades urbanas

A partir del 2006 en el Foro Permanente sobre Pueblos Indígenas de la ONU, se trataba por primera vez la relación entre indígenas y migración urbana como un fenómeno global (UNPFII, 2007/2008; UN, 2009). Esto generó un renovado interés por la categoría "indígenas urbanos" en el ámbito de las políticas públicas, así como en el campo académico. En Latino América, la movilidad indígena a centros urbanos, no es un fenómeno reciente sino que tiene raíces coloniales. Sin embargo, esta movilidad se ha mantenido históricamente invisibilizada debido a imaginarios espaciales racializados que construyen el espacio urbano como perteneciente a lo "blanco" y/o "mestizo," mientras que el rural a lo "indígena" (ver De la Cadena 2000, Weismantel 2001). En las últimas décadas, sin embargo, el proceso de movilidad indígena urbana se ha acelerado considerablemente debido a factores tales como la invasión de tierras indígenas, deforestación, violencia militar y paramilitar, la búsqueda de mejores oportunidades laborales y acceso a servicios básicos, salud, educación, entre otros (McSweeney & Jokish, 2005).

En el ámbito académico, mayor atención a los indígenas urbanos ha implicado también, al menos dentro de la disciplina antropológica, una renovada atención a repensar el nexo territorio e identidad, cuya relación ha sido tradicionalmente concebida como estática y claramente delimitada. Esta construcción se ha caracterizado por emplear prácticas discursivas y regulatorias que fomentan la formación de subjetividades que se orientan a producir identidades estereotipadas que no hacen más que reificar la reproducción del *"savage slot"*, criticada brillantemente por el antropólogo haitiano Trouilliot (2001). Sin embargo, se ha demostrado que la identidad indígena en espacios urbanos puede adquirir varios matices, pudiendo ser construída, por ejemplo, como emergente y multilocal (Briones, 2007; Charnela, 2015). De igual manera, la aparente desterritorialización puede, aunque parezca una contradicción, ser clave para procesos de defensa y control autónomos de espacios ancestrales (McSweeney & Jokish, 2015) y las construcciones esencializadas de los indígenas pueden también ser re-apropiadas como una herramienta estratégica para avanzar luchas territoriales en espacios urbanos (Conklin, 2013).

Este trabajo toma el concepto de rechazo como punto de partida para reflexionar sobre los procesos de urbanidad indígena que experimenta la ciudad de Mariscal Estigarribia en el Chaco paraguayo. En un trabajo reciente, Simpson (2014), examina las políticas de rechazo (que ella llama *refusal*) que utilizan los Mohawks de Kahnawa:ke —una reserva indígena en el suroeste de Quebec— como forma de articular y mantener la soberanía política a pesar de décadas de colonialismo en la región. Ella argumenta que el proceso de rechazo "ofrece una estructura propia de aprehensión que mantiene y produce sociabilidad a través del tiempo, y que se manifiesta en una postura política de *acute awareness* de las condiciones de su producción" (Simpson 2014: 329) De manera complementaria, McGranahan (2016: 319) define el rechazo como un proceso "generativo y estratégico, un movimiento deliberado hacia una cosa, creencia, práctica o comunidad, alejándose de otra". Ella, junto a Simpson y otras investigadoras como Weiss (2004) y Sobo (2015) proponen analizar el rechazo individual o grupal a afiliaciones, o identidades como manera de reclamar una sociabilidad inherente a las relaciones sociales –que también puede ser de naturaleza política. En este sentido, ellas alertan que el concepto de rechazo propone alejarse del concepto de resistencia construido en oposición a procesos de dominación. Nótese que la dualidad implícita en el concepto de resistencia no ha estado libre de críticas por su tono romántico y por representar la dominación como una forma institucionalizada de poder relativamente fija (Abu-Ludghod, 1990; Mahmood, 2004).

En el contexto de la urbanidad Guaraní Occidental, este trabajo argumenta que las prácticas de rechazo que reproduce este grupo (hacia adentro y hacia afuera) refleja un proyecto propio que busca negociar procesos de inclusión y exclusión; implica un proceso que revela articulaciones y desarticulaciones resultantes de relaciones desiguales de poder en un contexto de violencia y discriminación histórica hacia los pueblos indígenas en el Chaco.

Mientras que los indígenas urbanos están ganando una renovada atención académica y pública en el Paraguay (Bogado, 2014; CONAPI, 2016), con algunas excepciones el tema permanece aún poco explorado en el Chaco paraguayo (Canova, 2011; Glauser & Patzi, 2014; Tierra Libre 2018). En ese sentido, este trabajo pretende contribuir a las discusiones sobre la urbanidad indígena en la región mostrando cómo los Guaraní Occidentales están utilizando el rechazo como estrategia productiva para reivindicar sus derechos en contextos urbanos caracterizados por discriminación racial y exclusión.

Aproximación a la urbanidad indígena chaqueña en el Paraguay

El Gran Chaco es una eco-región compartida entre Paraguay, Bolivia, Argentina y Brasil, que alberga la segunda área boscosa más grande en las llamadas Tierras Bajas luego de la región Amazónica en Sudamérica. Según el último Censo Nacional Indígena (DGEEC, 2012) de los 113.254 indígenas que habitan el Paraguay, 48% de dicha población está radicada en el Chaco Paraguayo, representando trece diferentes grupos étnicos.

La presencia de indígenas urbanos en el Paraguay ha adquirido mayor visibilidad en la capital Asunción y alrededores, además de otras grandes ciudades de la región Oriental del país.[3] De la población indígena total del país, el 8,7% es urbana (9.858 individuos). La presencia indígena en zonas urbanas, principalmente en la región Oriental del país, responde en gran parte a la deforestación y al avance de la agricultura mecanizada, principalmente soja que ha desplazado a varios miembros de comunidades indígenas (Bogado, Portillo & Villagra, 2016).

El 64% de la población indígena total urbana (6.279 individuos) reside en la región del Chaco, mientras que el 36% en la región Oriental. Sin embargo, la mayor visibilidad de la 'problemática' urbana se da en la región Oriental, debido al flujo relativamente alto de migrantes en un período de tiempo relativamente corto lo cual generó una serie de reac-

---

3   El río Paraguay divide al país en dos regiones, la Oriental (o este) y la Occidental (o Chaco).

ciones de la población no indígena.[4] Actualmente, en Asunción, la capital y en los alrededores existen 21 comunidades y núcleos de familias urbanas (2.471 individuos).[5] La mayoría de estas son relativamente nuevas (con menos de 7 años de antigüedad). La presencia de indígenas en Asunción y alrededores genera constantes tensiones y revela el rechazo y la discriminación de la población local que no considera a los indígenas sujetos de derecho en espacios urbanos.

A diferencia de la Región Oriental, las dinámicas de movilidad urbana se dan de una manera diferente en el Chaco, debido a las distancias geográficas, haciendo que la migración sea mayoritariamente interna. Es decir, esta se da dentro de los límites departamentales y no interdepartamentales como es el caso en la Región Oriental. De las tres jurisdicciones departamentales que conforman la región chaqueña, el Departamento de Boquerón —donde residen la mayoría de los Guaraní Occidentales— es el que tiene la tasa poblacional más alta de indígenas urbanos (24,6% de la población total indígena del Departamento). Esto se explica debido a que en Boquerón se encuentran ubicadas las Colonias Menonitas y Mariscal Estigarribia, ambos importantes centros urbanos y polos de desarrollo económico. Cabe destacar el rol de las Colonias Menonitas en este proceso, inmigrantes de ascendencia rusa quienes a partir de la década del sesenta jugaron un rol clave para cambiar el perfil económico de la región, que hasta entonces se había caracterizado por su naturaleza extractiva. La expansión económica de los Menonitas fue posible debido a factores críticos que incluyeron, entre otros, el financiamiento con capital Menonita en la diáspora, el proceso de re-territorialización de la región, y la disponibilidad de mano de obra indígena permanente (Canova, 2015). Este proceso ha convertido a las Colonias Menonitas en el principal centro urbano del Chaco central durante el siglo veinte.

A partir de la década de los noventa, el Chaco ha sufrido un nuevo oleaje de desarrollo económico de tipo de frontera. Tierras fiscales fueron vendidas a los precios más bajos en la región, atrayendo inversiones extranjeras, principalmente brasileñas y europeas convirtiendo

---

4   La principal distribución de indígenas urbanos en la Región Oriental se da de la siguiente forma: el 81% reside en el Departamento Central donde se encuentran ubicadas las principales ciudades vecinas a Asunción. Luego le sigue Asunción con un total de 18,5% y finalmente Alto Paraná, cuya capital es Ciudad del Este.

5   Las ciudades de los alrededores de Asunción incluyen Luque, Limpio y Roque Alonso. Los indígenas asentados en estas comunidades pertenecen en su mayoría al grupo Mbya Guaraní, seguidos por Ava Guaraní, y en menor medida Chamacocos, Ache, Maka, Nivacle, Tomaraho, Toba Qom y Guana.

los bosques chaqueños en pasturas artificiales para engorde de ganado. Este desarrollo económico ha posicionado a Paraguay como el séptimo exportador de carne vacuna en el mundo (ARP, 2017) a costa de la devastación ecológica que está sufriendo la región debido a la tala indiscriminada de bosques. De acuerdo a estudios recientes se estima que aproximadamente quinientas hectáreas son deforestadas por día en el Chaco paraguayo (Cardozo *et al.*, 2013). Esto ha tenido también un impacto negativo para los grupos indígenas chaqueños, la mayoría de quienes, despojados de sus territorios ancestrales fueron incorporados como mano de obra a la economía regional.

El segundo principal polo urbano de la región —la ciudad de Mcal. Estigarribia— ha acelerado también su crecimiento durante la década de los noventa lo que a su vez generó una serie de migraciones indígenas y no indígenas a esta ciudad. En las Colonias Menonitas esta situación de migración indígena urbana es especialmente crítica debido a la falta de espacio y acceso a servicios básicos, una realidad que pasa mayormente desapercibida a nivel nacional.

Los Guaraní Occidentales en el Chaco paraguayo

La población total de los Guaraní Occidentales hoy asciende a 3.587 individuos de los cuales el 64,5% viven en zonas urbanas (DGEEC, 2012). Están establecidos en seis comunidades, de las cuales dos son urbanas: Yvopey'renda (ubicada en Filadelfia, Colonias Menonitas) y Santa Teresita (ubicada en Mariscal Estigarribia), además de varios núcleos de familias ubicadas en la ciudad de Mcal. Estigarribia.[6] Este trabajo se enfoca exclusivamente en la urbanidad Guaraní de Mcal. Estigarribia.

Los Guaraní Occidentales que habitan el norte del Chaco paraguayo son considerados descendientes de las oleadas migratorias de los Guaraní a la región del Gran Chaco a partir del siglo XIV. Para el siglo XVI, estos se habrían establecido en las zonas húmedas al borde noroeste del Chaco, entre la Cordillera de los Andes y el Río Parapetí y los bañados del Izozog (Susnik, 1976). Estas migraciones desplazaron a grupos Chané-Arawak que vivían en la región, algunos de los cuales fueron obligados a migrar regionalmente hacia el Este.[7] Los Chané que quedaron en la zona fueron

---

6   Yvopey'renda tiene una población total de 998 individuos mientras que Santa Teresita tiene 1.475 individuos y los núcleos urbanos de Mcal Estigarribia conforman en total 601 individuos (DGEEC, 2012).

7   Para una descripción acabada de los Chané del Siglo XVI ver Bossert (2008).

sometidos a los Guaraní eventualmente dando origen a los Chiriguanos (Susnik, 1968).[8] Combes (2005) distingue tres sub-grupos de Chiriguanos en Bolivia: los Avá, los Simbas (o Tembetá) y los Izoseños, estos últimos ubicados en el bajo Parapetí en el Departamento de Cordillera.

Durante la Guerra del Chaco (1932-1935) entre Paraguay y Bolivia los Chiriguanos tomaron contacto con el ejército paraguayo y a cambio de promesas de ciudadanía y tierra se alistaron para pelear con las tropas paraguayas (Susnik & Chase Sardi, 1995). Luego de terminada la guerra migraron al Paraguay en condición de refugiados o prisioneros de guerra (Bossert et al., 2008; Hirsch, 2004). Sin embargo, debe aclararse que estos migrantes no constituían un grupo homogéneo, sino que pertenecen a diferentes grupos con historias y trayectorias no bien diferenciadas en la literatura. Una de las versiones (Toro, 2000) sugiere que los actuales Guaraní Occidentales del Paraguay ingresaron todos por Pedro P. Peña al Paraguay. De allí un sub-grupo, que es el que hoy reside en Mcal. Estigarriba, se trasladó primero a Puerto Casado y luego retornó para asentarse en Mariscal. Otra versión (Fritz, 2000) identifica cuatro grupos y caminos migratorios al Paraguay: el primero, en su mayoría proveniente de la misión franciscana Macharety en Bolivia, fue trasladado por el ejército paraguayo a Guachalla, hoy Misión Inmaculada Concepción (Pedro P. Peña). El segundo fue llevado a Fortín Camacho, actual Mcal. Estigarribia. Un tercer grupo fue dejado en el Kilómetro 160 desde donde la empresa Carlos Casado S.A. los trasladó para trabajar en Puerto Casado. Finalmente, un cuarto grupo, a quien Fritz los describe como los "del Isoso" entraron por General Eugenio A. Garay[9] y Pykuiyva. Estos fueron trasladados provisoriamente a los fortines Toledo, y 15 de Agosto. Schmidt (1934) hace referencia exclusiva a este último grupo e indica que eran aproximadamente unos 2.493 individuos. Según describe el autor, quien acompañó el traslado de este grupo, sus miembros rechazaban el apelativo "Chiriguano" por lo que él asegura que debían ser Chané ya que no se identificaban como "Mbya" que era el apelativo utilizado por los Chiriguanos para auto-denominarse (Schmidt, 1934: 3).[10]

De los grupos que migraron al Paraguay, más del 70% de la población falleció en el proceso debido a la situación precaria de salud y desnutrición

---

8   Actualmente Chiriguanos son considerados uno de los 5 grupos étnicos guaraní-parlantes en Bolivia (Combes, 2005).

9   Esta localidad también era conocida como Yrendague.

10   Los objetos recolectados por Schmidt en su viaje de expedición afirmarían esta opinión del autor. Ver detalles en Schmidt (1934).

en la que se encontraban por lo que habían decidió regresar a sus tierras en Bolivia (Susnik & Chase Sardi, 1995). Enterado de esto el General Andino del Fortín Camacho, los recogió y llevó hasta Matarife, ubicado al lado del Fortín Camacho (Fritz, 2000). A pedido del comando militar paraguayo, los misioneros de la congregación católica Oblatos de María Inmaculada (en adelante OMI) quienes se habían establecido en la zona a mediados de la década del veinte, los reconocieron en las misiones Inmaculada Concepción (Pedro P. Peña) y en Santa Teresita.[11] De acuerdo a Fritz (comunicación personal) varios son los relatos que testifican el maltrato que recibían los hoy auto-denominados Guaraní Occidentales en este campamento por parte de los militares. Estos separaban violentamente a las familias apoderándose de mujeres y niños sin consentimiento. Los misioneros OMI comenzaron a denunciar esta situación en sus homilías, sin embargo tuvieron que transcurrir varias rondas de negociaciones entre los militares y misioneros, para que estos últimos tuvieran el consentimiento de los militares para establecer la comunidad Santa Teresita (Fritz, 2000) que se formó de la mano de los misioneros OMI, y creció también bajo la influencia militar.

De fortín a ciudad:
la urbanidad guaraní en Mariscal Estigarribia

Es domingo y el sol derrite el asfalto del paseo central del ex fortín (hoy llamado destacamento militar De Filipis),[12] también conocido como "Villa Militar" ubicada en Mcal. Estigarribia. Miguel, un Guaraní Occidental de aproximadamente cuarenta años, recuerda como fue crecer entre los militares. "Mi papá era sub-oficial, y también músico en la banda de músicos. Es lo que más disfrutaba". De pequeño Miguel hacía el viaje de tres kilómetros a diario desde la comunidad Santa Teresita al destacamento para retirar de la cooperativa la ración de comida a la cual tenía derecho su padre. Miguel y su familia, como la mayoría de las familias de Santa Teresita, tuvieron una vida estrechamente vinculada a los militares.

Hoy la Villa Militar se siente abandonada. Las hileras de casas revelan una infraestructura en ruinas a pesar de que actualmente habitan en el recinto más de 40 familias paraguayas, y aproximadamente 20 familias indígenas. El salón de baile, donde tocaba la Banda de Músicos los fines de

---

11   Ver detalles de la historia de los OMI en Durán Estragó (2000).
12   También llamado Fortín Camacho cuando estuvo en posesión boliviana.

semana en los tiempos de bonanza del destacamento, está hoy destechado con un palo borracho panzón que se desborda desde el interior reclamando espacio. Los escombros y construcciones ajadas dejan entrever lo que una vez fue un vibrante centro urbano, con negocios, un club de oficiales, y hasta una sucursal del Banco Nacional de Fomento. Fue en el ápice de la opulencia militar en la década de los treinta que los Guaraní Occidentales se asentaron en las inmediaciones del Destacamento, en el denominado "Campamento" o Matarife donde la mayoría permaneció hasta la formación de la comunidad Santa Teresita en 1941. Los misioneros OMI ubicaron en Santa Teresita también a indígenas Nivaclé y Guaraní Ñandeva. Este proceso no ha estado libre de tensiones internas entre los diferentes grupos que hoy viven en la comunidad. La presencia de las hermanas de la congregación Sagrada Familia de Burdeos que residieron en la comunidad desde 1964 hasta mediados del 2000 también ha contribuido a fricciones entre grupos a través del tiempo.

Recién para la década de los noventa se creó la llamada "Villa Civil," que luego se convertiría en la actual ciudad Mcal. Estigarribia. Hoy en día residen en el casco urbano de la ciudad aproximadamente 2.500 habitantes y la población total de Santa Teresita hoy asciende a 1.909 habitantes (DGEEC, 2012). Hasta 1989, el destacamento continuaba siendo el centro de la vida social y económica de la ciudad, pero con la caída de la dictadura Stronista, los militares perdieron relativamente el control y poder. Sin embargo, el Estado continúa siendo el principal empleador a través de sus instituciones gubernamentales. Con el crecimiento de Mariscal Estigarribia la comunidad Santa Teresita quedó anexada a la ciudad y a la vez dividida por la ruta asfáltica que conduce a la misma.[13]

En su trabajo misionero, la congregación OMI priorizó la labor educativa entre los indígenas (Gomez, 2002), y como resultado los Guaraní Occidentales son la población con la mayor tasa de educación formal (7,5 años promedio) en comparación a otros grupos indígenas, como los Ayoreo que tienen uno de los promedios más bajos en la región (2,5 años) (DGEEC, 2012). El nivel de educación formal de los Guaraní ha influenciado de manera significativa sus experiencias de urbanidad, ya que esto los ha vinculado laboralmente de manera diferenciada con la población no indígena (en comparación a otros indígenas). Esto por su parte ha contribuido a una jerarquización interna donde los Guaraní pasaron a

---

13   Aquí se utiliza el término paraguayo para referirse a las personas que se identifican como no indígenas, ya que los Guaraní Occidentales se identifican primariamente como tal y no paraguayos.

posicionarse con un estatus más alto en relación a los demás grupos indígenas residentes en Santa Teresita.[14] Sumado a esto, la convivencia con la población no indígena (militar y civil) ha marcado la subjetividades Guaraní urbanas a raíz del racismo y la discriminación hacia ellos. Se puede entonces afirmar que los Guaraní Occidentales han experimentado la urbanidad en una dualidad que los ha por un lado fortalecido como grupo en relación a otros indígenas, pero que por el otro lado revela las secuelas de la discriminación histórica que sufrieron. Esta dualidad ya era evidente a finales de la década del ochenta, pues se consideraba a la comunidad Santa Teresita como "el grupo más aculturado, más integrado a la sociedad nacional" (Chase Sardi *et al.*, 1990: 203). Al mismo tiempo se indicaba que "los indígenas no perdieron su identidad étnica y por ende no disminuye la solidaridad con otros grupos" (Ídem, 1990: 203). A pesar de una marcada historia de discriminación racial, los Guaraní Occidentales han mantenido una cohesión social y liderazgo afianzado a través del tiempo.

Un grupo de familias Guaraní Occidentales experimentaron una trayectoria diferente a la mayoría de los que se asentaron en Santa Teresita. Este grupo, que en la actualidad se reivindica como "Guaraní urbanos" tuvo una vinculación particularmente cercana a los militares y la población paraguaya, ya que vivieron de manera permanente entre ellos, produciéndose varios matrimonios interétnicos (con criollos) y descendencia mestiza, varias producto de violaciones a mujeres indígenas Guaraní como lo indica Fritz (2000). En este contexto estas familias Guaraní articularon un proceso que denomino "invisibilizacion estratégica," como manera de navegar su identidad, sin perderla, a pesar de la discriminación. En las siguientes secciones se reflexiona sobre este proceso y se muestra como en la última década este grupo de familias ha iniciado una reivindicación identitaria ante a la población paraguaya, de particular relevancia por ser un caso que desafía definiciones esencializadas de lo que significa ser indígena.

---

14   Este status diferenciado en la década del setenta se evidenciaba a varios niveles. Por ejemplo, la población asalariada de la comunidad, y la que trabajaba para la misión, era mayoritariamente Guaraní. De igual manera, los guaraníes también ocupaban una posición privilegiada en el ámbito religioso de la misión. Y aunque los matrimonios de hombres Guaraní con mujeres Ñandeva y Nivaclé eran permitidos, los matrimonios de mujeres Guaraní con hombres de otros grupos no eran socialmente reconocidas (Grünberg & Grünberg, 1975).

Genealogías y trayectorias de los "Guaraní urbanos"

Luego de la Guerra del Chaco, el grupo de familias que quedó habitando el precario Campamento/Matarife en las inmediaciones de Fortín Camacho residía con familias Nivaclé, Guaraní Ñandeva y paraguayas. De a poco varias de estas familias se fueron incorporando a la Villa Militar como mano de obra. Entre las décadas del cuarenta y cincuenta los militares dirigieron una escuela de artes y oficios donde los Guaraní Occidentales fueron entrenados en oficios técnicos y manuales tales como chóferes, panaderos, mecánicos y carpinteros. Un censo elaborado por la pareja de antropólogos alemanes Grünberg en la década del setenta revela que Matarife tenía una población total de 143 individuos (de los cuales 93 eran Guaraní Occidentales) y la población Guaraní de la Villa Militar ascendía a 169 individuos (Grünberg & Grünberg, 1975).[15] De los 28 Guaraní formalmente empleados por los militares, más de la mitad de estos formaban parte de la célebre "Banda de Músicos". (Grünberg & Grünberg, 1975).[16] Don Felicio, un Guaraní Occidental, quien vivió en la Villa Militar también llegó a ser músico de la banda y recuerda con orgullo: "En la banda éramos mayoría indígenas, habían también algunos de Santa Teresita. Cada cinco años íbamos a Asunción a desfilar para el Gral. Stroesner y una vez ganamos un premio en una competición contra brasileros. Quien diría, pues en aquel tiempo éramos todos analfabetos. Yo le debo mi educación a los militares". Las mujeres Guaraní eran contratadas como cocineras o lavanderas para los militares o los misioneros. Aquellos quienes no tenían oportunidades laborales en el Destacamento, eran contratados en estancias de la zona o migraban temporalmente a las Colonias Menonitas y a Puerto Casado en busca de trabajo.

En la Villa Militar la asimilación de las familias Guaraní se realizaba de manera violenta, según recuerda el Sr. Ariel, un Guaraní Occidental de más de sesenta años que también pasó la mayor parte de su vida entre los militares: "Un sub-oficial solía decirnos 'déjense de ser indígenas, no vivan más como indios.' A mí no me gustaban sus palabras, pero no decía nada". Miembros de las generaciones más jóvenes también tuvieron experiencias similares; Santiago de 45 años recuerda: "Yo me crié en la Villa

---

15   Los Grünberg (1975) identificaron cinco grupos locales distribuidos en las siguientes localidades: Santa Teresita, Mariscal Estigarribia (entonces Fortín Militar), Matarife y Muñeca. En la época, Santa Teresita tenía 556 individuos (de los cuales 256 eran Guaraní).

16   En esa época la Banda de Músicos también tenía nueve miembros no-indígenas.

Militar. Allí siempre nos discriminaban por ser indígenas, en la calle, en la carnicería y hasta en el colegio... Yo no asistí a la escuela en la comunidad Santa Teresita, sino que estuve entre los paraguayos [en la Villa Militar]". Las vivencias del Sr. Ariel y Santiago no representan casos aislados ya que la discriminación racial fue también documentada por los Grünberg. A pesar de que el ejército ofrecía ventajas considerables en términos de salario, acceso a raciones de comida, y acceso a vivienda, los indígenas debían someterse a intensas experiencias de discriminación que llevaba a algunos a renegar su origen boliviano e identificarse como "paraguayos, nacidos en Mariscal Estigarribia" (Grünberg & Grünberg, 1975: 91). Estas eran estrategias en respuesta a los discursos de la población local hacia los indígenas, que los describían de manera peyorativa, como lo indica esta observación de una mujer paraguaya que vivía en la zona: "Todas [las mujeres] toman, son sucias, comilonas, malditas y no saben apreciar nada" (1975: 19). Según los Grünberg, era común también que los paraguayos reciban atenciones prioritarias en los comercios locales. Así mismo, los pocos sub-oficiales indígenas temían enfrentar a sus subalternos y civiles paraguayos, por temor a ser insultados.

La discriminación experimentada por los Guaraní Occidentales debe ser entendida en el contexto más amplio del racismo hacia los indígenas, históricamente enraizado en la sociedad paraguaya y vigente hasta hoy en día. En una encuesta realizada a inicios de la década del setenta a adultos con diferentes niveles de formación escolar se les preguntó: "¿Cuáles son las diferencias que usted encuentra entre los indios y nosotros?". Un 77% de los encuestados respondió "Son como animales porque no están bautizados" (Grünberg & Grünberg, 1975: 20). A pesar de esto, de acuerdo a los Grünberg, la estrecha relación de algunos Guaraní Occidentales con los militares llevó a varias familias Guaraní a desarrollar un estatus diferenciado ante su propia gente y otros indígenas. Esto posibilitó que algunas familias se asentaran de manera independiente en la Villa Militar y alrededores, sin perder los vínculos con familiares y amigos en Santa Teresita. Es así que, a pesar de décadas de un proceso de asimilación forzosa, los Guaraní Occidentales de Santa Teresita, como los que residían en Mcal. Estigarribia nunca perdieron su sentido de identidad propia. Sin embargo, a consecuencia de los abusos y discriminación sufridos a través del tiempo el grupo de familias que no llegó a asentarse en Santa Teresita y quedó disperso entre los militares y la población no indígena (pasando a formar parte de la población de Mcal Estigarriba) desarrolló un proceso de "invisibilización estratégica" el cual se analiza a continuación.

Invisibilizacion estratégica como herramienta de negación

En su libro *Mohawk Interruptus*, Audra Simpson (2014) realiza un análisis de las construcciones de membresía, nacionalidad y Estado de los indígenas Mohawk en el contexto binacional de Canadá y Estados Unidos, complicado por la arbitrariedad de los límites territoriales ambos países y los diferentes sistemas federales que tienen para abordar la temática indígena. Ante esta situación, los Mohawk negocian su soberanía y formas propias de ciudadanía utilizando el rechazo como estrategia política alternativa al reconocimiento, lo cual de manera importante "cuestiona el tema de la legitimidad para aquellos que usualmente están en la posición de reconocer" (Simpson, 2014: 10) Al afirmar esto, Simpson critica las dominantes políticas de reconocimiento (*politics of recognition*) argumentando que terminan por confinar a los indígenas y sus derechos dentro de categorías esencializadas de "diferencia cultural" (Simpson, 2014: 20). Este trabajo toma prestado de Simpson el concepto de rechazo para analizar el proceso de invisibilización estratégica entre los Guaraní Occidentales ante la discriminación racial. La invisibilización Guaraní puede ser entendida como una forma de rechazo —no a su identidad— sino que a las políticas asimilatorias de la población no indígena hacia ellos. Sin embargo, la posterior reivindicación de este grupo como "Guaraní urbanos," que se describe más abajo, revela que en el caso Guaraní el rechazo no excluye a procesos de reconocimiento como sucede en el caso Mohawk. En vez de ser entendido como procesos contradictorios, el caso Guaraní revela la fluidez de las trayectorias identitarias necesarias para definir proyectos propios de vida en un contexto de continua colonización.

Las familias que no se asentaron en Santa Teresita, vivían en lotes individuales que a partir de la década de los 90 se convirtió en el casco urbano de la ciudad de Mcal. Estigarribia. Este proceso aceleró la invisibilización de las familias Guaraní residentes en la zona urbana. A esto se sumaba el hecho que los Guaraní de Santa Teresita los identificaban utilizando el apelativo "*tapy'y*" de manera despectiva, indicando su condición de "diferentes" a ellos. A pesar de esto, la mayoría de estas familias se identificaban internamente como Guaraní, sin embargo es importante resaltar que para afuera se presentaban estratégicamente dejando entreabierto su origen, apelando al discurso "soy de Mariscal Estigarribia," sin aclarar su adscripción étnica. Esta desasociación estratégica de la subjetividad Guaraní puede ser entendida como respuesta al violento proceso de asimilación que experimentaron, y utilizada como una estrategia para no ser discriminados en sus ambientes cotidianos y laborales, o estereotipados por su identidad indígena en los diferentes espacios urbanos.

El caso de María y Javier es ilustrativo de cómo esta invisibilización es aún palpable en el presente. María tiene veinte y cinco años, nació y se crio en Mcal Estigarriba y hace no mucho trabaja como enfermera en una comunidad Nivaclé ubicada a la margen del río Pilcomayo. Aunque pertenece al grupo Guaraní de Mcal Estigarriba, con padres indígenas, al preguntársele de dónde es, ella se limita a decir "soy de Mcal Estigarriba". Lo mismo sucede con Javier, maestro, cuya madre es paraguaya y su padre hijo de una mujer Guaraní con un hombre paraguayo. Ambos, discursivamente se identifican con su urbanidad desasociándose de su identidad indígena. Esta reacción de aparente rechazo a la identidad Guaraní —también reflejada en que algunos individuos optan por su presentación como "paraguayo/a" de acuerdo al contexto se explica por la violencia y discriminación que han caracterizado las relaciones con los no indígenas en la región—. Sin embargo, este trabajo sugiere que esta negación es un proceso activo de la población local, no de resistencia o sumisión a las experiencias de opresión, sino más bien revela la re-apropiación fluida de categorías identitarias, con un imaginario capaz y con necesidad de adecuarse a las cambiantes realidades de la vida cotidiana en el contexto urbano y no libre de contradicciones.

Desde el 2010 se inicia un proceso de reconocimiento a los "Guaraní urbanos," como organización política que nace del seno de familias Guaraní de Mcal. Estigarribia. En la siguiente sección se detalla la coyuntura que desencadenó en esta reivindicación de una doble identidad: *indígena* y *urbana* ante la población que históricamente los ha marginado. Este es un fenómeno relativamente reciente y está vinculado a varios factores tales como el proceso de fortalecimiento político de las comunidades Guaraní, la construcción de nuevos vínculos socio-culturales con la comunidad de Mcal Estigarribia, y cambios en las políticas públicas gubernamentales hacia los indígenas. Este trabajo se enfoca en el tercer factor, analizando el rol del Estado en el resurgimiento de nuevas subjetividades urbanas en el Chaco paraguayo.

Políticas públicas y la reivindicación de la urbanidad guaraní en Mariscal Estigarribia

En Latinoamérica, los programas gubernamentales de transferencia monetaria surgen a partir de la década de los noventa. En Paraguay, este proceso se inicia a partir del año 2005, cuando el Gobierno Nacional a través de la Secretaría de Acción Social, dependiente de la Presidencia de la República implementa el programa de transferencia monetaria condicionada llamado Tekoporã. Este programa tiene por objetivo "incrementar los recursos de los hogares titulares a través de las transferencias monetarias con corresponsabilidad; brindar apoyo socio familiar y comunitario a través de un acompañamiento sistemático y que facilite el cumplimiento de las corresponsabilidades; y crear capacidades de trabajo familiar y comunitario y condiciones que aseguren la participación ciudadana". (Serafini & Rossi, 2016). Otro programa importante que se establece en el 2009 es el Programa de Pensión Alimentaria para Adultos Mayores en Situación de Pobreza implementado por el Ministerio de Hacienda y que consiste en una asistencia monetaria mensual equivalente al 25% del salario mínimo vigente (Ministerio de Hacienda, 2017). Este tipo de políticas distributivas con miras a la reducción de la pobreza han generado diferentes posturas académicas en diferentes contextos. En el caso de Sudáfrica, por ejemplo, Ferguson (2015) lo ve como semillas con un potencial transformativo, mientras que Gupta (2012), basándose en el caso de la India argumenta que, sin ser acompañados de procesos más amplios de movilización política y transformaciones económicas, estos programas terminan legitimando a las élites dirigentes. Este trabajo no pretende evaluar el impacto de la implementación de estos programas en términos de reducción de pobreza. Más bien, se enfoca en el impacto que han generado en la producción de la urbanidad de los Guaraní Occidentales en Mcal. Estigarribia.

No se puede obviar que, en el Chaco, el ingreso que generan estos programas ha significado una fuente importante de acceso a recursos económicos en un contexto donde la falta de mano de obra calificada y el acceso a oportunidades laborales son limitados para la población indígena. Sin embargo, estos programas también revelan cómo ciertas formas de gobernanza no están libres de prácticas y discursos regulatorios que buscan la creación de ciertos tipos de subjetividades en relación al Estado (Foucault, 1991). Las prácticas regulatorias de estos programas en el caso paraguayo generan lo que denomino "sujetos indígenas jurídicos". Esto se evidencia principalmente en la serie de requisitos que los indígenas deben cumplir para poder acceder a los beneficios de estos programas; entre ellos, que las comunidades deben tener personería jurídica y liderazgo reconocido y los solicitantes deben tener habilitados sus correspondientes documentos de identidad.[17] Esto automáticamente excluye a varias comunidades cuya situación territorial legal no se adecua a estos requisitos o individuos quienes carecen de la documentación correspondiente. Al mismo tiempo, estas regulaciones también generan tensiones al seno de las comunidades. Por ejemplo, el programa de Pensión Jubilatoria de Adultos Mayores requiere que los solicitantes tengan como mínimo 65 años de edad. Sin embargo, entre los Ayoreo por ejemplo, anteriormente los carnets de identificación fueron elaborados con edades estimativas proveídas por los misioneros religiosos. Como consecuencia, hoy en día varios adultos mayores no pueden ser beneficiados a pesar de su edad creando frustración ya que no existe la voluntad política ni las condiciones necesarias para reparar estas equivocaciones. Por otro lado, estos programas implican una adecuación de los indígenas a tiempos y prácticas burocráticas que al no ser claramente explicadas generan falsas expectativas y tensiones con los miembros encargados de estos programas a nivel local. No se puede desconocer que el Estado a través de estos programas sociales también busca consolidar el control sobre la población re-definiendo categorías de inclusión y membresía ciudadana para los indígenas. Sin embargo, y de manera inesperada las prácticas regulatorias del Estado a su vez también abren espacios para la re-significación de subjetividades indígenas, como se da en el caso Guaraní Occidental.

En los últimos años, estos programas sociales del Gobierno Nacional han sido uno de los factores que contribuyeron a que las familias Guaraní que residen dispersas en la ciudad de Mcal. Estigarriba y visibilizadas por la población local como "mestizos" o "paraguayos" pasen a reivindicar su identidad indígena urbana. La invisibilización de la identidad Guaraní en la ciudad, discutida en las secciones anteriores, fue en los últimos años re-calibrada de manera estratégica, en parte para acceder a beneficios sociales y luchas por el acceso a la tierra. Esta reivindicación indígena y urbana en un contexto con una larga historia de discriminación y racismo hacia los indígenas hace que la urbanidad Guaraní en Mcal. Estigarribia sea un fenómeno único de particular relevancia por dos motivos principalmente. Por un lado, al hacer esta reivindicación, los Guaraní urbanos

---

17 Estos requisitos también se aplican a otros programas gubernamentales, como ser el programa de construcción de viviendas de la Secretaría Nacional de Hábitat y Vivienda.

circunvalan el requisito gubernamental de contar con tierra comunitaria para lograr reconocimiento del Estado vía personería jurídica, pidiendo en cambio el reconocimiento como organización indígena (y no como comunidad) ya que debido a una trayectoria de residencia dispersa en Mcal. Estigarribia no cuentan con tierras comunitarias. Por otro lado, reapropian la categoría "indígena" al incluir como "Guaraní urbanos" a familias cuyas trayectorias identitarias exceden las categorías Guaraní o 'mestizo.' En este sentido, es significativo que según el Censo Nacional Indígena del año 2002 aún no se identificaba población Guaraní en el casco urbano de la ciudad. Sin embargo, diez años más tarde, en el 2012, se revela que 601 individuos que residen en Mariscal Estigarribia[18] se auto-identifican como Guaraní. Vemos así cómo la población Guaraní y 'mestiza' de Mcal. Estigarribia que anteriormente utilizaban la invisibilización para habitar espacios urbanos ahora reivindica una identidad indígena que incluye también a familias consideradas 'mestizas' o hasta percibidas como paraguayas por la población no indígena.

El reclamo de la identidad urbana Guaraní se inició a partir del 2008, en un proceso forjado por un liderazgo joven, dirigido entre otros, por Fausto Pintos. Este, apoyado por familias Guaraní con una trayectoria de residencia en Mcal. Estigarribia, enfatizaba en sus discursos la necesidad de "independizarse" del liderazgo de Santa Teresita creando una organización que aglutine a las familias urbanas de Mcal. De esta manera, este proceso de reivindicación revela también pujas de liderazgos internos y diferentes adscripciones grupales complejas. Hasta el 2010, la ayuda gubernamental que les llegaba a las pocas familias de Mcal. Estigarriba que se identificaban como Guaraní se daba exclusivamente a través de su afiliación "en papeles" a la comunidad Santa Teresita. Esto los motivó a realizar en el 2008 un censo para identificar a familias urbanas que se auto-identifiquen como Guaraní en Mcal. Estigarribia. Con estos datos, en el año 2010 por primera vez se solicitaba al Instituto Nacional del Indígena el reconocimiento legal de una organización "Guaraní urbanos". Al inicio hubieron varias familias que prefirieron no identificarse como indígenas sin embargo con el correr del tiempo, son cada vez más las que lo vienen haciendo. Esto se evidencia en que entre el 2012 y 2017 el número de afiliados los Guaraní urbanos de Mcal. aumentó de 601 individuos a más de 700 individuos (comunicación personal con Ángel Romero). Esto muestra una clara re-apropiación de la identidad Guaraní, una identidad que

---

18   Según el Censo, estos individuos están divididos en tres "núcleos" urbanos: San Antonio, Sagrada Familia, San Miguel, San Juan y Santa María.

toma nuevas formas re-inscribiendo los límites de inclusión y exclusión, y desafiando las categorías esencializadas que definen lo "indígena" y lo "mestizo" (De la Cadena, 2008).

Hoy en día el grupo urbano de Mcal. Estigarribia ha avanzado de manera independiente importantes reivindicaciones en varios ámbitos logrando la adjudicación de beneficios sociales de varias instituciones gubernamentales, locales y nacionales en un período de tiempo record. Paralelamente, y a modo de extender este reconocimiento a en el ámbito cultural, en los últimos cuatro años han reivindicado también la fiesta tradicional Guaraní conocida como el Areté Guazú en el contexto urbano, que hasta entonces era celebrada exclusivamente en Santa Teresita y no en la ciudad de Mcal Estigarribia. A pesar de contar con el apoyo de instituciones locales, este proceso revela como los Guaraní de manera autónoma, a través de su organización, han utilizado herramientas legales como el Estatuto de las Comunidades Indígenas a su favor para desafiar los límites, las categorías de reconocimiento y el tipo de participación que impone el Estado a las comunidades indígenas. Esto revela una lucha *sui generis* de reivindicación identitaria en el país en el ámbito indígena.

Conclusión: la negación como proceso de construcción identitaria en la ciudad

Los procesos históricos y contemporáneos de urbanización en Mcal. Estigarribia revelan el rol del Estado, primero a través de los militares y luego a través de la implementación de políticas públicas en las experiencias de urbanidad indígena. La violenta relación de discriminación hacia los Guaraní Occidentales se evidencia hoy en la complejidad de los procesos identitarios que han experimentado, mostrando la fluidez de las identidades en contextos cambiantes. Inicialmente, en Mcal. Estigarribia los indígenas Guaraní han utilizado la negación como proceso productivo para construir sus subjetividades en la ciudad y luego de varias décadas de invisibilización estratégica han buscado el reconocimiento de una identidad *indígena* y *urbana*, en parte motivados por el interés de acceder a programas sociales dentro de las nuevas políticas públicas del Gobierno nacional a partir del 2000.

Una aproximación a la urbanidad Guaraní Occidental en el Chaco paraguayo revela cómo los procesos de urbanidad indígena no necesariamente siguen una trayectoria fija ni pueden ser definidos *a priori*, sino que están construidos en la intersección de expectativas diversas, relaciones complejas llenas de contradicciones y forjadas en la coyuntura de diferentes trayectorias históricas. Es así que vemos la historia de invisibilización de la identidad Guaraní ante la población no indígena en Mcal. Estigarriba no puede entenderse como una pérdida cultural, sino como un rechazo productivo para lograr la reproducción cultural en circunstancias de inminente violencia y colonización militar.

En los últimos años, la reivindicación pública de una identidad indígena y urbana en Mcal. Estigarriba ha permitido que familias consideradas 'mestizas' y hasta 'paraguayas' por la población no indígena pasen de la invisibilización estratégica a reivindicar por primera vez de manera pública y como grupo su identidad Guaraní. Procesos como estos desafían categorizaciones que buscan definir la urbanidad indígena como una categoría única o absoluta. Las experiencias Guaraní revelan las tensiones y contradicciones de la vida en espacios urbanos y llaman a desarrollar modelos analíticos más complejos y capaces de incorporar el rol del Estado a las relaciones productivas que existen entre discursos coloniales, instituciones de capital y procesos de producción cultural que definen y re-significan de manera constante los procesos de urbanidad indígena en diversos contextos.

Bibliografía

Abu-Lughod, L. 1990 "The Romance of Resistance: Tracing Transformations of Power through Bedouin Women" en *American Ethnologist* (Estados Unidos) Nº 17(1), pp. 41-55.

Asociación Rural del Paraguay (ARP) 2017 *Introducción a Paraguay y su Sector Cárnico* (Asunción).

Bogado, M. 2014 "Una Aproximación a las Identidades de la Zona Metropolitana" en *REVICSO* (Asunción) Nº 1(1), pp. 79-102.

Bogado, M.; Portillo, R.; Villagra, R. 2016 *Alquiler de Tierras y Territories Indígenas en el Paraguay* (Asunción: CAPA) Nº 13(26).

Bossert, F. 2008 "Los Chané a Través del Gran Chaco (Siglo XVI)" en *Suplemento Antropológico* (Asunción: CEADUC) Nº 43(1), pp. 275-316.

Bossert, F.; Combes, I.; Villar, D. 2008 "La Guerra del Chaco entre los Chané e Isoseños del Chaco occidental" en Richard, N. (comp.) *La Mala Guerra, Los indígenas en la Guerra del Chaco 1932-35* (Asunción: Museo del Barro; Servilibro).

Briones, C. 2007 "Our Struggle has just began: Experiences of Belonging and Mapuche Formations of Self" en De La Cadena, M.; Star, O. (comps.) *Indigenous Experience Today* (Londres: Berg).

Canova, P. 2011 "Del Monte a la Ciudad: Producción Cultural de los Ayoreode en el Chaco Paraguayo" en *Suplemento Antropológico* (Asunción: CEADUC) Nº 46(1), pp. 275-316.

Canova, P. 2015 "Los Ayoreo en las Colonias Menonitas: Un Análisis de un Enclave Agroindustrial en el Chaco Paraguayo" en Bossert, F.; Córdoba, L.; Richard, N. (comps.) *Capitalismo en las selvas: Enclaves industriales en el Chaco y Amazonía indígenas, 1850-1950* (Chile: Ediciones del Desierto).

Cardozo, R.; Caballero, J.; Arévalos, F.; Palacios, F. 2013 *Resultados del Monitoreo Mensual de los cambios de Uso de la Tierra, Incendios e Inundaciones en el Gran Chaco Paraguayo* (Asunción: Guyra Paraguay).

Chase Sardi, M.; Brun, A.; Enciso, M. Á. 1990 *Situación Socio-Cultural, Económica, Jurídico-Política Actual de las Comunidades Indígenas en el Paraguay* (Asunción: Universidad Católica, Centro Interdisciplinario de Derecho Social y Economía Política).

Chernela, J. 2015 "Directions of Existence: Indigenous Women Domestics in the Pari of the Tropics" en *The Journal of Latin American and Caribean Anthropology* (SLACA) Nº 20(1), pp. 201-229.

Combes, I. 2005 *Etno-historias del Isoso, Chané y Chiriguanos en el Chaco Boliviano, Siglos XVI a XX* (La Paz: IFEA; PIEB).

CONAPI 2016 *Indígenas en Contextos Urbano* en < https://www.youtube.com/watch?v=Sx1OnleC5Z8>.

Conklin, B. 2013 "Subverting Stereotypes The Visual Politics of Representing Indigenous Modernity" en Vargas-Cetina, G. (comp.) *Anthropology and the Politics of Representation* (Tenessee: University of Alabama Press).

De la Cadena, M. (comp.) 2008 *Formaciones de Indigeneidad. Articulaciones Raciales, Mestizaje y Nación en América Latina* (Bogotá: Envión).

De la Cadena. 2000 *Indigenous Mestizos, The Politics of Race and Culture in Cuzco, Perú 1919-1991*. (Durham: Duke University Press).

DGEEC 2012 *III Tercer Censo Nacional de Población y Viviendas Para Pueblos Indígenas. Pueblos Indígenas en el Paraguay. Resultados Preliminares* (Asunción: DGEEC).

Durán Estragó, M. 2000 *La Misión de Pilcomayo 1925-2000. Memoria Viva* (Asunción: CEADUC).

Ferguson, J. 2015 *Give a Man a Fish: Reflections on the New Politics of Distribution* (Durham: Duke University Press).

Foucault, M. 1991 "Governmentality" en Burchell, G.; Gordo, C.; Miller, P. (comp.) *The Foucault Effect: Studies in Governmentality* (Chicago: The University of Chicago Press).

Fritz, M. 2000 *Los Indígenas y la Guerra del Chaco*. (Asunción).

Fritz, M. s/f *Y así empezó nuestra comunidad, Historia de las comunidades del Vicariato Apostólico del Pilcomayo* (Asunción).

Glauser, M.; Patzi, I. 2014 *Indígenas en Contextos Urbanos de la Región del Chaco Sudamericano* (Asunción; La Paz: ICCO; KiA).

Gómez Giménez, Julia 2002 "Antropología y Educación Bilingüe Intercultural" en Suplemento Antropológico (Asunción CEADUC) Vol. 37 N. 1.

Grünberg, G. and Friedl Grünberg.1975 *Los Chiriguanos, Guaraní occidentales del Chaco Paraguayo* (Asunción: CEADUC).

Gupta, A. 2012. *Red Tape: Bureaucracy, Structural Violence, and Poverty in India* (Durham: Duke University Press).

Hein, D. 1990 *Los Ayoreos Nuestros Vecinos: Comienzos de la Misión al Norte del Chaco* (Asunción: Imprenta Modelo).

Hirsch, S. 2004 "Ser Guaraní en el Nordeste Argentino: Variantes de la Construcción Identitaria" en *Revista de Indias* (España) Vol. LXIV, Nº 230.

Mahmood, S. 2005 *Politics of Piety: The Islamic Revival and the Feminist Subject* (Princeton: Princeton University Press).

McGranahan, C. 2016 "Theorizing Refusal: An Introduction" en *Cultural Anthropology* (Wiley) Nº 31(3).

McSweeney, K.; Jokish, B. 2007 "Beyond Rainforests: Urbanisation and Emigration among Lowland Indigenous Societies in Latin America" en *Bulletin of Latin American Research* (Wiley) Nº 26(2).

McSweeney, K.; Jokish, B. 2015. "Native Amazonian's Strategic Urbanization: Shaping Territorial Possibilities through Cities" en *The Journal of Latin American and Caribbean Anthropology* (SLACA) Nº 20(1).

Ministerio de Hacienda 2017 "Programa Pensión Alimentaria para Adultos Mayores en Situación de Pobreza" en < http://www.hacienda.gov.py/web-sseaf/index.php?c=181>.

Schmidt, M. 1935 "Los Chiriguanos e Izozós" en *Revista de la sociedad científica del Paraguay* (Paraguay) Nº 4(1).

Serafini, V.; Rossi, M. 2016 *Evaluación de Impacto del Programa Tekopora* en <http://www.economia.gov.py/application/files/9514/7939/4429/Evaluacion_de_Impacto_del_Programa_Tekopora_07062016.pdf >.

Simpson, A. 2014 *Mohawk Interruptus: Political Life Across the Borders of Settler States* (Durham: Duke University Press).

Sobo, E. 2015 "Social Cultivation of Vaccine Refusal and Delay among Waldorf (Steiner) School Parents" en *Medical Anthropology Quarterly* (Wiley) Nº 29(3).

Susnik, B. 1968 *Chiriguanos I. Dimensiones Etnosociales* (Asunción: Museo Etnográfico Andrés Barbero).

Susnik, B. 1976 *Los Aborígenes del Paraguay, Etnología del Chaco Boreal y su Periferia Siglos XVI y XVII* (Asunción: Museo Andrés Barbero).

Susnik, B.; Chase Sardi, M. 1995 *Los Indios del Paraguay* (Madrid: MAPFRE).

Tierra Libre 2018 *Calles de Polvo. Población Indígenas Urbanos del Chaco Central.* Dirección Fernando Allen <https://www.youtube.com/watch?v=gI39uPfVQcw>.

Toro, J. G. 2000 "Contexto Social y Religioso del Ritual Arete Guazu en la Convivencia Comunitaria de los Guarayo del Chaco Central" Tesis de Grado (Asunción).

Trouillot, M. R. 2001 "The Anthropology of the State in the Age of Globalization" en *Current Anthropology* (Chicago: Chicago University Press) Nº 42(1).

United Nations (UN) 2009 *The State of the World's Indigenous Peoples* (Nueva York: United Nations, Department of Economic and Social Affairs).

UNPFII 2007/8 *Urban Indigenous Peoples and Migration: Fact Sheet* (Washington: UN Permanent Forum on Indigenous Peoples).

Weismantel, Mary. 2001. *Cholas and Pishtacos, Histories of Race and Sex in the Andes.* (Chicago: University of Chicago Press).

Weiss, E. 2014 *Conscientious Objectors in Israel: Citizenship, Sacrifice, Trials of Fealty* (Philadelphia: University of Pennsylvania Press).

TERCERA PARTE

Conflictos, transformaciones e identidades indígenas

Migración e identidad mapuche en los medios urbanos en Chile.

Imaginarios de ayer y de hoy

Andrea Aravena Reyes[1]
Angie Seguel Ferreira[2]

Introducción

En América Latina la migración indígena ha sido históricamente invisibilizada, tanto por la construcción histórica de una identidad nacional homogénea como por una visión esencialmente tradicional y ruralista de los pueblos indígenas. Esta migración puede ser interna, dentro de los propios países latinoamericanos, o internacional, entre países. Desde los años 90 en adelante, existen estudios que para muchos países y ciudades del continente dan cuenta de esta realidad (Altamirano e Hirabayashi, 1991) pero aún la información es esporádica e incompleta. Chile no constituye una excepción a esta situación. En este país, la pregunta sobre adscripción étnica del Censo de población y vivienda del año 1992 puso de manifiesto, por primera vez en siglos, la magnitud de la migración indígena y mapuche hacia los centros urbanos, especialmente Santiago. Como consecuencia de ello, la inmigración y organización mapuche en la ciudad ha despertado, cada vez más, el interés de las ciencias sociales y los estudios sobre la identidad.

Este trabajo constituye una revisión cualitativa de antecedentes bibliográficos y temáticos sobre *migración* e *identidad mapuche* en los medios urbanos en el Chile contemporáneo, *especialmente la manera en que se entiende, construye y reivindica la identidad mapuche* en las ciudades de Santiago y Concepción. Lo anterior, a partir del abundante material

---

1 Dra. en Antropología (EHESS-París), Académica Universidad de Concepción Chile, Fondecyt 11130384. Correo electrónico: <andrea.aravena@udec.cl>.
2 Antropóloga, Universidad de Concepción Chile, Fondecyt 11130384. Correo electrónico: <angieseguel@gmail.com>.

producido en las décadas de los años 1990 (Santiago), 2000 (Santiago, Concepción, Temuco y Valparaíso) y 2010 (ídem), y hasta el año 2016,[3] y rescatando parte de los trabajos propios elaborados durante este tiempo.[4]

Como resultado de dicha revisión, se rescataron y estructuraron ejes temáticos temporales en torno a los cuales se agruparon de manera arbitraria los estudios. La información fue ordenada en ocho ejes temáticos correspondientes a los tópicos más frecuentemente tratados: expulsión rural y migración; resignificaciones identitarias; asociatividad mapuche urbana e intervención del Estado; resignificación del espacio urbano; inserción laboral y trayectorias laborales; juventud mapuche e identidad; lengua mapuche e identidad; estereotipos y discriminación.

Expulsión rural y migración

Finalizando el siglo XIX y comenzando el siglo XX se experimentó en todo Chile un importante proceso de migración hacia los centros urbanos. En el caso del pueblo mapuche, esto se vincula a causas específicas derivadas del período que va entre 1866 y 1929, con las leyes que abrieron paso a la ocupación de la Araucanía, el establecimiento de la propiedad indígena, la posterior entrega de títulos de merced y la división de comunidades impulsada por el Estado en 1927, además de los numerosos fraudes, la ausencia de programas de desarrollo tanto indígena como rural y el afán asimilacionista del Estado (González, 1986; Aravena & Zuñiga, 1993; Gissi, 2004; Varas, 2005).

Desde principios del siglo XX, el proceso migratorio continuó incrementándose, como consecuencia de las políticas vinculadas al desarrollo de proyectos hidroeléctricos, mineros y forestales en el agro y de la demanda de mano de obra en las ciudades. Pese a que el Gran Santiago se convirtió en la ciudad receptora más importante de migrantes rurales —y la ciudad de Santiago aquella con más alta concentración de trabajadores mapuche—,[5] y a que el Gran Concepción devino en un importante polo

---

3   Artículo desarrollado en el marco del proyecto Fondecyt, Chile 11130384 (2013/14-2015/16).

4   Como es sabido, los/las investigadores/as estamos sometidos/as a un método de publicación científica fragmentada, en el que se pierde la perspectiva del tiempo, por lo que la elaboración de este artículo también es una forma de construir memoria sobre el trabajo propio sobre esta temática, desarrollado desde el año 1995 a la fecha.

5   *Mapuche*, de *mapu* —tierra— y *che* —gente—, etnónimo que en lengua *mapudungun* significa "Gente de la Tierra". El plural de *mapuche* se escribe sin *s*, siguiendo la costumbre de América del Sur en cuyo español escrito no se usa el plural del nombre ni del adjetivo de un pueblo originario (Aravena y Jara, 2016: 323).

de desarrollo industrial, se carece de estudios sistemáticos de migración mapuche e indígena hasta la década de los años 1990. En este sentido, una excepción es el trabajo de Carlos Munizaga (1961) quien explora por primera vez las redes de inserción que utilizan los mapuche migrantes en la capital, a través de lo que él llama las estructuras transicionales de los migrantes. Se trata de un trabajo que sienta un precedente desde un punto de vista etnográfico, pero que no aporta datos socio-demográficos significativos. Respecto de la cantidad de migrantes no hay datos exactos ni continuos. Una aproximación a los mismos, se puede encontrar en 1966, año en que el Comité Interamericano de Desarrollo Agrícola, tomando cifras aproximadas entregadas por el Censo de la Dirección de Asuntos Indígenas, estimaba una emigración mapuche del 25% en las reducciones estudiadas, en las que ya había menos mujeres y niños (Haughney & Marimán, 1993).

En Santiago, los inmigrantes mapuche accedieron a trabajos de baja calificación, incrementando la población de comunas periféricas, reconocidas por sus altos índices de pobreza (La Pintana, Pudahuel, Renca, Peñalolén, Cerro Navia, San Ramón, Lo Prado, La Granja, Conchalí, Quilicura, y El Bosque) (Aravena, 1998). La concentración de la población mapuche en estas comunas forjó un enclave étnico (Rasse y Sabatini, 2013), de manera que quienes llegaban a la ciudad se articulaban en torno a una red de migrantes que actuaba como medio de integración laboral y de acceso a un lugar donde vivir, conforme pudimos constatarlo en la década de los años noventa (Aravena, 1995, 1998).

Referente a la trayectoria de los migrantes, Imilan y Álvarez (2008) indican que, aunque existen casos de personas que abandonan la ciudad o trabajan en forma intermitente en otros polos urbanos, generalmente avanzan en un sentido hacia Santiago, sin escalas permanentes. Sin embargo, pese a que en términos concretos quienes arriban a la capital finalmente se establecen de manera definitiva, en el imaginario siempre se mantiene presente la comunidad de origen como un ideal de lugar al que se desea volver (Aguayo, 2006; Antileo, 2008; Aravena, 1998, 2003, 2004; Millaleo, 2006).

Respecto a las rutas de migración, Antileo (2012) sostiene que se produce un contraste entre los mapuche que migran dentro de lo que ellos denominan territorio (del Biobío al sur) y los que se van a otros polos urbanos. Igualmente, el mantenimiento de las prácticas culturales y la identidad es percibido de manera diferente dependiendo de si se migra lejos de la comunidad rural —desde donde la conectividad de la época impedía ir y volver sino hasta varios años después de ocurrida la migración—, o si este acontecía a poblados y ciudades intermedias cercanas, manteniéndose un vínculo estrecho todas las semanas o meses. En esta línea, Morales (2005) estudia el significado del viaje de comuneros mapuche entre pequeños polos urbanos/comunidad, y señala que los habitantes mapuche de ciudades como Cañete, observan y escuchan con cierta distancia y suspicacia los discursos de líderes y ceremonias llevadas a cabo por estos en la gran urbe —Santiago— donde se gestarían nuevos imaginarios de la identidad. En este sentido, Santiago representaría el desarraigo y la separación, mientras Cañete y la cercanía de esta ciudad con las comunidades de origen en el caso de la región del Biobío, sería la expresión de comunión y de contacto con la identidad (Aravena, 2003; Morales, 2005).

En Chiloé, las organizaciones huilliche[6] experimentaron un fenómeno migratorio de características similares, con una migración obligada debido a las presiones de un sistema económico ávido de territorio. A partir de los años 80, con la llegada de las salmoneras, las plantaciones de cultivo forestal y la privatización de los recursos naturales, los huilliche fueron despojados, no solo de su forma de vida, sino también de sus costumbres y cultura, creando una división entre el huilliche viejo/joven, de comunidad/urbano (Fuentealba & Terraza, 2006).

Resignificaciones identitarias

El incremento de los migrantes mapuche en los principales núcleos urbanos llevó a las ciencias sociales en Chile y particularmente a la antropología, a interesarse en los temas de identidad y de etnicidad, de una forma e intensidad no vista con anterioridad en el país. Muchas son las publicaciones que tratan esta temática, destacando algunas de ellas por su temprano tratamiento del tema o por el impacto que generaron en estudios posteriores: Ancán (1994), Aravena (1995, 1998, 2003), Bello (2002), Bengoa (2000), Cuminao y Moreno (1998), Curilén, (1995), Curivil (1994), Gissi (2004), Montecino (1993), Saavedra (2002).

Dichas publicaciones aluden, en primer lugar, a las dificultades del proceso migratorio y a los problemas de adaptación de los inmigrantes, principalmente debido a las dificultades económicas sorteadas y a la discriminación percibida (Aravena, 1995; Campos, 2005; Cisternas, 2009;

---

6   *Huilliche*, etnónimo que significa "Gente del Sur".

Aravena y Baeza, 2013). Ello redundaría en largos períodos de negación de la identidad, de ocultamiento de los orígenes y de visibilización de la identidad únicamente en el contexto de relaciones de confianza y entre pares, relegando la misma al plano privado de la vida de los inmigrantes que aspiran a ser residentes citadinos permanentes.

La mayoría de los autores coinciden en la importancia del proceso de socialización familiar, los recuerdos de la niñez y el contacto con la comunidad de origen como elementos que ayudan a configurar la identidad en un principio (Aravena, 2003; Cisternas, 2009; Campos, 2005). Al respecto Bello (2002) y Peyser (2003) señalan que se produce un proceso de retroalimentación entre campo/ciudad donde la ciudad aporta recursos financieros, conocimientos foráneos y personas, mientras que la comunidad de origen proporciona conocimiento ancestral y personas, permitiendo un *continuum* identitario (Aravena, 2002). Además, se ha sostenido que los migrantes y sus hijos, han prolongado el área de acción comunal, tanto por las relaciones que se establecen a nivel de parentesco, con familiares mapuche y no mapuche (Aravena, 1995), como por las mejoras en la conexión entre el campo y la ciudad, de manera que se habría intensificado la transmisión de costumbres y valores, en ambos sentidos (Bello, 2002).

En general, hay dos momentos que definen la identidad mapuche en sectores urbanos. El primero, cuando se llega a la ciudad y se produce un proceso de ajuste interno y reflexión personal, generándose una diferenciación con el otro que muchas veces, como se dijo con anterioridad, redundaba en negación de la identidad. El segundo, se evidencia cuando la identidad se resignifica y se refuerza, en un acto de volver a encontrarse consigo mismo, volver a encontrarse con su identidad, o "volver a nacer" (Aravena, 2004; Aguayo 2006). En este sentido, la capacidad de articulación entre la memoria individual y la memoria colectiva del pueblo mapuche cumple un rol fundamental, tanto para la transmisión cultural como para el ajuste que se produce frente a las nuevas condiciones que presenta la ciudad (Aravena, 2003). Así, mientras las primeras generaciones que se establecen en la ciudad enfrentan la discriminación con el ocultamiento de su identidad e historia familiar; en una segunda etapa, las personas jóvenes y niños criados al alero de los valores culturales, exteriorizan con mayor seguridad su identidad (Merino y Tocornal, 2012).

En cuanto a la identidad, en la primera etapa puede existir un sentimiento de ambivalencia respecto a lo que significa "ser-mapuche", donde la identidad se puede asumir por condiciones externas: apellidos, relación con otros miembros de la familia, etc. A diferencia de lo que conlleva "sentirse-mapuche", que significa adquirir un compromiso más profundo tanto a nivel espiritual como en la participación social (Aravena 1998, 2003; Merino & Tocornal, 2012). En efecto, la mayoría de las investigaciones constatan como referentes identitarios objetivos relevantes: el apellido, la lengua, los ritos, las celebraciones y la participación en asociaciones (Cuminao & Moreno, 1998; Aravena, 1998). Dentro de estos, el apellido es el que evidencia una mayor disyuntiva porque, por una parte, representa el pertenecer a un "nosotros", a un linaje (Cuminao & Moreno, 1998) y, por otra, es un elemento detonante de la discriminación (Tocornal & Merino, 2012), configurando las claves de la herencia y del legado.

Los soportes identitarios pueden ser catalizadores de una conciencia étnica, pero también es importante el proceso de reflexión donde los sujetos asumen su historicidad y se sienten parte del pueblo mapuche, con el surgimiento de la diferenciación respecto del "otro", dando paso a la organización y a la acción colectiva (Aravena, 2003; Aguayo, 2006; Antileo, 2008). Al respecto, Peyser (2003) construye esquemas de trayectorias identitarias, a partir de los que identifica etapas biográficas que dan paso a diferentes estrategias individuales, tanto para preservar la identidad (la recomposición identitaria, la negación de las asignaciones de otros y la acción colectiva) como para asimilarse al grupo dominante (inferiorización, subvaloración negativa, desviación, cambio semántico del discurso, instrumentalización de la identidad asignada y asimilación a la mayoría). Estas estrategias no necesariamente se presentan puras y pueden variar a lo largo de la vida del sujeto, lo que dependerá de las tensiones que enfrente en el transcurso del tiempo. En trabajos similares tratamos la construcción de estas estrategias como respuesta a la violencia simbólica vivida por los inmigrantes mapuche en Santiago, Valparaíso y Concepción (Aravena y Baeza, 2013).

Asociatividad mapuche urbana e intervención del Estado

La organización mapuche en medios urbanos tiene larga data; ya durante la segunda mitad del siglo XX se registra un patrón de integración sindical de los migrantes mapuche que llegaban a ejercer el oficio de panadero (Aravena, 1998, Imilan & Álvarez 2008), además de las asociaciones y agrupaciones de carácter ritual y posteriormente político (Foerster & Montecino, 1988). Las organizaciones en la ciudad cumplen un rol fundamental porque en muchos casos la asociatividad ha llegado a reemplazar funcionalmente a la familia extendida como vehículo de transmisión cultural (Aravena, 1998). De acuerdo a Peyser (2003), la ampliación de fronteras culturales en la ciudad, mediante la asimilación de elementos *wingka* —es decir no mapuche—, a través de la urbanización y la educación y junto con la vigorización de las bases identitarias propias, serían las herramientas para lograr reivindicaciones a nivel de poder político. Al respecto, tanto Aguayo (2006) como Millaleo (2006), han sostenido que la continuidad del pueblo mapuche en la ciudad dependerá de la orientación que le den los profesionales y jóvenes que hoy están siendo criados con las herramientas del mundo occidental.

Como parte de lo que sería un nuevo trato con los pueblos indígenas, desde el retorno a la democracia en Chile en 1990, el Estado desarrolló distintas leyes y programas en su consideración y beneficio, entre los que destaca la llamada Ley Indígena N° 19.253 de 1993. Junto con su promulgación, se crea la Corporación Nacional de Desarrollo Indígena (CONADI), encargada de la implementación de la política indigenista en el país. Para tales efectos esta ley reconoce a las "etnias" y culturas indígenas del país, su patrimonio y derechos culturales, pero está limitada desde su génesis por la constitución política de 1980, que resguarda los principios de un Estado unitario, protector de los intereses privados en desmedro de la multiculturalidad y los derechos colectivos (Thiers, 2014; Foerster, 2002; Boccara & Seguel-Boccara, 2005).

Como consecuencia de la aplicación de las políticas indigenistas que la acompañaron, las organizaciones mapuche urbanas se fortalecieron, fundamentando su discurso representativo de habitantes de la ciudad. En este sentido, se ha sostenido que el Estado, mediante la paradoja de la exclusión (caso Ralco, forestales) e inclusión (políticas indígenas), sustentó un ambiente favorable para que proliferaran las organizaciones urbanas (Varas, 2005). Al respecto Antileo (2012) señala que el Estado mantiene "el control efectivo del otro", mecanismo que involucra a distintas entidades a nivel global y local que son las responsables de mantener bajo resguardo los límites en que las asociaciones indígenas en los medios urbanos se manifiestan y participan.

Bajo esta lógica, la CONADI ha cumplido un rol fundamental, ejecutando proyectos y canalizando dineros a las oficinas de asuntos indígenas en las distintas comunas urbanas del país. Las demandas se apoyan en el trabajo local de los municipios, las juntas de vecinos y las asociaciones indígenas (Varas, 2005; Aguayo, 2006), existiendo una necesidad de parte de las organizaciones mapuche que de una u otra forma es provista por el Estado chileno (Varas, 2005). El Estado, mediante sus políticas públicas de acción indigenista, conforme ha sostenido Antileo, operaría como una red que, independientemente del gobierno de turno, apoya al mapuche en los medios urbanos, separándolo del problema esencial de su necesidad de emigrar, concediéndole derechos y soluciones individuales, sin reconocer derechos colectivos (Antileo, 2012). Pese a que, en general, las asociaciones mapuche desean superar la imagen folclórica y esencialista que el Estado les ha impuesto (Curilén, 1995), la inversión se centra en los valores más visibles de la identidad: idioma, vestimentas, danzas, deportes, etc. (Antileo, 2012).

Millaleo (2006) sostiene que esta dependencia económica ha sido un obstáculo a la hora de complejizar espacios de participación y su visibilización, restringiendo las interpelaciones a temas individuales. Sin embargo, Aguayo (2006), quien analiza una asociación que no adscribe a CONADI, considera que a partir de 1990 se ha vivido un proceso de reflexión al interior de las organizaciones, que ha derivado en un trabajo de coordinación entre distintas agrupaciones para aunar voluntades y acuerdos con el fin desarrollar la participación orientada a las reivindicaciones de conciencia histórica y política. Al respecto, Curilén (1995) señala que las demandas son tan variadas como el número de agrupaciones existentes, habiendo consenso en que las reivindicaciones tienen un carácter no solo cultural, sino también político.

Los diferentes intereses y posiciones señaladas han propiciado que la organización y asociatividad mapuche haya enfrentado un proceso de fragmentación importante, a partir de núcleos centrales de reivindicación política e identitaria común, a su atomización en nuevas asociaciones, respecto de las cuales se han sugerido intereses instrumentales y económicos, con una baja participación efectiva en las reuniones y actividades (Millaleo, 2006).

Resignificación del espacio urbano

Otro aspecto del desarrollo de las organizaciones mapuche urbanas es el de la ocupación del espacio. Trabajos como el de Gissi (2004) y de Cheuquelaf (2012) en Cerro Navia dan cuenta que el territorio es vivido en el imaginario como representación simbólica de la resistencia. De hecho, el espacio mapuche en la ciudad es un límite que visibiliza su presencia en la ciudad y representa su accionar en el imaginario social, como espacio ritual y de memoria, de continuidad entre lo que se dejó en el campo y la urbe (Aravena, 1998, 2003; Henríquez & Alcavil, 2007).

Bastien Sepúlveda (2011), a partir de un trabajo en Concepción, analiza la construcción del "espacio social mapuche", bajo la audaz hipótesis de que la organización urbana mapuche no solo sería homologable a la constitución de una comunidad normada por el parentesco, sino también propiciaría la configuración de un nuevo territorio mapuche fuera de la comunidad rural, es decir localizada con independencia del lugar geográfico de origen de sus integrantes. Ya con anterioridad se había planteado que la organización o asociación mapuche urbana cumplía en los medios urbanos el rol —léase función— que antiguamente se atribuía a la familia extendida (*lof*) en la transmisión de contenidos y pautas culturales en el entorno urbano (Aravena, 1998). Sin embargo, Sepúlveda va más allá y postula que en la ciudad habría una suerte de continuación de esta familia extendida o *lof*, entendida como espacio de la comunidad en la ciudad, cuestión que en principio parece alejarse del sentido político y antropológico asignado por las organizaciones mapuche a su forma de organización a la llegada de los españoles. Respecto de su afirmación, señala que no existen *lof* clasificados exclusivamente como urbanos o rurales, lo que resulta bastante evidente si se recuerda que el significado atribuido a los mismos antecede a la propia urbanización y que los mismos pudiesen extenderse hacia el medio urbano. El proceso de urbanización habría obligado a la movilidad y al establecimiento de personas mapuche en la ciudad, que sería uno de los muchos espacios donde se puede reconstituir el territorio mapuche (Sepúlveda, 2011).

Por el contrario, Imilan (2009), propone que la etnicidad mapuche en la ciudad emerge estratégicamente en distintas expresiones performativas. Algunas con la función de ser fuente de poder frente a las dificultades de la integración (rubro panadero), otras para exteriorizar el saber ancestral (sistema de salud mapuche) y en los jóvenes, en el marco de su relación con la cultura pop, para dar cuenta de una identidad única dentro de la ciudad.

Todas estas formas de identidad conviven y exteriorizan la plasticidad de la sociedad mapuche, un pueblo que se organiza en unidades familiares independientes, con una estructura dinámica donde la etnicidad en el medio urbano, siguiendo a Imilan (2009), no se territorializa, sino que se presenta de manera difusa en nodos de diferenciación, lugares donde se pone de manifiesto la diferencia mediante relaciones, discursos o prácticas muchas veces invisibles para el resto de los habitantes de la ciudad (Imilan, 2009).

Inserción laboral y trayectorias laborales

La dimensión económica representa otro de los tópicos que despierta interés a la hora de estudiar la migración y la inserción laboral de inmigrantes en medios urbanos, y en el caso mapuche dicha migración sigue un patrón de comportamiento similar a la de otros inmigrantes rurales y de otros países latinoamericanos en Chile. Por ejemplo, es sabido que los inmigrantes en Santiago y en otras grandes ciudades del país cuentan con redes de apoyo, ya sean familiares o amistades que facilitan su inserción, proveyéndoles alojamiento, recomendaciones en la búsqueda de empleo, amistades y soporte emocional. En relación a ello, Imilan (2009) señala que aquellos que llegan a la urbe tienen como apoyo básico a la familia y los amigos, tanto para conseguir casa como para obtener un trabajo, pero, a diferencia de otros migrantes, no se desarrollan dentro de una red económica informal, sino que aprovechan las mismas estructuras que brinda la ciudad para integrarse mediante trabajos remunerados semi profesionales, validándose como actores sociales que ganan fuerza desde ahí. Su nivel de organización mediante asociaciones indígenas o de trabajadores, por ejemplo en el caso de los panaderos mapuche, permite la continuación de las prácticas y de las ceremonias que se practicaban en la comunidad, como la celebración del año nuevo mapuche o *we tripantü* durante el solsticio de invierno (Aravena, 1995).

Schnettler, Miranda, Sepúlveda, Mora, Lobos y Denegri (2013), a través de un cuestionario, identificaron las variables que intervenían en la satisfacción con la vida en personas mapuche residentes en Santiago de Chile. En su trabajo, en el que participaron 400 personas, concluyeron que una mayor satisfacción en la vida estaba asociada a una mayor cantidad de integrantes dentro de la familia y a la posibilidad de compartir con otras personas de origen mapuche. Dentro de los indicadores materiales destacaron la posesión de bienes, de una vivienda y tener un trabajo estable, pero tuvieron mayor valor estadístico aquellas variables subjetivas relacionadas con los afectos, la cantidad de niños en la familia y compartir experiencias con personas del mismo origen étnico, lo que evidenció la importancia de mantener la estructura familiar extensa propia de la vida rural. Uno de los indicadores relevantes asociados a la insatisfacción, por el contrario, fue el bajo uso de la lengua mapuche, el *mapudungun*, que, de acuerdo a los investigadores, es concordante con la discriminación que se vive en la ciudad.

A principios de la migración mapuche al Gran Santiago, el trabajo doméstico, la panadería y la industria molinera, surgen como una de las principales fuentes de empleo, teniendo en común la posibilidad de conseguir una residencia a cambio de una extensa jornada laboral (Aravena, 2002). En la década de 1990, también se observaba una alta participación en oficios y trabajos que hoy parecen estar ocupados principalmente por inmigrantes de otros países latinoamericanos, como el comercio y los servicios de restauración, bares y fuentes de soda. Otro sector que atrajo trabajadores mapuche fue el Ejército, Carabineros de Chile y otras dependencias gubernamentales (Imilan y Álvarez, 2008 en Torres y Aravena, 2016). Para el Gran Santiago, los inmigrantes mapuche pasan de ser principalmente asalariados del servicio doméstico y panaderías en los años 80 y 90 a pequeños emprendedores del comercio, la confección y el artesanado hacia fines de la década del 90, y profesionales, empleados y trabajadores liberales y por cuenta propia desde los años 2000. En el Gran Valparaíso y el Gran Concepción, a este patrón y trayectorias laborales de inmigrantes mapuche se suman los trabajos en la industria portuaria, de alimentos y específicamente minera para el caso del Gran Concepción.

La inserción laboral y la estabilidad en el empleo han constituido, sin lugar a dudas, algunos de los principales factores de incentivo a la migración hacia los grandes centros urbanos en Chile, durante las últimas décadas. El empleo y el tipo de inserción económico productiva, a su vez, constituye un cambio radical respecto de la vida en las comunidades rurales. Sin embargo, existen también otras diferencias importantes entre estos dos "mundos" que conforman actualmente la realidad indígena en Chile, a saber, el mundo rural y el mundo urbano. Igualmente, existen diferencias importantes respecto de indicadores de calidad de vida y acceso a servicios en cualquiera de estos medios cuando se trata de comparar la situación de la población indígena con aquella de población no indígena. A través del estudio de los últimos Censos de Población y Vivienda, de los informes de la Encuesta de Caracterización Socioeconómica de Hogares (CASEN) y de fuentes de fomento indígena, Collipal (2014) ha dado cuenta de las diferencias en los ámbitos de la salud, la educación y el empleo, comparando población indígena con no indígena, siempre en desmedro de la primera. La autora ha planteado así que la creación de las categorías indígenas rurales y urbanos ha limitado la comprensión de los problemas de desigualdad estructural que afrontan los pueblos indígenas en tanto proceso, lo que ha provocado, por ejemplo, políticas públicas mal enfocadas (Collipal, 2014). En correspondencia con ello, Lavanchy (2007) define la movilidad entre las ciudades y las comunidades como parte de las etapas de la vida e indica que no se puede oponer mapuche rural con aquel que parte a la ciudad. Por su parte, observa que la escolaridad es el punto de partida de los desplazamientos, que pueden conducir a los miembros más jóvenes a la salida definitiva de la comunidad.

Juventud mapuche e identidad

Dentro de los nuevos temas en el marco de comprensión de la realidad indígena en los medios urbanos, aparece la preocupación por comprender la identidad de las personas jóvenes, como habitantes de la ciudad desde su nacimiento y miembros de una transición generacional. En este sentido se ha sostenido, por una parte, que las personas jóvenes mapuche desplazadas han vivido una doble discriminación, quedando fuera de las políticas públicas enfocadas específicamente a personas mapuche que viven en el campo y también siendo estigmatizadas por quienes se atribuyen el título de "verdaderos mapuche" (Collins, 2014). De acuerdo a Turra, Garrido, Perez, Llanquinao y Merino (2014), esto afecta a los adolescentes que en su discurso atenúan su pertenencia étnica y mantienen cierta distancia frente a las clasificaciones. La inseguridad se extiende también a los espacios recreados, produciéndose una distinción entre ser mapuche dentro de la ciudad y sentirse mapuche en las comunidades. La autoadscripción sería parte de un proceso que involucra tensiones que enfrentan lo social, lo cultural y lo personal, y en esto tienen gran importancia las interacciones que se producen entre los integrantes del mismo grupo minoritario (Merino & Tileaga, 2011).

Se ha planteado así que el *tuwün*, como conexión con los ancestros, la tierra y lo que la conforma, y el *küpal*, como herencia de rasgos o biológica, se intersectan en lo que los jóvenes establecen como frontera entre lo mapuche y lo no mapuche, pero la variedad de significados que les asignan a la tierra y a lo que significa ser mapuche se encuentra mediado por diversos factores, como edad, cercanía o lejanía del espacio comunitario, socialización, etc. No hay una identidad única, sino que las formas en que los jóvenes viven su etnicidad conlleva comprender los significados más triviales y cotidianos asociados a la tierra (Webb, 2014).

En todos estos casos, los estudios citados refieren a diferencias intra grupos establecidas en virtud de los propios límites étnicos al interior del mismo pueblo mapuche, en el cual se ha establecido ya desde hace mucho tiempo la diferencia entre "verdaderos" mapuche y mapuche chilenizados o "ahuincados", como medida de protección a las tendencias de asimilación y aculturación.

Por otra parte, también es necesario recordar que las personas jóvenes indígenas en Chile se han visto beneficiadas, desde la promulgación de la Ley Indígena, de medidas claras tendientes a su incorporación a las diferentes etapas de la educación formal, ya sea básica, media, técnico profesional o universitaria, específicamente a través de la llamada "beca indígena", que es un subsidio que el Estado otorga a jóvenes estudiantes indígenas de escasos recursos. En este mismo sentido, algunos estudios recientes han corroborado que, en estos casos, el autorreconocimiento y la declaración manifiesta de una identidad indígena se han visto fuertemente incentivados por este tipo de políticas (Aravena y Jara, 2016).

Desde nuestro punto de vista, más allá de las interpretaciones que puedan hacerse de la identidad de las personas jóvenes descendientes de inmigrantes mapuche en la actualidad, la reivindicación política de la identidad constituye un asunto relevante e ineludible que debiera ser considerado. Ello se vincula no solo a las prácticas y a cuestiones de autorreconocimiento identitario, sino también a formas de resistencia a los embates de una modernidad avasalladora respecto de la cual diversos grupos de jóvenes urbanos en Chile —no solamente indígenas— se han manifestado ya por varias décadas de manera crítica y movilizada, tanto a nivel estudiantil, político, local, cultural o artístico, etc., para manifestarse cada vez con mayor frecuencia en la calle por la defensa y reivindicación de los más amplios derechos transgredidos durante la dictadura y nunca recuperados completamente.

Sandra Collins (2014), tomando el concepto acuñado por el poeta David Aniñir "Mapurbe", alude a los jóvenes mapuche (de "segunda y tercera generación" en Santiago), que viéndose desplazados de parte fundamental de su identidad —la tierra—, reivindican desde las letras, la música y el arte el espacio ritual ausente, a modo de relación con ella. La autora, haciendo una etnografía urbana y analizando la literatura mapuche, da cuenta de las diferentes formas de producción cultural híbridas que salen de las estructuras tradicionales impuestas por la cultura dominante. Una muestra de este fenómeno se da en la práctica performativa del hip hop (Imilan, 2009), que se canta con las vestimentas tradicionales, utilizando instrumentos y letras mapuche como estrategia política para provocar a los interlocutores, llamándolos a pelear en contra de los poderes del "wingka" o chileno, que se materializan en la fuerza policial. Para Imilan (2009), el hip hop demuestra el carácter dinámico y complejo con el que se construye etnicidad en Santiago, donde se observa el cruce hibrido de las representaciones que pasan por lo local, lo nacional y lo transnacional.

Desde esta perspectiva, Betancour y Geeregat (2014), analizando los discursos culturales y artísticos, afirman que el sistema comunicativo mapuche es parte de una imbricación cultural que se está desplazando, ocupando nuevos espacios de producción, textualización y circulación en la esfera pública; fijando límites, buscando salir de la subordinación a la cultura dominante e impulsado por la autonomía cultural y política. Lo que estas investigaciones evidencian es que hay nuevas formas de expresión cultural que no reniegan de las experiencias en la ciudad y el contacto histórico con los chilenos; existiría una construcción simbólica, una mezcla que ha sido campo fértil para el empoderamiento desde nuevas formas de producción cultural, a partir de las nuevas redes de información (internet por ejemplo), la música, la literatura y la prensa no convencional.

Lengua mapuche e identidad

En la búsqueda por reafirmar y validar una identidad ante el resto de los integrantes del grupo y fuera del mismo, el uso y transmisión de la lengua mapuche ha sido tema de especial preocupación. Respecto a este punto Witting (2009) sostiene que la realidad mapuche urbana se ve envuelta en un bilingüismo diglósico, para referirse al hecho que hay una lengua dominante, el castellano, que termina ocupando todos los espacios y haciendo retroceder a la lengua dominada, el *mapudungun*. Sin embargo, esta asimetría no puede ser entendida *a priori* como una sentencia absoluta, que signifique el término del *mapudungun*, conforme la lengua es un rasgo entre muchos que comparten los miembros de una comunidad, y si bien se ha constatado una disminución de los hablantes y de la transmisión intergeneracional, de manera preocupante, en la actualidad el uso de la lengua se abre a espacios nuevos y con una apropiación que tiene un interés más intelectualizado, como resistencia que opera a nivel micro y meso social, revelando una difusión y fortalecimiento más consciente.

Justamente en el contexto de lo que se conoce como la "demanda educativa" mapuche, la reivindicación por el acceso a la educación en las escuelas y liceos chilenos, desplegada por los dirigentes y líderes mapuche durante la primera mitad del siglo XX, generó su lenta incorporación a dicha educación formal, imponiéndose un sistema monolingüe y mono-cultural (Mariman, 1996) a nivel nacional, regional y comunitario. Dicha educación marginó los conocimientos y contenidos culturales mapuche y desplazó el *mapudungun* como primera lengua en las generaciones siguientes. Sobre el particular, se ha señalado que "desde este punto de vista, la escuela ha actuado como un arma de doble filo, esta les ha permitido integrarse precariamente a la sociedad dominante, previa desintegración y pulverización de la cultura de origen" (Mariman, 1996: 14). En este contexto, en ciudades como Santiago, Temuco y Concepción, surge con fuerza la reivindicación de las asociaciones y organizaciones mapuche por la implementación de un sistema intercultural bilingüe (EIB). Promovido y ejecutado desde el Estado de manera sistemática desde el año 1996 (Huenchullán, 2007) y, a pesar de estar principalmente en manos de profesionales, educadores interculturales y dirigentes indígenas en sectores urbanos y rurales, los resultados de dicho proceso no parecen haber tenido los efectos esperados en términos de reposicionar el habla mapuche. Sin embargo, hay una tendencia a relevar su importancia en términos políticos y reivindicativos, principalmente en la construcción de una renovada semántica reivindicativa identitaria mapuche (Millaleo, 2011). En tal contexto, la reivindicación por la interculturalidad mapuche propendería al reconocimiento y a la visibilización del pueblo mapuche.

Alejandra Vergara (2011), en una investigación sobre el aprendizaje del *mapudungun* en un contexto universitario urbano, entrega algunas claves para comprender las motivaciones que hay detrás de los jóvenes mapuche de "tercera generación", refiriéndose con dicho término a los nietos de inmigrantes, que comienzan a aprender la lengua. Dentro de las razones que sus entrevistados esgrimen, es común a todos, la apertura al mundo espiritual y social mapuche, alguien que conoce y practica la lengua tiene otro tipo de aceptación al viajar a una comunidad o al participar en las ceremonias; al aprender *mapudungun* se adquiere prestigio dentro del grupo social, a la vez que da una señal identitaria a la cultura dominante. Para otros entrevistados también significa oportunidades profesionales, en el caso de los profesores interculturales o quienes aspiran a enseñar la lengua en centros culturales o trabajar en la educación intercultural bilingüe.

El *mapudungun* tiene una alta valoración, tanto en la comunidad como en la ciudad. En la urbe, las personas jóvenes mapuche se sienten responsables por no tener dominio de la lengua, entendiendo que ello forma parte de los criterios de auto-adscripción étnica. La falta de oportunidades para aprender la lengua y cultura, entonces, son vistas por ellos mismos como otra forma de discriminación (Oteiza & Merino, 2012). En las comunidades pasaría algo similar respecto de la importancia de dominar la lengua vernácula. Por ejemplo, dentro de la retórica que debe manejar un líder es fundamental "hablar bien" *mapudungun*, pero a diferencia de lo que ocurre en la ciudad, la responsabilidad de su aprendizaje se atribuye al espacio privado (núcleo familiar). Lavanchy (2007) plantea que ha fallado la transmisión entre jóvenes y ancianos. En este sentido, las tareas de enseñanza y transmisión cultural han recaído en las madres, en virtud de la división de roles en el hogar y en la sociedad, que las hace acreedoras de expectativas que las señalarían como las responsables directas de la pérdida del *mapudungun*.

Estereotipos y discriminación

Diversas investigaciones y publicaciones sobre los mapuche en medios urbanos —Santiago, Valparaíso, Concepción, Temuco, Valdivia—, han tratado de manera creciente y más o menos sistemática el tema de la discriminación. Las investigaciones también han estudiado los estereotipos generados por los medios de comunicación y la prensa, desde la perspectiva de las representaciones y los imaginarios sociales, en trabajos que van desde el campo de estudio de las comunicaciones, la lingüística, la psicología, la antropología, la sociología y el derecho, relativos a la discriminación y a su percepción. Referente al imaginario mapuche, los hallazgos del estudio elaborado por Cristian Lagos (2012) dan cuenta de que, a pesar que en el medio urbano no se habla generalizadamente *mapudungun*, en el imaginario mapuche está instalado como marcador de identidad, lo que permitiría jerarquizar en la interacción la validez de un interlocutor y el lugar que ocupa al interior del grupo social.

Quienes son víctimas del carácter de esta violencia no siempre visible, basada en los estereotipos o imaginarios enraizados profundamente en la sociedad chilena, siempre elaboran una respuesta con el fin de ajustarse a las pautas de la cultura dominante. En este sentido, cobra importancia el recorrido de cada individuo, específicamente su posición en la escala social, el capital cultural y la edad. A mayor ingreso, menor consciencia de la violencia y a mayor edad se adopta una estrategia más pasiva tendiendo a la disimulación (Aravena & Baeza, 2013).

En relación al no mapuche, de acuerdo a fuentes secundarias que dan cuenta de imaginarios sobre los mapuche, sigue primando la idea de caracterizar a los mapuche como rebeldes, responsables de un conflicto en ascenso, también desde la pobreza o como sujetos de mercado (asociado a la idea de asistencialismo), siguiendo a Vergara & Foerster (2002), como titulares de una deuda que el "wingka" debe subsanar. Estos imaginarios han sido introducidos y reforzados por los gobiernos y su incapacidad de situar a los mapuche como pueblo con una historia y cultura (Lagos, 2012). Igualmente, desde la teoría de los imaginarios sociales, se ha trabajado el análisis de los diferentes mecanismos utilizados actualmente como medios de producción de identidades esencializadas y como forma de construcción de una realidad social que construye alteridad en base a la elaboración de estigmas, como la prensa escrita, por ejemplo (Aravena y Baeza, 2017).

La construcción de lo que es ser mapuche ha tenido que coexistir así con los mapuche en la ciudad, una idea desarraigada de la historia e identidad. Al respecto Saiz, Rapimán & Mladinic (2008) contrastan una investigación sobre estereotipos hecha en 1991 (Saiz, 1991 en Saiz, Rapimán, & Mladinic, 2008) con los datos de un nuevo trabajo, basado en encuestas a estudiantes no mapuche. Entre sus hallazgos, se establecieron nueve estereotipos divididos en la temporalidad dicotómica: mapuche pretérito / mapuche contemporáneo; entre los estereotipos asociados a los mapuche pretéritos se encontraron los siguientes: valientes guerreros, indios hostiles, gente noble, indios industriosos, indios que resistían la chilenización. En cambio, los estereotipos contemporáneos fueron: buenos ciudadanos, indios que desean ser chilenos, indios flojos, conflictivos y borrachos (que transita a antisociales e incultos) y, finalmente, gente silenciosa y desconfiada. En otra investigación, con grupos de discusión, en Valparaíso y Concepción, los resultados arrojan el mismo discurso, constatando la mirada asimilacionista del imaginario nacional que inferioriza política, social y culturalmente a los mapuche, quienes son asociados al territorio y a la lucha por su recuperación como demanda no validada (Aravena y Silva, 2009).

Otra realidad sobre la que dan cuenta los estudios es la valoración (positiva o negativa) asociada a los mapuche; Quilaqueo, Merino & Saiz (2007) exploran en Santiago y Temuco los imaginarios de lo mapuche. Entre las diferencias advierten la tierra como elemento que configura la identidad desde la visión de quienes viven en la capital, en cambio en Temuco estarían expandidos en mayor medida los atributos negativos como clasismo, desconocimiento histórico y discriminación por fenotipo. En Concepción, en cambio, tanto la tierra como la cercanía a las comunidades, constituyen atributos de pertenencia positivos (Aravena, Gissi, & Toledo, 2005). Las ideas que surgen de la no interacción y el prejuicio son forjadas desde la niñez. En efecto, Pino & Merino (2009) exploran la discriminación e identidad en el contexto escolar y en su trabajo constatan que, pese a que los jóvenes invisibilizan las prácticas discriminatorias, estas se encuentran patentes tanto en el educador (que reprocha a los alumnos que no manejan la lengua) como en sus pares, que discriminan basándose en los marcadores objetivos como, apellido, rasgos físicos, etc.

Conclusiones

A partir de 1990 la migración mapuche en la ciudad ha despertado el interés de las ciencias sociales en general y de la antropología en particular, y distintos investigadores han ido ahondando en la construcción identitaria en el medio urbano y sus matices. Sobre el particular, se ha diferenciado el "Ser-Mapuche" en la ciudad y en el campo, diferencia establecida por las condiciones estructurales que hicieron salir a los mapuche de sus comunidades y por la propia construcción imaginario social del discurso mapuche y no mapuche. Respecto de las condiciones estructurales, la migración forma parte de un proceso que se origina en políticas de Estado y de mercado que segmentaron al pueblo mapuche en su autopercepción identitaria. Sobre las construcciones discursivas de las diferentes identidades o no identidades que los lugares de residencia contribuirían a modelar, también se ha propuesto la existencia de una continuidad entre el campo y la ciudad; la idea de tránsito; o la idea de extensión del territorio de origen.

Desde un punto de vista individual, se constatan etapas asociadas al contacto con la comunidad de origen, la relación familiar y los soportes identitarios que pueden detonar la discriminación de los no mapuche y la subvaloración de la identidad mapuche, pero que también dan paso a la resignificación y a la acción colectiva. En este sentido, a las organizaciones en la ciudad se les atribuye un rol preponderante, ya que través de la memoria colectiva de sus integrantes recrean las condiciones en las que se vivía en la comunidad y se mantienen vivos valores y prácticas, mediando transmisión y reproducción cultural.

En cuanto a la finalidad de las organizaciones mapuche no se han constatado directrices comunes; los motivos que las estructuran son disímiles, desde intereses culturales, deportivos, políticos, etc. En general, hay un despertar con génesis en las necesidades más inmediatas de la vida en la urbe, pero principalmente con el objetivo de visibilizarse y apropiarse culturalmente de un espacio. Estas organizaciones pueden dar paso al emplazamiento por la autonomía cultural y derechos políticos, en algunos casos, aunque este tránsito no es necesariamente lineal, y algunas reivindicaciones solo se plantean como acciones concretas en áreas delimitadas (servicios de salud, escuelas, municipios).

Con respecto a cómo se definen las personas jóvenes, la situación parece ser diferente a la de las primeras generaciones de inmigrantes. Si bien antes se imaginaban y representaban en una relación de diferenciación y distancia a la sociedad chilena moderna, las nuevas generaciones integran elementos comunes a los de sus pares "wingka", sin negaciones radicales en términos culturales, pero de manera aún más persistente en la utilización de ciertos códigos en beneficio de sus demandas y, sobre todo, como mecanismo de visibilización y conquista de un espacio propio dentro del medio urbano, lo que se refleja, por ejemplo, en la literatura, los estilos musicales y las distintas plataformas que ofrece internet.

Finalmente, pensamos que la discriminación sigue patente en la relación entre chilenos y mapuche y los imaginarios que se gestan en la sociedad chilena sobre el pueblo mapuche en los medios urbanos obedecen a una mirada parcial, desprovista de una perspectiva histórica y de una educación intercultural pertinente que opere en ambos sentidos culturales.

En el caso de las ciencias sociales cabe preguntase si estos imaginarios se instituyen únicamente desde la sociedad hegemónica de manera inmutable o si existen algunos mecanismos de diferenciación periféricos que pudiesen producir modificaciones en estos imaginarios; igualmente, convendría definir de qué tipos de imaginarios pasados y presentes se trata. Cabe consignar al respecto que, conforme se ha descrito en los párrafos precedentes, se puede constatar la existencia de un imaginario central o radical, que sería el del "mapuche" (ni urbano ni rural), rodeado de imaginarios periféricos como los aquí descritos, por ejemplo el hablar o no la lengua, vivir o no en comunidad, pertenecer o no a una organización, tener o no contacto con la comunidad. Sobre el particular, en un entorno donde el pensamiento colonial domina los imaginarios sobre lo indígena y sobre lo mapuche, el discurso colonial tiende a hacer una jerarquización de quién es más o menos mapuche, asignando hasta el día de hoy una mayor jerarquización identitaria a las personas que viven en comunidades rurales y que conservan rasgos discretos de adscripción al pueblo mapuche.

Bibliografía

Aguayo, A. 2006 *Organización mapuche en el espacio urbano: el caso de Meli Wixan Mapu en Santiago de Chile, 1991-2006* (Santiago de Chile: Universidad de Chile).

Altamirano, T.; Hirabayashi, L. 1991 "Culturas regionales en ciudades de América Latina: un Marco Conceptual" en *América Indígena* N° 51(4), pp.13-48.

Ancán, J. 1994 "Los urbanos un nuevo sector dentro de la sociedad mapuche contemporánea" en *Pentukun* Nº 1 (Temuco), pp. 5-15.

Antileo, E. 2008 "Reflexiones de organizaciones mapuches en torno a la problemática de la urbanidad" (Santiago de Chile: Universidad de Chile).

Antileo, E. 2012 *Nuevas formas de colonialismo: diáspora mapuche y el discurso de la multiculturalidad* (Santiago de Chile: Universidad de Chile)

Aravena, A. 1995 Desarrollo y procesos identitarios en el mundo indígena urbano. Instituto de estudios indígenas. Tierra, territorio y desarrollo indígena (Temuco: Universidad de La Frontera).

Aravena, A. 1996 "Modernité, ethnicité et migration: La question de l'identité chez les mapuches de Santiago du Chili" Memoria de Diplome d' Etudes Approfondies en *Antropología y Sociología Política* (París: Universidades de París VIII y París I).

Aravena, A. 1998 "La identidad indígena en los medios urbanos. Procesos de recomposición de la identidad étnica mapuche en la ciudad de Santiago" en *III Congreso Chileno de Antropología* (Temuco: Colegio de Antropólogos de Chile A. G) 9 al 13 de noviembre.

Aravena, A. 2002 "Los Mapuche-Warriache: migración e identidad Mapuche urbana en el siglo XX" en *Colonización, Resistencia y Mestizaje en las Américas, siglos XVI-XX* (Quito: Abya-Yala), pp. 359-385.

Aravena, A. 2003 "El rol de la memoria colectiva y de la memoria individual en la conversión identitaria mapuche" en *Estudios Atacameños* N° 26 (San pedro de Atacama), pp. 89-96.

Aravena, A. 2004 "Etnicidad e identidad étnica: Gente de la tierra, Gente de la ciudad" en *V Congreso Chileno de Antropología* (San Felipe: Colegio de Antropólogos de Chile A.G) 8 al 12 de noviembre.

Aravena, A. 2007 "Identidades indígenas urbanas en el tercer milenio: identidades étnicas, identidades políticas de los mapuche-warriache de Santiago de Chile" en *Migraciones indígenas en las Américas* (Costa Rica: Instituto Interamericano de Derechos Humanos).

Aravena, A.; Baeza, M. 2013 "Violencia simbólica en el Chile contemporáneo. Estrategias de respuesta" en *Revista Internacional de Sociología (RIS)* N° 3, pp. 543-565.

Aravena, A.; Baeza, M. 2017 "Imaginarios sociales y construcción intersubjetiva de la alteridad. La prensa escrita y la cuestión mapuche en Chile" en *Revista Cultura y Representaciones Sociales*, Vol. 12, N° 23, pp. 7-29.

Aravena, A.; Gissi, N.; Toledo, G. 2005 "Los mapuches más allá y más acá de la frontera: Identidad étnica en las ciudades de Concepción y Temuco" en *Sociedad Hoy* N° 8 (Concepción), pp. 117-132.

Aravena, A.; Jara, F. 2016 "Antropología jurídica y superposición de sistemas normativos Estado/nación - pueblos indígenas: el caso actual del pueblo Mapuche" en *AIBR, Revista de Antropología Iberoamericana* N° 11(3), pp. 319-340. DOI:10.11156/aibr.110302.

Aravena, A.; Silva, F. 2009 "Imaginarios sociales dominantes de la alteridad en la configuración de los límites etno-nacionales de la identidad chilena" en *Sociedad Hoy* N° 17 (Concepción), pp. 39-50.

Aravena, A.; Zúñiga, G. 1993 "Algunas reflexiones en torno al desarrollo de los pueblos indígenas" en *Proposiciones* N° 23, pp. 425-439.

Bello, A. 2002 "Migración, identidad y comunidad mapuche en Chile: en utopismos y realidades" en *Asuntos Indígenas* N° 3, pp. 40-47.

Bengoa, J. 2000 *La emergencia indígena en América Latina* (Santiago de Chile: Fondo de Cultura Económica).

Betancour, S.; Geeregat, O.; García, M. 2014 "Pueblo mapuche. Estrategias discursivas. Aproximación sociológica a las percepciones del lafquenche, respecto a su interacción-comunicativas para un nuevo orden" en *Signo y Pensamiento* N° 33(64), pp. 62-77.

Boccara, G.; Seguel-Boccara, I. 2005 "Políticas indígenas en Chile (siglos XIX y XX) de la asimilación al pluralismo. El Caso Mapuche" en *Nuevo Mundo Mundos Nuevos*, 25 de julio. En <http://nuevomundo.revues.org/594>.

Campos, C. 2005 *Aproximación sociológica a las percepciones del lafquenche, respecto a su interacción cotidiana con el medio urbano en una ciudad cercana a las comunidades* (Concepción, Universidad de Concepción).

Cheuquelaf, M. 2012 *Espacios de representación Mapuche: un caso de re territorialización de la identidad cultural en una comuna periférica del Gran Santiago* (Santiago, Universidad de Chile).

Cisternas, C. 2009 *Proceso de construcción de la identidad mapuche en miembros de asociaciones indígenas urbanas en el gran Concepción* (Concepción, Universidad de Concepción)

Collins, S. 2014 "Mapurbe: Spiritual decolonization and the Word in the Chilean Mierdópolis" en *Decolonization: Indigeneity, Education & Society* N° 1(3), pp. 23-47.

Collipal, F. 2014 "Indígenas rurales y urbanos: realidades y desafío" en ¿Chile Indígena? (Santiago de Chile: El Desconcierto).

Cuminao, C.; Moreno, L. 1998 *El Gijatun en Santiago una forma de reconstrucción de la identidad Mapuche* (Santiago de Chile, Universidad Academia de Humanismo Cristiano).

Curilén, E. 1995 "Organizaciones indígenas urbanas en la Región Metropolitana" en *Tierra, territorio y desarrollo indígena* (Temuco: Universidad de la Frontera).

Curivil, R. 1994 *Los cambios culturales y los procesos de re-etnificación entre los mapuches urbanos: un estudio de caso* (Santiago de Chile: Universidad de Humanismo Cristiano).

Foerster, R. 2002 "Sociedad mapuche y sociedad chilena: la deuda histórica" en *Polis* N° 10, en <http://polis.revues.org/7829>.

Foerster, R.; Montecino, S. 1988 *Organizaciones, líderes y contiendas mapuche (1990-1970)* (Santiago: Ediciones Cem).

Fuentealba, M.; Terraza, L. 2006 *Expresiones de Identidad Huilliche en el Contexto de tres Organizaciones de Chiloé Actual* (Santiago de Chile: Universidad Academia de Humanismo Cristiano).

Gervain, M. 2010 "Los estudiantes mapuche y su movilización para la construcción de una política pública de Hogares Estudiantiles Indígenas" en *Seminario Estudios Latinoamericanos, Conflicto y vínculo social en América Latina* (Rennes: École de Siences-Politiques).

Gissi, N. (2004b) "Los mapuche en el Santiago del siglo XXI: desde la ciudadanía política a la demanda por el reconocimiento" en *Cultura Urbana* N° 1 (Santiago), en <http://cultura-urbana.cl/pdf/los-mapuches-en-el-santiago-del-siglo-xxi-gissi.pdf>.

Gissi, N. 2004 "Segregación Espacial Mapuche en la ciudad de Santiago de Chile: ¿Negación o revitalización identitaria?" en *Revista de Urbanismo* N° 9 (Santiago), pp. 1-12, en <http://www.revistas.uchile.cl/index.php/RU/article/viewFile/18669/19754>.

González, H. 1986 "Propiedad Comunitaria o Individual. Las Leyes Indígenas y el Pueblo Mapuche" en *Nutram* N° 2(3) (Santiago: Centro Ecuménico Diego de Medellín), pp. 7-13.

Guevara, A.; Le Bonniec, F. 2008 "Wallmapu, terre de conflits et de réunification du peuple mapuche" en *Journal de la Societé des Américanistes* N° 94(2), pp. 205-228.

Haughney, D.; Marimán, P. 1993 "Población mapuche: cifras y criterios" en *Documento de trabajo* Nº 1 (CEDM Liwen) en <www.mapuche.info/mapuint/liwdoc1a.htm>.

Henríquez, S.; Alcavil, X. 2007 *Significados, usos y representaciones mapuche del rewe en los espacios urbanos de la región metropolitana* (Santiago de Chile: Universidad Academia de Humanismo Cristiano).

Huenchullán, C. 2007 "La institucionalización de la educación intercultural bilingüe en Chile: contexto, situación actual y desafíos" en *Patrimonio cultural mapuche. Acercamientos metodológicos e interdisciplinarios: derechos lingüísticos, culturales y sociales* (Temuco: Universidad Católica de Temuco).

Imilan, W.; Alvarez, V. 2008 "El pan mapuche: un acercamiento a la migración mapuche en la ciudad de Santiago" en *Revista Austral de Ciencias Sociales* N° 14, pp. 23-49.

Imilan, W.; Alvarez, V. 2009 *Urban Ethnicity in Santiago de Chile. Mapuche Migration and Urban Space* (Berlín: Universidad de Berlín).

Lagos, C. 2012 "El mapudungún en Santiago de Chile: Vitalidad y representaciones sociales en los mapuches urbanos" en *Revista de Lingüística Teórica y Aplicada* N° 50, pp. 161-184.

Lavanchy, A. 2007 "Comment rester Mapuche au Chili? Autochtonie, genre et transmission culturelle". Tesis para optar al título de Doctor en Letras (Institut d'ethnologie, Faculté des Lettres. Neuchâtel, Université de Neuchâtel).

Marimán, P. 1996 *Demanda por educación en el movimiento mapuche en Chile (1910-1995)*.

Merino, M.; Tileaga, C. 2011 "The construction of ethnic minority identity: A discursive psychological approach to ethnic self-definition in action" en *Discourse and Society* N° 22(1), pp. 86-101.

Merino, M.; Tocornal, X. 2012 "Discriminación e identidad étnica en el discurso oral de adolescentes mapuches en contexto escolar de la ciudad de Temuco" en *Revista Signos* N° 45, pp. 154-175.

Millaleo, A. 2006 *Organizaciones Mapuche Urbanas en la RM. ¿Incremento en la participación mapuche o fragmentación organizacional?* (Santiago de Chile: Universidad Arcis).

Millaleo, S. 2011 "La recreación de la Identidad Étnica en la Protesta Mapuche: Un punto de partida para el uso de la teoría de sistemas sociales en la política de la identidad" en *Revista de Antropología* N° 23, pp. 51-79.

Montecino, S. 1993 *Diagnóstico sobre inserción laboral de mujeres mapuche rurales y urbanas*. Programa Interdisciplinario de Estudios de Género (Santiago de Chile: Facultad de Ciencias Sociales).

Morales, C. 2005 *Aproximación sociológica a las percepciones del Lafquenche, respecto a su interacción cotidiana con el medio urbano en una ciudad cercana a las comunidades* (Concepción: Universidad de Concepción).

Munizaga, C. 1961 *Estructuras transicionales en la migración de los araucanos a la ciudad de Santiago de Chile* (Santiago de Chile: Universidad de Chile).

Oteíza, T., y Merino, M. 2012 "Am I a genuine Mapuche? Tensions and contradictions in the construction of ethnic identity in Mapuche adolescents from Temuco and Santiago". *Discourse y Society*, 23(3), 297-317.

Peyser, A. 2003 *Desarrollo, Cultura e Identidad "El caso del mapuche urbano en Chile". Elementos y estrategias identitarias en el discurso indígena urbano* (Louvain: Université Catholique de Louvain).

Pino, A.; Merino, M. 2009. "Discriminación e identidad étnica en el discurso oral de adolescentes mapuches en contexto escolar de la ciudad de Temuco" en *DPersona & Sociedad* N° 4 (1) (Barcelona), pp. 103-119.

Quilaqueo, D.; Merino, M.; Saiz, J. 2007 "Representación Social Mapuche e Ima-

ginario Social No mapuche De La Violencia Percibida" en *Revista Atenea* N° 496, pp. 81-103.

Rasse, A.; Sabatini, F. 2013 "Alteridad étnica y socioeconómica en las ciudades chilenas" en *Pueblos originarios y sociedad nacional en Chile: la interculturalidad en las prácticas sociales* (Santiago de Chile: Programa de las Naciones Unidas para el Desarrollo), pp. 182-209.

Saavedra, A. 2002 *Los mapuche en la sociedad chilena actual* (Santiago de Chile: Editorial LOM).

Saiz, J.; Rapimán, M.; Mladinic, A. 2008 "Estereotipos sobre los mapuches: su reciente evolución" en *Physke* N° 17, pp. 27-40.

Schnettler, B.; Miranda, H.; Sepúlveda, J.; Mora, M.; Lobos, G.; Denegri, M. 2013 "Satisfacción con la vida en personas de etnia Mapuche residentes en la región metropolitana, Chile: un análisis comparativo con modelos logit y probit" en *Suma Psicológica* N° 20, pp. 69-82.

Sepúlveda, B. 2011 "Recompositions territoriales autochtones en milieu urbain: urbanisation et urbanité mapuche au Chili" en *Recherches amérindiennes au Québec* N° 41(2), pp. 117-128.

Thiers, J. 2014 "Santiago mapuche. La dimensión indígena del espacio urbano en Chile" en *XIII Coloquio Internacional de Geocrítica. El control del espacio y los espacios de control* (Barcelona), 5 al 10 de mayo de 2014.

Torres, C.; Aravena, A. 2016 "Trayectorias Laborales y Transformaciones Contemporáneas del Trabajo en Personas Mapuche del Gran Concepción" en *Revista Chilena de Antropología* N° 34 (Santiago de Chile), pp. 7-18.

Turra, H.; Garrido, S.; Perez, Ch.; Llanquinao, G.; Merino, M. 2014 "The role of space as recreated in the discourse identity construction of Mapuche adolescents from Temuco and Santiago" en *Alpha. Osorno* N° 38, pp. 155-172.

Varas, J. 2005 *La construcción de la identidad étnica urbana: etnificación y etnogénesis del movimiento mapuche urbano organizado en la ciudad de Santiago* (Santiago: Universidad de Chile).

Vergara, A. 2011 "L'apprentissage du mapudungun dans un contexte universitaire urbain: motivations des étudiants et perspectives pour l'enseignement" en *Synergies. Chile* N° 7, pp. 77-91.

Vergara, J.; Foerster, R. 2002 "Permanencia y transformación del conflicto Estado-mapuches en Chile" en *Revista Austral de Ciencias Sociales* N° 6, pp. 35-45.

Webb, A. 2014 "Articulating the Mapu: Land as a Form of Everyday Ethnicity among Mapuche Youth of Chile" en *Latin American and Caribbean Ethnic Studies* N° 3, pp. 222-246.

Webb, A.; Radcliffe, S. 2013 "Mapuche Demands during Educational Reform, the Penguin Revolution and the Chilean Winter of Discontent" en *Studies in Ethnicity and Nationalism* N° 13, pp. 319-341.

Wittig, F. 2009 "Desplazamiento y vigencia del mapudungun en Chile: un análisis desde el discurso reflexivo de los hablantes urbanos" en *Revista de Lingüística Teórica y Aplicada* N° 47(2), pp. 135-155.

La vida religiosa de los indígenas en el área urbana:

el caso de los pentecostales sakapultekos y awakatekas de Fraijanes, Guatemala

Claudia Dary Fuentes[1]

Introducción

Guatemala tiene más de 16 millones de habitantes, la mitad de los cuales habita en las áreas urbanas. El país es uno de los que tiene el mayor porcentaje de población indígena en el continente americano, siendo este un 40% del total. Aunque no existe un nuevo censo desde 2002, las proyecciones de población realizadas por el Instituto Nacional de Estadística (INE) informan que el departamento de Guatemala[2] tiene más de tres millones de habitantes y que la ciudad capital —la Nueva Guatemala de la Asunción— constituye el principal centro de atracción económica y laboral para muchos indígenas que proceden, principalmente del occidente y norte del país.

Desde los años sesenta, la migración de los indígenas hacia el núcleo urbano más grande de Centroamérica ha aumentado. Existen innumerables estrategias de adaptación social, económica y étnica de los indígenas para sobrevivir en la caótica ciudad capital. Asimismo, se expresan distintas dinámicas sociales, económicas, culturales y religiosas, una de ellas es la conversión y la afiliación de los indígenas a las iglesias y congregaciones religiosas protestantes, principalmente pentecostales. En el 2016, la autora llevó a cabo una investigación sobre las respuestas sociales de las iglesias (católica y evangélica) frente a la violencia urbana en dos

---

1 Antropóloga social, Instituto de Estudios Interétnicos de la Universidad de San Carlos de Guatemala. Sus áreas de trabajo son etnicidad, relaciones interétnicas, manejo de tierras comunales; indígenas y mercado laboral, etnicidad y cambio socio religioso en Guatemala. Correo electrónico: <cdaryfuentes130@gmail.com>.

2 Guatemala está conformada por 22 departamentos.

barrios de la ciudad (Dary, 2016). A través de este trabajo realizado para el Instituto de Estudios Interétnicos (IDEI) de la Universidad de San Carlos (USAC),[3] se pudo constatar la gran cantidad de iglesias pentecostales que existen en los barrios populares, los cuales son étnicamente mixtos. Incluso en una misma cuadra existen hasta tres iglesias. En tal sentido, llama la atención que la mayor parte de los trabajos de sociología y antropología urbana realizados desde los años 1960 al presente, hayan considerado las estrategias de sobrevivencia socioeconómica de los migrantes internos, pero salvo algunas excepciones, pasaron por alto el cambio religioso. Es mi argumento que en la iglesia los indígenas urbanos encuentran un resquicio seguro de participación social en donde la discriminación étnica se amortigua. Sin embargo, en el seno de la iglesia se reproduce a la larga, el carácter de las relaciones interétnicas que existe en la sociedad guatemalteca. Como respuesta a esta situación algunos grupos de indígenas deciden fundar sus propias iglesias de alguna manera separadas de las de los mestizos y ladinos tal fue el caso de las que se observaron en la cabecera municipal de Fraijanes, departamento de Guatemala. Las expresiones religiosas (creencias y prácticas) son claves para comprender las transformaciones y adaptaciones culturales de los indígenas en la ciudad más grande de Centroamérica.

Se observaron las relaciones interétnicas a lo interno de una iglesia en un barrio popular de la zona 6 de la ciudad de Guatemala. Así como también las relaciones inter e intra étnicas en una iglesia pentecostal de los indígenas sakapulteko[4] y awakateka.[5] Ellos son originarios de Sacapulas (Quiché) y de Aguacatán (Huehuetenango) dos pueblos del altiplano occidental de Guatemala.[6] Desde aproximadamente los años 2000,

---

3   El estudio realizado por la autora en el 2016 en dos barrios del área metropolitana de la ciudad de Guatemala contó con el financiamiento de la Dirección General de Investigación (DIGI) de la Universidad de San Carlos de Guatemala. El trabajo de campo realizado en el 2017 e inicios del 2018 y que sirvió para recabar más información y retroalimentar este artículo no tuvo un financiamiento por parte de dicha universidad, sino que se costeó con fondos personales.

4   El idioma sakapulteko pertenece a la familia maya-k'iche' y es hablado por unas 10 mil familias (según el Censo Nacional de Población de 2002) en Sacapulas, municipio del departamento de Quiché, en el altiplano occidental de Guatemala. Sacapulas fue un importante poblado desde la época pre hispánica.

5   El idioma awakateko se habla en el municipio de Aguacatán, Huehuetenango. Este idioma pertenece a la sub-familia quicheana mameana.

6   Sacapulas (Quiché) y Aguacatán (Huehuetenango) distan unos 36 kilómetros.

estos dos grupos trabajan y viven en la cabecera municipal de Fraijanes (departamento de Guatemala).[7]

¿Cómo opera el pentecostalismo en el mundo urbano? Marco teórico

Las explicaciones teóricas sobre los motivos detrás del crecimiento del protestantismo, particularmente del pentecostalismo en las áreas urbanas, surgen a partir de los estudios específicos de la migración campo-ciudad en Suramérica, particularmente en el caso chileno. Willems (1967)[8] en *Followers of the New Faith* indica que a partir de la mitad del siglo XX, los campesinos fueron dejando sus comunidades y las haciendas en donde trabajaban, para ganarse el sustento en el espacio urbano. En la gran ciudad ellos pierden sus redes familiares y de amistad, así como otros referentes identitarios que anteriormente les cohesionaban. Las personas al experimentar una situación de anomia social buscan nuevos círculos sociales que les den sentido a sus vidas (amistades, padrinazgos y protección) y las iglesias pentecostales se convierten en el principal vehículo que les permite ubicarse e integrar redes sociales en el espacio urbano. Así es que "el movimiento pentecostal no solo es la respuesta a una situación anómica, creada por la industrialización y la urbanización, sino también un terreno fértil para la aparición de la clase media" (Bergunder, 2009: 9).

El pentecostalismo brindará a las clases trabajadoras un sentido de respetabilidad social en momentos de rápido cambio sociocultural, el que muchas veces las personas no pueden manejar de una manera objetiva y organizada. Willems relaciona el pentecostalismo como movimiento religioso con la modernización, ya que el desarrollo del primero "se hace en función del quiebre del sistema de valores en la estructura social tradicional". En esta última estructura figuraba de manera central las enseñanzas y jerarquías de la iglesia católica contra la cual los pentecostales se rebelan en una suerte de "protesta simbólica" (Guerrero, 2005: 11-12). Para Tennekes (1985), el pentecostalismo es atractivo para las clases populares quienes en la ciudad estarían buscando constituir una nueva comunidad (Guerrero 2005: 12).

---

7   Del centro de la ciudad de Guatemala al de Fraijanes hay 30 kilómetros que se recorren con un tráfico regular, en una hora.

8   Willems realiza sus investigaciones en Chile.

En la obra *El Refugio de las Masas* (Lalive d'Epinay, 1968) el concepto de anomia también es clave. En la ciudad y para estos nuevos migrantes, "no hay reglas de convivencia consensuada. [Ellos] carecen no solo de nombres y apellidos, sino también, de raíces". En este contexto "de anomia, de orfandad y de falta de orientación valórica, el pentecostalismo se presenta como una nueva estructura con reglas claras y mejor aún, con un mensaje que asegura la salvación y la nueva vida". Es, en fin, "un remedio contra la anomia" (Guerrero, 2005: 8). Según la perspectiva que venimos refiriendo, "el movimiento pentecostal se articula en torno a una familia extensa cuyo jefe local es el Pastor [...] el pentecostalismo recrea la antigua sociedad señorial, en cuanto red social que da protección y confianza", dejando atrás la estructura de la hacienda rural (Guerrero, 2005: 9).

A grandes rasgos, el pentecostal cree que el Reino de Dios vendrá del cielo y por ello, inicialmente estas iglesias no intervienen en la sociedad a través de la participación política o de proyectos sociales, sino se esfuerzan por el cambio a nivel personal individual. Los pentecostales enfatizan en el respecto a la familia; la honestidad y la rectitud en el trabajo y la comunidad. Es esta posibilidad de cambio personal, el principal atractivo para muchas familias indígenas agobiadas por un padre de familia alcohólico o enredado en los juegos de azar. En su trabajo *Los mayas de la capital, un estudio sobre identidad étnica y mundo urbano* Bastos y Camus (1995) refieren varios casos en donde precisamente el hombre, concebido como cabeza del hogar, era alcohólico y en donde la economía del hogar presenta un antes y un después de su llegada a la iglesia evangélica.

Para Lalive d'Epinay, el pentecostalismo ha proporcionado una respuesta a las necesidades del pueblo, las cuales serían no solo las materiales, sino también las emocionales, espirituales y sicosociales. En este sentido, esta denominación religiosa se conecta con los problemas inmediatos relacionados con la salud y el trabajo y su solución se deja en manos del Espíritu Santo (Guerrero, 2005: 13).

Para Willems (1967), en las iglesias pentecostales, las personas dejan de sentirse anónimas e inferiores para convertirse en hermanos y hermanas, encuentran allí una sensación de igualdad, una oportunidad para participar activamente alejados de las jerarquías de la iglesia católica o la de las iglesias protestantes históricas. Además, ellos hallan una comunidad permeada por una ética puritana en donde dejarán de gastar su dinero en vicios e invertirán en asuntos prácticos, lo cual les permitirá ahorrar y ascender socialmente (Roberts, 1968:761). Esto también fue observado por Gooren (1999)[9] en dos barrios de la ciudad de Guatemala, de clase trabajadora: los emprendedores o negociantes que dejaron el alcohol accedieron a ciertas posiciones en su iglesia, y ganaron mayor auto estima y confianza en sí mismos, destrezas que a la larga les benefició en su negocio. No se trata solamente de dejar un vicio, sino de corregir la vida para mejorar el futuro. Asimismo, de acuerdo a este pensamiento religioso, se trata de actuar correctamente para compensar por las faltas del pasado (Gooren, 1999: 2). Sin embargo, afirma el autor que en los barrios citadinos populares no se evidenció que las personas indígenas o mestizas que se convierten al protestantismo automáticamente mejoraran su situación económica, pero que hay aspectos que les ayudan y que han sido ampliamente estudiados por varios autores: trabajo duro, sobriedad, honestidad, educación, emprendimiento y orientación hacia el futuro (1999: 8).

En lo personal he observado que la oferta de salud a través de la "sanidad divina" es un aspecto llamativo que invita a los indígenas a acercarse a las iglesias pentecostales y neopentecostales. Manuela Cantón (1998) indica que la feligresía indígena se siente atraída por la liturgia y los discursos centrados en la profecía, el milagro, la visión, los sueños, la sanación o la adivinación, el trance y la expresión en lenguas (glosolalia). Los dones o carismas que son distintivos del pentecostalismo propician una continuidad con algunas prácticas de la religión indígena tradicional. También James Sexton (1978) observó que el protestantismo en Guatemala no era tan distinto a lo que los indígenas habían experimentado ya que "la nueva religión se parece o recuerda a la religión indígena en estructura, creencias y valores" (Sexton, 1978: 281). De alguna manera David Martin en *Tongues of Fire: The Explosion of Protestantism in Latin America* (1990), sostiene que el pentecostalismo se implanta bien en el mundo indígena latinoamericano porque ya existía un sustrato cultural en donde se vive y cree en lo animado y en lo animístico.

Por otro lado, la expresión emocional que ocurre en los cultos pentecostales no es distante de las expresiones emotivas del llamado "catolicismo folk". El nuevo convertido no abandona tan rápidamente

---

9   Gooren (1999) propone que los individuos y sus familias tienen distintos patrones sociales dependiendo de cómo se articula y combinan las variables sociodemográficas: su situación económica, su edad, estado civil con la historial de vida y la religión. Indica el autor que las conductas y rutas que siguen los individuos en todas estas esferas van a depender, en alguna medida, de su ciclo vital y nicho generacional (Gooren, 1999: 202). También hay diferencias de género a tomar en cuenta: los hombres y las mujeres priorizan el hogar, la iglesia y sus actividades económicas de diferente manera.

las creencias en ciertos personajes e ideas que provienen de la tradición oral. Chiapari (2001) explica que el mundo espiritual de los mayas tradicionales no se elimina con su paso a la religión evangélica, pues en la misma se alude a espíritus territoriales (bíblicos). David Stoll en su obra *Is Latin American Turning Protestant: the Politics of Evangelical Growth* (1991) también aborda este tema sugiriendo que los nuevos convertidos (indígenas) pueden interpretar el cristianismo como "una forma superior de magia". Esto recuerda el contenido del sermón en una de las iglesias neopentecostales visitadas en el transcurso de esta investigación en donde el pastor general les recordaba a los hermanos "no dejarse dominar por hechicerías", o bien cuando él acepta que los hermanos lleven "primicias" (frutas y verduras de la primera cosecha) al púlpito, de manera similar a como se hace tradicionalmente en las iglesias católicas.

Mathews Samson (1999), afirma que en el proceso de conversión de los indígenas "la cultura maya no se abandona del todo a pesar de que algunas personas se conviertan o crezcan bajo una religión ajena a las costumbres o tradiciones mayas" y sugiere que el éxito de las iglesias como las pentecostales podría deberse a que en ellas, los indígenas pueden tener mayor libertad para manejar fondos para necesidades locales y comunitarias y, para colocar a los líderes de su preferencia en puestos de autoridad religiosa. Otro punto de confluencia interesante, según Samson, entre el ser cristiano y la comunidad maya, es el sentido de ser comunitario o de hermandad (en el sentido étnico), algo en lo que hay un punto en común con Willems.

Desde otra perspectiva, el pentecostalismo se hizo popular entre las comunidades indígenas. La actitud de su liderazgo[10] con respecto a la espiritualidad maya es más bien de rechazo y ataque. Los pentecostales creen que existen poderes espirituales en el mundo maya, pero los consideran una fuerza que hay que ganar o dominar a través de las herramientas con que cuentan (Lande, 2015: 179). Una vez las personas se han convertido al pentecostalismo, la tarea que sigue, según aquellos, será la de eliminar los rasgos de su anteriores de creencias, pero ello no implica borrar su identidad como indígenas.

---

10 Se hace referencia al liderazgo ladino o mestizo de las iglesias, aunque en ocasiones también los mismos pastores indígenas pueden rechazar aspectos de la religiosidad maya (quema de candelas de muchos colores, quema de pom e incienso, uso de objetos en los rituales, etc.) para distanciarse de lo que considera como su antigua forma de ver las cosas o sus antiguas prácticas.

Desde la antropología feminista, la domesticación del machismo pareciera ser un factor que tiende a ocurrir en una iglesia pentecostal. Elizabeth Brusco (1995) observó que las mujeres protestantes, si bien no apoyaban el movimiento feminista explícitamente, su participación en las iglesias les permitía cambiar las actitudes machistas de sus maridos de una manera que no confrontaba abiertamente el orden patriarcal social e históricamente establecido. Chiappari (2001: 18) observó también que en los hogares k'íche's de negociantes protestantes, los hombres asumen algunas tareas hogareñas con más frecuencia que en los católicos. Hallun (2003) había propuesto que las mujeres encontraban atractivo el pente-costalismo, el cual les proveía de varios beneficios: a) salud y sanación; 2) formas de afrontar la pobreza; 3) resistir y oponerse al machismo. Las mujeres que se convertían al pentecostalismo encontraban rápidamente apoyo económico y moral de otros hermanos en tiempos de dificultades; pero no se buscaba una conversión instrumental, sino a través de la fe, el trabajo en común, la formación de una red de ayuda y, por supuesto, la oración.

Desde su propia experiencia como pastora pentecostal en la ciudad de Guatemala, la teóloga nicaragüense Verónica Pérez (2009: 130) argu-menta que "la mujer[11] es fundamental en la articulación y crecimiento de la iglesia (pentecostal). Ella es parte activa en el proceso de desarrollo del espacio sagrado de la iglesia. La autora refiere que en la ciudad de Guatemala existen más de mil iglesias de la denominación Iglesia de Dios del Evangelio Completo (IDEC)[12] y sus reflexiones parten precisamente de los espacios en los que a ella le tocó interactuar y enseñar, especialmente en las iglesias pentecostales de la zona 18 de dicha ciudad (Pérez, 2009: 130). Si bien es cierto que las mujeres son esenciales para el crecimiento y la vitalidad de las iglesias, también lo es que estas, como parte de la socie-dad, reproducen la desvalorización y subordinación de las mujeres (i.e. participación en los "ministerios de damas"), mientras que se exaltan los valores masculinos como la agresividad y competitividad de los pastores.

Pérez explica que pueden existir similitudes en los motivos por los cuales las mujeres y los hombres se acercan a las iglesias pentecostales y se convierten, pero que en el caso de las primeras lo hacen como una búsqueda de sí mismas. Ellas llegan con muchas cargas emocionales y por

---

11   En este caso Verónica Pérez se refería a las mujeres en general, tanto indígenas como ladinas.

12   La Iglesia de Dios (*Church of God*) es una denominación cristiana pentecostal que se originó en Estados Unidos, su sede está en la ciudad de Cleveland, Tennessee.

ello se entregan al trabajo de la iglesia en donde encuentran "una nueva familia"; su conversión es "fuerte" y asumen su nueva práctica de fe "con sentido maternal" y consecuentemente reproducen actitudes maternales en la familia nuclear, extensa y en su nueva familia religiosa (Pérez, 2009: 133). Esta postura podría confrontarse con la de Brusco (1995) quien considera que, en la iglesia, los hombres domestican su machismo y las tareas de reproducción se reparten mejor entre hombres y mujeres.

Historia breve y descripción general del desarrollo urbano de la ciudad

La Nueva Guatemala de la Asunción (capital de Guatemala) está asentada en el valle de la Ermita o de la Virgen, el cual se localiza en la región central del país. La ciudad data de finales del siglo XVIII.[13] Desde la época colonial, la capital ha tenido la presencia de los indígenas por estar próxima a varios pueblos originarios, cuyos pobladores han interactuado con los habitantes criollos y mestizos del centro histórico de la ciudad, a quienes han beneficiado con el suministro de productos agropecuarios y fuerza de trabajo. El área noroeste de la ciudad de Guatemala colinda con el pueblo poqomam de Mixco y también es vecina de los municipios de San Pedro y San Juan Sacatepéquez, ambos de población kaqchikel. Hacia el noreste, la ciudad limita con San Pedro Ayampuc y Chinautla, de población poqomam. Y, hacia el sur, limita con los municipios de Villa Nueva, San Miguel Petapa y Amatitlán, estos dos últimos originalmente poqomam. Hacia el sureste se localizan los poblados de Fraijanes, San José Pinula y Santa Catarina Pinula, este último tenía también habitantes del grupo poqomam. "Con el transcurso de los años las distancias se recorrieron más rápidamente con la mejora de las carreteras y el uso del transporte. Las poblaciones que se encontraban relativamente alejadas, pasaron a ser poblados susceptibles a ser incorporados a la ciudad: Chinautla, Mixco, Villa Nueva, Villa Canales y San Miguel Petapa, eran las más próximas" (Valladares & Morán, 2006: 48). Estos pueblos pasan a formar parte del área metropolitana por ser vecinos de la ciudad de Guatemala pero, a

---

13   La antigua capital fue la ciudad de Santiago de los Caballeros de Guatemala (departamento de Sacatepéquez) fundada en el valle de Panchoy. La misma fue capital de la Capitanía General de Guatemala entre 1541 y 1776. Esta ciudad que actualmente se la conoce como Antigua Guatemala fue seriamente afectada por los terremotos de Santa Marta ocurridos en 1773. La Nueva Guatemala de la Asunción data de 1776.

nivel administrativo, las municipalidades que le conforman mantienen su independencia.

Desde 1954 la ciudad se dividió por zonas,[14] siendo la más antigua la número uno, también llamada centro histórico (Valladares & Morán 2006: 66). En el "centro" residió la población criolla que se había trasladado de la Antigua Guatemala[15] hacia la Nueva Guatemala. Como en muchas ciudades latinoamericanas desde dos siglos atrás ocurre un declive social del centro hacia la periferia, en donde se ubicó la numerosa población indígena (Gellert, 1988: 9-11; Caplow, 1966: 16). Actualmente los indígenas de varios grupos étnicos se distribuyen en las distintas zonas de la ciudad no existiendo barrios segregados, es decir, áreas en donde solamente ellos habiten. La mayoría de indígenas de la ciudad residen en las zonas más populares y pobladas como la 6, 7 y 18.

Desde mediados del siglo XX han ocurrido procesos migratorios internos atribuidos a una serie articulada de factores que han sido sujeto de estudios especializados (Velázquez Carrera en Valladares & Morán, 2006: 103-104). A partir de 1950 hasta mediados de los años 1960, "se puede afirmar que las principales migraciones internas a la capital fueron urbanas-urbanas y no tanto rurales-urbanas (Ídem, 108). Sin embargo, como se verá en el caso de los indígenas pentecostales de Fraijanes, sigue ocurriendo la dinámica rural-urbana. Para entender las causas de la migración rural a la ciudad en el siglo XX hay que considerar los factores de expulsión y de atracción que funcionan de manera articulada. Dentro de los primeros (expulsión) hay que mencionar el minifundio en el campo, la presión demográfica sobre la tierra; a ello hay que agregar como factores de atracción que los campesinos arriban a la capital en búsqueda de mejores salarios ya que los magros jornales que percibían en las fincas algodoneras y cafetaleras de la costa y boca costa, les son insuficientes para mantenerse. El proceso de industrialización se incentiva en este período y se abren algunos espacios laborales.

A partir del terremoto de San Gilberto ocurrido el 4 de febrero de 1976, la ciudad capital siguió creciendo y expandiéndose como resultado del traslado de la población de los departamentos afectados por el sismo hacia la metrópoli, pero principalmente porque información errónea hizo despertar la expectativa de que en la capital se estaban regalando

---

14   Actualmente la ciudad capital está dividida en 25 zonas postales.
15   La ahora llamada Antigua Guatemala fue, en la época colonial, considerada como la tercera ciudad del Nuevo Mundo después de México y Lima (Caplow, 1966: 20).

los terrenos y las viviendas.[16] Posteriormente a 1976, una nueva ola de pobladores arribó a la ciudad huyendo de la represión del conflicto armado interno que se dio entre la guerrilla y el ejército y que recrudeció en el occidente y norte del país entre 1978 y 1985.[17] Es importante subrayar que desde los años sesenta, la ciudad no solamente crece sino que lo hace desordenadamente. Los gobiernos de turno fueron incapaces de dar respuesta a la creciente demanda de la población por servicios básicos. En algunas colonias que surgieron a raíz del terremoto algunos servicios e instituciones educativas fueron introducidos gracias a la organización de los propios vecinos con apoyo de algunas iglesias católicas y protestantes (Dary, 2016).

Para 2017 el INE proyectó una población total de 16.924.190 de habitantes. Tan solo en la ciudad capital habría 3.345.320 habitantes. La tendencia en el siglo XXI es un aumento de la población capitalina. Si bien es cierto, Guatemala sigue siendo, en cifras globales, un país rural, se experimentan cambios demográficos importantes.

En cuanto a la etnicidad de los habitantes, de acuerdo con la Encuesta Nacional de Condiciones de Vida (ENCOVI) realizada en el 2014, un 38,8% de la población total del país "se autoidentificaba como indígena" (INE, 2016: 20); fuentes no oficiales afirman que la población indígena asciende al 50%. El Instituto Nacional de Estadística (INE) generó la categoría étnica tomando en cuenta, las "costumbres y tradiciones" (del grupo indígena) y agrega que esta proporción de indígenas frente a no indígenas se ha mantenido desde el año 2000, con valores mínimos de 38,4% en 2006 y máximos de 39,6% en 2011" (INE, 2016: 20). La comunidad lingüística k'iche' es la mayoritaria, pues representa el 11,2% del total de la población indígena del país, ocurriendo que la población no indígena es el 60% de la población total (INE, 2016: 20).

---

16 "En 1976 como consecuencia del terremoto de San Gilberto, se produjo migración de población, que se suscitó por el rumor de que se iban a construir casas en la capital, en especial a las familias biparentales, lo que implicó la densificación de las áreas que se estaban poblando en el período, la creación de nuevos asentamientos humanos y la redensificación de los existentes" (Valladares & Morán 2006: 125).

17 Cabe señalar que la investigación seria y acuciosa sobre la migración indígena a la ciudad de Guatemala no ocurre sino hasta finales de los años 1980 e inicio de los 1990. Debo subrayar que antes de los trabajos de Juan Pablo Pérez Sainz (1988) y los de Santiago Bastos y Manuela Campus (1990) quienes trabajaron dentro del seno de la Facultad Latinoamericana de Ciencias Sociales (FLACSO) no se habían realizado investigaciones rigurosas en el país sobre este tema.

A nivel regional, los departamentos del occidente del país son los que presentan la mayor proporción de población indígena,[18] la mayoría por encima del 50%. El departamento de Guatemala, que es donde se ubica la capital, tiene un 10,3% de población indígena (INE, 2016: 21). Este porcentaje se desglosa en los siguientes grupos sociolingüísticos: un 2,3% es k'iche'; 8,8% kaqchikel; 2 % q'eqchi' y 0,7% mam. Llama la atención que la población poqomam que, como se mencionó arriba, era la originaria del valle de la Ermita en donde está la ciudad de Guatemala no figura más entre los grupos sociolingüísticos predominantes de la ciudad. Se deduce que los grupos citados (k'ich'e, q'eqchi', mam y kaqchikel) son de indígenas migrantes internos.

El aumento de la población en las áreas urbanas responde a una mayor demanda de servicios y a la búsqueda de trabajo y oportunidades de estudio. Entre 2000 y 2004, "se observa un aumento considerable de 11 puntos porcentuales en la proporción de la población que habita en áreas urbanas" (INE, 2016: 27). El departamento con mayor proporción de población urbana es el de Guatemala (con un 87,3%), seguido del de Sacatepéquez (82,7%). Para 2014, casi la mitad de la población guatemalteca habitaba en las áreas urbanas. Por etnicidad se obtiene que poco más de la tercera parte de la población indígena del país (un 37,1%) habitaba en áreas urbanas en ese año, en comparación con el 49,5% de la población no indígena. El 9,3% del total de la población indígena vive en un lugar distinto al que nació. El departamento de Guatemala es el segundo con mayor movilidad territorial, pues el 35,64% de sus habitantes reside en un lugar distinto al que nació (INE, 2016: 27; 35-36).

Por otro lado, aunque el porcentaje de la población indígena en el área metropolitana es inferior al de la no indígena, como grupo se encuentra trabajando en más altos porcentajes que los no indígenas. Esto confirma que la gran parte de los indígenas que migran a la ciudad lo hacen para trabajar particularmente en el sector informal. La Encuesta Nacional de Empleo e Ingresos (ENEI) realizada en 2014 arroja que "la población indígena tiene en todos los dominios de estudio tasas de ocupación más altas que los no indígenas" (INE, 2016b: 23). En el área metropolitana un 94,2% de no indígenas se encuentra ocupada frente a un 98% del grupo indígena. En Guatemala a nivel nacional el 69,8 % de las personas trabaja en el sector informal (INE, 2016b: 28). Además, hay que indicar que ocho de cada 10 mujeres trabaja en el sector informal.

---

18 Para el 2014, "casi la mitad de la población maya (el 48,2%) era bilingüe en idioma maya y español.

Bosquejo socio religioso del país

Entre los estudios sobre la religión en Guatemala, preponderan aquellos de índole antropológica que describen y analizan las prácticas y rituales mayas ancestrales y del catolicismo popular o catolicismo folk. Pocos estudios antropológicos abordan los cambios socio-religiosos, ignorando que en el país aproximadamente el 40% de la población ya es protestante. Guatemala es, junto a Chile, de los países que tiene el mayor porcentaje de población protestante en América Latina, y dentro de esta, son los pentecostales la denominación que tiene más adeptos. Algunos trabajos realizados sobre la base de muestras representativas, estiman que una buena parte de los pentecostales en Guatemala son al mismo tiempo indígenas.

Los censos nacionales de Guatemala nunca han registrado la adscripción religiosa de los habitantes. Sin embargo, un estudio del Servicio Evangelizador para América Latina (estimó que, en Guatemala, dentro del conglomerado que se adscribe como perteneciente a las iglesias protestantes, los pentecostales —aquellos inspirados en los dones del Espíritu Santo— eran la mayoría y siguen siendo también el grupo que está creciendo más rápidamente (SEPAL, 2003). La encuesta del Proyecto de Opinión Pública para América Latina (LAPOP) identificó que para el 2014, el porcentaje de católicos en Guatemala era del 48,4% y el de cristianos no católicos, de 42 % (Lemus, 2015: 84). En la región metropolitana, según este mismo estudio, los católicos serían un 40,9% y los cristianos no católicos el 47%. Esta explosión pentecostal no es un simple detalle, sino que puede tener importantes repercusiones en las comunidades indígenas a nivel socioeconómico, cultural y político.

El desarrollo de líneas de investigación sobre etnicidad y área urbana

La presencia indígena en la ciudad fue estudiada dentro de un marco general de investigaciones sobre la informalidad (Pérez Sainz, 1990; 1992) y, particularmente sobre las lógicas de subsistencia, observando si estas eran distintas dependiendo de la etnicidad de los sujetos (Bastos & Camus 1990; 1995; 2000).[19]

---

19   Inicialmente, los autores investigaron en la Colonia La Florida, de clase popular, ubicada en el occidente (o noroeste) de la ciudad, así como colonias aledañas tales como Santa Marta, Montserrat I y II, Monteverde, Belén, La Brigada, Las Brisas y Tierra Nueva I y II.

Los estudios de sociología y antropología urbana de los años noventa, buscaron describir distintos fenómenos como los patrones de ocupación del territorio, sus causas y desenvolvimiento; los movimientos sociales y las demandas por servicios y otros. Pocos han sido, en realidad, los estudios centrados en las variables étnica y urbana de manera articulada. Especialmente sobresalientes fueron los estudios de finales de los años ochenta e inicio de los noventa, realizados por la Facultad Latinoamericana de Ciencias Sociales, particularmente interesado en conocer cómo los indígenas adaptaban las lógicas de subsistencia cotidianas del ámbito rural al urbano, en donde las relaciones mercantiles eran preponderantes. Se utilizó como base del análisis el ámbito doméstico, concebido como "la unidad social basada en los lazos de parentesco, con residencia común y en donde se movilizan conjuntamente los recursos para la reproducción" (Bastos & Camus 1990: 11-12).

Los tres aspectos centrales en las investigaciones de Camus y Bastos (1990; 1995; 2000) fueron la articulación de la familia indígena, la co-residencia y la reproducción conjunta. La identidad étnica fue considerada a través de la auto-adscripción, pero también de los rasgos más visibles, externos, la lengua y el traje, aclarando que "su pérdida al establecerse en la capital es clara en algunos casos, y puede servirnos para comprobar la influencia que ejerce esta entre los indígenas. Pero no tiene por qué significar una asimilación o 'ladinización'", con ello Bastos y Camus evitaron caer en un enfoque integracionista (Bastos & Camus, 1990: 13). Los autores concluyeron que, en la ciudad, sí existen lógicas de subsistencia particulares entre los hogares indígenas. Una estrategia importante en este sentido era la priorizar el trabajo conjunto de la unidad doméstica, es decir de todos los miembros de la familia para poder subsistir. La discriminación étnica entraba y entra todavía en juego y afecta la manera en que los indígenas se insertan en el mercado laboral, de manera subordinada. Los autores indican que el cuenta-propismo es predominante sobre todo en el caso de las mujeres indígenas quienes carecen de educación institucionalizada que les permita ubicarse mejor en el mercado laboral. Por eso, el área de trabajo en donde los indígenas se ubican con mayor facilidad es en el comercio, ya que acá hay menos control institucional o estatal de los negocios y hay una demanda constante de productos por parte de la población urbana en expansión (Bastos & Camus, 1990: 63). Esta tendencia identificada desde los noventa, parece continuar a la fecha. Sin embargo, es importante señalar que actualmente hay una migración de indígenas que llegan a la capital para estudiar en la universidad y otros para trabajar como profesionales en el sector público. Aunque en las calles y edificios su presencia es obvia, no existen estadísticas oficiales actualizadas acerca de aquellos que ocupan puestos de trabajo especializados (Dary, 2012).

Interesa mencionar que, la afiliación religiosa aparece mencionada en casi todas estas investigaciones, pero salvo en la de Robertson (1968) y Gooren (1999), en la mayor parte de los trabajos de antropología y sociología urbanas, no se la observa como un eje central o prioritario. De igual manera, interesa mencionar que los estudios sobre los imaginarios en el área urbana han acaparado la atención de pocos estudiosos (Mendoza 2009).

La religión en los sectores populares del área metropolitana

En los años sesenta, Bryan Roberts realizó el primer estudio sobre la conversión al protestantismo en dos barrios permeados por la pobreza[20] en la ciudad de Guatemala. Tales lugares eran étnicamente mixtos, con predominio de la población mestiza.[21] El autor no indica con detalle cómo evaluó la etnicidad de las personas a quienes entrevistó; se basó en el uso o desuso de la indumentaria regional (usan "vestidos a la europea"), lo cual actualmente no es un indicador suficiente para determinar la identidad étnica. Roberts explica que un 80% de los jefes de hogar entre quienes trabajó, no eran nacidos en la capital, por lo que solamente podemos inferir que procedían de los departamentos con predominante población indígena.

Hace cincuenta años este autor notó que las iglesias protestantes, sobre todo las pentecostales, iban en aumento, proceso que no ha parado hasta la fecha, tal y como apuntamos anteriormente. En los años 1960, se observó que las pequeñas iglesias de barrio eran llamativas para las personas de bajos recursos económicos por su mensaje religioso centrado en la salvación pero además por atractivos seculares como poder participar en una institución que podría ayudarles a conocer a otras personas y a conseguir trabajos o negocios para mejorar la posición económica. Esto

---

20 Al menos, en la versión en inglés del artículo (1968), el autor no menciona el nombre de los barrios o sectores urbanos, ni la zona en donde se ubican.

21 "A small minority of these families have parents who are Indian and have themselves come from predominantly Indian villages. These families have put away Indian dress and speech and are found in equal proportions among both Protestants and Catholics. Also, the overwhelming majority of heads of family in this sample are migrants. They had all migrated from regions within a day's journey of the city" (Roberts, 1968: 756).

tuvo particular sentido para los recién emigrados del campo a la capital y sin mayores conexiones sociales a no ser por las que establecían en su trabajo (Roberts, 1968: 754-755). Los nuevos protestantes de los barrios analizados por Roberts apenas tenían parientes en la ciudad (1968: 758). Con suerte, aparte de su iglesia, los hombres pobres de estos dos barrios participaban en el equipo de futbol de su colonia.

Precisamente este autor argumenta que las iglesias protestantes tienen éxito en reclutar personas solas o sin familiares citadinos porque ellas mismas se convierten en el espacio que les provee de relaciones sociales que les sirven para lidiar con los problemas prácticos que acarrea vivir en la capital. En realidad, la sociedad guatemalteca en su conjunto carece de suficientes alternativas (instituciones) en las que los migrantes internos puedan participar: *"Apart from the Protestant sects, there are no other forms of association that compensate for personal relationships established over a period of time"* (Roberts, 1968: 759). *"The Protestant groups represent one of the few forms of urban association in Guatemala that is thus based on enduring ties of sentiment and interest"* (Roberts, 1968: 761). Además de esto, el autor asevera que el tamaño de las congregaciones religiosas protestantes es pequeño (20 o 30 personas) lo cual favorece las interacciones frecuentes entre los integrantes, y en las cuales los individuos pueden obtener consejos y recomendaciones de trabajo además de ayudas materiales o información acerca de oportunidades económicas por parte de los "hermanos" de fe (Roberts, 1968: 762-763). Estas afirmaciones tienen importantes coincidencias con las propuestas que Willems realizó también en los años sesenta para el caso chileno y que pueden ayudarnos a entender otros casos latinoamericanos. Roberts observó que los vecinos protestantes de las colonias de la ciudad de Guatemala que estudió, mejoraban económicamente pero no de manera sobresaliente porque los nexos que establecían eran entre personas que estaban en condiciones similares a la de ellos, es decir, igualmente pobres.[22]

Este aspecto de las limitadas oportunidades que ofrecen las colonias periféricas habitadas por las clases populares parece ser una constante hasta hoy en día. Sin embargo, hoy por hoy son otros motivos los que impiden a los residentes una participación plena en las pocas actividades y esferas sociales con que cuentan las colonias. Me refiero aquí a la violencia urbana, cuyas expresiones colocan a la ciudad de Guatemala entre

---

22 *"In Guatemala city, Protestants are too few and most are too poor to provide the network of contacts that would be of considerable help in improving a member's material position"* (Roberts, 1968: 765).

las 50 más violentas del mundo (Dary, 2016). Sobre este tema volveré en la última sección.

Acerca de la pervivencia o cambio de los marcadores étnicos en la ciudad, Bastos y Camus observan que el uso del idioma indígena en la ciudad "pierde gran parte de su funcionalidad" y que el traje se conserva más por parte de las mujeres adultas y que tan pronto es un elemento identitario, como también lo es de contraste y de discriminación. En el caso de la religión, "la práctica de la religión católica —entre los indígenas— disminuye según las unidades domésticas (que) llevan más tiempo en la Capital, aumentando la profesión evangélica" (Bastos & Camus, 1990: 14). Los autores agregan que "no hemos profundizado en el tema de la religión, pues no hay diferencias significativas, solo comentar cómo el impacto de la conversión a los grupos evangélicos se suele producir cuando las unidades domésticas llevan ya un tiempo asentadas en la ciudad, ya integradas pero al mismo tiempo sufriendo desde dentro una crisis de valores por la vida urbana, cada vez más agresiva" (1992: 21).

Conversión y relaciones interétnicas en el seno de la iglesia pentecostal de la ciudad de Guatemala

Para comprender mejor por qué los indígenas del área metropolitana se congregan en iglesias evangélicas pentecostales entrevisté primero a algunos líderes (pastores y personas con puestos de coordinación y liderazgo en sus iglesias) y luego a algunos feligreses. Algunas entrevistas fueron realizadas en la ciudad capital (particularmente en zona 6) y otras en la cabecera municipal de Fraijanes, la cual se localiza a unos 30 km hacia el sur del centro de la ciudad capital.

La percepción del liderazgo mestizo pentecostal capitalino es que los indígenas se sienten atraídos para participar en las iglesias pentecostales porque les permite mayor expresividad oral, gestual, corporal así como formas activas de participar en los distintos ministerios:

los indígenas son muy devotos, muy entregados a la religión. [...] Fíjese ellos son más devotos, incluso más que los ladinos [...] tienen en la iglesia más espacio para expresar su espiritualidad más que en la iglesia católica [...] con nosotros la gente habla en lenguas,[23] tiene permitido

---

23   Se refiere a la glosolalia o don de lenguas, que está descrito en la Biblia y que ocurre el día de Pentecostés.

expresarse, llorar, algunos hasta danzan, pero es una danza espiritual, son dones del Espíritu Santo. (Lideresa pentecostal Marina, 45 años).[24]

Seguramente, necesitamos profundizar más para entender la conversión y la participación indígenas en las iglesias protestantes de la ciudad. Algunas conversiones tendrían carácter permanente, pero otras son transitorias. Es el caso de Jacinta,[25] mujer mam el municipio de Comitancillo (Huehuetenango), ubicado a más de siete horas en autobús desde la ciudad capital. Ella procede de una familia indígena de escasos recursos en donde el padre de familia tiene problemas con el alcohol. La familia ha sido tradicionalmente muy católica. La joven mujer, de 32 años, soltera y con apenas tres años de escolaridad primaria decidió buscar suerte lejos de su terruño. Desde hace 10 años vive en la ciudad capital. Indica que salió huyendo de la pobreza de su hogar. Con ayuda de paisanos puso un puesto callejero de golosinas y aguas gaseosas (un "chiclero") en la zona 9 de la ciudad, a pocos metros de la Avenida La Reforma. Jacinta refiere que en una ocasión enfermó, le detectaron un tumor en la matriz, a raíz de este diagnóstico buscó soluciones y unas primas la llevaron a una iglesia evangélica (pentecostal) a donde ella participó y creyó haberse convertido. Pero solamente estuvo allí seis meses y regresó al catolicismo: "es que yo llegué al culto (evangélico) buscando sanarme del tumor, pero eso no pasó".

Los pastores y algunos feligreses entrevistados refieren que dentro de las iglesias pentecostales ocurren algunos "choques" culturales entre indígenas y ladinos, los que se explican por las distintas costumbres que tiene cada grupo. La lideresa arriba citada y quien predica como evangelista invitada en varios lugres de la república y se congrega en una Iglesia de Dios del Evangelio Completo de la zona 6 de la capital cuenta: "Lo que no le gusta al agente ladina es cuando el indígena se quita los zapatos en la iglesia, se los zafan y así, descalzos, por ratos, se quedan escuchando la prédica". La pastora explica que las actitudes de aceptación o de rechazo de los ladinos con respecto a los indígenas dentro de la iglesia son heterogéneas y que eso tiene que ver con el nivel educativo de los feligreses, así como la manera en que han sido educados en su casa, "si a respetar o a burlarse de la demás gente".

"A mí me da gusto de ver que uno de los solistas del ministerio de alabanza es indígena, porque canta bien bonito, pero no a todos (los

---

24 Nombre ficticio, se respeta la identidad de la entrevistada.
25 Ídem.

miembros de la iglesia) les gusta que un indígena sea el que pase a dirigir la alabanza." "Otros (ladinos) piensan que no tiene capacidad". Añadió la entrevistada que los mestizos aceptan a los indígenas cuando se percatan de que están estudiando en la universidad o de que ya se graduaron: *"ya (los indígenas) se están preparando, tenemos un abogado, un contador que ya no hablan (el español) tan mal pero que sus rasgos indígenas no se les quitan". "Cuando mejoran oralmente ya les toman más en cuenta".* Algunos feligreses ladinos, incluyendo algunos líderes, argumentan que los indígenas no hablan bien el español, que no usan correctamente las palabras y que eso les dificulta predicar. Estas declaraciones reflejan la discriminación étnica y el racismo que permea las relaciones inter étnicas en Guatemala. Sin embargo, este no es percibido ni aceptado como tal por los mestizos de la iglesia visitada, sino que ellos lo justifican diciendo que son "diferencias en las costumbres" o bien, distintas actitudes que proceden de la "forma en que cada uno es educado en su casa".

La dirigencia ladina de la iglesia no condena el uso de los idiomas mayas[26] en el seno de la iglesia pentecostal pero tampoco lo promueve ni le interesa saber a qué grupo sociolingüístico pertenecen los feligreses indígenas. Básicamente se les identifica por el lugar de donde proceden, simplemente dicen: los de Toto,[27] los de Momos, los de Huehue o de Xela; los de Quiché, etc. Una lideresa pentecostal explica: "Uno sabe que son indígenas (que asisten a la iglesia), que unos son de (el departamento) de Quiché, que otros son de San Marcos, pero que se investigue realmente de donde son cada uno, no". Idealmente se espera que estos "hermanos indígenas" sean evangelizados y que, su vez, ellos evangelicen a otras personas en español.

Adentro de la iglesia o durante actividades ministeriales en la ciudad capital, varios indígenas no hablan entre ellos en sus idiomas maternos por varias razones: primero, porque en la cotidianidad de la capital, suelen hablar en español (en el negocio, la escuela, la oficina) y, segundo porque dicen "sentirse mal" hablando en un idioma maya adentro de la iglesia, ya que los "hermanos mestizos" "se les quedan viendo" —"algunos

---

26 Guatemala tiene 22 idiomas mayas, además del garífuna, el xinka y el español.
27 Popularmente en Guatemala se le dice Toto al departamento de Totonicapán, Momos al municipio de Momostenango, Huehue al departamento de Huehuetenango; Xela al de Quetzaltenango.

piensan, como no entienden k'iche', que estamos hablando mal de ellos, mejor evitamos (hablar) en lengua"—.[28]

Los indígenas que asisten a las iglesias pentecostales de las colonias que se visitaron para este trabajo prefieren no demostrar demasiado sus marcadores identitarios externos dentro del templo, salvo las mujeres indígenas que visten a diario su traje regional. Las mujeres indígenas[29] que tienen privilegios[30] en el ministerio de servicio (el diaconado), prefieren usar el uniforme de servidora (traje sastre, de dos piezas, de corte occidental y de colores fríos) durante el culto del domingo; o bien las mujeres se dejan el *corte* o falda indígena y se colocan una blusa —en vez del tradicional huipil— para lucir igual a las demás diaconisas no indígenas (o ladinas).

En este sentido, pudiéramos proponer que estas mujeres mayas, al menos una vez por semana (los domingos) se igualan socialmente a las mestizas por el hecho de usar un vestuario occidental que las homogeniza y por realizar las mismas tareas (saludar, entregar anuncios y panfletos y orientar a los fieles acerca de dónde deben sentarse en la iglesia). Algunas de las entrevistadas dijeron que nadie las obliga a quitarse su traje regional y a usar el uniforme "de servidora" de la iglesia sino que a ellas les gusta y ellas mismas deciden ponérselo. Una mujer indígena entrevistada explica: "es que así (vestida) la gente puede saber el privilegio que yo tengo y que me he ganado", contó Teresa (50 años).

Esta situación de cambio de traje o vestimenta dentro de la iglesia solamente sucede los domingos, el resto de la semana las indígenas asisten a otras actividades tanto seculares como eclesiales con su traje indígena de diario. La aceptación de los mestizos pentecostales hacia las mujeres mayas que visten con indumentaria tradicional o regional en la iglesia, puede ser distinta o inexistente en otros barrios de la ciudad, sobre todo de clase media o alta, que no observamos para el presente estudio.[31]

---

28 En Guatemala, coloquialmente el pueblo denomina a los idiomas mayas "la lengua" o "lengua" independientemente de cual sea esta.

29 En la ciudad de Guatemala solo las mujeres indígenas visten su indumentaria regional o traje maya, los hombres indígenas urbanos no la visten más, desde hace varias décadas.

30 En estas iglesias se les llama privilegios al derecho que se adquiere a participar como diaconisa o servidora, a cantar en el ministerio de alabanza, a servir como maestra en la escuela dominical o cualquier otra tarea que una persona puede desempeñar luego de haber demostrado ser un feligrés o feligresa asidua, responsable, de buena conducta (de buen testimonio).

31 Una pastora pentecostal capitalina refirió que cuando estuvo predicando en la ciudad de Esquipulas, departamento de Chiquimula (al oriente de la república), una mujer indígena del departamento de Totonicapán se le acercó y le dijo que era nueva en el pueblo y en

Interesa mencionar que en la estructura ministerial de la iglesia pentecostal capitalina quienes enseñan en la escuela dominical y dirigen las misiones de evangelismo son generalmente mestizos. Y, como contraste, la mayoría de las mujeres indígenas pentecostales se ubica en el grupo de "servidoras" (diaconisas). Los hombres indígenas parecen ubicarse en mejores posiciones[32] (diáconos, ministerio de alabanza, de evangelismo). Ello es indicativo de que se está replicando a pequeña escala la jerarquía étnica que se observa en la sociedad guatemalteca en su conjunto en donde las mujeres mayas, quienes ideológicamente son vistas como conservadoras de la cultura, son las que usualmente sirven o trabajan como empleadas domésticas en hogares mestizos y de extranjeros. También es cierto que, si bien en sus orígenes las iglesias pentecostales fueron vistas como "de gente pobre", hoy por hoy, existe una heterogeneidad socioeconómica y educativa dentro de los feligreses de una iglesia.

La iglesia pentecostal representa en su seno las limitaciones y obstáculos que los indígenas enfrentan en la sociedad en su conjunto. Pese a ello, el nivel de participación en la estructura de la iglesia aún es mayor que lo que sucede en las iglesias protestantes históricas[33] o en la iglesia católica.

Los indígenas pentecostales de Fraijanes

"Hemos demostrado que somos ejemplo de los que andan en malos caminos y nuestra decisión es - aunque nosotros no somos nativos de aquí, somos emigrados de allá (de Aguacatán)- estar unidos en buscar la palabra de Dios y nuestra meta es no solo aquí (en Fraijanes), sino en diferentes lugares" (Pastor Isaías, awakateka, Fraijanes)

---

la iglesia, y que si se le permitía asistir al culto vestido con su traje regional. La pastora le dijo que tal cosa era posible, a lo cual la mujer indígena respondió que estaba muy sorprendida por la respuesta, dado que en otras iglesias a las cuales había asistido tal cosa le había sido negada y le contó lo siguiente: "Es que yo entré un día a la iglesia y en la misma banca estaban dos hermanas (mestizas), entonces vine yo y me hinqué a orar y cuando yo me levanté, ya se habían cambiado de lugar." Al respecto la pastora a cargo explicó que las mujeres mestizas de Esquipulas no quisieron estar sentadas lado a lado de la mujer indígena por lo siguiente: "A ella no la aceptaron como indígena en esa iglesia. Entonces se fue a mi iglesia, porque nosotros si teníamos gente indígena y se le decía a la gente que no había que discriminar, que todos éramos iguales".

32   Al respecto, refiere la pastora Margot que el pastor de su iglesia "tiene gente (hombres) indígena en su equipo pastoral", en una proporción de dos entre seis mestizos.

33   Nos referimos aquí a la iglesia luterana, metodista, bautista, centroamericana y nazarena, por citar algunos ejemplos.

En el pueblo de Fraijanes (departamento de Guatemala), han surgido dos congregaciones de pentecostales conformados por k'iche's, sakapultekas y awakatecas, quienes pertenecen a la Iglesia de Dios del Evangelio Completo (IDEC). En la cabecera municipal existen cinco iglesias de esta denominación,[34] pero los indígenas comerciantes han creado dos congregaciones un tanto separadas de las de los mestizos y ladinos: la iglesia del pastor Pedrito y la iglesia del pastor Isaías, ambos indígenas que han emigrado del Occidente de Guatemala. Según una supervisora eclesiástica mestiza, para ellos es mejor celebrar cultos con personas que proceden de municipios indígenas del occidente del país. Este sector de indígenas protestantes de los grupos k'iche', sakapulteko y awakateka creció mucho y *"ya no les gustó la liturgia de la iglesia, entonces hicieron su propia iglesia y adaptaron la liturgia"*, al estilo indígena. La supervisora explica que uno de los aspectos que les gusta es cantar más que en las liturgias mestizas. Es claro que, como veremos adelante, los entrevistados indígenas tienen más explicaciones que dar a este respecto.

Apenas a pocas cuadras del parque central del pueblo de Fraijanes, se erige un sencillo local construido de paredes y techo de láminas de metal, piso de cemento, adornos de tela de encaje color verde menta y muchas flores de plástico y naturales. Es una iglesia pentecostal de apenas cuatro años de antigüedad y con 50 miembros activos, todos indígenas de los grupos sociolingüísticos antes indicados. El actual pastor de la iglesia, originario de Aguacatán (Huehuetenango) explicó que en su aldea natal el bisabuelo fue el fundador de una iglesia de la misma denominación (IDEC) y al morir heredó la obra a Francisco Lux Pu,[35] ya fallecido y quien la tuvo a su cargo por cuarenta años.

Alrededor del año 2000 muchos de los feligreses de la iglesia del pastor Lux, cansados de su situación socioeconómica comienzan migrar, unos lo hacen a los Estados Unidos y otros a la ciudad capital. Y es que Aguacatán —así como Sacapulas— se fraccionó la tierra de manera tal que los abuelos la heredaron sus hijos, quienes a su vez la dividieron entre sus descendientes y así sucesivamente. Actualmente cada persona tiene una parcela muy pequeña insuficiente para producir un rendimiento agrícola capaz de sostener a una familia ni de generar excedentes que permitan ahorrar:

---

34 Aparte de las cinco iglesias IDEC, hay Asambleas de dios, El Shaddai, Misión Cristiana, Ebenezer y otras.

35 Nombre real.

Los terrenos ya no se producen igual, conforme el tiempo también se debilitan, entonces se necesita mucho condimento, químicos, mucho químico necesita para producirse. Bueno, nosotros tenemos familia allá que la están trabajando (la tierra), están luchando allá pero solo puede sobrevivir para el tiempo de la lluvia, no hay ganancias, no hay un adelanto y si nosotros venimos aquí es por nuestros hijos para sacarlos adelante, para que estudien porque en el caso mío, yo en ese lugar (Aguacatán) solo llegué a sexto primaria y acá en el pueblo, bendito sea Dios que tengo una hija que está estudiando primero básico. Entonces vamos avanzando y también tengo a mi hermano aquí que su hijo casi saca tercero básico y su meta es ir a un diversificado y si posiblemente llegar a la universidad, pero también es la falta de ganancias para poder (superarse). (Pastor de la IDEC, Fraijanes)

Esta situación empujó a los awakatecas, k'iche' y sakapultekos a buscar un futuro mejor para sus hijos en otros lugares y fue así como arribaron a Fraijanes. La mayoría de migrantes inicialmente fueron hombres con poca instrucción educativa, algunos analfabetos, con pocos años de educación primaria o con suerte, la primaria completa. El pastor Isaías es una notable excepción porque alcanzó graduarse de bachiller en ciencias y letras. Estos indígenas comenzaron a trabajar como ayudantes de albañil, jardineros en casas de los ladinos del lugar o como vendedores ambulantes de maní. Como el pastor explica "lo que pasa es que en las empresas nos pedía un currículo con altos estudios y no lo tenemos". Poco a poco han logrado abrir negocios de abarrotes cada vez más y más prósperos.

Ellos[36] vinieron a buscar un lugar, a poner negocios y como la mentalidad de cada uno de nosotros es sacar a adelante a nuestros hijos, que estudien, que tengan un diversificado y si son bien inteligentes, pues ya ir a la universidad. Más o menos esa es la mentalidad de nosotros, y ya al venir aquí estábamos regados (dispersos), no estábamos organizados en una iglesia y ahora que, ¡Dios lo tenga en su Gloria, al hermano Francisco Lux Pu!, él nos vino a organizar aquí en Fraijanes y nos dijo, "es muy interesante que aquí en Fraijanes se abra un campo para que las familias busquen de Dios". (Pastor Isaías)

Los evangélicos indígenas entrevistaros dijeron que han sufrido discriminación en la capital y en la vecina Fraijanes porque a los ladinos no les gusta que ellos vivan cerca y tienen envidia del éxito comercial

---

36   Se refiere a los primeros pobladores k'iche', sakapulteka y awakateka evangélicos de la rama pentecostal que llegaron a Fraijanes (departamento de Guatemala).

alcanzado en relativamente poco tiempo. Los ladinos responsabilizan a los indígenas por la delincuencia del pueblo:

Los que son nativos (los ladinos de Fraijanes), no les gusta que nosotros (los indígenas) estemos superando... y la superación (que tenemos) solo Dios (es el responsable), ¡mire la envidia! y ellos nos dicen que por nosotros está la delincuencia, pero nosotros no somos, no hemos traído la delincuencia, nuestra familia no es delincuente. Entonces lo que hacemos es aguantar lo que nos digan, pero por eso nosotros organizamos en la iglesia, nos venimos a aposentarnos con Dios, es un lugar especial donde podemos adorar a Dios , conversar con Él, donde muchos traen sus necesidades y nos comentan: 'a mí me pasa esto', 'a mí me pasa lo otro'. Lo que hacemos es que nos organizamos y hacemos oraciones para que no nos sigan persiguiendo, nosotros nos animamos unos a otros, esta es la organización que nosotros tenemos como iglesia y gracias a Dios que la Iglesia de Dios está legalizada en este país y nos ampara a que podamos seguir. Es una historia que nosotros traemos desde que salimos de aquel lugar y venimos a este lugar pero el que nos está guiando es el Espíritu Santo, que es la promesa de Dios que nos da de poder seguir en los pueblos. (Feligrés de la iglesia del pastor Isaías, Fraijanes)

No cabe duda que existe una solidaridad étnica ya que cada nuevo migrante k'iche', sakapulteka o awatateka que llega recibe la ayuda de sus coterráneos para poder abrir su propio negocio. A las acusaciones de los ladinos, ellos la enfrentan reuniéndose, orando y apoyándose.

Algunos indígenas residentes en Fraijanes ya eran cristianos-evangélicos cuando llegaron al municipio, pero otros se convierten al estar allí y ser invitados por otros para que se superen o para que dejen atrás sus problemas. Es el caso de Pedro quien bebía jueves, viernes y sábados; el domingo ya había quedado tirado en la calle inconsciente y así lo encontraba su esposa hasta el lunes. Él fue invitado por sus vecinos pentecostales a la iglesia del pastor Isaías y en poco tiempo se comenzó a ver el cambio, ya que abandonó el vicio y actualmente es un asiduo miembro de la iglesia.

Los nuevos hermanos en la fe, tienen varios objetivos en mente cuando llegan a la iglesia del pastor Isaías: orar a Dios, encontrar un espacio de participación en la estructura de la iglesia, ayudarse entre sí y ayudar a otros; conocer nuevas personas que compartan la misma fe y superarse educativa y económicamente. En ese proceso de superación, últimamente se han tropezado con los pandilleros quienes, en algunos casos, semanalmente les cobran una extorsión o cuota. En algunas ocasiones llegan a los locales comerciales y a mano armada piden a sus dueños o a los empleados, las ganancias de todo el día. Es por ello que los pentecostales creen que la salvación de Guatemala y de Fraijanes es que estas personas se conviertan, "acepten al Señor Jesucristo" y cambien para siempre:

> Nos ha tocado hablarles a los delincuentes, a los mareros, que la Palabra de Dios hace cambiar la vida y no quieren aceptar a Cristo, (nos dicen) "no, nosotros nos metimos a esto y allí vamos a morir", es el reglamento de ellos.

> Nos duele a nosotros, como personas humildes, como indígenas que somos, nos duele que mucha gente no quiere aceptar, y por eso es que hay tanta delincuencia, tanta matazón, hasta pobreza, en Guatemala.

Reflexiones finales

En el presente artículo se observó la vigencia de algunas de las teorías expuestas por sociólogos de la religión, quienes desde los años sesenta, propusieron que en las iglesias pentecostales de las ciudades, los campesinos buscan construir comunidades y una nueva familia para, de alguna manera, suplantar la que perdieron al trasladarse desde sus hogares en el área rural.

Se observó que la iglesia evangélica continúa siendo el lugar más efectivo para el mejoramiento personal, especialmente porque en ella los individuos agobiados por los vicios (particularmente el consumo del alcohol), encuentran herramientas religiosas e ideológicas para abandonarlos y rectificar sus vidas; promoviendo el ahorro y el buen ejemplo a los hijos. Su modo de vida, desde su conversión, será austero, conservador y centrado en el negocio y el estudio. Se requeriría de ulteriores estudios longitudinales para conocer si el progreso económico de una generación a otra es realmente significativo.

Coincido con Samson en que los indígenas k'iche', sakapulteca y awakateka encuentran en la iglesia pentecostal de la cabecera municipal de Fraijanes una nueva comunidad de hermanos, en la cual se cruzan varias características y variables, tanto de clase (todos fueron campesinos de subsistencia) como étnicas (forman parte de un grupo que habla el mismo idioma y procede de una misma región del país). De allí que la nueva agrupación se solidariza no solo en base a compartir la misma fe sino, fundamentalmente por compartir las mismas experiencias de privación, exclusión social, particularmente la falta de educación y la discriminación.

Asimismo, la iglesia es un espacio de consuelo y en donde los migrantes indígenas buscan maneras para defenderse de las acusaciones de los vecinos ladinos originarios de la localidad quienes les endilgan ser los causantes de la delincuencia que azota el pueblo.

En el caso de las iglesias de Fraijanes, ya no se trata de que liderazgos protestantes ladinos recluten y conviertan a las personas indígenas católicas quienes viven solas en la ciudad y carecen de nexos, como pudo ser una situación inicial. Ahora se trata del desarrollo de iglesias evangélicas (indígenas y étnicamente mixtas) a partir de las redes familiares extendidas y nexos religiosos que se tejen con otras iglesias evangélicas establecidas desde hace más de cuarenta años en el área rural del Occidente del país y su reubicación en el área metropolitana de Guatemala.

Coincido con los que apuntaba Roberts en los años sesenta, acerca de que en la urbe los indígenas recién llegados no encuentran un espacio comunitario que los invite a participar, en buena parte porque la discriminación étnica los aparta de cualquier pequeño indicio o espacio de socialización en el mundo ladino.

Actualmente las pandillas se están convirtiendo en un objetivo para los misioneros pentecostales del pueblo de Fraijanes. Su motivación para transformarlos obedece a la filosofía de la iglesia de "ganar almas para la Gloria de Dios", pero también a una necesidad de frenar las extorsiones, asaltos y otros eventos de violencia que impiden el desarrollo económico de estos migrantes indígenas en el área metropolitana.

Bibliografía

Bastian, J. P. 2005 "La etnicidad redefinida: pluralización religiosa y diferenciación intraétnica en Chiapas" en Guerrero, G. (ed.) *De indio a hermano: pentecostalismo indígena en América Latina* (Iquique, Región de Tarapacá: Ediciones Campvs).

Bastian, J. P. 2008 "En diálogo con la obra de Lalive D'Epinay. Búsquedas de una sociología histórica del cambio religioso en América Latina" en *Revista Cultura y Religión* Nº 2(2), pp. 3-27.

Bastos, S. 2000 *Poderes y quereres. Historias de género y familia en los sectores populares de la ciudad de Guatemala* (Guatemala: Facultad Latinoamericana de Ciencias Sociales).

Bastos, S.; Camus, M. 1990 "Indígenas en la ciudad de Guatemala: subsistencia y cambio étnico" en *Cuaderno Debate* Nº 6 (Guatemala: Facultad Latinoamericana de Ciencias Sociales).

Bastos, S.; Camus, M. 1995 *Los mayas de la capital. Un estudio sobre identidad étnica y mundo urbano* (Guatemala: Facultad Latinoamericana de Ciencias Sociales, FLACSO).

Bastos, S.; Camus, M. 2000 *Los indígenas de la capital.* Manuscrito. Informe etnográfico comisionado por CIRMA para el proyecto "¿Por qué estamos como estamos?" (Antigua Guatemala: Centro de Investigaciones Regionales de Mesoamérica).

Bergunder, M. 2009 "A modo de introducción. Movimiento pentecostal en América Latina: teorías sociológicas y debates teológicos" en Bergunder, M. (ed.) *Movimiento pentecostal y comunidades de base en América Latina. La recepción de conceptos teológicos de liberación a través de la teología pentecostal* (Heidelberg: Universidad de Heidelberg).

Brenneman, R. 2012 *Homies and Hermanos. God and Gangs in Central America* (Londres: Oxford University Press).

Brusco, E. 1995 *The Reformation of Machismo: Evangelical Conversion and Gender in Colombia* (Austin: University of Texas Press).

Cantón Delgado, M. 1998 "Bautizados en fuego: protestantes, discursos de conversión y política en Guatemala (1989-1993) en *Serie Monográfica* Nº 9 (La Antigua Guatemala: Centro de Investigaciones Regionales de Mesoamérica / South Woodstock, Vermont: Plumsock Mesoamerican Studies).

Caplow, T. 1966 *La ecología social de la ciudad de Guatemala*. Cuadernos del Seminario de Integración social guatemalteca Nº 12 (Guatemala: Ministerio de Educación, Editorial José de Pineda Ibarra).

CEUR 1990 "Invasiones de tierras (1986-1990). Un desborde popular en tiempos de Democracia" en *Guatemala: Boletín* Nº 9 (Guatemala: Centro de Estudios Urbanos y Regionales. Universidad de San Carlos).

Chiappari, C. 2001 "Conceptual Dichotomies and Cultural Realities: Gender, Work, and Religion in Highland Guatemala" en *Anthropology of Work Review* Nº 22(3), pp. 14-21.

Corporación Latinobarómetro 2014 *Las religiones en tiempos del Papa Francisco* (Santiago de Chile: Autor).

Dary, C. 2012 *Los Profesionales Mayas y la Justicia Social. Las Trayectorias Educativo-laborales de abogados(as) y trabajadores(as) sociales indígenas* (Guatemala: FLACSO).

Dary, C. 2016 *Cristianos en un país violento. Respuestas sociales de las iglesias frente a la violencia en dos barrios del área metropolitana de Guatemala* (Guatemala: Dirección General de Investigación e Instituto de Estudios Interétnicos de la Universidad de San Carlos).

Dary, C.; Bermúdez, Á. 2013 "Mayor compromiso con la transformación social: un desafío pendiente de los movimientos pentecostales y carismáticos de Guatemala" en Aguilar, J.; Rodríguez, K. (eds.) *Pentecostales y carismáticos en Centroamérica: Entre el compromiso y la indiferencia* (San Salvador: Instituto Universitario de Opinión Pública –IUDOP–, Universidad Centroamericana "José Simeón Cañas" –UCA–).

Garrard, V. 1989 "Protestantism in Rural Guatemala, 1872-1954" en *Latin American Research Review* Nº 24(2), pp. 127-142.

Gellert, G. 1988 "Desarrollo de la estructura espacial de la ciudad de Guatemala hasta mediados del siglo XX" en *Seminario Pensemos la ciudad* (Guatemala: Centro de Estudios Urbanos y Regionales de la Universidad de San Carlos de Guatemala e Instituto para el Desarrollo Económico y Social de América Central).

Gooren, H. 1999 *Church, Firm, and Household among Small-scale Entrepreneurs in*

Guatemala City (Amsterdam: Thela Latin American Series).

Guerrero J. B. *et al.* 2005 *De indio a hermano. Pentecostalismo indígena en América Latina* (Iquique: Editorial Campus, Universidad Arturo Prat).

Hallum, A. 2003 "Talking stock and building bridges: feminism, women's movements, and Pentecostalism in Latin America" en *Latin America Research Review* Nº 38, pp. 169-186.

INE 2016a *Encuesta Nacional de Condiciones de Vida –ENCOVI- 2014* (Guatemala: Instituto Nacional de Estadística), tomo I.

INE 2016b *Encuesta Nacional de Empleo e Ingresos –ENEI-2014* (Guatemala: Instituto Nacional de Estadística), tomo I.

Lalive D'Epinay, C. 1968 *El refugio de las masas. Estudio sociológico del protestantismo chileno* (Santiago de Chile: Editorial del Pacífico).

Lande, G. 2015 *The rise of Pentecostal Power. Exploring the Politics of Pentecostal Growth in Nigeria and Guatemala* (Oslo: MF Norwegian School of Theology).

Lemus, L. 2015 *Perfiles y tendencias del cambio religioso en Guatemala* (Guatemala: Instituto de Investigaciones del Hecho Religioso, Universidad Rafael Landívar).

Mendoza, E., S. G. 2005 *Lo urbano y la ciudad: la importancia de su construcción teórica* (Guatemala: Instituto de Investigaciones Históricas, Antropológicas y Arqueológicas, Escuela de Historia, Universidad de San Carlos de Guatemala).

Mendoza, E., S. G. 2009 *Ensayos sobre pensamiento antropológico (Guatemala y Brasil)* (Guatemala: Escuela de Historia, IIHAA, USAC), vol. II.

Pérez Sáinz, J. P. 1990 *Ciudad, subsistencia e informalidad: tres estudios sobre el área metropolitana de Guatemala* (Guatemala: Facultad Latinoamericana de Ciencias Sociales).

Pérez Sáinz, J. P.; Portes, A; Lungo, M. 1992 *Ciudad de Guatemala en la década de los ochenta: crisis y urbanización* (San José: FLACSO).

Pérez, V. 2009 "Mujeres y pentecostalismo: repensando el espacio sagrado, la iglesia" en *Revista Cultura y Religión* Nº 3(1), pp. 129-138.

Pew Forum on Religion and Public Life 2006. *Spirit and Power. A 10-Country Survey of Pentecostals*. Washington: Pew Research Center.

Pew Forum on Religion and Public Life 2014 *Religion in Latin America. Widespread Change in a Historically Catholic Region*. Washington: Pew Research Center

Roberts, B. 1967 "Protestant Groups and Coping with Urban Life in Guatemala City" en *The American Journal of Sociology* Nº 73(6), pp. 753-767.

Samson, C. M. 1999 "Interpretando la identidad religiosa; la cultura maya y la religión evangélica bajo una perspectiva etnográfica" en *Segunda Conferencia Sobre El Pop Wuj* (Quetzaltenango, 30 de mayo al 4 de junio de 1999). En <http://www.espiritualidadmaya.org/articulos-academicos/133-interpretando-la-identidad-religiosa-la-cultura-maya-y-la-religion-evangelica-bajo-una-perspectiva-etnografica>.

SEPAL 2003 *Estado de la iglesia Evangélica en Guatemala* (Guatemala: Proyecto Josué).

Sexton, J. D. 1978 "Protestantism and Modernization in Two Guatemalan Towns" en *American Ethnologist* Nº 5(2), pp. 280-302.

Smith, C. 1988 Reflexiones sobre la estructura espacial de la ciudad de Guatemala. Comentario a la Ponencia de la Licda. Gellert en Seminario *Pensemos la ciudad* (Guatemala: Centro de Estudios Urbanos y Regionales de la Universidad de San Carlos de Guatemala e Instituto para el Desarrollo Económico y Social de América Central).

Tennekes, H. 1985 El *movimiento pentecostal en la sociedad chilena* (Iquique: Subfacultad de Antropología Cultural de la Universidad Libre de Ámsterdam y Centro de Investigación de la Realidad del Norte).

Valladares V., L. R.; A. Morán M. 2006 *El crecimiento de la ciudad de Guatemala, 1944-2005* (Guatemala: Centro de Estudios Urbanos y Regionales de la Universidad de San Carlos de Guatemala). Serie El Proceso de urbanización en Guatemala 1944-2002, volumen IV.

Willems, E. 1967 *Followers of the New Faith: Culture Change and the Rise of Protestantism in Brazil and Chile* (Nashville: Vanderbilt University Press).

CUARTA PARTE

Reconocimiento, cuestión social y políticas públicas

A proteção social e os povos indígenas na Amazônia:

políticas públicas e direitos sociais no espaço de tríplice fronteira (Brasil, Colômbia, Peru); no tempo, a FUNAI.

Adolfo Neves de Oliveira Júnior,
Danielle Moreira Brasileiro,
Heloísa Helena Corrêa da Silva

Introdução

N a região da tríplice fronteira (Brasil, Peru e Colômbia), no município de Atalaia do Norte, no extremo sudoeste da Amazônia brasileira, a aplicação e efetividade dos chamados direitos sociais aos povos indígenas tem se mostrado inadequados e insuficientes às suas competências constitucionais e realidades socioculturais. No *II Seminario: Indígenas en las ciudades de las américas: condiciones de vida, procesos de discriminación e identificación y lucha por la ciudadanía étnica,* busca-se analisar o diálogo entre políticas públicas e direitos sociais, a partir da temática proteção social.

Na trilha de análise perseguida pelos autores percebeu-se que os direitos sociais atrelados à ação indigenista do Estado brasileiro, a Fundação Nacional do Índio (FUNAI) traz o alcance obtido na história do Brasil ao elencar os marcos legais contemporâneos. A Constituição Federal de 1988 reconheceu a capacidade civil dos povos indígenas e avançou na ampliação e garantia dos seus direitos, alinhando-se à Convenção 169, da Organização Internacional do Trabalho (OIT), à Declaração Universal dos Direitos do Homem e do Cidadão, da Organização das Nações Unidas (ONU), instrumentos jurídicos internacionais que referenciam o campo do indigenísmo.

Sabe-se que o motivo da migração indígena está na inexistência de serviços como acesso à saúde e educação, principalmente. Desse modo, o indígena na cidade não é considerado como cidadão à medida que migra para os centros urbanos, mesmo que seja a procura dos serviços que deveriam ser diferenciados, mas que se revelam precários ou inexistentes.

Em face, buscou-se neste trabalho proceder com análise do diálogo entre políticas públicas e direitos sociais, a partir da temática proteção social. Na trilha perseguida pelos autores percebeu-se que os direitos sociais atrelados à ação indigenista do Estado brasileiro, a Fundação Nacional do Índio (FUNAI) traz o alcance obtido na história do Brasil ao elencar os marcos legais contemporâneos.

Os procedimentos metodológicos privilegiaram a abordagem quanti-qualitativa; na análise documental e dos programas sociais em atenção aos povos indígenas da Amazônia, bem como dados censitários do Instituto Brasileiro de Geografia e Estatística (IBGE), que possibilitaram o entendimento acerca do acesso às políticas públicas dos participantes da pesquisa, o levantamento de dados sobre infraestrutura e serviços.

O objetivo deste trabalho é evidenciar as particularidades que envolvem a questão do acesso às políticas públicas e direitas sociais dos indígenas Amazônidas, tomando como referência, o município de Atalaia do Norte no estado do Amazonas, região fronteiriça, como referenciada anteriormente.

As migrações indígenas na atualidade tornam-se quantitativamente maiores, o que demanda estudo e atenção por parte do poder público. O indígena que vive na cidade, enquanto elemento da questão social, entendida como objeto e matéria-prima para a atuação profissional de cientistas sociais, suscita debates em torno da temática e busca pelo conhecimento da realidade indígena em suas peculiaridades socioculturais para todo e qualquer profissional da área das ciências humanas e sociais aplicadas.

A política pública e os direitos indígenas no tempo, a Funai

Numa perspectiva histórica, social e política do Brasil percebe-se que embora os indígenas tenham desempenhado importantes papeis nas relações sociais de cada época, estes, a partir da intervenção do Estado, seja através de ações diretas propriamente ditas, ou mesmo das chamadas políticas indigenistas, viram a diminuição cada vez mais alarmante de seus povos.

A redução populacional dos indígenas atravessou séculos e com ela projetos políticos diversos, cujos quais, adequados aos *modus operandi* do Estado, foi cercada de práticas, por vezes claras, outras veladas, de ações voltadas para as transformações de suas culturas e posse de suas terras. Essas ações ocorriam através de implementação das chamadas políticas integracionistas e ou assimilacionistas.[1]

As ações estatais voltadas para os povos indígenas evidenciam até a década de 1980, as ideias evolucionistas sobre a humanidade e o seu desenvolvimento através de estágios. Fruto da ciência do século XIX no Brasil, esse pensamento/conceito ainda repercutiu nas ações do governo brasileiro no século XX. O caráter etnocêntrico influenciou ainda a visão governamental na criação do Código Civil Brasileiro em 1916 e a Constituição de 1928, cujos marcos legais estabelecem a figura jurídica da tutela, que considera os índios como "relativamente incapazes".

Sem, contudo, mudar a mencionada concepção tutelar frente aos indígenas, em substituição ao Serviço de Proteção ao Índio (SPI), o Estado brasileiro, criou por meio da Lei nº 5.371 de 5/12/1967, a Fundação Nacional do Índio (FUNAI). O então recém-criado órgão indigenista, mesmo reconhecendo a diversidade cultural entre as muitas sociedades indígenas, continuou com o papel de integrá-las, de maneira "harmoniosa",[2] na sociedade nacional, o que nem sempre aconteceu, tal como os estudos recentes sobre o período da ditadura pode evidenciar.

A década de 1980 foi uma forte balizadora no avanço dos direitos sociais indígenas, que com a instauração do regime democrático a pauta dos povos tradicionais ganhou força e mudança de paradigmas. No ano de 1987 o Estado Brasileiro deu início a implementação de uma política diferenciada para os chamados "indígenas isolados", com o objetivo de fazer respeitar seus modos de vida, afastando a obrigatoriedade do contato para a proteção dos povos que viviam sem o contato permanente com dita sociedade nacional.

O período da redemocratização no Brasil e o contexto sociopolítico, vivenciado na América Latina na década de 1980 evidenciou discursos de garantia de direitos e registrou uma grande movimentação da militância indígena, que culminaram na participação do texto constitucional de 88. Com a promulgação da nova Constituição Federal (1988), há a quebra do

---

1   Acreditava-se que os indígenas não faziam parte da sociedade nacional e que estes deveriam ser integrados a este através das frentes de trabalhos. Sobre a atuação do SPI, ver Freire Carlos Augusto de Rocha (2011). *Memória do SPI: textos, imagens e documentos sobre o Serviço de Proteção aos Índios (1910-1967).* Rio de Janeiro: Museu do Índio-FUNAI, 2011.

2   Presidência da República, Lei 5.371 de 5 de dezembro de 1967. Cria a Fundação Nacional do Índio (FUNAI) e Presidência da República, Lei 6001 de 19 de dezembro 1973. Cria o Estatuto do Índio.

paradigma da tutela e a garantia dos direitos indígenas assegurados em artigos específicos (231 e 232).

A execução das políticas públicas, pautadas nos princípios constitucionais, voltadas para os povos indígenas implicaria então uma nova postura do Estado brasileiro, e consequentemente uma nova metodologia de ação do seu órgão indigenista oficial.

Nesse bojo constitucional as ações indigenistas são estendidas às demais instituições governamentais. A Funai então perderia a prerrogativa de ser o único órgão do governo a executar e pensar as ações para os indígenas, tendo como função primordial o monitoramento de tais ações. Através da análise do estatuto deste órgão percebeu-se que grande parte de sua atuação indigenista, contemporaneamente, deva permear em ser a articuladora das políticas públicas voltadas para os indígenas e garantidoras dos seus direitos constitucionais.[3]

Neste contexto percebeu-se que no âmbito deste órgão indigenista, a coordenação que tem menos poder de execução dos serviços é a coordenação dos direitos sociais. Na discussão dos direitos sociais aos povos indígenas, infere-se que o próprio Estado reconhece que deva haver ações para a sua promoção e proteção.[4]

Indicadores sociais apontam que, os indígenas ainda estão entre os segmentos mais vulneráveis da população, considerando-se os indicadores de mortalidade, desnutrição, saúde, escolarização, entre outros. A superação dessas situações constitui um desafio, em parte, as mesmas decorrem da dificuldade de estruturação de políticas diferenciadas e ações a serem prestadas pelos diversos setores do Estado considerando-se frente às idiossincrasias e diversidade sociocultural e espacial destes povos.

O princípio da universalização das políticas e programas no âmbito dos direitos sociais precisa estar combinado a uma diretriz fundamental, a da equidade. Nesta perspectiva a promoção dos direitos sociais pressupõe o reconhecimento da diferença como fator positivo e potencializador e não como fator de "desigualdade social". Desigualdade que persiste e cresce no país. O Relatório do Desenvolvimento Humano (RDH, 2014: 21) aponta que as 85 pessoas mais ricas do mundo, tem a mesma riqueza que os 3.5 milhões mais pobres. A situação se agrava, quando a pobreza persiste e aumenta a desigualdade, como é o caso do Brasil. A desigualdade não só

---

3   Presidência da República. Decreto 7.778 de 27 de julho 2012. Aprova o novo estatuto da Fundação Nacional do Índio.

4   FUNAI, PPA Programa de Proteção e Promoção dos direitos indígenas, 2012-2015.

é injusta, como também afirmam estudiosos, pode afetar o bem-estar e a ameaçar a estabilidade política.

No caso dos indígenas, cada povo indígena assume diferentes maneiras de entender e se organizar diante do mundo, que se manifestam nas suas diferentes formas de organização social, política, econômica. Torna-se, portanto, explicita a necessidade de se ajustar a estrutura do Estado para a abordagem da temática indígena ao contexto social, político e econômico.

Apesar dos princípios inaugurados em 1988 de uma política indigenista que superou os ideários integracionistas até então vigentes e, que prevê o reconhecimento e a garantia da organização social, costumes, línguas, crenças, territorialidade e tradições dos povos indígenas, no âmbito do Estado democrático e pluriétnico de direito, percebe-se que a ações indigenistas atualmente continuam a não interpretar as particularidades territoriais e/ou históricas do contato dos povos indígenas.

Do quadro de análise: marcos legais e conceituais

A abordagem sobre direitos sociais indígenas pautou-se na análise dos postulados da C.F (1988) e nos artigos referentes aos povos tribais da Convenção nº 169 da Organização Internacional do Trabalho (OIT) de 1989, reconhecida pelo Estado Brasileiro em 2004.[5] A partir de ambos os marcos legais é possível dizer que a promoção efetiva dos direitos sociais aos povos indígenas pressupõe a conjugação dos princípios constitucionais, consoantes aos mesmos que definem o Brasil como Estado democrático de direito: a dos direitos sociais, como direitos fundamentais e a da garantia ao reconhecimento das especificidades étnico-culturais e territoriais desses povos.

Os marcos legais fundamentam que as políticas públicas para os indígenas devem ter como diretriz fundamental uma atuação política que respeite o direito de consulta aos povos, garanta a proteção dos direitos e bens indígenas, em todas as suas formas e, deverá ser implementada para fortalecer a autonomia dos índios e de suas comunidades. Através deste princípio norteador que se deve pautar a atuação do Estado brasileiro na efetivação dos direitos sociais indígenas.

---

5   Decreto Nº 143 de abril de 2004. Ratificada a Lei 169 Organização Internacional do Trabalho. Parte I Art. 2º.

Os direitos sociais dos povos indígenas postulado no Programa de Proteção e Promoção dos Povos Indígenas do Governo Federal, constituem-se de diferentes dimensões,[6] a saber: I) na articulação de programas e políticas para o desenvolvimento de ações de segurança alimentar e nutricional dos povos indígenas, garantindo o respeito aos seus sistemas alimentares próprios; compondo-se uma cartografia orgânica que garanta a produção conjunta de condições favoráveis para o etnodesenvolvimento das comunidades indígenas, potencializando-se suas capacidades de gerir suas vidas individuais e coletivas, produzirem os bens para sua sobrevivência (auto sustentabilidade) e se manterem saudáveis; II) em esforços para a erradicação do subregistro civil de nascimento, acesso à documentação básica garantindo o respeito às formas de nominação próprias aos povos indígenas, como condição para o exercício da cidadania; III) na promoção do acesso qualificado e equânime do conjunto dos benefícios sociais e previdenciários, como o BPC (Benefício de Prestação Continuada), PBF (Programa Bolsa família), aposentadorias, entre outros, por meio da articulação interinstitucional e interfederativa.

Destaca-se o acordo de cooperação firmado entre a FUNAI e o Ministério da Previdência Social em 2009 para promoção do acesso dos indígenas à seguridade especial. A partir de então, a inscrição do indígena como segurado especial e as respectivas declarações anuais de atividade poderão ser feitas pelas próprias unidades descentralizadas da Funai, que terão acesso ao sistema do INSS, por meio de senha fornecida a um servidor cadastrado, evitando-se a exposição de indígenas a situações adversas, como preconceito, discriminação e morosidade na obtenção do benefício, além de requerer o deslocamento dos interessados para longe da sua localidade. A FUNAI, então, deve assumir a responsabilidade pela inclusão e pela certificação dos dados no Cadastro Nacional de Informações Sociais (CNIS).

Para tanto, além da estruturação desses serviços nas unidades descentralizadas da Funai, são necessários processos ampliados de formação e capacitação dos gestores e técnicos da Funai acerca do conjunto dos direitos indígenas e das ações e políticas sociais do governo considerando-se o necessário fortalecimento das capacidades da gestão descentralizada; IV) em garantias ao desenvolvimento de políticas de assistência social com foco na qualificação das redes e equipamentos sociais (CRAS, conselhos tutelares e etc.) para o atendimento dos povos indígenas, inclusive criando

---

6   FUNAI. PPA. Programa de Proteção e Promoção dos Povos Indígenas (2012-2015).

mecanismos de acolhimento e escuta para o atendimento a grupos indígenas que se instalam em ambientes urbanos. A garantia da permanência destes mecanismos ativos de escuta e percepção deve ser prescindida do exercício multiprofissional, multidisciplinar, reunindo várias origens, inclusive interculturais; V) na promoção do desenvolvimento de ações de infraestrutura para os povos indígenas, a partir de articulações entre Estado, sociedade civil e organizações indígenas, em processos voltados para autonomia e autodeterminação dos povos indígenas para promover a estes povos o usufruto exclusivo e a proteção de seu território. A FUNAI em articulação com os demais órgãos e entes federados que desenvolvem ações de infraestrutura deverá com participação indígena estabelecer diretrizes, ações e programas específicos para o conjunto dessas ações, com foco na autonomia dos povos indígenas e promoção do desenvolvimento sustentável destes povos. Deverão ser inclusive apoiadas ações de articulação entre técnicos do estado e "construtores indígenas" no desenvolvimento de tecnologias interculturais e na reintrodução de matérias-primas de uso tradicional e seu manejo sustentável para infraestrutura em comunidades indígenas; VI) na formação e informação às comunidades indígenas acerca dos direitos fundamentais e políticas sociais públicas, incluindo a perspectiva de gênero e geracional de modo a contribuir com o exercício do controle social, do fortalecimento de suas organizações sociais, da gestão compartilhada e da qualificação dessas políticas; VII) na participação ativa da Funai no acompanhamento e desenvolvimento de ações conjuntas com o Ministério da Saúde, considerando-se os determinantes diversos do processo saúde-doença dos povos indígenas, promovendo a intersetorialidade e integralidade, especialmente por meio da participação na elaboração, pactuação e avaliação de ações no âmbito dos Planos Distritais de Saúde Indígena.

Tais dimensões implicam num conjunto de esforços interinstitucionais e, dentre estes, faz-se necessário o fortalecimento do papel da FUNAI na sua missão de coordenar, potencializar e articular o conjunto das políticas sociais de governo voltadas para os povos indígenas. Para tanto, além da estruturação de serviços em suas unidades descentralizadas —as Coordenações Regionais, mais o Museu do Índio— são necessários processos ampliados de formação e capacitação dos gestores e técnicos da Funai e de demais instituições acerca do conjunto dos direitos indígenas e das ações e políticas sociais do governo visando o fortalecimento da sua gestão descentralizada.

Tal como asseverado em seu PPA 2016-2019 este processo de qualificação também deve promover a construção de espaços interculturais de diálogo, devendo constar participações em diferentes fóruns governamentais e transnacionais acerca dos direitos sociais e de cidadania aos povos indígenas, fomentando a participação indígena nos mesmos, bem como participar de proposições para adequação e articulação de sistemas nacionais de informação na inserção, estratificação e aperfeiçoamento dos dados referentes aos povos indígenas.

A efetivação das políticas públicas nas comunidades indígenas possui características singulares, tais como: para qual povo, qual região, qual situação de vulnerabilidade social, qual situação de contato com a sociedade não indígena, quais idiomas falam e ou entendem, está residindo ou não em terras demarcadas, dentre outras variantes. Essas questões devem ser premissas, implicando numa análise mais complexa capaz de dialogar com várias áreas do conhecimento científico.

Para empreender a boa execução institucional dos direitos sociais nestas áreas tornar-se *mister* à priori a problematização dos conceitos e referências adotadas, que auxilie no entendimento da complexidade aí posta.

A proteção social e promoção social os povos indígenas na Amazônia

Para Bobbio (1992) o campo semântico dos direitos sociais destaca para que atentemos para a necessidade de existência de uma passagem da teoria à prática, ou seja, do direito pensado ao direito realizado. E, é nessa passagem que a afirmação dos direitos ganha em concentricidade, mas perde em universalidade, pois os direitos são protegidos, mas valem apenas no âmbito do Estado que os reconhece e ou o aplica. A proteção social emerge, enquanto direito social, através do embate entre capital e trabalho, a partir da organização da classe trabalhadora, atingida pelos problemas sociais advindos da desigualdade social construída ao longo do processo da industrialização e da consequente acumulação capitalista. Proteção social constitui-se, então, em medidas que atendam aos indivíduos diante dos problemas sociais e riscos sociais. As políticas públicas brasileiras são construídas em duas frentes: da proteção social e da promoção social. A Proteção social contempla os direitos à saúde, previdência, assistência social e seguro desemprego. A promoção social atende aos direitos à educação, ao trabalho e a renda, à moradia e ao desenvolvimento agrário.

Importa registrar que não se entende proteção social como sinônimo de tutela e nem que a mesma deva sujeitar-se às arbitrariedades, pois, o reconhecimento da proteção social e do direito social como dever do Estado e condição inerente a todos os cidadãos, se deu por meio de muitas lutas e conflitos da classe trabalhadora ou dominada, levando à arena política reclames como a distribuição igualitária de bens e serviços sociais, o combate à pobreza e à desigualdade entre classes, entre outros fatores expressos pela questão social.

A Constituição Federal de 1988 foi conquista das forças populares, após intensas lutas pela redemocratização do País, trouxe uma nova configuração para a proteção social brasileira. Destaca-se da CF/88, a criação do Sistema de Seguridade Social, desdobrado na atenção a saúde, a assistência social e a previdência social.

No diálogo dos direitos sociais atrelados à ação indigenista do Estado brasileiro, a Fundação Nacional do Índio (FUNAI) traz o alcance obtido na história do Brasil ao elencar os marcos legais contemporâneos. A Constituição Federal de 1988 reconheceu a capacidade civil dos povos indígenas e avançou na ampliação e garantia dos seus direitos, alinhando-se à Convenção 169, da Organização Internacional do Trabalho (OIT), à Declaração Universal dos Direitos do Homem e do Cidadão, da Organização das Nações Unidas (ONU), instrumentos jurídicos internacionais que referenciam o campo do indigenismo.

A atualização do principal marco jurídico brasileiro inaugurou uma nova fase do indigenismo estatal e significou o rompimento, no campo do direito, com valores etnocêntricos que contribuíram historicamente para reforçar assimetrias nas relações entre o Estado e os povos indígenas (FUNAI: 2016).

Contudo o próprio Estado, através de seu órgão indigenista oficial, admite que apesar da Constituição Federal de 1988 ter estabelecido um novo paradigma sobre os direitos dos povos originários do Brasil, rompendo com a perspectiva tutelar e integracionista, a concretização dessa ruptura ainda é um processo em curso.

No que se refere à proteção e à promoção dos direitos sociais dos povos indígenas, destaca o órgão indigenista:

a reestruturação da Funai, efetivada por meio do Decreto 7.056, de 28 de dezembro de 2009, representou o alinhamento da política indigenista estatal aos marcos jurídicos nacionais e internacionais que atuam na defesa, garantia e proteção dos direitos desses povos, sinalizando a disposição governamental em fortalecer o processo de superação dos projetos políticos anteriores que estavam amparados em práticas assistencialistas e tutelares, caracterizadas por relações patrimonialistas e clientelistas, de troca de favor, que contribuíram para agravar preconceitos, diferenças e desigualdades na relação dos povos indígenas com o Estado e a sociedade brasileira. (FUNAI, 2016)

Ainda segundo a FUNAI (2016) sua atuação institucional deve se pautar pelo "entendimento de que as políticas sociais devem prever ações indigenistas que assegurem em seus serviços o respeito e a promoção das especificidades socioculturais e territoriais dos povos indígenas, bem como o controle social e o protagonismo indígena". Nesta afirmação a FUNAI (2016) chama a atenção para que a atuação indígena seja "capaz de intervir nos espaços institucionais de diálogo entre os diversos atores do campo do indigenísmo e nos processos de formulação das políticas públicas".

A partir da promulgação da Constituição de 1988 as ações de execuções dos direitos sociais dos Povos Indígenas não são de competência exclusiva da FUNAI, cabendo a esta mais o âmbito da qualificação, implantação e/ ou acompanhamento no que se referem a especificidade indigenista de Estado na proteção destes direitos a serem aplicados aos povos indígenas.

Contemporaneamente, as ações no campo dos direitos sociais são realizadas pelo Estado brasileiro através de múltiplos órgãos. A saber: Política de transferência de renda, com o Ministério do Desenvolvimento Social e Combate à Fome (MDS), notadamente o Programa Bolsa Família; As ações de saúde executadas pelo Ministério da Saúde (MS) através da Secretaria Especial de Saúde Indígena; A política previdenciária, através do Instituto Nacional do Seguro Social (INSS); Política de documentação civil básica, com a Secretaria Especial de Direitos Humanos da Presidência da República (SDH/PR). A Política de acesso à energia elétrica, com o Ministério de Minas e Energia (MME); A distribuição emergencial de alimentos aos povos indígenas em situação de insegurança alimentar e nutricional, com o Ministério do Desenvolvimento Social e Combate à Fome e a Companhia Nacional de Abastecimento (CONAB/MAPA) e com a Secretaria Especial de Saúde Indígena (SESAI); A Realização de obras de moradia e infraestrutura comunitária, com o Ministério das Cidades.

Pela Funai a atuação de sua política é norteada pela categorização de povos indígenas frente à sua situação de contato com a chamada sociedade nacional, sendo três as categorias: a) indígenas contatados, b) indígenas de recém contato e c) indígenas em isolamento voluntários. Na exposição sobre os direitos sociais indígenas há um destaque posto pela FUNAI (2016) quanto as ações promovidas e/ou acompanhadas pelo órgão dirigirem-se aos povos indígenas em contato com a sociedade nacional. E que é diretriz do órgão a garantia e qualificação da acessibilidade dos povos indígenas às políticas sociais mediante a realização de consultas prévias, livres e informadas, cabendo-lhes a decisão de participar ou não de qualquer política.

Para uma melhor análise fática do alcance dos direitos sociais indígenas aporta-se o postulado no principal marco legal brasileiro, a Carta Magna de 1988. Os direitos sociais estão dispostos, no Título II (Dos Direitos e Garantias Fundamentais), e no Título VIII (Da Ordem social). Estabelece em seu Art. 6º, como direitos sociais: a educação, a saúde, a alimentação, o trabalho, a moradia, o lazer, a segurança, a previdência social, a proteção à maternidade e à infância, a assistência aos desamparados. Segundo impetrado no documento constitucional (1988), direitos Sociais refletem a preocupação do Constituinte com a integridade física do homem, e estão relacionados aos princípios de dignidade da pessoa humana, solidariedade e igualdade, que visam atingir a justiça social.

Segundo Silva (1991) a doutrina postula que os direitos sociais consistem numa prestação positiva de natureza material ou fática em benefício do indivíduo, para garantir-lhe o mínimo existencial, responsável pelos postulados da justiça social. Exigem permanente ação do Estado na realização dos programas sociais. Portanto, continua o autor, a garantia desses direitos de se dar exclusivamente por meio de leis que proíbem do estado certos procedimento lesivos ao ser humano.

Destaca Silva (1991) que leis são imprescindível, regulamentos e medidas públicas de promoção e fortalecimento desses direitos, pois os direitos sociais somente poderão ser realizados por meio das políticas públicas, que fixam de maneira planejada, diretrizes e atitudes da ação do Poder Público perante da sociedade.

Num estado democrático de direito regulado por uma economia neoliberal operada pelos gestores governamentais artífices do mercado capitalista o *bem-estar social* é evidenciado como uma benesse ou mesmo algo inatingível. Quando a análise dessa realidade é estendia aos povos indígenas o efeito é ainda mais danoso, porque não afeta o indivíduo tão somente, afeta toda uma sociedade clânica.

Resgata-se na literatura consultada que a importância de se trabalhar o marco legal da proteção social possibilita identificar a fragilidade das precondições para os protagonistas deste artigo, alcançarem a satisfação de necessidades básicas objetivas e universais, que devem ser satisfeitas para todos os cidadãos; a saber: a *saúde física* e *autonomia,* através das quais são precondições para alcançarem objetivos universais de participação social, libertação humana.

A compreensão sobre saúde física que é básica em nível universal ainda se constitui numa quimera para os indígenas de Atalaia do Norte, pois sem a provisão devida para satisfazê-la os indígenas são impedidos inclusive de viver e o suicídio é a "saída por cima" para os indígenas que não conseguem acesso à proteção social estatal, posto que a satisfação das necessidades básicas precondição para a atuação ativa e crítica em diversas sociedades, o que não é diferente para os povos indígenas de Atalaia do Norte.

De igual importância é a *autonomia,* entendida como a capacidade do indígena eleger objetivos e crenças, a partir de sua cultura, de valorá-los e de colocá-los em prática sem opressões. Destarte, diante da conjuntura atual, que tem minimizado os direitos sociais e a ação dos sujeitos, em particular, dos indígenas como portadores de direitos, em contraponto com a utilização das necessidades básicas, que não permite, a partir de sua nomenclatura, que seja identificada como focalista, seletiva, mas que a sua satisfação visualize o direito social universal e objetivo; a provisão através de programas sociais apresenta-se incoerente, pois pressupõe uma provisão isolada da proteção social.

Na defesa dos direitos, amplia-se a cidadania aos indígenas, motivando assim a emancipação do ser humano, através destes direitos. Infere que se não houvesse necessidades percebidas e socialmente compartilhadas, não existiriam políticas, direitos, normas protetoras, trabalho e tantas outras respostas resultantes da *práxis* humana, por meio da qual tanto a natureza quanto a sociedade e os indivíduos, no caso, os indígenas, são transformados.

Reconhecer, portanto, a existência de necessidades básicas como necessidades sociais, com valores, finalidades e sujeitos definidos, tem sido um grande passo para a construção da cidadania, envolvendo os indígenas que vivem na cidade e equivale reconhecer a existência de uma força desencadeadora de conquistas sociais e políticas.

Numa análise histórico-política da aplicação da ação governamental brasileira, os povos indígenas sempre foram tratados como inferiores, se não individualmente, socialmente. Não é incoerente dizer que praticamente, para ser livre e autônomo, um povo indígena tinha que viver fora, ou na melhor das hipóteses, à margem do sistema colonial. Não obstante, essa discussão infelizmente tem uma abrangência histórica até os dias atuais, principalmente quando a discussão pauta-se no alcance das políticas públicas voltadas aos povos indígenas na Amazônia. Segundo dados do IBGE (2010) na Amazônia se concentra a grande maioria dos povos indígenas brasileiros. Destas unidades da federação, é no estado do Amazonas que encontram o maior número de povos indígenas, totalizando 183.514 pessoas, das quais 129.529 residem em Terras Indígenas (T.I), áreas teoricamente protegidas pelo estado.

E, em que pese termos dispositivos legais que regulam as políticas públicas voltadas para os povos indígenas, as práticas governamentais de proteção social aos povos tradicionais das florestas, lamentavelmente destoam das normativas legais e supralegais pactuadas nacional e internacionalmente.

...a afirmação dos direitos do homem não é mais expressão de uma nobre exigência, mas o ponto de partida para a instituição de um autêntico sistema de direitos no sentido restrito da palavra. Isto é enquanto direitos positivos ou efetivos. (Bobbio, 1992: 29)

A referência de acessibilidade por parte do Estado brasileiro precisa adequar-se à abrangência de vivência de seus cidadãos indígenas. Há de se destacar que o povo brasileiro compreende dentre outros povos étnicos de 230 povos indígenas diferentes, e as políticas públicas e programas do governo precisam dialogar com as populações indígenas e suas especificidades. Na região da tríplice fronteira (Brasil, Peru e Colômbia), no município de Atalaia do Norte, no extremo sudoeste da Amazônia brasileira, a aplicação e efetividade dos chamados direitos sociais aos povos indígenas tem se mostrado inadequados e insuficientes às suas competências constitucionais e realidades socioculturais.

Os Amazônidas vivem intrinsecamente um contexto cultural e geográfico muito peculiar, onde ainda pode-se dizer que a natureza dita e regula o fazer e o desfazer diário dos homens e mulheres destes confins da Amazônia. A gestão governamental das políticas públicas parece desconhecer tais realidades quando não propiciam no seu espaço de sua vivência diária o acesso aos serviços de políticas públicas sociais e programas do governo. A grande maioria dos moradores das aldeias, só tem tido acesso aos direitos sociais e programas do governo como um todo, quando se deslocam até às cidades.

A aplicação do programa de distribuição de renda do governo federal, o Bolsa Família, por exemplo, tem implicado às famílias indígenas Amazônidas uma intensa mobilidade sem estrutura adequada e com grandes gastos financeiros e socioculturais aos povos das florestas. Esse trânsito (aldeia-cidade-aldeia) na busca destes direitos sociais, tal como estão hoje em suas condicionalidades vigentes, de obrigatoriedade do saque de até três meses, tem gerado situações preocupantes em alguns povos da região Amazônica de vulnerabilidades e de desestrutura sócio culturais, tais como falta tempo para o plantio de suas roças. O tempo do translado pode chegar até um mês considerando sua ida e retorno do saque

A Amazônia brasileira se faz representar nos mais altos Fóruns e Encontro Internacionais, tais como: Fórum Pan Amazônico, Parlamento Pan Amazônico, OTCA entre outros, faz acordos e tratativas para adoção de práticas comuns de comércio e de direitos adequados à realidade amazônica. No entanto, o Brasil não tem procedido com a análise de que suas políticas públicas estão ameaçadas por suas próprias práticas governamentais.

O Estado brasileiro tem mostrado um conjunto de ações que sistematicamente tem ido de encontro aos acordos pactuados e normativos legais e supralegais. O enfraquecimento institucional que enfrenta o próprio órgão governamental de Estado, a FUNAI, em sua atuação indigenista, significativos cortes orçamentários e protelação das pautas de reconhecimento e demarcação das terras indígenas têm mostrado que o Estado tem se norteado a atender não a estes concidadãos e sim aos produtores e reprodutores do mercado.

Compreender e empreender políticas públicas para os povos indígenas na Amazônia é antes de tudo considerá-los capazes em seus sistemas socioculturais próprios. A discriminação e desigualdade social são fortemente caracterizadas pela ausência da efetividade das políticas públicas e pela ausência da própria ação qualificada do Estado. Hasenbalg afirma que "o alto grau de desigualdade social evidencia um traço persistente da sociedade capitalista, assim como a desigualdade de oportunidade" (2005: 112).

As comunidades indígenas em suas especificidades culturais e espaciais devem ser compreendidas pelo Estado como uma tipicidade a ser incorporada em suas políticas públicas tal como está acordado nos dispositivos nacionais e internacionais. Nesta perspectiva torna-se essencial a problematização de tal realidade e o trabalho conjunto entre representantes das instituições que trabalham com os povos indígenas e, sobretudo com os próprios indígenas, a fim de que possam viabilizar a implementação de políticas públicas que de fato propiciem uma verdadeira proteção social dos povos originários, assegurando-lhes tal como posto nos preceitos constitucionais de 1988 uma vida digna e autônoma. A questão indígena na Amazônia não deveria estar distante de nossas inquietações científicas, pois é tão nossa e tão presente, é parte de nossa história. Com a Constituição de 1988 o paradigma da integração dos indígenas à sociedade nacional imposto desde o projeto colonial mudou, no que se refere à relação entre Estado, comunidades indígenas e sociedade nacional, com isso, a diversidade cultural foi reconhecida na própria Constituição Federal bem como a saúde diferenciada regulamentada pelo Subsistema de Saúde Indígena. Não obstante, muito ainda tem que se avançar para que o disposto nas leis e no texto constitucional se transforme em realidade no cotidiano dos indígenas, estejam eles em suas comunidades de origem ou residindo nas cidades.

Conclusão

É nesse emaranhado de leis, convenções e resoluções que se resgata do antropólogo Darcy Ribeiro (1977) a afirmação de que a relação do indígena com o Estado brasileiro não pode ser compreendida fora dos quadros da sociedade brasileira, mesmo porque a relação citada só existe onde e quando índio e não–índio entram em contato. É, pois um problema de interação entre etnias tribais e a sociedade nacional.

Citando Darcy Ribeiro conclui-se a análise aqui apresentada a partir de pesquisa empírica e vivência dos autores, visando contribuir para a obtenção de conhecimento sobre a realidade ainda escassa em nível de produção científica no município de Atalaia do Norte/AM e se expõe no *II Seminario Internacional: Indígenas en las ciudades de las américas: condiciones de vida, procesos de discriminación e identificación y lucha por la ciudadanía étnica*, que trata de discussões mais profundas sobre a realidade dos indígenas urbanos nas cidades das Américas contribui significativamente para o trato do que se considera a expressão social mais relevantes da América Latina e Ineliminável na Amazônia, que é a questão indígena; requerendo que se encontrem mecanismos de conhecimento da realidade indígena respeitando suas especificidades socioculturais e para isso preocupou-se o artigo em refletir sobre as políticas públicas brasileiras e direitos sociais a partir do marco legal da proteção social.

Ressalta-se a importância da pesquisa para o conhecimento de micros realidades, que suscita demandas a serem atendidas com o fim último de viabilizar direitos e de contribuir para que os sujeitos portadores de direitos, no caso, os indígenas de Atalaia do Norte/AM, também sejam sujeitos de sua própria história.

Referências bibliográficas

Bobbio, N. 1992 *A Era dos Direitos* (Rio de Janeiro: Editora Campus).

Brasil, C. F. 1988 (Brasília: Senado Federal).

Cadernos de Estudos 2008 Desenvolvimento social em debate. Povos Indígenas: um Registro das Ações de Desenvolvimento Social (Brasília) Nº 10.

Corrêa da Silva, H. H. 2015 "Proteção Social Transnacional na Tríplice Fronteira Pan-Amazônica: Letícia (Colômbia) Brasil (Tabatinga) Santa Rosa – (Peru)" (São Paulo: Programa de Estudos Pós Graduados da Pontifica Universidade Católica de São Paulo - PUC-SP) Relatório de Pesquisa Pós Doutorado.

Corrêa da Silva, H. H.; Lima, K. M. S. 2009 "Controle Social & Saúde Indígena: um estudo dos Conselhos de Saúde do Distrito Sanitário Indígena de Manaus" em Scherer, E. F. (org.) *A questão Social Amazônica* (Manaus: Edua/Valer).

FUNAI 2016 Programa de Proteção e Promoção dos Direitos dos Povos Indígenas PPA 2012-2015. Site <http://www.funai.gov.br/index.php/nossas-acoes/direitos-sociais>.

Hasenbalg, C. 2005 *Discriminação e Desigualdade no Brasil* (Rio de Janeiro: IUPERJ), pp. 96-194.

IBGE 2010 Censo demográfico em <www.censo2010.ibge.gov.br>.

Paes-Sousa, R.; Vaitsman, J. (org.) 2007 "Síntese das Pesquisas de Avaliação de Programas Sociais do MDS" em Revista Nº 5 (Brasília).

Ribeiro, D. 1962 *A política indigenista brasileira* (Rio de Janeiro: Edições Serviço de Informação Agrícola, Ministério da Agricultura).

Silva, J. A. da 1991 *Curso de Direito Constitucional Positivo* (São Paulo: Ed. Revista dos Tribunais).

Souza Lima, A. C. de 1987 "Sobre indigenismo, autoritarismo e nacionalidade: considerações sobre a constituição do discurso e da prática da proteção fraternal no Brasil" em *Um Grande Cerco de Paz: poder tutelar, indianidade e formação do Estado no Brasil* (Petrópolis: Vozes).

Sposati, A. 1998 "A exclusão abaixo da linha do Equador" em <www.dpi.inpe.br/geopro/exclusao/exclusao.pdf>.

Zárate, C. G. B. 2012 (org.) *Espacios urbanos y sociedades transfronterizas en la amazonia* (Colombia: Universidade Nacional da Colombia – UNAL).

Diálogos entre pueblos indígenas y Estado.
El caso del pueblo Kitu Kara del Distrito Metropolitano de Quito en Ecuador

Freddy Simbaña Pillajo[1]

Introducción

El documento describe el proceso e incidencia de los pueblos y nacionalidades en las políticas públicas estatales desde las organizaciones y los movimientos indígenas en Ecuador, a luz del impacto del levantamiento indígena ocurrido a finales del siglo XX.

El trabajo etnográfico fue desarrollado entre los años 2015 y 2017, en las comunas y comunidades indígenas urbanas en la ciudad de Quito, evidenciando la situación y problemáticas de competencias administrativas, y la incongruencia de la gobernabilidad del gobierno local con los gobiernos comunitarios y las luchas referentes a tierras y territorios comunales en la ciudad.

Fruto de los diálogos entre el pueblo indígena Kitu Kara lograron diseñar un documento base de lineamientos de políticas públicas para visibilizar la presencia del pueblo Kitu Kara en el marco de la construcción del Distrito Metropolitano de Quito (DMQ), como una ciudad incluyente, plurinacional e intercultural.

Antecedentes

En América Latina, desde los años ochenta del siglo XX, los sectores indígenas, reclamaron status y derechos como pueblos, "entraron a disputar en la arena pública el encuadre y tratamiento de la cuestión étnica

---

1   Docente e investigador en la Universidad Politécnica Salesiana (Ecuador). Correo electrónico: <fsimbana@ups.edu.ec>. Delegado de la comuna Chilibulo Marcopamba La Raya al pueblo Kitu Kara para la representación en la mesa de diálogo de cultura, identidad y medios de vida frente al Municipio de Quito, años 2015 y 2016.

frente a los estados. Más aún, directa o indirectamente, pusieron en cuestión los proyectos nacionales imaginados por las élites que construyeron los estados en el siglo XIX" (Dávalos, 2005: 67).

A escala de países y sus regímenes jurídicos, se verificaron reformas constitucionales, legislativas, y reconocimientos que positivaron algunos derechos indígenas y, de paso, hicieron colapsar las instituciones, programas, discursos y políticas indigenistas, que fueron característicos de la época del *nacional-populismo* (1940-1980). Se estrenaron nuevos status de los indígenas, en una amplia gama de regímenes legales y nuevos modos de relación institucional entre estados y pueblos indígenas (Gonzáles 1999), por cierto con mucho de retórica y variable eficacia.

El ciclo que simbólicamente demarcaron los años 1990 y 2003 fue fundante de las contiendas indígenas del siglo XXI en América Latina, en tanto se constituyeron los movimientos indígenas en actores políticos nacionales y transnacionales que decantó una agenda y programas de derechos de los pueblos indígenas.

Los años 1990 y 2003 fueron tiempos simbólicos de visibilidad continental: el levantamiento indígena de 1990 en Ecuador motivó una oleada para movimientos indígenas latinoamericanos que ganó impulso con la campaña continental de los quinientos años de resistencia indígena.

Los movimientos indígenas en América Latina otorgaron una nueva dimensión a la participación y lucha social, al tiempo que incorporaron temas nuevos en la agenda política, abriendo el campo de posibles sociales a la dialéctica de la emancipación entre las lógicas de la identidad y las de la redistribución. Producto de ellos serán las movilizaciones en contra de la reforma estructural, pero también por la autonomía y el respeto a sus derechos (Polanco & Sánchez, 2002; Dávalos, 2005: 18).

La incursión de los indígenas como actores políticos en los países latinoamericanos fue uno de los fenómenos más notables ocurridos a fines del siglo XX en el continente y sin duda tuvo impactos de larga duración.

Lo indígena y lo urbano

Los movimientos indígenas protagonizaron visibilidad en las relaciones entre la ciudad y el mundo indígena en los países andinos, llevando a precisar de que esta temática de "ciudad" no es algo nuevo sino que es antigua ya que no ha sido ajena ni a los indígenas de las zonas altas (Amodio, 1996), tampoco a los indígenas amazónicos (Alexiades & Peluso, 2015) ni al pasado ni a la actualidad.

Discursivamente, "lo indígena" y "lo urbano" se presentan como realidades incompatibles desde una doble perspectiva que los naturaliza o muestra como mera reminiscencia del pasado, produciéndose un doble alejamiento: 1) espacial, al representarlos como parte indisociable de un mundo no urbano; y 2) temporal, al reivindicar la imagen de un indígena anclado a un tiempo mítico (Albertani, 1999; Batalla, 1990).

Hablar de modo genérico de "lo indígena" y de "la ciudad" puede contribuir a darnos una visión de conjunto sobre la situación de algunas minorías étnicas en relación a otras categorías racializadas (blancos, negros, mestizos, cholos, afros y más) (Valcuende del Río, Vásquez Andrade & Hurtado Landy, 2016), también puede desvirtuar nuestra mirada si no tenemos en cuenta la diversidad de una denominación que se conforma como categoría de dominación para homogeneizar lo diverso, a partir de posiciones estructurales de desigualdad (Batalla, 1977).

La situación estructural de desigualdad de los pueblos indígenas hace que encontremos elementos recurrentes en su inserción en la ciudad, también los grupos indígenas no se enfrentan de la misma forma a la realidad urbana, e incluso dentro de cada grupo étnico hay estrategias plurales en relación a la ocupación del espacio y a la resignificación de unos cuerpos, que permiten transitar desde la reafirmación de lo indígena a su negación.

En Ecuador, la procedencia de los indígenas en la ciudad de Quito, hace que la población indígena se clasifique —aunque probablemente se deba decir también: se los clasifique en indígenas originarios y migrantes— en originarios en el sentido de que su ascendencia estaba en los territorios que hoy ocupa la ciudad desde antes de la fundación española e incluso de la presencia Inca, como es el caso del Pueblo Kitu Kara[2] (Trujillo, 2000; Gómez, 2008; SIISE, 2008) y migrante, entendida como población indígena llegada de otros lugares geográficos del país —generalmente en los últimos años— como Imbabura, Cotopaxi, Chimborazo, Napo, Pastaza, etc. (Rodríguez, 1988; Mauro,1986; León, 2003).

La Comuna

La noción de "Comuna" surgió eminentemente de las luchas de los movimientos proletarios internacionales, concretamente desde el movi-

---

2   La forma de escritura de los Quitu-Cara y el Pueblo Kitu Kara responde a que el primer nombre se utilizó en la colonia para identificar a las poblaciones originarias mientras que el segundo identifica al pueblo Kitu Kara actual que usa la lengua kichwa unificada como sistema de escritura, sin embargo, es posible encontrar trabajos que usan las dos formas de escritura para referirse al mismo pueblo.

miento obrero francés en mayo de 1871, con la cual se denominó como "La Comuna de París".[3]

Desde estos acontecimientos, se han conformado varias nociones y conceptualizaciones para denominar a la Comuna como una forma de organización social y económica que se basa en sistemas de propiedad colectiva gobernadas y administradas asociativamente.

El término de "Comuna lo reconocemos en varios países del mundo e indudablemente con concepciones distintas y en diferentes ámbitos de la sociedad. En América Latina, la "Comuna" es una expresión usada para referirse a una unidad administrativa en la cual se subdivide el área urbana de una ciudad media o principal, que agrupa barrios y poblaciones. También, es la división administrativa menor y básica territorial que pertenece a una municipalidad.

Comunas en el territorio ecuatoriano

El régimen administrativo "Comuna" se definió en 1937, tiene fundamento en la necesidad del control poblacional a partir de la administración territorial, algo que venía sucediendo desde la época colonial (IICA, 1978):

> La política estatal ha ignorado permanentemente la existencia de estos sectores y cuando les han brindado algún tipo de atención lo ha hecho desde una perspectiva unilateral: adoquinamiento de vías, alcantarillado, pero sin tomar en cuenta el problema de la tierra, del ecosistema y, menos aún, el respeto a su diversidad cultural. (Kingman, 1992: 56)

Aunque son incontables los conflictos que surgieron entre comunas y haciendas, comunas contra municipalidades, de ninguna manera se dieron condiciones que hicieran históricamente viable un proceso de disolución o fin de la institución comunal, como sucede en la actualidad, con la disertación de la modernidad, y el crecimiento de la ciudad y el espacio urbano.

Con estos antecedentes para el Ecuador, la "Comuna" es un centro poblado que no tiene la categoría de parroquia o barrio, siendo una orga-

---

3   La comuna de París de 1871: <https://jjmlsm.wordpress.com/2017/03/23/la-comuna-de-paris-de-1871/>, marzo de 2017. Entre estas circunstancias merece destacarse el grado de madurez política de la clase obrera en País, la situación política general, el desarrollo de las ideológicas socialistas (colectivismo, sindicalismo, mutualismo proudhoniano, etc.) A lado de todos estos factores, la situación económica influye decisivamente en el desarrollo de los acontecimientos que, en el terreno político, ideológico y económico, precedieron a la proclamación de la Comuna (Gallego, 1973: 495).

nización de derecho amparado desde el estado ecuatoriano con la Ley de Organización y Régimen de las Comunas.

Caracterización de la comuna indígena

Es una forma de organización social y económica, cuenta con sus propias autoridades comunales, como: Presidente/a; Vice-presidente/a; Tesorero/a; Secretario/a; Síndico/a.

Tienen límites territoriales, construyen y mantienen sus propias normas y reglamentos internos a través de la asamblea comunitaria, algunas comunas aún mantienen prácticas de pastoreo y mantienen actividades agrícolas artesanales ecológicas. Realizan actividades comunitarias como la "minga"[4] y son denominados como guardianes de la conservación de saberes y conocimientos milenarios de los pueblos y nacionalidades del Ecuador.

Una comuna es aquella que concentra un legado cultural, ocupa un lugar en todo país; se identifica respecto del resto de la población porque habla un idioma distinto a la lengua oficial; y que además tiene usos y costumbres distintas; y cuya organización política, social, cultural y económica se diferencia de los otros sectores sociales, porque se sostiene en sus costumbres. (Velázquez, 2007)

A pesar de ello, muchas de las comunas son marginadas, olvidadas y despojadas de sus propios territorios, debido al fenómeno de la expansión urbana acelerada.

Una comunidad puede coexistir dentro de una "comuna" como también dentro del espacio urbano de la ciudad, las comunidades indígenas urbanas funcionan como redes, no como un espacio físico; la cual se constituyen en una definición de comunidad mucho más abstracta y dinámica que una emplazada en un lugar específico o fijo.

Al interior de la comuna existen comunidades con amplia comunicación o contactos que mantienen ciertos grupos de personas, formando redes de relacionamientos y parentesco entre sus propios grupos étnicos o de varias nacionalidades indígenas o sectores campesinos, amigos y familiares.

---

4   Actividades de origen andino comunitario con la finalidad de unir las fuerzas entre amigos, vecinos y comuneros realizando el trabajo en común para el beneficio colectivo.

Mapa 1. Comunas en el Distrito Metropolitano de Quito

Fuente: Comunas en Quito. Municipio de Distrito Metropolitano de Quito. (2018)

En lo que hoy conocemos como Distrito Metropolitano de Quito, bajo la jurisdicción y circunscripción de las parroquias rurales y urbanas existen aproximadamente, 73 comunas registradas, de las cuales 21 pueden ser categorizadas como ancestrales y 52 se habrían formado a partir de la promulgación de la ley de comunas de 1937 (Andrade, 2009: 24)

Para L. Martínez (1998), se puede hablar de tres momentos constitutivos de las comunas:

- La primera estaría influenciada por la promulgación de la Ley de Comunas de 1937, que va desde inicios del siglo XX hasta 1964.

DIÁLOGOS ENTRE PUEBLOS INDÍGENAS Y ESTADO

- Un segundo período de 1965 hasta 1974 motivados por las reformas agrarias; y, un tercero período, desde 1975 hasta 1991 en el marco de los proyectos de desarrollo rural y la cooperación al desarrollo (Martínez, 1998).

Además, integramos otros dos momentos históricos:

primero, uno que va desde 1994 al 2006, influenciado por el neoliberalismo y la presión de los capitales hacia las tierras comunales; y segundo, el contemporáneo, catalogado de "incertidumbre", el cual va desde la entrada en vigencia de la Constitución de 2008 hasta el 2016, período de tiempo donde se reconocen los derechos colectivos y se declara al Ecuador país plurinacional e intercultural; además de la promulgación y debate de una serie de leyes y códigos que afectan el ámbito rural, urbano, agrario, industrial e inmobiliario y el ordenamiento territorial. (Gobierno Autónomo Descentralizado de la Provincia de Pichincha, 2017: 36)

El art. 10 de la Constitución ecuatoriana, señala que "las personas, comunidades, pueblos, nacionalidades y colectivos son titulares y gozarán de los derechos garantizados en la Constitución y en los instrumentos internacionales".

La noción de "Comuna" que consta en el texto constitucional al igual que la de "gobierno comunitario" mantiene una estructura vertical, mientras que el ejercicio de la autoridad comunitaria es horizontal. Las decisiones no son tomadas o adoptadas por el Cabildo o Consejo de Gobierno sino por la Asamblea, como máxima autoridad.

Desde una interpretación intercultural y en el marco de un Estado Plurinacional como establece el art. 1 de la Constitución, las facultades que ejerce un Gobierno Comunitario son de orden administrativo-ejecutivo, legislativo y jurisdiccional. Por tanto, el Estado y sus instituciones tienen la obligación de aplicar de forma directa e inmediata, los principios y derechos establecidos en la carta constitucional e instrumentos de derecho internacional.

Ahora bien, la propuesta por los comuneros y comuneras sobre el territorio, convoca a una mirada holística de su régimen comunitario, donde la propiedad es una parte de las características y no exclusiva de esta, es decir, el territorio comunal no se define por la propiedad sobre la tierra y el suelo, este es apenas un factor más, sino por la diferencia de formas y expresiones que tienen las comunas indígenas, que van desde sus prácticas organizativas hasta la memoria histórica.

Realidad de los pueblos y nacionalidad en el contexto actual

En el Ecuador existen 14 nacionalidades, 14 lenguas y 18 pueblos, cada una de estas culturas con sus territorios, sus recursos, su filosofía, su idioma, sus formas concretas de responder eficazmente a los desafíos de la vida (CENSO, 2010).[5] Cada pueblo ha tenido y tiene una manera distinta de entender la vida, el mundo, sus problemas y soluciones de manera diferente y en esa diferencia han desarrollado filosofías y espiritualidades, esto hace que la variable étnica sea un elemento a tomar en cuenta en la vida y planificación de las ciudades.

Estas representaciones históricas nos permiten mostrar a la ciudad como una construcción social e histórica en relación permanente con el medio geográfico que la rodea, como el Distrito Metropolitano de Quito con toda su diversidad social, que incluye a las actuales Comunas, Comunidades, Pueblos y Nacionalidades como se establece en la Constitución de la República del Ecuador en el art. 1 que declara al Ecuador como Estado Intercultural y Plurinacional.

Desafortunadamente, en los límites políticos administrativos provinciales, cantonales, parroquiales y barriales no se consideraron los territorios comunales que se encuentran en posesión ancestral. Erróneamente se piensa que las comunas y comunidades recién aparecieron a partir de la Ley de Comunas del año 1937 y tras la Reforma Agraria de 1964.

La presencia de las Comunas y comunidades presentes en el DMQ es ante todo una reafirmación política y se representa a través de la estructura del pueblo Kitu Kara de la nacionalidad Kichwa. Sin embargo, por diversos factores históricos de hegemonía de poder fueron despojados y desplazados de sus territorios geográficos originarios y con ello sus lenguas, saberes, conocimientos, historia y cultura.

El pueblo Kitu Kara en el Distrito Metropolitano de Quito, ha estado bajo la vulnerabilidad social y segregado en los espacios urbanos. La exclusión no es solo un problema económico, sino que implica el quiebre de una red de relaciones, de pertenencias, de inscripciones y recursos socio-afectivos. El proceso de vulnerabilidad social puede estar signado entre otras cuestiones por una actitud discriminatoria.

Esta condición de despojo y desplazamiento se mantiene hasta la actualidad, ha sido una condición permanente del estado ecuatoriano que

---

5   También revisar "Pueblos y lenguas indígenas de la Amazonía ecuatoriana", Marleen Haboud, PUCE - USFQ. <http://www.puce.edu.ec/oralidadmodernidad/amazonia.php>.

ha fragmentado los territorios indígenas: Primero estableciendo como territorios baldíos, luego, clasificándolos como rurales, para finalmente, a medida que la expansión urbana avanza transformarlo en un nuevo tipo de suelo privado, junto a marcos legales que permiten la expropiación de los territorios originarios donde se encuentran recursos naturales necesarios para el "desarrollo" del país.

El pueblo Kitu Kara en Quito

Está formado por los milenarios Quitus, (1500 a. C. - 500 a. C.). En el siglo XIV, alrededor del año 1317 D.C., en la época de integración, los Quitu se fusionan con los Cara, constituyendo la Confederación Quitu Cara (Tasiguano, 2011). "Se encuentran en la provincia de Pichincha, en el cantón Quito, en las zonas de Nono, Pifo, Pintag, Tumbaco, entre otras. Además, en los cantones Mejía y Rumiñahui" (Nacionalidades y Grupos Étnicos del Ecuador, 2013).

Para R. Gómez, el pueblo Kitu Kara luego de ser absorbido por el espacio urbano del Distrito Metropolitano de Quito está integrado por aproximadamente 80.000[6] habitantes organizados en alrededor de 64 comunidades de la Sierra Norte. (SIISE, Versión 4.0; Gómez, 2008: 109) Sin embargo, las estadísticas manejadas por el Sistema Integrado de Indicadores Sociales del Ecuador (SIISE) basadas en el VII Censo de Población y VI de Vivienda (2010) del Instituto Nacional de Estadísticas y Censos (INEC), presenta a penas a 2.155 personas que se reconocen como Kitu Kara en el área rural de Pichincha; y a 244 personas en el área urbana arrojando un total de 2.399 habitantes del pueblo Kitu Kara. Probablemente los 80.000 habitantes que ubica Gómez se encuentren entre las 70.002 y 74.986 personas que ignoran su identidad indígena en el área rural y urbana, respectivamente (Página web, SIDEMPE - SIISE, s/f; Castillo, 2013).

A partir de la declaración del Estado como multicultural y pluricultural, en el marco constitucional de 1998 (Constitución Política de la República del Ecuador 1998), que establece la forma de organización de las comunas y comunidades, desde un enfoque de productividad, por

---

6   El Consejo de Desarrollo de las Nacionalidades y Pueblos del Ecuador (CODENPE) menciona en su página web el pueblo Kitu Kara integrado por 100.000 habitantes entre los grupos étnicos Kitus, Carapungos <http://www.codenpe.gob.ec/index.php?option=-com_content&view=article&id=149>.

lo que la mayoría debía registrarse ante el Ministerio de Agricultura y Ganadería y a los comuneros se les denominó como campesinos.

Con la declaratoria del Estado ecuatoriano como plurinacional e intercultural en el 2008 (Constitución de la República del Ecuador, 2008), las comunas y comunidades se auto-identifican como territorios de origen ancestral indígena, entre ellos el pueblo Kitu Kara.

Por lo tanto, asumiendo la importancia y la responsabilidad hacia la construcción de la sociedad intercultural dentro de una política de una ciudad plurinacional, desde el año 2015 hasta finales del 2017, lograron un acercamiento y el diálogo entre las comunas del pueblo Kitu Kara con las autoridades de la DMQ, donde alcanzaron consolidar los lineamientos políticos desde los gobiernos comunitarios dentro de las políticas públicas de DMQ.

Con dos casos de estudios y acompañado de un trabajo etnográfico, evidenciaremos las diversas tensiones para el ejercicio de la jurisdicción y gobiernos comunales indígenas en la ciudad de Quito: La Comuna San José de Cocotog y la Comuna de Lumbisí.

Mapa 2. Comuna San José de Cocotog.
Parroquia Zámbiza y Parroquia Llano Chico, Quito

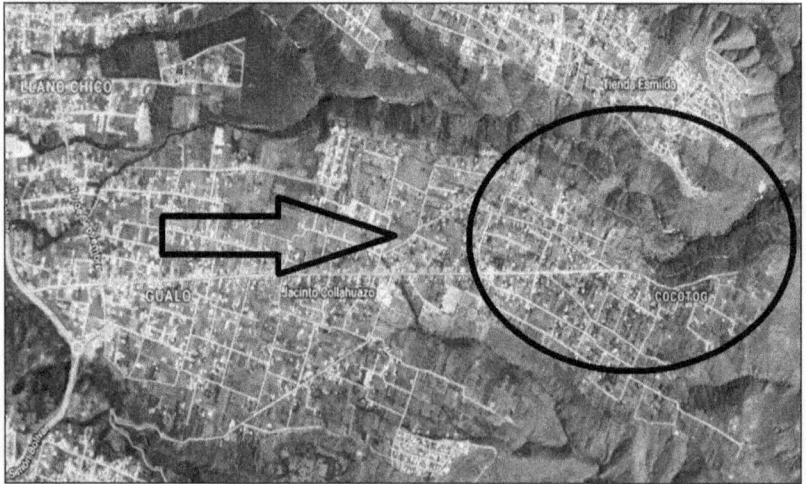

Fuente: Recopilado por Freddy Simbaña de google mapas (2014).

Forma organizativa

La comuna San José de Cocotog está inscrita administrativamente entre las Parroquias
de Zámbiza y Llano Chico, al nororiente del (DMQ), Provincia de Pichincha. Cuenta con 1.200 empadronados y su población estimada es de 3.600 habitantes.

En la comuna, la tenencia del suelo se diferencia entre propiedad comunal y la gestión comunal. Existe la propiedad privada, pero eso no excluye la posibilidad de que haya una gestión compartida. Es decir, para que se realice alguna actividad o acción en una propiedad, deberá aprobarse en el gobierno comunal que es el Cabildo y a través de la Asamblea bajo un proceso de democracia directa y participativa.

Cocotog optó por crear 4 barrios internos, y un quinto posteriormente, cada uno con sus propios presidentes o dirigentes locales, quienes a través de una labor desconcentrada se articulan al cabildo y apoyan en temas de comunicación, mingas, asuntos que encierran a todos los comuneros. Esta articulación interna permite que se mantengan la autonomía e integración del gobierno comunitario.

Situación actual

La lentitud de ciertos procesos en cuanto a dotación de servicio básicos ha girado en torno a coyuntura política más que de gestión administrativa, y esto lamentablemente ha generado un fuerte problema para la comunidad y en la confianza hacia el Municipio cuyas respuestas han sido limitadas.

Este problema se ahonda por la cuestión de la reforma de límites parroquiales y adscripción del territorio de la comunidad a dos administraciones zonales: Cuestión que está latente y el Municipio no solo lo reconoce, sino que ha aceptado varias veces que la Comuna sea parte de una sola parroquia y administración zonal.

El 60% de la población tiene servicio de alcantarillado, los mismos que se encuentran colapsados. El 80% tiene agua potable, mientras que otros se conectan con un medidor comunitario. El 70% de familias poseen el servicio eléctrico, hace un año atrás todavía existían refrigeradores comunitarios.

Ambiente

En Cocotog se localiza cinco microcuencas hidrográficos e hidrológicos. Tacpichupa es el principal, y posee afloramientos de aguas subterráneas. La comuna ha intentado no contaminar todo el cauce de la quebrada no solo porque conoce la existencia del recurso, sino por la biodiversidad de fauna y potencialidad agroforestal.

La microcuenca de Tantaleo cruza barrios urbanos de Llano Chico, San Isidro y el Comité del Pueblo. Lamentablemente, debido a la expansión urbana y la operación de descarga de aguas residuales y basura que efectúa la Empresa Pública Metropolitana de Agua Potable y Saneamiento (EPMAPS) contamina toda el agua. La comuna ha descartado la posibilidad de uso de las aguas de micro cuencas para la agricultura, ya que estas vienen contaminadas río arriba.

En otras ocasiones, el Municipio, ni la policía interviene; este es el caso de la creación de vertederos ilegales de escombros traídos por las volquetas que no solo traen residuos de construcción, también, descargan residuos hospitalarios en todas las quebradas de Cocotog. En este sentido, Cocotg considera que su territorio se ha convertido en un lugar de impunidad.

Mapa 3. Comuna de Lumbisí- Parroquia de Cumbayá, Cantón Quito

Fuente: Recopilado por Freddy Simbaña de google mapas (2016).

DIÁLOGOS ENTRE PUEBLOS INDÍGENAS Y ESTADO

Planificación

El uso de suelo se mantiene como agrícola en la práctica, posee más de 6.000 animales en la zona, se cultiva maíz y otras especies frutales. Estas actividades proveen un ingreso económico a los comuneros. El Plan de Uso y Ocupación del Suelo (PUOS) se planifica desde el Municipio, y se copia para el Plan de Desarrollo y Ordenamiento Territorial (PDOT) de las Juntas Parroquiales, sin tener en cuenta el uso de suelo de la gente comunera. En este sentido, el 70% del territorio de Cocotog ha sido catalogado urbano, a pesar de que sus dinámicas no responden a estas estrictas catalogaciones, y al no cumplir con lo establecido por el Municipio, ha existido fuertes sanciones, impuestos y multas.

Forma organizativa

Forma parte de la Parroquia de Cumbayá, se ubica en la parte oriental del Distrito Metropolitano de Quito (DMQ), provincia de Pichincha, administrativamente depende del Ministerio de Agricultura Ganadería Acuacultura y Pesca, cuenta con una población aproximada de 2.500 personas. Tiene una extensión de 612,60 hectáreas.

La población comunera que vive en Lumbisí es registrada en los libros de empadronamiento desde 1974. Se registra el nombre y datos como fecha de nacimiento, profesión y si tiene familia deberá ser registrada. En la actualidad existen 450 empadronados que son jefe de familia que constan de 4 a 5 miembros.

Existe una organización interna que convoca al trabajo social y comunitario como la minga. También una articulación interna de comisiones que se dedican a ejercer acciones para preservar los lazos comunitarios; en caso de los jóvenes, se incentiva su ingreso y trabajo con el Cabildo para mantener a la comuna unida y se preserve en el futuro.

Cuentan con una zona agrícola donde se cultivan productos eminentemente orgánicos, respetando, cuidando y protegiendo a la madre tierra (Pacha Mama), también existe una zona de pastoreo y al oeste de la Comuna está la zona de reserva ecológica.

La cobertura de los servicios básicos es de 60% aproximadamente en la zona poblada. La recolección de basura es irregular. La dotación de servicios básicos se relaciona con el pago de impuestos prediales. Por esta razón, algunos funcionarios consideran que, si no se paga impuesto, no es posible dotar de servicios básicos. No obstante, como se establece en la ley, las Comunas están exentas del pago de impuesto, pero tiene derecho a contar con luz y alcantarillado.

En la comuna de Lumbisí, estudios anteriores y actuales indican la existencia de los conflictos entre el estado y las comunidades indígenas a lo largo 300 años, como menciona L. Rebolledo:

> Al analizar 300 años de historia, vemos que procesos como el de Lumbisí no dejan un saldo en favor de los indígenas; perdieron miembros, perdieron tierras, perdieron la libertad. Al finalizar el pleito recuperan 40 caballerías de tierras que posiblemente no son nada ante los miles que perdieron los aborígenes de toda América. Sin embargo, existe algo en lo que pueden considerarse triunfadores y es su testarudez de seguir siendo indios, pero no indios sueltos y desvalidos, sino una Comunidad. (Rebolledo, 1992: 261)

Principales dificultades susceptibles a ser resueltas a corto y mediano plazo de las comunas

Mediano plazo

- Negación del carácter histórico del territorio y la división política administrativa del DMQ sin la presencia de los territorios ancestrales comunales, ni el reconocimiento del pueblo Kitu Kara: Al no existir una inclusión de las delimitaciones geográficas de los territorios comunales se desconoce su existencia física y se excluye de todo sistema de planificación, reduciendo su presencia histórica a entes declarativos y discursivos.
- Proceso de expansión urbana: Provoca inequidades socioeconómicas, acarrea a estos territorios problemas ambientales y de contaminación, afectando directamente en su mayoría los territorios comunales.

Corto plazo

- Construir lineamientos políticos que contribuyan a resolver problemas que se menciona a continuación:
- No existen mecanismos de administración para el reconocimiento de la propiedad comunitaria.
- Las delimitaciones geo-referenciadas de los territorios comunales no son incluidas en el sistema de planificación estatal.

- Las relaciones de coordinación a nivel territorial entre comunas y DMQ son confusas.
- Desconocimientos desde el DMQ de las realidades, socio-espaciales y socio-económicas de las comunas y comunidades y crecimiento desigual.
- Las resoluciones del cabildo y la asamblea en cuanto a planificación territorial, no son, consideradas dentro de los planes de ordenamiento territorial que desarrollan estas instancias públicas.
- El debilitamiento de la autoridad comunitaria, un ejemplo: tiene mayor participación las convocatorias a mingas que realizan los Municipios o las Juntas Parroquiales que el Cabildo Comunal.
- El Cabildo deberá recuperar la capacidad de gestión y representatividad frente a la comuna y a la institucionalidad publica, para lo cual será necesario articular la defensa por los derechos y la autonomía con formas de autogestión financiera.

Conclusiones

Las comunas y comunidades presentes en el DMQ son territorios con continuidad histórica que responden a una forma de organización territorial colectiva cimentada en la propiedad comunitaria de la tierra. Esta permanencia se expresa en lo que ahora llamamos Ayllu (familia) que se fundamenta en los principios de Ranti-ranti (reciprocidad), Puray (integralidad), Tinkuy (relacionalidad) y Yanantin (complementariedad), que son la base de la identidad intercultural y la plurinacional.

En este contexto de discriminación y falta de normativas claras, las Comunas y comunidades están atraídas por transformar su condición originaria, lo que provoca la fragmentación, división y la pérdida de noción de lo comunitario. Por tanto, "es importante asumir la responsabilidad de construir una sociedad intercultural dentro de una política de ciudad plurinacional" (Pueblo Kitu Kara, 2016)

La interculturalidad se refiere al "tipo de relaciones entre las diferentes conformaciones humanas según sus matrices de pensamiento y acción en un esfuerzo por realizar verdaderos diálogos que contribuyan a disminuir las tensiones existentes no con folclorización sino con respeto y diseño-aplicación de políticas públicas correspondientes a realidades diversas (Tinkunakuy, 2015: 12)

La plurinacionalidad es "la característica social y política de estados como el Ecuador que encierran dentro de sus fronteras jurídicas formaciones humanas con características históricas diferentes no solamente en cuanto a la lengua o a algunas demostraciones culturales sino fundamentalmente a las matrices de pensamiento, que explican en términos generales los esquemas de estilos de vida centrales vigentes hasta ahora. (Tinkunakuy, 2015: 5)

El diálogo y reconocimiento de las comunas, comunidades, pueblos y nacionalidades como ancestrales no solo resuelve el problema de la tierra, sino que también implica resolver el problema de dos civilizaciones, de dos puntos de vista sobre la naturaleza, sobre el territorio y sobre la vida.

Por otro eje, la perspectiva de "lo cultural" implica identificar y considerar las relaciones e interacciones históricas y situacionales de los sujetos de las comunas y comunidades del pueblo Kitu Kara. Sus procesos, interacciones permanentes, que se producen y reproducen continuamente en los territorios, desde la perspectiva de las artes y de la creación contemporánea del pueblo Kitu Kara en constante dinamismo y producción de significados.

La identidad cultural se construye a partir de prácticas y rituales cotidianos, de la producción y recreación simbólica y de la interacción de los miembros de la comunidad con miembros de otros grupos sociales identitarios.

Sus medios de vida son formas socioeconómicas, condiciones y bases de sustentación que garantizan la subsistencia desde los ámbitos, la cosmovisión, el territorio y economía, una perspectiva de vida, acumulación de saberes ancestrales y conocimientos tecnológicos —estas formas son prácticas de sustentabilidad desde el relacionamiento entre ser humano y naturaleza—.

Estas características han hecho que la vida de las comunidades y comunas de Quito se proyecte entre dos mundos: el de los saberes y el de la vida urbana.

Por estos elementos, es importante no perder de vista que las comunas quiteñas se han ido convirtiendo en una suerte de comuna-región, pues su influencia si bien es nacional como capital de todos los ecuatorianos, se la siente de manera determinante en toda la provincia de Pichincha, por ello a la hora de construir políticas interculturales será importante la influencia de las comunas quiteñas como integradora de otras ciudades, comunas, comunidades, otros pueblos y nacionalidades.

La Agenda Nacional por la igualdad de nacionalidades y pueblos, plantea en su sección diagnóstico, problemáticas comunes y generales a todos los pueblos y nacionalidades del Ecuador, que también son aplicables a la realidad del pueblo Kitu Kara. Aspectos como: a) datos básicos demográficos relativos a la auto identificación por los propios pueblos y nacionalidades; b) dimensión del problema de la discriminación, racismo y exclusión; c) situación de la tierra y territorios; d) economías locales, dinámicas agrarias; e) brechas en educación, salud, vivienda, comunicación e información; identidad, lengua y memorias; f) participación, consulta previa, libre e informada; g) autonomía, autogobierno e institucionalidad; y h) administración de justicia.

La agenda política del Pueblo Kitu Kara inauguró un proceso de diálogo y encuentro que contribuirá a la consolidación de un Quito inclusivo, consolidando en la práctica lo determinado en el Convenio Nº 169 de la Organización Internacional del Trabajo (OIT), vigente en el Ecuador desde 1998, en su art. 8, reconoce a los pueblos indígenas el "derecho de conservar sus costumbres e instituciones propias" (Organización Internacional del Trabajo, 1989: 8), y el art. 9 fija una de sus competencias: "En la medida en que ello sea compatible con el sistema jurídico nacional y con los derechos humanos internacionalmente reconocidos, deberán respetarse los métodos a los que los pueblos interesados recurren tradicionalmente para la represión de los delitos cometidos por sus miembros" (Organización Internacional del Trabajo, 1989: 9).

Estas normas del derecho internacional ratificadas y ampliadas en la Constitución ecuatoriana del 2008, determinan en su art. 171 (Constitución de la República del Ecuador, 2008: 3). A esto hay que añadir que las Comunas también son sujetos de derechos colectivos amparado en la Constitución, art. 57 (Constitución de la República del Ecuador, 2008: 7).

De esta manera, amparados en derechos colectivos, el pueblo Kitu Kara reafirma su presencia histórica y van encontrando estrategias políticas de lucha colectiva de sus prácticas, territorios, conocimientos, memorias, y saberes culturales frente al Estado.

Bibliografía

Albertani, A. 1999 "Los pueblos indígenas y la ciudad de México. Una aproximación Política y Cultura" en <http://www.redalyc.org/articulo.oa?id=26701211>.

Alexiades, M.; Peluso, D. 2015 "Introduction: Indigenous Urbanization in Lowland South America" en *The Journal of Latin American and Caribbean Anthropology* (Wiley) Vol. 20.

Amodio, E. 1997 *Los indios metropolitanos: identidad étnica, estrategias políticas y globalización entre los pueblos indígenas de América Latina* (Caracas: UNESCO; Asociación Latinoamericana de Sociología).

Andrade, G. 2016 *El lado territorial oculto de la ciudad de Quito, las comunas ancestrales* (Quito: Universidad Andina Simón Bolívar).

Batalla, G. B. 1990 *México profundo: una civilización negada* (México: Grijalbo).

Batalla, G. B. 1997 "El concepto de indio en América: una categoría de la situación colonial" en *Boletín Bibliográfico de Antropología Americana* (México) Vol. 39.

Bourdieu, P.; Wacquant, L. J. 1992 *Respuesta por una antropología reflexiva* (México: Grijalbo).

Castillo, D. 2013 "Análisis simiótico de las manifestaciones culturales, identidad y formas de comunicación en la Yumbada de Cotocollao", Tesis de Licenciatura (Quito: Universidad Central del Ecuador).

Colloredo-Mansfeld, R. 1998 "Dirty Indians', Radical Indígenas, and the Political Economy of Social Differences" en *Bulletin of Latin American Research* (Estados Unidos) Nº 17(2), mayo.

Congreso Nacional 2004 "Ley de Organización y Régimen de las Comunas" en *Registro Oficial Suplemento 315* (Quito: Pichincha).

Constitución de la República del Ecuador 2008 *Constitución de la República del Ecuador* (Montecristi: Asamblea Nacional).

Constitución Política de la República del Ecuador 1998 *Constitución Política de la República del Ecuador* (Quito: La Asamblea Nacional Constituyente).

Dávalos, P. 2005 "Movimientos Indígenas en América Latina: el derecho a la palabra" en Dávalos, P. *et al. Pueblos indígenas, Estado y democracia* (Buenos Aires: CLACSO).

Gallego, C. P. 1973 "Dinámica de la prosa y contexto social" en *Revista española de la* *opinión pública* (Madrid) julio-septiembre.

Gobierno Autónomo Descentralizado de la Provincia de Pichincha 2017 *Re-significación de las comunas* (Quito: Pichincha).

Gonzáles, G. 1999 *Derecho de los pueblos indígenas. Legislación en América Latina* (México: CND).

Guerrero, P. 2009 *Corazonar una antropología comprometida con la vida* (Quito: Abya-Yala).

Instituto Ecuatoriano de Estadísticas y Censos 2010 *Las nacionalidades, pueblos e idiomas indígenas del Ecuador.* En <http://www.acnur.org/t3/fileadmin/Documentos/Publicaciones/2009/7015.pdf?view=1.2>.

Instituto Interamericano de Ciencias Agrícolas 1978 *Cooperativa agropecuaria de tipo comunitario en tres provincias del Ecuador* (Quito: ICCA).

Kingman, E. 1992 "Comunas Quiteñas; el derecho a la diversidad" en *Quito. Comunas y Parroquias* (Quito: Trama).

Martínez, L. 1998 Comunidades y tierra en el Ecuador", en, C.I. Degregori, Editor, *Comunidades: Tierra, Instituciones, Identidad.*, DIAKONIA, CEPES, ARARIWA, (Lima:

Mosca azul editores)

Nacionalidades y Grupos Étnicos del Ecuador 2013 "Blogger" en <https://www.blogger.com/profile/08247360018215604579>.

Organización Internacional del Trabajo 1989 "Convenio 169 sobre los Pueblos Indígenas y Tribales en países independientes" en <http://www.ilo.org/global/lang--es/index.htm>.

Polanco, H. D.; Sánchez, C. 2002 *México Diverso. El debate por la autonomía* (México: Siglo XXI).

Pueblo Kitu Kara 2016 *Sistematización de Mesas de Diálogo* (Quito: Quinta Dimención).

Rebolledo, L. 1992 *Comunidad y Resistencia. El caso de Lumbisí en la Colonia* (Quito: Abya-Yala).

Simbaña, F. 2011 "La Yumbada de la Magdalena y su violencia ritual", Tesis de Maestría (Quito: FLACSO).

Tasiguano, A. L. 2011 "Transformación y desafíos del gobierno comunitario Kitu Kara, estudio de caso Comuna Cocotog, Lumbisí y la Tola Chica", Tesis de Maestría (Quito: Universidad Amawtay Wasi).

Tinkunakuy 2015 *Manual para capacitadores* (Quito: Tinkunakuy).

Valcuende del Río, J.; Vásquez Andrade, P.; Hurtado, F. 2016 "Indígenas en contextos urbanos. Cañaris, otavaleños y saraguros en la ciudad de Cuenca (Ecuador)" en *Gazeta de Antropología* (Esoala) Nº 32(1), artículo 04. En <http://hdl.handle.net/10481/42871>.

Velázquez, C.; Ramírez, A. 2007 "Las comunidades indígenas como usuarios de la información" en <http://www.scielo.org.mx/scielo.php?script=sci_arttext&pid=S0187-358X2007000200009>.

Indígenas en la ciudad de Tuxtla Gutiérrez Chiapas y su exclusión social en las políticas públicas de la ciudad[1]

Jorge Enrique Horbath[2]

Introducción

Tuxtla Gutiérrez es la capital y núcleo urbano más grande del Estado de Chiapas. Con una población de más de medio millón de habitantes, solamente se identifican 11.074 personas de 5 años y más que hablan alguna lengua indígena y se estima que entre 2005 y 2010 llegaron cerca de mil indígenas. De ellos la mayoría son migrantes de los Altos de Chiapas, hablantes de Tsotsil, Tseltal, Zapoteco, Ch'ol', Zoque, Maya, Chinanteco, Mixteco, K'iche', Chatino o Náhuatl. En la ciudad de Tuxtla Gutiérrez se concentran en 29 de las 108 localidades, dando lugar a una segregación espacial fuerte que se refleja en las fiestas urbanas como la del barrio del Cerrito con tradición puramente del pueblo zoque.

Basado en una triangulación de técnicas cuantitativas con procesamientos especiales del Censo de Población de 2010 y de técnicas cualitativas con entrevistas a la población indígena en la ciudad, el documento presenta un marco teórico sobre exclusión, discriminación y paradojas de los derechos humanos y las políticas públicas, seguido de una revisión del marco normativo internacional, nacional y estatal en Chiapas, así como la revisión de las políticas públicas dirigidas a indígenas en la ciudad condensadas en los planes de desarrollo municipal. Se efectúa una caracterización socioeconómica y demográfica de la población

1 Basado en información del proyecto "Prácticas de evaluación de aprendizaje en el aula en las escuelas de educación indígena y comunitaria en el sureste de México", financiado por el Consejo Nacional de Ciencia y Tecnología, CONACYT en la Convocatoria SEP-INEE 2012-1.
2 Investigador titular de El Colegio de la Frontera Sur (ECOSUR), Unidad Chetumal, México <www.ecosur.mx>, e-mail: <jhorbath@ecosur.edu.mx>.

indígena en la ciudad de Tuxtla Gutiérrez, acompañada de un análisis estadístico de segregación espacial y ocupacional para constatar la baja proporción de población indígena en la ciudad y la alta concentración en determinados fragmentos urbanos en la misma. Se examinan los niveles de discriminación educativa y salarial, donde se presentan los resultados de los índices y su interpretación. Luego se exponen las percepciones sobre discriminación y derechos de los indígenas en Tuxtla Gutiérrez en materia de salud, educación, vivienda, trabajo y ocupación de la ciudad Por último se exponen las conclusiones del estudio.

Los resultados de la investigación muestran que, pese a las vetas generacionales indígenas, en la ciudad hay una alta discriminación y exclusión de la identidad y tradiciones indígenas, reflejada en la ausencia de políticas sociales inclusivas de educación, salud, vivienda y trabajo dirigidas a la población indígena. De allí que esos flujos migratorios tengan como destino la invisibilidad y conversión a la pobreza urbana (Horbath, 2013), aunque, para ser contemplados de alguna forma como sujetos de derechos, tengan que despojarse de su identidad originaria como indígenas.

Perspectiva teórica

Consideramos que la "identidad" y la "otredad" constituyen el vehículo teórico conceptual pertinente para abordar el análisis de intolerancias, discriminaciones y racismos de diverso tipo. Se trata de dos caras de la misma moneda, pues ningún grupo se autopercibe y autodefine más que por oposición a la manera en que percibe y define a otro grupo humano al que considera diferente de sí. En este sentido, la identidad no es previamente determinada por el origen y la pertenencia puramente étnica, sino que se sitúa desde la conciencia y la voluntad de los hombres (Gall, 2004: 4).

A partir de estas ideas ahora podemos tener una visión ampliada de la exclusión, pensada como "la negación sistemática, en la historia, de la idea y de la política a ella asociada, de que los otros son simplemente otros". Desde esta concepción, es perenne la tendencia de los seres humanos de todos los tiempos y culturas a equiparar iguales e indiferenciados distinguiéndolos de los diferentes ya que la indiferenciación es vivida como la pérdida de la propia identidad (Castoriadis, 1985, citado en Gall, 2007).

La intolerancia es planteada como un mecanismo psicológico de autoafirmación del grupo social que se percibe como diferente, pues la identificación de la diferencia en el "otro" es una manera de asegurar la propia identidad. Cuando esta diferencia se sostiene en un atributo particular podemos hacer referencia a un estigma (Goffman, 1963). La discriminación se apoya en el rechazo individual o colectivo del otro u otros en razón de la diferencia —política, económica, de clase, de origen, de apariencia física, de religión, etc.— manifiesta en una minoría, aunque a veces sea una "inmensa" minoría. Estas consideraciones se observan en las relaciones que se establecen entre el no indígena respecto al indígena, de este último respecto del primero y, además, de los distintos grupos de indígenas entre sí.

De manera específica para lo que nos proponemos estudiar, una *comunidad indígena se conforma en sujeto político cuando es considerada "pueblo indígena"* cuya lengua materna es indígena, con la posibilidad de establecer un auto gobierno con sus propias reglas y normas, y cuyos miembros comparten una historia y cultura. Es decir, "los miembros del pueblo se constituyen y sienten "idénticos" cuando comparten una historia, un territorio y una cultura específicos, por lo que tienen un sentimiento de pertenencia común" (Gall, 2004) y, según nuestra perspectiva, cuando todas estas características son reconocidas desde el Estado. En otras palabras, esta construcción del sujeto político adquiere valor sustantivo en el reconocimiento estatal.

Sin embargo, no desconocemos el carácter paradojal del reconocimiento en términos de derecho y Estado. La paradoja entre el idioma universal y el efecto local[3] de los derechos trasciende tanto los niveles temporales como espaciales: si bien en un momento histórico pueden tener valor *emancipador* en otro tiempo pueden cumplir una función *reguladora* para obstruir o cooptar demandas sociales más radicales (Brown, 2003: 82). Otro efecto paradojal se establece cuando el derecho se vuelve interno a una comunidad (para nuestro caso, la comunidad indígena) y deja de ser concebido como un efecto social, generando una esencia del mismo. Se define a partir de "la anatomía" (raza, sexo, religión, etc.) de las personas reproduciendo la lógica de poder por la cual fueron creados, es decir, la anatomía se vuelve destino una vez más.

En la medida en que el "egoísmo de los derechos" opaca las fuerzas sociales que lo producen, además de marcar grupos o comportamientos colectivos tratándolos como "subhumanos", los derechos parecen enterrar discursivamente los mismos poderes para cuya contestación fueron

---

3   Reconocer el efecto contextual, trasladar el lenguaje universal del derecho al ámbito de la vida es el primer paso en la indeterminación sustancial del derecho.

creados (Brown, 2003: 111). A estos efectos paradojales del derecho puede sumarse cierta "funcionalidad" de los mismos. Conforme a la doctrina de la solidaridad, según Donzelot (1988), los derechos sociales buscan compensar los efectos de la pobreza y reducir los de la opresión: al proclamar la universalidad de los seres humanos se genera la paradoja de la igualdad, donde el universalismo que atañe a los seres humanos choca con el universalismo que compete a las "culturas" (Castoriadis, 1985, citado en Gall, 2004). Un ejemplo es el que mostraremos con la revisión de la normatividad y las políticas públicas en la ciudad de Tuxtla Gutiérrez.

Marco normativo y políticas públicas en Tuxtla Gutiérrez

Desde la mitad del siglo pasado se han firmaron compromisos y acuerdos para la protección de los derechos humanos de los pueblos indígenas, tales como el Convenio 107 de la Organización Internacional del Trabajo (OIT) y la *Declaración sobre la Eliminación de todas las Formas de Discriminación Racial* de la Organización de las Naciones Unidas de 1963 y la Convención Internacional sobre la Eliminación de todas las Formas de Discriminación Racial de 1965. Le siguió en 1966 el *Pacto internacional de derechos civiles y políticos y el Pacto internacional de derechos económicos, sociales y culturales* (PIDESC) así como el *Convenio 169 de la OIT sobre pueblos indígenas y tribales en países independientes*. En 1992, la Asamblea General de las Naciones Unidas aprobó la *Declaración sobre los derechos de las personas pertenecientes a minorías nacionales o étnicas, religiosas y lingüísticas*, luego en 2001 la *Declaración Universal sobre la Diversidad Cultural* y después en 2007 el Consejo de Derechos Humanos adopta *la Declaración de las Naciones Unidas sobre los Derechos de los Pueblos Indígenas*. En paralelo la *Carta Mundial del Derecho a la Ciudad de 2004* reconoce los procesos sociales que generan empobrecimiento exclusión y segregación social y espacial, afectando a los grupos de mayor vulnerabilidad.

En México, los instrumentos nacionales y su normatividad que protegen los derechos de los pueblos indígenas son encabezados por la *Constitución Política de los Estados Unidos Mexicanos de 1917*, con la *Ley Federal para Prevenir y Eliminar la Discriminación de 2003* y la *Ley General de Derechos Lingüísticos de los Pueblos Indígenas del 13 de marzo de 2003*. Se adecuó la *Ley General de Educación* en 2003, mismo año en que se creó la *Ley de la Comisión Nacional para el Desarrollo de los Pueblos Indígenas de 2003*, por medio de la cual se crea la Comisión Nacional para el Desarrollo los Pueblos Indígenas (CDI). Para la implementación de los derechos sociales se destacan el Artículo 6 de la *Ley General de Desarrollo Social*, el Artículo 2 de la *Ley General de Educación*, el Artículo 37 de la *Ley General de Salud*, así como el Artículo 123 de la *Ley General del Trabajo*, los Artículos 1 y 2 de la *Ley General de Vivienda* y la vinculación con la *Ley General de Asentamientos Humanos*.

Para el caso del Estado de Chiapas y su capital Tuxtla Gutiérrez, los Artículos 3, 4 y 7 de *la Constitución Política de Chiapas* destacan la población pluricultural y los derechos principalmente de educación y salud, así como de no discriminación hacia los pueblos indígenas, en especial a Tseltal, Tsotsil, Chol, Zoque, Tojolabal, Mame, Kakchiquel, Lacandón, Mocho, Jacalteco, Chuj y Kanjobal. Sin embargo, en ella se resalta solamente la enseñanza bilingüe en zonas de predominio indígena, por lo cual en la ciudad de Tuxtla Gutiérrez los indígenas no reciben este tipo de educación. También el Artículo 55 referido a la Comisión Estatal de Derechos Humanos dice que combatirá toda forma de discriminación y exclusión consecuencia de un acto de autoridad a cualquier persona o grupo social.

El Artículo 70 de la *Constitución Política de Chiapas* en lo referido a las funciones de los municipios y servicios públicos delimita las atribuciones de los ayuntamientos y no deja espacio para formular programas sociales por iniciativa municipal dirigida a favorecer a la población indígena en la ciudad, pese a que más adelante el Artículo 71 indica que el Plan de Desarrollo Municipal contendrá las políticas públicas en materia de Desarrollo Económico, Social, Humano y Sustentable y en los Artículos 77 y 78 alinea los alcances a los objetivos de desarrollo del milenio de las Naciones Unidas y la política social para elevar el índice de desarrollo humano, lo cual establece compromisos generales no vinculatorios cuando la población indígena se desplaza de sus lugares de origen hacia las ciudades. Estas restricciones desde la Constitución se reflejan en las propuestas contenidas en los Planes de Desarrollo Municipal de Tuxtla Gutiérrez de 2008-2010 y de 2011-2012, que en materia indígena no tiene propuestas que promuevan su inclusión real y efectiva a la ciudad como prioridad en sus objetivos y propuestas de política social ni mucho menos de programas sociales, por lo cual las iniciativas en la ciudad se encuentran en los programas que desde el orden federal llegan a Chiapas.

Las cifras de indígenas en la ciudad de Tuxtla

Son pocas las bases de datos que permiten identificar a la población según su adscripción a un grupo étnico en México, por lo que el instrumento de mayor aproximación, sin ser el más idóneo, es el censo de población. En el Censo de 2010 (INEGI, 2010) se introdujeron algunos cambios significativos, por lo que en el cuestionario ampliado la población a la que se les preguntaba era de 3 y más años, con las preguntas: 12 Lengua indígena, 13 Nombre de lengua indígena, 14 Habla español, 15 Comprensión de lengua indígena y 16 Autoadscripción indígena:

¿(NOMBRE) habla algún dialecto o lengua indígena?
¿Qué dialecto o lengua indígena habla (NOMBRE)?
¿(NOMBRE) habla también español?
¿(NOMBRE) entiende alguna lengua indígena?
De acuerdo con la cultura de (NOMBRE), ¿Ella (él) se considera indígena?

Cuadro 1 Tuxtla Gutiérrez, atributos para identificar la población indígena, 2010

Categorías de atributos	Población	% Población	Indígena	No indígena
1: Sin información de atributos indígenas.	79.731	14,44		79.731
2. No habla ni entiende lengua indígena, posiblemente habla español pero se autoadscribe como indígena.	1.956	0,35	1.956	
3. No habla ni entiende lengua indígena, habla español o sabe leer y escribir un recado, no se autoadscribe como indígena.	415.995	75,36		415.995
4. No habla ni entiende lengua indígena, habla español o sabe leer y escribir un recado, se autoadscribe como indígena.	16.797	3,04	16.797	
5. Habla o entiende lengua indígena, no habla español, no se autoadscribe como indígena.	1.552	0,28	1.552	
6. Habla o entiende lengua indígena, no habla español, se autoadscribe como indígena.	1.148	0,21	1.148	
7. Habla o entiende lengua indígena, habla español, no se autoadscribe como indígena.	2.191	0,40	2.191	
8. Habla o entiende lengua indígena, habla español, se autoadscribe como indígena.	6.895	1,25	6.895	
9. Sin atributos indígenas pero con vínculo intergeneracional indígena en el hogar.	2.576	0,47	2.576	
Total	**552.025**	**100,00**	**33.115**	**495.726**

Fuente: Elaboración propia con los datos de los procesamientos especiales de los Microdatos del Cuestionario Ampliado del Censo de Población 2010 (INEGI).

Con tal contraste de preguntas es posible crear un identificador que pueda combinar no solamente los aspectos de comunicación y lenguaje para la identidad de indígena, sino también la pertenencia o autoadscripción proveniente de su reconocimiento de participación social y cultural en un grupo étnico. A esos dos elementos se integraba también la identidad intergeneracional de indígena, que se aplica cuando se forma parte de un hogar donde alguno de sus miembros, generalmente el jefe o jefa de familia, su cónyuge, sus padres y/o abuelos o algún ascendiente son reconocidos como indígenas. El anterior proceso de identificar a la población indígena muestra la complejidad de establecer criterios y la amalgama de atributos y combinaciones que deben considerarse, exponiendo la diversidad cultural de la composición social que las investigaciones tratan de reducir en dos grupos poblacionales como son "indígenas" y "no indígenas".

La utilidad de esta caracterización se encontraría en el terreno de las políticas públicas, cuando se establezcan los aspectos de derechos económicos, sociales, culturales y ambientales de los grupos poblacionales y la necesidad de visibilizar a la población indígena como grupo sujeto de derechos, iniciando desde la base poblacional como lo es el tamaño y participación en el total de la población del país para traducirse en la exigibilidad del cumplimiento de sus derechos, desde los recursos presupuestales en los programas sociales donde deberán quedar integrados en las reglas de operación de dichos programas. Los resultados del cruce de atributos tanto individuales como colectivos que establecen personas en la ciudad de Tuxtla Gutiérrez se presentan en el Cuadro 1.

Como se puede ver, la base de los microdatos correspondientes al cuestionario ampliado del censo de 2010 arroja un total de población de 552.025 personas, de las cuales 415.995 no tienen atributos indígenas y 79.731 no reportaron atributos, mientras que 33.115 personas lograron reportar atributos no indígenas (no habla ni entiende lengua indígena, habla español o sabe leer y escribir un recado, no se autoadscribe como indígena).

Estos resultados incluyen a la población menor de tres años de edad e incluye el tratamiento de la información de 3 y 4 años en que se perdían registros por filtro del cuestionario. Si bien las filas tratan de condensar los atributos indígenas, la diversidad de las combinaciones y traslape de atributos lleva a agregar la población por los tres atributos de referencia, dando como resultado que:

1) La población que indicó hablar o entender lengua indígena es de 11.786 personas;
2) La población que indicó autoadscribirse como indígena es de 26.796 personas; y
3) La población que indicó tener un vínculo intergeneracional indígena es de 2.576 personas.

En Tuxtla Gutiérrez, la capital del estado de Chiapas, con los tres atributos la proporción de indígenas llega a 6%, pese a que la ciudad se encuentra rodeada de regiones con asentamientos y localidades con comunidades indígenas. De la población que habla lengua indígena el 40,9% habla tsotsil, el 33,7% tseltal, 9% habla zapoteco, 7,1% habla ch'ol', 5,1% habla zoque, 1,7% hablan maya, chinanteco, mixteco, k'iche', chatino o náhuatl y el 2,5% restante habla algún dialecto que no es especificado con precisión en la clasificación del Instituto nacional de Lenguas Indígenas (INALI).

Al observar la pirámide de población de Tuxtla Gutiérrez en la gráfica 1, por ser una concentración poblacional urbana de más de medio millón de habitantes, la participación de la población indígena es baja y su pirámide poblacional, tanto del total como de la indígena similar a las registradas en grandes ciudades como Guadalajara, Monterrey y Ciudad de México.

Esto se debe también a la fuerza gravitacional que tiene la ciudad de Tuxtla Gutiérrez como principal centro económico chiapaneco, haciéndola un polo de atracción de población en edades económicamente productivas y que se refleja en el resultado de su pirámide poblacional, donde el predominio de población no indígena en los diferentes grupos etarios por edad es mayor a la población indígena. Sin embargo, al apreciar la pirámide de población que es exclusivamente de la población indígena, se aprecian diferencias como las de los grupos de 35 a 44 años de edad con mayor proporción femenina, que corresponden a los registros históricos de los procesos sociales que ha vivido la región, tales como el conflicto y persecución de indígenas en Los Altos por razones religiosas, que inició en los años setenta y que se extendió durante varias décadas obligando a migrar principalmente a familias encabezadas por mujeres jóvenes indígenas con sus hijos, huyendo de sus lugares de origen después del asesinato de sus esposos .

Gráfica 1. Pirámides de Población de la ciudad de Tuxtla Gutiérrez, 2010

Población total

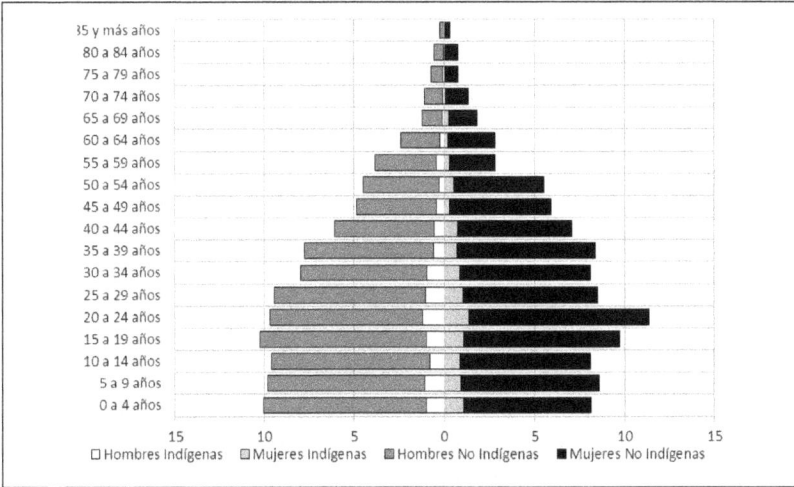

Población indígena

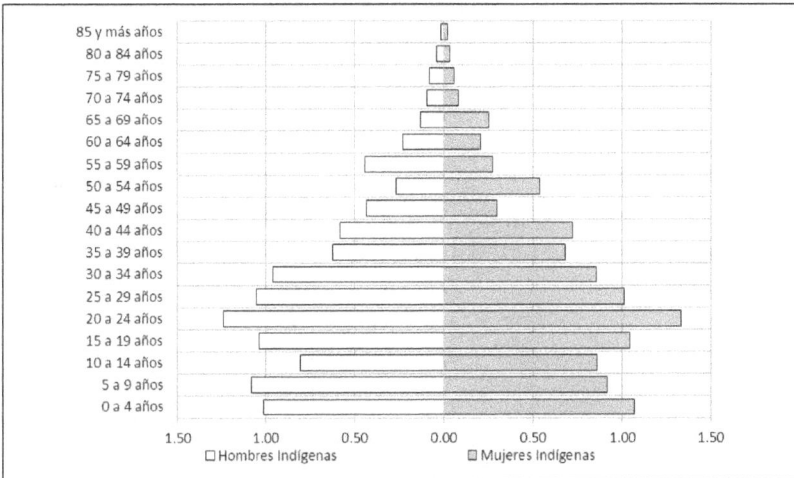

Fuente: Elaboración propia con datos de los procesamientos especiales de los Microdatos del Cuestionario Ampliado del Censo de Población 2010. INEGI.

Si consideramos solamente a la población de reciente migración (hace 5 años atrás del momento del censo) que habla lengua indígena y tiene 5 y más años en Tuxtla Gutiérrez, para 2010 era de 869 personas, de las cuales 64,21% era población femenina, 296 personas se encontraban entre los 5 y 19 años de edad, es decir 60,3% era población joven, solamente 3,91% eran adultos mayores y 63,6% indicaron profesar la religión católica. Esta población de reciente migración contaba con un promedio de 7,33 años de escolaridad, lo que significaba no más de dos años de educación básica, recibían un promedio de $3.301 mensuales por trabajo, tenían un índice de masculinidad del 55,7%, con una tasa de dependencia de 4,07 y un número promedio de 4,11 personas por hogar.

Segregación espacial y ocupacional y discriminación educativa y salarial

El análisis de la segregación espacial adquiere relevancia en la complementariedad de la identificación de los lugares que ocupan grupos poblacionales específicos en los procesos migratorios que realizan las poblaciones indígenas hacia las ciudades en México. La "guetización" del espacio producto de los procesos sociales que obligan a poblaciones migrantes a localizarse en barrios y fragmentos territoriales degradados y marginados, donde su mimetización con la pobreza es una estrategia de supervivencia en una adaptabilidad con pocas opciones y limitados recursos. Esto lo podemos percibir para el caso de Tuxtla Gutiérrez analizando el mapa 1.

Para la ciudad capital del estado de Chiapas, se puede observar una similar distribución a las que encontramos en ciudades medianas y grandes como Cárdenas en el Estado de Tabasco, Campeche o Ciudad del Carmen en el Estado de Campeche, pero con un importante detalle: pese a que en la distribución espacial la característica predominante es el rango que oscila de 0,9% a 2,9%, el siguiente rango que llega hasta 29% se localiza en la zona centro y en la parte periférica de la ciudad. Lo anterior permite afirmar que hay mayor concentración indígena en sus AGEB urbanas que en otras ciudades. Solamente en la parte metropolitana del suroriente en Chiapa de Corzo, más precisamente en las colonias de San Juan, El Paraíso y Santa Cruz Nipe, la proporción de población indígena supera el 27,2%.

Nuevamente estos resultados son elocuentes respecto de su entorno con alto predominio de comunidades indígenas. Podría pensarse que su participación poblacional sería mayor, pero la concentración territorial de esta población y su bajo peso relativo en la ciudad, estaría dando luces sobre su característica de alta segregación espacial.

Segregación residencial de indígenas en Tuxtla Gutiérrez

Para comprobar el hallazgo en la observación del mapa 1 formulamos la construcción de índices de segregación residencial para la ciudad de Tuxtla Gutiérrez. Una clasificación de estos índices expuesta por Massey y Denton (1988) establece varias expresiones del fenómeno dependiendo del ángulo de observación en que se fija la mirada hacia un grupo de población en las secciones de la ciudad y su relación con el resto de la población, siendo entonces una tipología aceptable la conformada por Indicadores de igualdad, Indicadores de interacción, Indicadores de concentración e Indicadores de centralización.

Indicadores de igualdad: Debido al tipo de información censal con que se cuenta, con desagregación por AGEB sin consideraciones de la morfología de cada uno de ellas en los tabulados del Censo de Población de 2010 del INEGI, se utilizarán los índices de segregación y de disimilitud. El índice de segregación IS (Duncan & Duncan, 1955a; 1955b) permite calcular la diferencia entre la proporción de individuos del grupo minoritario (X) y la proporción del resto de población en cada sección. El valor cero equivale a que en todas las secciones hay la misma proporción entre el grupo X y el resto de población. El Índice de disimilitud D formulado por Duncan y Duncan (1955b) es análogo al índice de segregación y su diferencia radica en que se comparan proporciones de dos grupos poblacionales y no de un grupo respecto al resto.

Indicadores de exposición: Se basan en mediciones de la probabilidad entre grupos poblacionales. Se toman dos índices de este tipo de indicadores como son el índice de aislamiento y el índice de interacción. El índice de aislamiento (Bell, 1954; White, 1986) calcula la probabilidad de que un individuo comparta la sección con un individuo de su mismo grupo. Suele efectuarse una corrección para ajustes a proporciones diferentes respecto al total de población en la ciudad (Stearns & Logan, 1986; Massey & Denton, 1988) y es conocido como el índice de aislamiento corregido η^2. El índice de interacción xPy (Bell, 1954) computa la probabilidad de que un individuo comparta la misma sección con un individuo de un grupo diferente.

Mapa 1. Concentración de población de 3 y más años
que hablan lengua indígena en Tuxtla Gutiérrez, 2010

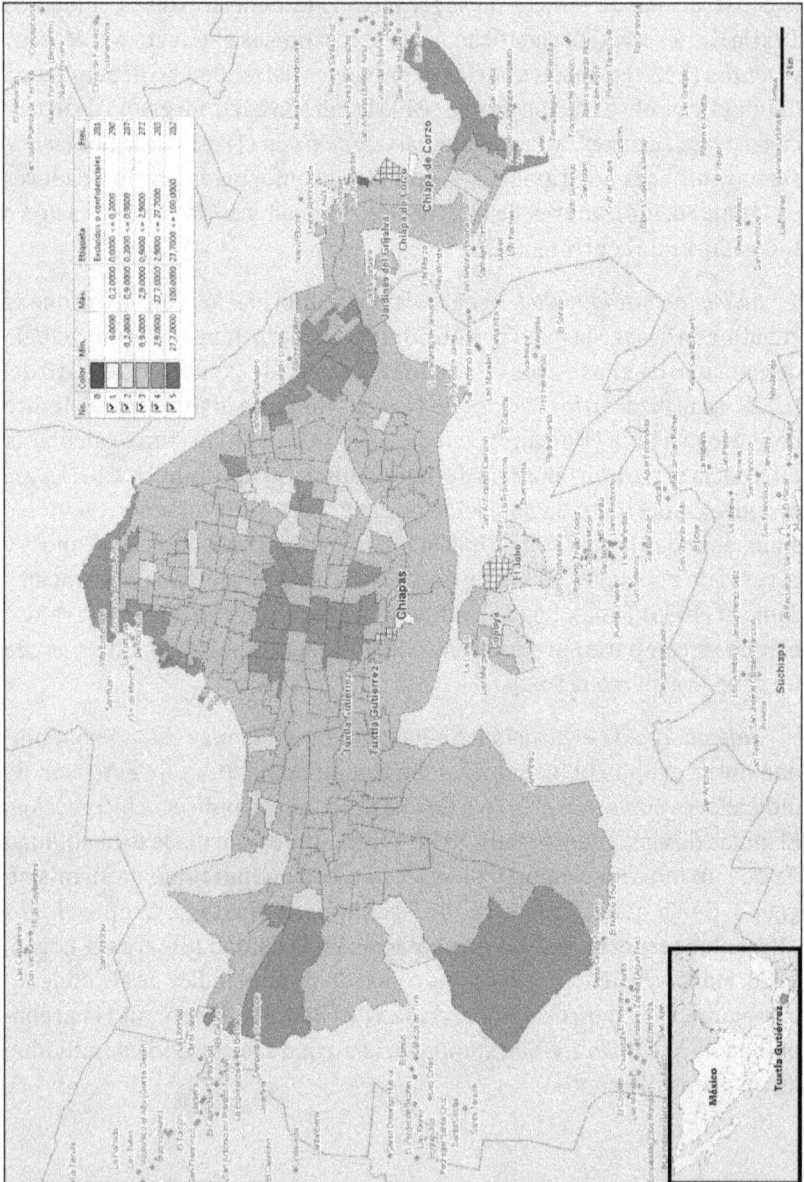

Fuente: Elaboración propia con base en Sistema para la Consulta de Información Censal
2010, Versión 05/2012. En <http://gaia.inegi.org.mx/scince2/viewer.html>.

Indígenas en la ciudad de Tuxtla Gutiérrez Chiapas y su exclusión social...

Para la presente investigación, se siguen las aportaciones de relevancia emitidas por Stearns y Logan (1986) en la preferencia interpretativa del índice de interacción por encima de los indicadores de igualdad tradicionales, debido a que la medición de la probabilidad de interacción mostraría la capacidad de integración cultural como una acción de la interculturalidad efectiva, no solamente por el uso de la legua en la comunicación de doble vía, sino también en la conformación de parejas y matrimonios mixtos, entre otros procesos sociales. No obstante, tales mediciones de las interacciones también pueden ser señaladas como limitadas (Bertrand & Chevalier, 1998), debido a que son más complejas y superan el espacio residencial trascendiendo a espacios sociales extradomésticos adicionales como el laboral, entre otros, por lo que su interpretación debe ser mediada con una reflexión cauta de su representación como aproximación fina a matizar una determinada condición.

Indicadores de concentración: Dentro de estos índices el más representativo es el índice Delta DEL (Duncan, Cuzzort & Duncan, 1961), que mide la diferencia entre la proporción de la población de un grupo poblacional en cada sección respecto al total del grupo en la ciudad y la proporción de la superficie de cada sección con el total de la ciudad.

Indicadores de centralización: En este grupo el de mayor frecuencia de elaboración en los estudios corresponde al índice de concentración PCC (Duncan & Duncan, 1955b), que mide la proporción de un grupo poblacional que reside en el centro de la ciudad.

Los resultados que arrojaron los procesamientos especiales con base en los microdatos del Censo de 2010 se condensan en el Cuadro 2, donde se acompaña cada índice con su respectiva fórmula y el valor obtenido.

El primer índice de segregación espacial IS, muestra que el diferencial de proporciones entre población indígena y no indígena en los fragmentos territoriales de la ciudad de Tuxtla Gutiérrez es del 22%, siendo una cifra importante que visibiliza el problema de segregación en esa urbe. El índice de disimilitud D también refleja el mismo valor del 22% de disimilitud entre las proporciones de ambos grupos poblacionales en la ciudad.

De manera concomitante, el índice de aislamiento xPx manifiesta una muy baja probabilidad de 3,1% de que un indígena comparta la AGEB urbana con otro indígena. Este mismo índice corregido n^2 con ajustes a proporciones diferentes respecto al total ratifica el resultado del primero, siendo incluso más baja la probabilidad de menos del 1%, lo que también se ratifica con la altísima probabilidad de casi 97% del índice de interacción de xPy, de que un indígena comparta la misma AGEB con una persona no indígena.

Cuadro 2. Índices de segregación espacial para la población indígena
en la ciudad de Tuxtla Gutiérrez, 2010

Concepto	Fórmula	Índices
Índice de Segregación IS	$IS = \frac{1}{2}\sum_{i=1}^{n}\left\lvert\frac{x_i}{X}-\frac{t_i-x_i}{T-X}\right\rvert \ldots 0 \leq IS \leq 1$	0,2238
Índice de disimilitud D	$D = \frac{1}{2}\sum_{i=1}^{n}\left\lvert\frac{x_i}{X}-\frac{y_i}{Y}\right\rvert \ldots 0 \leq D \leq 1$	0,2238
Índice de aislamiento xPx	$xPx = \sum_{i=1}^{n}\left(\frac{x_i}{X}\right)\left(\frac{x_i}{t_i}\right) \ldots 0 \leq xPx \leq 1$	0,0310
Índice de aislamiento corregido n2	$\eta^2 = \frac{xPx - P}{1-P} \ldots 0 \leq \eta^2 \leq 1$	0,0096
Índice de interacción xPy	$xPy = \sum_{i=1}^{n}\left(\frac{x_i}{X}\right)\left(\frac{y_i}{t_i}\right) \ldots 0 \leq xPy \leq 1$	0,9690
Índice Delta DEL	$DEL = \frac{1}{2}\sum_{i=1}^{n}\left\lvert\frac{x_i}{X}-\frac{a_i}{A}\right\rvert \ldots 0 \leq DEL \leq 1$	0,3239
Índice de centralización PCC	$PCC = \frac{X_{cc}}{X} \ldots 0 \leq PCC \leq 1$	0,0458

Fuente: Elaboración propia con datos de INEGI, Censo de Población de 2010.

El siguiente índice Delta DELL, cuyo resultado es del 32,4%, refleja que si bien no hay una segregación extrema en la ciudad de Tuxtla Gutiérrez, el que el indicador se acerque a ser equivalente a la tercera parte refleja la existencia de una importante segregación hacia la población indígena. Por último, el índice de centralización PCC equivalente a 4,58%, muestra que menos del 5% de la población indígena reside en el centro de la ciudad, con lo cual la ocupación de los espacios periféricos de la ciudad son los que se convierten en lugares para los espacios domésticos de la población indígena.

Segregación ocupacional, discriminación educativa y salarial

La metodología de la medición de la discriminación laboral se desarrolló por parte de los índices que buscan mostrar las diferencias que existían entre hombres y mujeres en el mercado de trabajo. Estos índices se pueden adaptar para la medición de la discriminación laboral de los indígenas, toda vez que se trata de la dicotomía de grupos de población, indígenas y no indígenas (Horbath, 2008a; 2008b). A continuación, se presentan los índices que serán utilizados para el cálculo de la discriminación laboral de la población indígena en la ciudad de Tuxtla Gutiérrez.

Índice de disimilitud de Duncan: El índice de disimilitud de Duncan ha sido el índice de inequidad más comúnmente utilizado (Anker, 1998: 69). Donde $Pind_i$=porcentaje de indígenas, en la categoría de clasificación (por ejemplo, una ocupación particular); y $Pnind_i$=porcentaje de no indígenas en la misma categoría (Duncan & Duncan, 1955a) (ver Cuadro 3).

Cuadro 3. Índices de segregación ocupacional y de discriminación educativa y salarial para la población indígena en la ciudad de Tuxtla Gutiérrez, 2010

Ramas de actividad económica*	Indicadores				
	Índices de Segregación Ocupacional $D = \frac{1}{2}\sum_{i=1}^{n}\|Pind_i - Pnind_i\|$	Ingreso-hora promedio	Índices de Discriminación Salarial $IDS = \frac{\frac{IHIndA}{IHNIndA} - \frac{PEIndA}{PENIndA}}{\frac{IHIndA}{IHNIndA}}$	Escolaridad acumulada promedio	Índices de Discriminación Educativa $IDE = \frac{\frac{PEIndA}{PENIndA} - \frac{PIndA}{PNIndA}}{\frac{PEIndA}{PENIndA}}$
11	13,1	25,78	-0,76	10,52	0,16
21					
22					
23	16,6	13,63	-0,48	5,17	-0,46
31	16,8	9,47	0,19	4,31	-1,28
32	2,6	17,14	-0,24	6,53	-0,09
33	2,9	13,96	-0,88	6,07	-0,89
43					
46	32,5	13,78	-0,06	5,63	-0,46
48	4,4	16,8	0,15	6,27	-0,13
49					
51	2,5	58,14	0,21	17	0,15
52					
53					
54	4,4	70,07	0,04	15,98	-0,11
55					
56	14,4	9,53	-0,12	6,19	-0,48
61	5,7	64,16	0,1	16,01	-0,01
62	13,5	53,32	-0,04	14,88	-0,14
71					
72	10,3	12,82	-0,43	6,46	-0,16
81	37,9	14,53	-0,18	5,32	0
93	30,6	26,13	-0,41	12,62	0,09
99	2,8			6	-0,14

Fuente: Elaboración propia con datos del INEGI, Censo de Población de 2010. * Clasificación de actividades SCIAN: 2007.

11 Agricultura, cría y explotación de animales, aprovechamiento forestal, pesca y caza.
21 Minería.
22 Generación, transmisión y distribución de energía eléctrica, suministro de agua y de gas por ductos al consumidor final.
23 Construcción.
31 Industrias alimentaria, textiles y cuero.
32 Industrias de la madera, plástico y derivados del petróleo.
33 Industrias metálicas básicas, maquinaria, equipo y muebles.
43 Comercio al por mayor.
46 Comercio al por menor.
48 Transportes.
49 Correos y almacenamiento.
51 Información en medios masivos.
52 Servicios financieros y de seguros.
53 Servicios inmobiliarios y de alquiler de bienes muebles e intangibles.
54 Servicios profesionales, científicos y técnicos.
55 Corporativos.
56 Servicios de apoyo a los negocios y manejo de desechos y servicios de remediación.
61 Servicios educativos.
62 Servicios de salud y de asistencia social.
71 Servicios de esparcimiento, culturales y deportivos, y otros servicios recreativos.
72 Servicios de alojamiento temporal y de preparación de alimentos y bebidas.
81 Otros servicios excepto actividades gubernamentales.
93 Actividades legislativas, gubernamentales, de impartición de justicia y de organismos internacionales y extraterritoriales.
99 Actividad económica no especificada.

Índice de discriminación salarial IDS: El índice mide el porcentaje de remuneración que los indígenas asalariados no perciben, una vez considerados el nivel de escolaridad, la inserción en el mercado de trabajo, el tipo de ocupación y la duración de la jornada de trabajo (INEGI, 2002: 334) donde *IHIndA* es el ingreso promedio por hora de la población indígena asalariada; *IHNIndA* es el ingreso promedio por hora de la población no indígena asalariada; *PENIndA* promedio de escolaridad de la población no indígena asalariada; *PEIndA* promedio de escolaridad de la población indígena asalariada (Cuadro 3).

Índice de discriminación educativa IDE: El índice mide el porcentaje de años de escolaridad que uno de los grupos (discriminado o no discriminado) no tiene, una vez consideradas el nivel de escolaridad, el promedio de edad y el tipo de ocupación, donde *PEIndA* es el promedio de escolaridad de la población indígena; *PENIndA* es el promedio de escolaridad de la población no indígena; *PIndA* promedio de edad de la población indígena; *PNIndA* promedio de edad de la población no indígena (Cuadro 3). Para la elaboración de los índices se hizo uso de los microdatos del Censo de Población de 2010, efectuando procesamientos especiales y generando resultados que agregaban a 24 sectores a dos dígitos de la Clasificación Industrial de América del Norte, SCIAN.

Los resultados condensados en el Cuadro 3 muestran que los índices de disimilitud de Duncan que miden la segregación ocupacional son bajos en siete de las veinticuatro ramas de actividad económica que se desagrega a dos dígitos de clasificación de actividades SCIAN de 2007, con valores menores al 10%, sin contar las ocho ramas de actividad económica donde no hay datos, probablemente debido a la inexistencia de las mismas en la estructura productiva de la ciudad.

Sin embargo lo anterior no significa que no exista segregación ocupacional de los indígenas, por el contrario, las cifras más sobresalientes en ese aspecto se encuentran en los sectores de comercio al por menor y otros servicios: en la capital Tuxtla tienen índices superiores al 32% por el peso de la mano de obra indígena en estos sectores, en contraste con la segregación del 30,6% por baja presencia indígena en actividades del sector de justicia en esta ciudad y además resulta dramático respecto de las limitadas oportunidades de acceso a actividades productivas con mayores condiciones de reconocimiento social y laboral de los indígenas en Tuxtla Gutiérrez. También presenta una generalizada segregación que se caracteriza en nueve ramas del total por índices con valores que son preocupantes al pasar de dos dígitos decimales.

Ahora revisaremos los valores de los índices de discriminación salarial para identificar las brechas salariales entre la fuerza de trabajo indígena y la no indígena en los sectores de actividad económica de la ciudad, tomando como referencia el ingreso promedio sectorial de la población indígena. De acuerdo con la Comisión Nacional de los Salarios Mínimos y el INEGI, para el 2010 el salario mínimo diario en ese año se encontraba en 55 pesos por jornada de ocho horas, equivalente a 6,88 pesos por hora. Considerando nuevamente la línea de pobreza de 2010 estimada por el Consejo Nacional de Evaluación de la Política de Desarrollo Social (CONEVAL) en $2.106,50 pesos mexicanos (a precios corrientes) equivalente a un promedio diario de $70,2 pesos mexicanos de ese año, en equivalencia a las ocho horas de la jornada laboral estipulada, correspondería a una línea de pobreza de $8,78 pesos por hora.

Al contrastarla con la información del Cuadro 3, se puede apreciar que en todas las ramas de actividad económica estaría superando la línea de pobreza referida por lo que la remuneración que recibe la mano de obra indígena en la ciudad en promedio es superior a ese estándar.

Sin embargo, en los resultados del índice de discriminación salarial, los valores negativos en diez de las veinticuatro ramas de actividad económica muestran las diferencias desfavorables de remuneración de los indígenas, considerando que en nueve de dichas ramas no hay datos y solamente en cinco hay valores positivos a favor de la población indígena, de allí que la recurrencia de discriminación en Tuxtla Gutiérrez es del 66.7%.

Las ramas con mayor discriminación salarial son las industrias metálicas básicas, maquinaria, equipo y muebles con 88%, seguido de la agricultura, cría y explotación de animales, aprovechamiento forestal, pesca y caza con 76%, seguidas de la construcción con 48%, los servicios de alojamiento temporal y de preparación de alimentos y bebidas con 43% y las actividades legislativas, gubernamentales, de impartición de justicia y de organismos internacionales y extraterritoriales con 41%, cifras que significan el incremento que deberían tener los ingresos de los indígenas para igualar el ingreso de los trabajadores no indígenas en las respectivas ramas.

En México el derecho a la educación establece un estándar de educación básica cumplida correspondiente a doce años aprobados (tres de preescolar, seis de primaria y tres de secundaria). Con ese parámetro al revisar los promedios del Cuadro 3, en casi todas las ramas de actividad económica estudiadas la población indígena ocupada en actividades productivas tiene en promedio de nueve años de educación, eso es solamente la primaria completa, lo que significa una brecha educativa de casi tres años de educación básica sin cumplir. Solamente en cinco ramas de actividad económica se logra superar el estándar educativo de los doce años aprobados como promedio, tales como servicios profesionales, científicos y técnicos, servicios educativos, servicios de salud y de asistencia social y actividades legislativas, gubernamentales, de impartición de justicia y de organismos internacionales y extraterritoriales. En las ramas restantes el promedio de educación no superó los seis años de escolaridad, lo que representaba en la equivalencia actual no haber terminado el tercer año de primaria.

En cuanto a la discriminación educativa que se registra en la ocupación por ramas de actividad económica, se aprecia que existe una brecha en contra de la población indígena en doce ramas y solamente hay valores positivos en cuatro ramas, siendo en promedio un índice negativo de -24,68%, lo que representaría aumentar 2,23 años de escolaridad promedio a la fuerza de trabajo indígena en la ciudad para que iguale a 11,29 años de escolaridad que es el registro que tiene la fuerza de trabajo no indígena como promedio en años acumulados en la ciudad de Tuxtla Gutiérrez.

La rama de actividad con mayor brecha de escolaridad es industrias alimentarias, textiles y cuero con 128%, seguida de industrias metálicas básicas, maquinaria, equipo y muebles con 89%, a las que se adicionan las ramas de la construcción, comercio al por menor, servicios de apoyo a los negocios y manejo de desechos y servicios de remediación, con guarismos altos de entre 40 y 50%. En ese recuento las dos primeras ramas referidas requerirían más que duplicar la escolaridad promedio de los indígenas para igual el de la población no indígena en esas franjas del mercado de trabajo de la ciudad.

Percepciones sobre discriminación y derechos de los indígenas en Tuxtla Gutiérrez

Al llegar a la ciudad el indígena se encuentra con el primero de los muchos conflictos que surgirán en su nueva vida urbana, las diferencias entre su lugar de origen y la ciudad a la que llega, los hábitos que tenía en su comunidad se ven modificados por el contexto urbano, el paisaje cambia, el acceso a los alimentos que él conocía de forma natural se ve disminuido. En este aspecto, los actores refieren que esta es una de las diferencias más significativas: mientras que en el campo tiene que sembrar la tierra y cortar la fruta con sus manos para comer, en la ciudad se encuentra con la dificultad de que si no tiene dinero no puede comer. Por otro lado, en el campo las distancias las recorren caminando mientras en la ciudad tiene que hacer uso de las líneas de transporte público, el cual también le genera un costo. El costo monetario para desplazarse y alimentarse en la ciudad es el impacto inicial que el recién llegado del campo resiente: "Allá no, la forma de comer, los productos, es un alimento cerca del fogón, cerca del anafre. Aquí en Tuxtla no tienes más donde hacer tu comida, más bien si lo puedes hacer pero aquí en Tuxtla es más de restaurant" (Mujer 2, indígena tzeltal).

Uno de los obstáculos para el modo de vida del indígena urbano es el desconocimiento del español pues en ocasiones ellos no saben hablarlo y al llegar a la ciudad se enfrentan con esta barrera y se encuentran incomunicados e incapaces de dar a entender sus necesidades a quienes los rodean. Esto no solo merma su radio de acción, sino que genera sentimientos de inferioridad, impotencia y baja autoestima.

Necesidad de vivienda

La población indígena que llega a la ciudad por lo general se instala con familiares que migraron antes que ellos, llegan a rentar pequeños cuartos conforme a sus posibilidades, al contrario de quienes gozan de prestaciones, aunque en este caso los trámites para adquirir vivienda son extenuantes. La familia crece por lo que un cuarto ya no es suficiente y se procede a rentar o construir una casa desde sus cimientes: "No tener una casa propia es tormentoso, porque no podías meter tu salita, rentar se necesitaba una casita un poco más grande, ya con los hijos necesitas tener un cuarto para ellos, otro para ti, una cocinita hasta que llegas a tener un poco de comodidad" (Mujer 4, indígena tzeltal).

Por cuestiones económicas, los indígenas recién llegados se instalan en colonias ubicadas en la periferia, cuyos caminos son accidentados e inundados, llenos de parajes enmontados y casas abandonadas dejadas a media construcción; dichas características aumentan el grado de precariedad, puesto que propician el vandalismo aunado a la presencia del paracaidismo en asentamientos.

Condiciones laborales

El principal motivo por el que el indígena abandona su lugar de origen es para mejorar sus ingresos, accediendo a oportunidades laborales que esperan encontrar en la ciudad, pero no es así como ocurre, pues mientras que en el campo las opciones son escasas, limitadas a sembrar la tierra y vender lo que esta produce, en la ciudad las opciones se restringen al ambulantaje, al servicio doméstico u obrero, por la falta de estudios tienen que asumir trabajos residuales. El desconocimiento del español y la estigmatización de la que son víctimas los indígenas, los coloca en desventaja laboral, recibiendo salarios por debajo del salario mínimo, siendo vistos como mano de obra barata, con informalidad laboral precaria que les impide gozar de las seguridades de los empleos formales, tanto de servicios médicos como de cotizar en prestaciones sociales.

Te contrato pero vas a trabajar de tal a tal hora ¿no? porque ya una persona que domina bien el español o que sabe le defiende son ocho horas que tengo que trabajar y ahí nos vemos ¿no? y a veces a hay gente que no domina bien el español y no ejerce sus derechos por lo mismo que no los puede expresar. (Hombre 5, indígena Tsotsil)

En los hombres los empleos más usuales son como obreros de la construcción y el ambulantaje, mientras que en las mujeres es el servicio doméstico; este tipo de oficios comparten las características de que son trabajos temporales, no gozan de prestaciones, ni de seguridad médica, con bajo sueldo y que la jornada de trabajo es más larga.

Acceso a la educación

Entre algunas familias indígenas se ve a la educación como una forma de superación personal, aunque todavía existe la creencia en muchas otras de que la educación no es necesaria, donde las mujeres son formadas en usos y costumbres para realizar labores caseras, mientras que los niños son mandados a trabajar en el campo a temprana edad, lo que se agudiza cuando los centros escolares se encuentran alejados de las comunidades:

Como no tengo estudios, y no tengo, no puedo encontrar mejor trabajo aquí en esta ciudad porque va puro estudio ahorita y por eso es que va toda la gente de Tierra Colorada pues el que tenga su, sus escuelas, su primaria, su secundaria pues en el campo, solo en el campo. (Hombre 3, indígena tsotsil)

Esa situación que podría ser frecuente en las zonas rurales, en la ciudad de Tuxtla Gutiérrez es habitual en las zonas periféricas, donde las escuelas se encuentran en algunas colonias de reciente creación en un contexto aislado, no cuentan con instalaciones adecuadas pues la matrícula suele ser pequeña y se espera hasta que aumente para crear nuevos salones y mejorar los que existen:

Lo único que se metieron es luz, fosas sépticas...en el caso de las casas de los nenes de la escuela ¿no? casi todos o no todos tienen por ejemplo piso. No todos, de hecho la mayoría usa todavía por acá cocinan con leña, por la cuestión tanto económica, no hay gas, no entra hasta acá. A pesar de que está cerquita pero no. (Mujer 7, indígena tseltal)

Los indígenas que acceden a escuelas urbanas rodeados de población mestiza, reciben tratos discriminatorios, enfrentando situaciones desfavorables hacia ellos por parte de sus compañeros y profesores, debido a su condición de minoría y a la estigmatización reiterada de la que son víctimas.

Podríamos decir de, no sé es racismo o no sé cómo se le puede llamar, lo que pasa es que el director era itsmeño, era de Chenal, Oaxaca. Y había un, por decir algo la mitad de los alumnos itsmeños y el otro resto de las demás regiones de Mixteca, Valle, Zapotecas, Mixes ahí andaba. Había preferencia por los itsmeños. Así es. (Hombre 4, indígena ayuc)

En muchas ocasiones estas situaciones discriminatorias provienen de las preferencias regionales por parte de directivos y profesores respecto a grupos de población estudiantil en las aulas y escuelas urbanas.

Atención en salud

El acceso a los servicios de salud para la población indígena es más limitado ya que la seguridad médica va de la mano del tipo de empleo, por lo tanto, en los empleos informales no hay seguridad ni posibilidad de seguridad médica. Por otro lado, el trato y la disposición médica es factor que los indígenas señalan como una falla.

Hace como siete años, aproximadamente, si no me equivoco me enfermé de este, de tuberculosis. Fui este —al regional— no, en vista de que no atienden rápido allá tuve que ir en particulares, solo gastaba y gastaba pero no, no, este, solucionaba nada. Hasta que un día tuve que ir al centro de salud, ahí fue que me atendieron los testigos de Jehovah me atendieron y me mandaron a Terán al centro de salud de Terán. (Hombre 6, indígena tseltal)

La población indígena tiene acceso a diferentes servicios médicos dependiendo de sus ingresos o empleos, desde los que solo gozan de seguro popular hasta los que cuentan con seguridad por parte del ISSSTE. Los que no tienen seguridad médica recurren al DIF de manera más informal, donde los atienden con trato diferencial desfavorable.

Acá hay un DIF que los servicios que dan, por ejemplo odontología, servicio médico y todo eso. Allá dan pésimas, no tanto así de servicios sino que no cuentan con material. Pides tu cita y "la máquina no sirve hoy", que no sé qué. Y nos vamos a la Santa Cruz, que también ahí nos toca el centro de salud. La gran cola, desde las 5 de la mañana a hacer cola, para que pases por ahí las 9 o las 10. Y para que le digan: "sabes qué, no vino la doctora", "sabes qué, ahorita no hay máquina". Y así como que no te sacan de apuros. (Hombre 5, indígena tsotsil)

Dependía de la apariencia, bueno cuando llegaban así muy qué será tacones, zapatillas, las señoras de la ciudad o así. "Pásele por favor" así estuvieras haciendo y como no decías nada, bueno si así, uno no defendía sus derechos. Oiga señora, pero si yo también estoy aquí llegué temprano ¿no? Entonces eso es lo que yo observaba como que no nos atrevíamos a reclamar el derecho de haber esperado. (Mujer 8, indígena ch'ol)

El acceso al sistema de salud para los indígenas en la ciudad de Tuxtla Gutiérrez sigue el patrón que viven los grupos populares en las ciudades mexicanas, donde hay pocos recursos para atender una alta demanda y se le suma la discriminación en la atención que reciben, aislándolos de estos espacios.

Espacios públicos

Al llegar a la ciudad los indígenas deben adaptar sus usos y costumbres al nuevo entorno, lo que implica despojarse de sus ropas tradicionales y si es posible hacer uso lo menos posible de su lengua materna, negando su identidad simbólica de pueblos originarios.

"En el parque, no tiene mucho [...] había un señor ya mayor así canoso y me dice: "me estás empujando". "Ni lo estoy empujando", le digo, "¿qué le pasa?". "No, es que es usted una Chamula", que no sé qué. Yo andaba con una blusita que es de un municipio, de Larráinzar, y por eso me identificaron que soy Chamula. (Mujer 3, indígena tzeltal)

Esa exposición a las prácticas discriminatorias hace que se conformen estrategias familiares y colectivas de autodiscriminación, donde la negación de la identidad se imprime a las nuevas generaciones, lo que conlleva no enseñarles la lengua o darles vestidos tradicionales, siendo condicionada su herencia étnica por el entorno agresivo de la ciudad, cuyos nuevos códigos les limitan.

Conclusiones

La situación de la "visibilización" de los indígenas en México es cada vez más compleja, debido a la reiteración de sus condiciones precarias en sus lugares de origen que los obliga a migrar a otras zonas, en especial a las ciudades de los entornos vecinos. En ellas encuentran un escenario adverso que no les favorece ni les hace grata su experiencia para preservar sus usos y costumbres. El caso revisado de la ciudad de Tuxtla Gutiérrez, capital del Estado de Chiapas, es una referencia fundamental dentro de los estudios sobre discriminación y exclusión social hacia los indígenas en las ciudades del sureste mexicano, debido a que la ciudad se creó y creció en un entorno donde colinda con un gran número de comunidades indígenas y sin embargo su proporción poblacional indígena es de solamente 6%.

El análisis documental del marco normativo internacional, federal y estatal que protege los derechos sociales de los indígenas en la ciudad muestra que, si bien hay avances importantes en los dos primeros, el marco constitucional del Estado de Chiapas no le permite al nivel gubernamental formular programas sociales que sean diferentes a las competencias que en materia de política realiza el nivel federal, lo que queda evidenciado en los planes municipales de desarrollo donde no existe política pública que pueda crear programas sociales específicos para los indígenas que llegan y habitan la ciudad, con los cuales se les garanticen sus derechos sociales y culturales.

De la misma forma su localización en la ciudad refleja la alta segregación espacial hacia esta población, al concentrarse en la periferia urbana y una parte del centro de la ciudad. Esta situación es acompañada por una muy alta discriminación laboral con amplias diferencias en la concentración de la fuerza de trabajo en ramas de actividad económica, con vinculación laboral también precaria, sin prestaciones ni seguridad social, justificadas por el diferencial educativo que a la postre no es tan elevado como sí lo es el diferencial salarial con el resto de población y que acentúa la discriminación social. Por sus limitantes en el habla del español, la fuerza de trabajo indígena en las ciudades se centra principalmente en el servicio doméstico y en las ventas ambulantes, donde recibe tratos discriminatorios y son permanentemente estigmatizados por su condición indígena en sus usos y costumbres, en especial por su forma de vestir y el hablar su lengua en espacios públicos.

Este trato negativamente diferenciado que las cifras reflejan se corresponde con las percepciones que tienen los indígenas sobre los cinco derechos sociales fundamentales de acceso a vivienda, salud, educación, trabajo y ocupación de la ciudad, cuyas manifestaciones resultan ser conmovedoras por la forma en que describen sus experiencias de llegada a la ciudad de Tuxtla Gutiérrez y la manera en que se ven obligados a establecer estrategias de subsistencia que los protegen de la exclusión y discriminación haciéndose invisibles y mimetizándose con los demás sujetos urbanos de esas zonas periféricas donde la precarización, marginalidad y pobreza homologan una característica urbana predominante. De allí que las políticas públicas actuales muestren el fracaso de sus programas y acciones para el logro del cumplimiento de los derechos sociales de los indígenas, en especial en las ciudades mexicanas del sureste.

Bibliografía

Anker, R. 1998 *Gender and Jobs: Sex Segregation of Occupations in the World* (Ginebra: OIT).

Bell, W. 1954 "A probability model for the measurement of ecological segregation" en *American Sociological Review* (University of Chicago Press) Nº 32.

Bertrand, J. R.; J. Chevalier 1993 *Demandes et besoins des ménages* (París: L'Harmattan).

Brown, W. 2003 "Lo que se pierde con los derechos" en Brown, W.; Williams, P. (comps.) *La crítica de los derechos* (Bogotá: Universidad de los Andes).

Castoriadis, C. 1985 "Reflecciones entorno al racismo" en *Debate Feminista* (México: Debate Feminista) Vol. 24, octubre.

Diario Oficial de la Federación 2017 "Constitución Política de los Estados Unidos Mexicanos" (México: Secretaría de Gobernación). En <http://www.diputados.gob.mx/LeyesBiblio/pdf/1_240217.pdf > acceso 15 de junio de 2017.

Donzelot, J. 1998 "The promotion of the social" en *Economy and Society* (Taylor & Francis) Nº 17(3), agosto.

Duncan, O. D.; Cuzzort, R. P.; Duncan, B. 1961 *Statistical geography: Problems in analyzing areal data* (Illinois: The Free Press of Glencoe).

Duncan, O. D.; Duncan, B. 1955b "Residential distribution and occupational stratification" en *American Journal of Sociology* (Estados Unidos) Nº 60.

Duncan, O. D.; Duncan, B. 1995a "A methodological analysis of segregation indexes" en *American Sociological Review* (University of Chicago Press) Nº 41.

Gall, O. 2004 "Identidad, exclusión y racismo: Reflexiones teóricas y sobre México" en *Revista Mexicana de Sociología* (México: Instituto de Investigaciones Sociales) Nº 2, abril-junio.

Gall, O. 2007 "Relaciones entre racismo y modernidad: Preguntas y Planteamientos" en Gall, O. (coord.) *Racismo, mestizaje y modernidad: visiones desde latitudes diversas* (México: CIICH; Centro Regional de Investigaciones Multidisciplinarias; UNAM).

Goffman, I. 1963 *Estigma: La identidad estereotipada* (Argentina: Amorrortu).

Horbath, J. 2008a "La discriminación laboral de los indígenas en los mercados urbanos de trabajo en México: revisión y balance de un fenómeno persistente" en Zabala Arguelles, M. del C. (comp.) *Pobreza, exclusión social y discriminación étnico-racial en América Latina y el Caribe* (Bogotá: Siglo del Hombre; CLACSO).

Horbath, J. 2008b *Exclusión social, discriminación laboral, pobreza de los indígenas en la Ciudad de México* (Buenos Aires: El Aleph).

Horbath, J. 2013 "De la marginación rural a la exclusión escolar urbana: el caso de los niños y jóvenes indígenas que migran a las ciudades del sureste mexicano" (Guadalajara: Espiral) Nº 20(58).

Instituto Nacional de Estadística y Geografía 2002 *Mujeres y hombres en México 2002* (México: INEGI; INMUJERES).

Instituto Nacional de Estadística y Geografía 2011 *Principales resultados del Censo de Población y Vivienda 2010* (México: INEGI). En <http://www.inegi.gob.mx> acceso 15 de junio de 2017

Massey, D. S.; Denton, N. A. 1988 "The dimensions of residential segregation" en *Social Forces* (Oxford University Press) Nº 67.

Stearns, L. B.; Logan, J. R. 1986 "Measuring trends in segregation: three dimensions, three measures" en *Urban affairs quarterly* (SAGE) Nº 22.

Suprema Corte de Justicia de la Nación 2016 *Constitución Política del Estado de Chiapas* (México). En <https://www.scjn.gob.mx/sites/default/files/justicia_constitucional_local/documento/2017-02/CHIAPAS.pdf> acceso 15 de junio de 2017.

QUINTA PARTE

Interculturalidad y derechos

Migración, salud y cultura:

miradas comparativas entre profesionales sanitarios y mujeres migrantes bolivianas en dos ciudades argentinas

Lila Aizenberg[1]
Brígida Baeza[2]

Introducción

A pesar de que el campo de estudio de la salud migrante se encuentra aún en proceso de construcción, un elemento que ha atravesado fuertemente las explicaciones sobre la situación de salud de las personas en los contextos migratorios ha sido la cultura (Viruell-Fuentes, Miranda & Abdulrahim, 2012). Las distancias culturales o la llamada "barrera cultural" —entendida como las diferencias entre las concepciones y enfoques sobre el cuidado de la salud y la enfermedad entre proveedores y usuarios— ha sido señalada como una de las principales causas del bajo status en salud de las poblaciones migrantes, las relaciones de desconfianza entre profesionales y usuarios/as, la falta de acceso a los sistemas de salud modernos de los migrantes, la baja performance en el cuidado de la salud y la dificultad en el ejercicio de los derechos a la salud en general. (Cerrutti, 2011; Jelín, Grimson & Zamberlin, 2009; Baeza, 2014; Aizenberg, Rodríguez & Carbonetti, 2015; Goldberg, 2014; Aizenberg & Baeza, 2017). A pesar de que la cultura ha sido incorporada reiteradamente en los estudios sobre salud migratoria, todavía no ha sido suficientemente problematizado qué significa la "cultura" para los actores que forman parte del sistema sanitario y cómo estos significados influyen sobre sus prácticas. Parte de esta falta de problematización, argumentamos, ha sido la forma en que la cultura ha formado parte de los estudios que han

---

1   Investigadora del CONICET-CIECS-Universidad Nacional de Córdoba.
2   Investigadora del CONICET-Universidad Nacional de la Patagonia San Juan Bosco. Para el caso de Comodoro Rivadavia agradecemos la colaboración en el trabajo de campo realizado del doctorando Licenciado Carlos Barria Oyarzo.

buscado visibilizar el componente étnico en los resultados sanitarios de los migrantes. Distintos factores han contribuido a esto. Por un lado, los grupos migratorios han sido principalmente leídos en clave nacional, lo cual no solo ha invisibilizado sus características étnicas sino que ha llevado a tomarlos como colectivos culturalmente homogéneos. Desde aquí se han generado interpretaciones basadas en la idea de que los migrantes comparten una cultura común en función de su país de origen que los lleva a desarrollar determinados comportamientos en salud en los países de destino (Lara *et al.*, 2005). Esta mirada de la cultura entendida como un repertorio homogéneo y estático que define colectivamente la identidad de las personas (Giménez, 2009) ha permeado distintas líneas de investigación interesadas en analizar el peso de las diferencias culturales sobre la salud en los procesos migratorios. Por ejemplo, mientras que algunos estudios han demostrado que la llamada "aculturación" o "asimilación" al modelo de salud deseado por los países receptores ha llevado a empeorar los resultados en salud (Escarce, Morales & Rumbaut, 2006; Salant & Lauderdale, 2003), otros han señalado que la cultura traída desde el país de origen ayuda a lo/as migrantes a cuidar su salud, incluso a tener mejores indicadores en salud que poblaciones nativas (Waldstein, 2008; Waldstein, 2006; Molina, 1994). En esta línea también, la "aproximación intercultural" ha surgido como un eje clave de las políticas sanitarias para reducir las barreras culturales entre proveedores de servicios y poblaciones migrantes (Albó, 2004), pero desconociéndose las heterogeneidades culturales y étnicas entre ambos grupos, así como las relaciones de poder y desigualdades que históricamente han caracterizado la relación médico-paciente (Menéndez, 2006; Ramírez Hita, 2009).

La mirada particular que tanto la academia como el sistema de salud han tenido sobre la persona que migra ha llevado a generar estereotipos que refieren a la etnicización "en clave nacional" (Baeza, 2013) de los distintos grupos de migrantes, donde al componente étnico vinculado a lo indígena ha sido ubicado en primer término al momento de la interacción médico-paciente, tal como sucede con las mujeres provenientes del mundo andino. Una vez en los países de destino, se produce un proceso que refiere a dos momentos vinculados entre sí, uno referido a las marcaciones diacríticas que los demás grupos refieren a "los bolivianos", "los paraguayos", entre otros grupos estigmatizados, y por otro lado, desde adentro, el reforzamiento de lazos y relaciones que se generan al "estar juntos" y que se resignifican y profundizan en los nuevos lugares de residencia. Así, frente a la adversidad "los inmigrantes tienden a asumirse

—y muchas veces a organizarse— como etnias, aislándose en espacios sociales específicos" (Cardoso de Oliveira, 2007: 221). De la relación entre la producción de lo habitual y lo vivido aparece lo cultural, en principio como aparatos de trazado, que producen mapas o redes que realizan configuraciones específicas de pertenencia, y en un segundo momento:

los aparatos culturales generan mapas a través de la producción de otredad; que son aparatos de otrificación. La producción de otredad adquiere dos formas diferentes: la producción de diferencia y la producción de distancias (fronteras). Esto sugiere que lo cultural participa en una articulación particular de cuestiones de valor y en una relación particular con ellas [...] en la medida en que son mapas de valor que producen otredad, lo cultural aparece como un mapa de valor y a la vez como productor único de valor. (Grossberg, 2012: 238)

Desde el modelo biomédico, por ejemplo esto ha sido condensado en la manera en que se ha contemplado a la enfermedad como algo objetivo, preexistente y externo a la cultura, nunca como una compleja construcción a partir de la experiencia o encuentro con el contexto vivido, donde "la cultura y lo cultural están puestos en la esfera de los otros así como también las deficiencias de la atención que surgen de tales demandas" (Mariano, 2008: 308). La manera en que la noción de cultura ha sido utilizada en el campo migratorio, argumentamos, ha contribuido a perpetuar imaginarios y representaciones culturalizadas y estereotipadas en torno a los migrantes que han influido negativamente en su atención. Estas imágenes no solo no han permitido dar cuenta de las realidades complejas y cambiantes que viven los migrantes en torno al cuidado de su cuerpo (Gregorio Gil, 2015) sino que ha limitado la posibilidad de analizar las distintas barreras que ellos afrontan para ejercer sus derechos a la salud.

Este artículo busca aportar nuevas miradas a la articulación entre cultura y salud migratoria. En Argentina, los estudios sobre migración y salud han señalado que los migrantes están expuestos a una multiplicidad de obstáculos que atraviesan el cuidado de su salud y que exceden la "barrera cultural". La academia ha demostrado que migrantes sudamericanos viviendo en el país están expuestos a altos índices de vulnerabilidad, malas condiciones de vida y limitado acceso a los servicios sanitarios. En su gran mayoría, los migrantes sudamericanos en Argentina se caracterizan por tener bajos niveles educativos, condiciones desfavorables de vivienda, escaso acceso a los servicios de infraestructura básica y condiciones laborales extremadamente precarias e insalubres que influye negativamente en sus niveles de salud y en los de sus familias (Cerrutti,

2009; Golberg, 2014; Pantelides & Moreno, 2009). En el caso específico de las mujeres, los estudios han señalado que las mujeres migrantes de origen boliviano son el grupo con más altos niveles de vulnerabilidad en relación al cuidado de su salud y el que más obstáculos enfrenta para acceder a un sistema sanitario de calidad. Además de las dificultades que tienen como migrantes, las migrantes bolivianas enfrentan obstáculos derivados de factores asociados a su clase social, al género y a su pertenencia étnico-cultural (Jelin *et al.*, 2006; Cerrutti, 2011; Aizenberg *et al.*, 2015).

A partir de este contexto este trabajo se propone analizar las percepciones de los equipos sanitarios en torno a las mujeres migrantes bolivianas y de las propias mujeres en relación al cuidado de su cuerpo en las ciudades de Córdoba y Comodoro Rivadavia, Argentina. El trabajo analiza cómo opera el discurso biomédico sobre las mujeres migrantes desde una mirada que busca recuperar los distintos mecanismos y relaciones de poder que construyen un determinado tipo de cuerpo y sexualidad (Foucault, 1992) y que se expresa con particular relevancia en la construcción étnica y racial que se ha hecho en torno a la mujer migrante boliviana (Gregorio Gil, 2010). Por otro lado, busca analizar cómo las migrantes reconfiguran las representaciones de la salud y del cuidado del cuerpo en los lugares de destino dentro de un contexto sanitario caracterizado por una multiplicidad de barreras de acceso, materiales y simbólicas, al sistema de salud. El trabajo recupera la noción de agencia social, la cual concibe a las mujeres como agentes sociales y privilegia su capacidad en la recreación de los saberes transmitidos respecto a las saberes y redes comunitarias como fuentes de transmisión étnica y cultural y de apoyo mutuo para el cuidado de su salud (Anthias, 2006). En el pasaje de un tipo de vida rural indígena al modo de vida urbano se olvidan forzadamente o se silencian determinados componentes de la memoria vinculada al cuidado de la salud durante el contacto con los servicios sanitarios los cuales pueden activarse en ámbitos privados, familiares o comunitarios (Aizenberg & Baeza, 2017). En este sentido, consideramos fundamental recuperar el aporte de Sayad (Gil Araujo, 2010) para analizar la experiencia social del migrante como totalidad, no solo como inmigrantes sino también como emigrantes, lo cual nos lleva a considerar en el campo de la salud aquellos componentes provenientes del modo de entender la salud y la enfermedad propia de las comunidades de origen y aquellos provenientes del sistema médico hegemónico del país de proveniencia. En general, en las interacciones que se dan en los espacios de atención médica, predominan concepciones rígidas y exotizadas acerca de "la cultura" de los grupos migrantes, tanto de la atención médica como de los estudios académicos acerca de las mencionadas problemáticas los cuales deberían considerar visiones acerca de lo cultural que contemple tanto su dinámica como lo situacional (Meñaca, 2004: 56). En este sentido, la cantidad de años de residencia en Argentina, la proveniencia rural o urbana, la lengua predominante, entre otras variables, resultan fundamentales para pensar en la problematización de asimetrías y jerarquizaciones que predominan en la atención hospitalaria.

El trabajo plantea como un eje clave de análisis la teoría de la intersec-cionalidad la cual ha sido escasamente utilizada en el campo de la salud migratoria para analizar los discursos de los profesionales de la salud que atienden a mujeres migrantes bolivianas y a mujeres bolivianas que viven en Córdoba y Comodoro Rivadavia. La mirada de la interseccionalidad nos permite explorar, comprender y cuestionar los mecanismos discursivos con los cuales se construye la mirada del equipo sanitario en torno a la cultura de mujer boliviana, así como también las intersecciones —clase, de género, de nacionalidad, étnicas/raciales— que atraviesan sus opi-niones, valoraciones y prácticas. Asimismo, la interseccionalidad nos permite indagar y analizar cómo mujeres bolivianas resignifican, ocultan y activan prácticas culturales en la necesidad de sortear las distintas situaciones de desigualdades que encuentran en el sistema sanitario. El desarrollo de la interseccionalidad ha señalado que el género, el ori-gen étnico-racial y la clase social, entre otras clasificaciones sociales, interactúan y se imbrican en las realidades sociales y materiales de la vida de las mujeres, configurando determinadas relaciones de poder y produciendo/reproduciendo un entramado múltiple de desigualdades sociales y relaciones de dominación social (Stolke, 2004; Lugones, 2008). En las migraciones internacionales, las clasificaciones de género, clase social, origen nacional, raza, etnia, la condición migratoria y las políticas sanitarias son sin dudas aspectos que influyen directamente en las expe-riencias y trayectorias en salud de las mujeres migrantes, la manera en que se accede a servicios sanitarios, así como los obstáculos o facilitadores que atraviesan el cuidado de su salud (Martínez Pizarro, Cano & Soffia, 2014). Abogamos por una mirada donde pasemos al segundo momento de la perspectiva de la interseccionalidad, es decir, donde logremos analizar la lógica de la dominación, que si bien impone una concepción categorial lo que de hecho "es una fusión o una red de opresiones. El lugar de la opresión puede comprenderse como un solapamiento de opresiones que se cruzan o se entrelazan y que se entretejen o se fusionan. Género y raza, por ejemplo, no se cruzan como categorías de opresión separadas y separables. Más bien, la opresión de género y la de raza afectan a la gente sin ninguna posibilidad de separación" (Lugones, 2005: 69). Entendemos que el excesivo énfasis por mirar la salud migrante —especialmente para el caso de las mujeres— desde la lente de la cultura, ha opacado un análisis más exhaustivo respecto a cómo otras categorías sociales que atraviesan simultáneamente a las migrantes influyen en el cuidado de su salud, el acceso a servicios sanitarios y las respuestas que se ofrecen desde los proveedores. En este sentido, buscamos abordar a la cultura como campo de disputa donde lo cultural no resulta algo problemático que desembarca en la biomedicina a partir del contexto de la migración, sino un elemento que atraviesa también la identidad y la práctica biomédica y que se pone de manifiesto con mayor fuerza en los encuentros con la población migrante, configurándose como una variable explicativa más de los des/encuentros en la atención sanitaria intercultural (Mariano, 2008). Desde aquí, es que la interseccionalidad no solo resulta un marco teórico de particular relevancia para analizar los diversos ejes de desigualdades que atraviesan la salud de las mujeres migrantes en contextos sanitarios restrictivos, sino para dar cuenta de los sentidos e implicancias que estas variables tienen sobre las particularidades que adquieren el cuidado de su cuerpo y la salud en este contexto. El género, la clase social, la etnia, el origen nacional y la condición migratoria emergen como clasificaciones sociales principales, produciendo interseccionalmente diferentes miradas sancionadoras respecto a la mujer migrante en los servicios sanitarios y a sus prácticas en salud, miradas que interpelan a las mujeres y generan distintas respuestas por parte de ellas en relación a la toma de decisiones respecto a la utilización —o no— de los servicios, la manera de vincularse con los profesionales y/o al desarrollo de estrategias para el cuidado de su cuerpo en distintos momentos de su vida reproductiva durante el proceso migratorio. En un contexto caracterizado por una multiplicidad de barreras de acceso a servicios —de clase, de género, étnicas y propias de la organización del sistema sanitario—, las migrantes deben invisibilizar determinados componentes de su etnicidad para no ser juzgadas por el sistema sanitario y buscan desmarcarse de determinadas prácticas. Entonces, determinados saberes y prácticas se reservan para el ámbito privado, o los momentos que se comparten con familiares y paisanos, donde la vecindad permite compartir vivencias y afectos. Es en las "tierras de la memoria" (Trigo, 2011: 11) donde las mujeres migrantes encuentran los saberes y conocimientos transmitidos generacionalmente que les permitirán auto-cuidarse en distintos procesos y estados de salud y de enfermedad.

En una primera parte, el artículo desarrolla los aspectos metodológicos y el contexto de los casos empíricos seleccionados. En una segunda parte, trae la aproximación teórica de la interseccionalidad como base para explicar empíricamente la importancia que demanda una mirada profunda sobre la manera en que profesionales construyen su discurso en torno a la "cultura" en la atención de mujeres migrantes bolivianas, así como la forma en que las mujeres resignifican determinadas prácticas durante el cuidado de su salud en el contexto migratorio. Desde el análisis de estos relatos se pretende abrir las interpretaciones que denotan la idea de "cultura" para visibilizar la producción/reproducción del entramado múltiple de desigualdades sociales que atraviesa el tipo de atención en salud que se imparte hacia las mujeres de este colectivo, así como las prácticas, que desde mecanismos agenciadores, ellas despliegan para sortearlas durante el cuidado de su cuerpo.

Datos de contextos y metodología

La presencia migratoria proveniente de países limítrofes en Argentina tiene una larga trayectoria. Ya desde mediados del siglo XX, el Censo nacional de 1947 mostró un crecimiento de los flujos migratorios provenientes de países limítrofes, tendencia que se consolidó durante la segunda mitad del siglo pasado y se ha mantenido hasta la actualidad. Según datos del Censo Nacional de Población, Hogares y Vivienda del año 2010, del total de población extranjera residente en el país, 81,47% está representado por personas migrantes de países limítrofes. La crisis de las economías regionales y el proceso de urbanización registrado entre las décadas del '60 y '70 han llevado a una importante disminución en el número de migrantes asentados en las zonas de frontera y una aceleración de un proceso migratorio hacia las grandes urbes de la Argentina, a partir de la formación de nichos laborales urbanos (Benencia & Karasik, 1996). Desde fines de esa última década del siglo XX, la provincia de Córdoba se ha convertido en uno de los destinos elegidos por la población migrante sudamericana. Según datos del último censo nacional de población de 2010, del total de la población extranjera que vive en la provincia de Córdoba, cerca de 75 por ciento proviene de América del Sur, y el colectivo más grande en términos numéricos es el boliviano, seguido por el peruano y el paraguayo. De acuerdo al censo provincial de 2008, la migración boliviana, que como las demás corrientes de la región se concentra en la capital provincial y en la zona del Gran Córdoba, representa 51 por ciento del total de la población de los países limítrofes. En la ciudad de Córdoba, la comunidad boliviana ha provenido principalmente de los departamentos de La Paz, Potosí, Tarija y Cochabamba, ocupando espacios de trabajos precarios e informales en nichos laborales vacantes. En el caso de las mujeres bolivianas la vida laboral es diversa; mientras que algunas se insertan en trabajos de horticultura, floricultura o de fabricación de ladrillos, que las llevan a asentarse en zonas rurales o periurbanas, otras realizan actividades de cuidado, servicio doméstico, textiles o vinculadas a la venta en ferias de las zonas urbanas. La migración boliviana en Córdoba registra dos principales olas: quienes se movilizaron hacia mediados del siglo xx y quienes lo hicieron desde las décadas del ochenta y noventa en adelante. Mientras que los primeros, especialmente varones, llegaban a la ciudad de Córdoba en búsqueda de mejores condiciones laborales y educativas, en las mencionadas décadas este colectivo tenía un carácter eminentemente familiar, el cual se ha movilizado en busca de mejores condiciones generales de vida en el marco de un contexto neoliberal y pérdida de beneficios sociales y del empleo en América Latina (Magliano, 2009). Esta "segunda ola" migratoria llevó a la aparición de corrientes más pequeñas y la formación de asentamientos nuevos que se fueron consolidando en el sur de la Argentina, como la ciudad de Comodoro Rivadavia. La ciudad de Comodoro Rivadavia está basada en la monoproducción de la extracción de petróleo, ubicada en el sur de Argentina, y se encuentra dentro los lugares elegidos por presentar menores fricciones que aquellos lugares donde el capitalismo ha generado encuentros heterogéneos y desiguales que pueden llevar a nuevas configuraciones de la cultura y el poder (Tsing, 2005). Y que en cierto modo sustituyen a los "lugares clásicos" como Buenos Aires, Mendoza, Córdoba, entre otras grandes urbes de Argentina, y que en ocasiones representan una "primera parada" pero formando parte de en un desplazamiento que se extiende a lugares como las ciudades de la Cuenca del Golfo San Jorge, donde se encuentra Comodoro Rivadavia. En torno a las épocas de expansión de la extracción de petróleo, se gestó un tipo de poblamiento ligado a distintos procesos migratorios de características y orígenes diversos, sobre todo de Europa y del norte de Argentina, pasando a constituirse en un aspecto fundacional de la matriz societaria comodorense. La composición poblacional se complejizó aún más, en el transcurso del denominado segundo "boom petrolero" que se desarrolló entre 2004-2008, con la llegada de otros grupos migratorios limítrofes tales como bolivianos y paraguayos. Los datos del Censo Nacional de Población, Hogares y Vivienda del año 2010 arrojaron un total de 180.000 habitantes en la ciudad. De 16.653 migrantes, corresponde a migrantes limítrofes: 14.544, siendo mayoritario el número de chilenos: 10.682, seguidos por bolivianos: 2.421, paraguayos: 1.221 y 385 peruanos, entre otros. En el caso particular del grupo de migrantes bolivianos, se trata de familias que llegan por redes de paisanaje, y en su mayor parte provienen de la zona rural de Cuchupunata/Punata (Provincia de Cochabamba, Bolivia). Mayormente se emplean en el rubro de la construcción, el trabajo en empresas de procesamiento de productos ligados a la pesca marítima, el comercio callejero y en el mercado de frutas y verduras, actualmente en expansión. Distintos estudios (Baeza, 2013; 2016) han analizado cómo influye este proceso sobre las mujeres, donde se concentran la mayor parte de los rasgos distintivos del grupo de "migrantes nuevos", ya que son ellas las que diariamente transitan por las calles de los asentamientos y barrios donde residen y desarrollan su inserción económica como negocios, centros de venta callejera, instituciones entre otros lugares del espacio público donde adquieren visibilidad ya sea por su modo de vestir o por sus rasgos fenotípicos indígenas. La precarización laboral y las condiciones de vida que padecen las mujeres migrantes en Córdoba como en Comodoro Rivadavia ha repercutido fuertemente en sus experiencias de vida en el lugar de destino, incluyendo la dimensión de la salud y la salud reproductiva. Especialmente, si tomamos en cuenta la pirámide de población, la cual muestra que el grupo más nutrido es el de 25-34 años de edad, es de esperar que las necesidades en salud reproductiva y la búsqueda de atención propia y para los demás integrantes de su familia sean realmente un aspecto altamente relevante en la vida de las mujeres migrantes (Cerrutti, 2011).

En este contexto, este estudio tiene como objetivo analizar las percepciones de equipos sanitarios y de mujeres migrantes bolivianas en torno al cuidado de la salud en las ciudades de Córdoba y Comodoro Rivadavia, Argentina. El trabajo forma parte de un estudio más amplio donde recuperamos diversos trabajos que venimos desarrollando desde el año 2013, y que corresponde a distintos momentos de nuestro trabajo de campo en ambas ciudades. En Comodoro Rivadavia se llevó adelante un análisis interpretativo recuperando notas del trabajo de campo realizado en el Hospital Regional de Comodoro Rivadavia, tal como se denomina el centro hospitalario que concentra la atención de mayor complejidad y la realización de partos y cirugías en la ciudad, y en dos Centros de Atención

Primaria de Salud (CAPS) a través del acompañamiento en la tarea cotidiana de trabajadoras comunitarias de salud en terreno.[3] Recuperamos entrevistas realizadas en estas dos instituciones a 2 médicos ginecólogos, 1 médica pediatra, 1 médico generalista, 1 licenciada en obstetricia, 1 equipo de trabajadoras comunitarias, así como charlas informales con trabajadoras comunitarias y 4 mujeres bolivianas, hablantes quechua, viviendo en zonas denominadas "asentamientos" de Comodoro Rivadavia, dos de ellas provenientes de zonas rurales de Cochabamba, una de zona rural de Sucre y otra de la ciudad de Tarija. En Córdoba, se recuperan entrevistas realizadas a profesionales de salud de un CAPS ubicado en un asentamiento con un importante número de familias de origen boliviano de la periferia de la ciudad y de un hospital general de referencia de la red hospitalaria pública de la ciudad (1 enfermera, 1 psicóloga, 2 trabajadores sociales y 2 ginecólogas-obstetra). A su vez, se incluyen entrevistas realizadas a cinco mujeres bolivianas viviendo en Córdoba al momento de la entrevista, dos de ellas provenientes de regiones rurales de La Paz y Potosí y tres de sectores urbanos de La Paz y Cochabamba. Si bien estas migrantes se autodefinen en primera instancia como bolivianas, se consideran en relación a su origen étnico quechuas o aymaras. También se incluye una entrevista en profundidad a una referente de la comunidad andina en Córdoba asociadas a la defensa de los derechos de las migrantes.

Análisis. La mirada de los profesionales sanitarios sobre la salud de las mujeres migrantes bolivianas

Distintas investigaciones han señalado que los profesionales realizan distinciones de acuerdo a la nacionalidad de los pacientes y que las mayores dificultades comunicativas y culturales se producen en particular con los migrantes de origen boliviano en tanto aparece como "el otro" más diferenciado por sus características propias (lenguaje, vestimenta, costumbres) y rasgos fenotípicos determinados y diferentes a la de los/ las argentinos/as (Jelin, 2006: 9). Las entrevistas realizadas dan cuenta que las mujeres bolivianas a pesar de que son reconocidas en "clave nacional", son primeramente interpeladas en "clave indígena" a partir de una

---

3 La figura de trabajadoras comunitarias de salud en terreno se constituye en Chubut a través de la profesionalización de la labor de "agentes sanitarios". Su objetivo es la articulación y el intercambio entre la comunidad y el sistema de salud, favoreciendo la promoción de prácticas saludables y la prevención de enfermedades (Ministerio de Educación y Secretaría de Salud del Chubut, 2009).

lectura étnica basada en una construcción particular de su cultura y de la manera en que esta influye sobre su salud. Sin embargo, el componente étnico no es leído a partir de un reconocimiento de las características y particularidades indígenas propias de los saberes o prácticas que puedan traer las mujeres desde su país de origen sino desde miradas encasilladas de esta "cultura" que han llevado a generar estereotipos inadecuados en el tratamiento asistencial de los enfermos, homogeneizados o encasillados casi a la fuerza a partir de su adscripción étnica o cultural (Caggiano, 2008). En ese sentido, las "diferencias culturales" entre pacientes bolivianas y argentinas aparecen como la primera explicación para dar cuenta las características más salientes de las bolivianas que llegan a los servicios y las prácticas que ellas desarrollan en el ámbito sanitario. En esta construcción, las características étnicas o culturales de las migrantes son entendidas como la primera causa de la falta de comunicación con las mujeres y la principal barrera para la atención, especialmente en la posibilidad de asegurarse de que la paciente haya entendido correctamente las indicaciones y la información ofrecida. Los relatos dan cuenta que existe una mirada de género homogeneizante atravesada por sesgos étnico/raciales, basados en representaciones y estereotipos cargados de un fuerte contenido peyorativo/valorativo que ha asociado a la mujer boliviana con la sumisión y a la docilidad (Magliano, 2009). En este sentido, se interpretan los fracasos del sistema o la dificultad para impartir un tipo de atención deseada como un problema cultural de las personas, problema que siempre está puesto en la esfera de los otros(as) en este caso atribuido a la (falta de) higiene, la pasividad/sumisión de las bolivianas y a su falta de comunicación/expresividad.

En general, la percepción del equipo de salud [sobre las bolivianas] es la higiene. Es un rechazo principal. La otra cosa es el lenguaje, lo idiomático. Los ritmos son diferentes. Ellas son más tranquilas, más pausadas; no hacen muchas preguntas o se quedan esperando; no se animan a preguntar si necesitan algo. A uno le genera mucha impotencia el hablar y no saber qué pasa del otro lado (Juana, ginecóloga-obstetra, Córdoba, entrevista, 2013).

No sabés si están entendiendo, no se les traduce en la cara la forma en que están recibiendo el mensaje. Tenés que insistir la comunicación por ambas partes. La sensación que a mí me queda es que no tienen una expresión; no sabés si realmente lo entendió el mensaje. Con las mujeres argentinas no me pasa tanto; las argentinas son más cuestionadoras, pero según ellas [las bolivianas] todo siempre está muy bien. (Laura, ginecóloga-obstetra, Córdoba, entrevista, 2013)

En la misma línea, en el caso de Comodoro Rivadavia, los profesionales señalan:

Las bolivianas no nos entienden, porque es otra cultura, porque si bien hablan castellano hay palabras que no las entienden porque no las usan. (Camila, licenciada en obstetricia, Comodoro Rivadavia, entrevista, 2016)

Es todo un tema, chicos, ¿sí? Porque no nos entendemos el idioma. O sea, normalmente vienen, hablan quechua. Se quedan mirándonos, así, y no nos entienden como ustedes me están entendiendo ahora a mí [...] Al no entendernos el idioma son los partos más complicados, más dificultosos. (Gustavo, médico ginecólogo, Comodoro Rivadavia, entrevista, 2015)

Hay una diferencia muy grande con las nativas. Pero yo creo que es comunicacional, o sea, al no entendernos el castellano, el que hablamos nosotros... y no les hablamos en términos médicos, ni nada por el estilo, o sea... ellas al hablar otro idioma, no entienden el nuestro [...] Las pautas culturales son terribles, son terribles, terribles, terribles, sobre todo son paciente que por el interrogatorio vos no sabes el número de documento, no podes saber su grupo de sangre, si tuvo algún antecedente, si tuvo alguna enfermedad, usan otros términos, entonces... se nota mucho, se notan mucho las pautas culturales. (Gustavo, médico ginecólogo, Comodoro Rivadavia, entrevista, 2015)

Estos problemas en la comprensión entre profesionales y las mujeres a veces suele ser entendida por parte de algunos agentes de salud como dificultades cognitivas de las migrantes, como lo expone una entrevistada cuando nos comenta un caso:[4] "Después entendimos que no es que ella tuviera algún problema de desarrollo, sino que era el idioma" (Camila, licenciada en obstetricia, Comodoro Rivadavia, entrevista, 2016).

Interesante resulta observar cómo las diferencias culturales no solo forman parte de la caracterización que se hace sobre las mujeres que

---

4   Sabemos acerca de la importancia crucial que resulta la lengua primera de una persona ya que "implica un sentido inicial de pertenencia a una cierta comunidad de hablantes y se encuentra imbricada con los procesos de pensamiento cognitivo" (Grimson, 2000: 64). No solo por el valor que posee para comunicar la lengua en sí, sino el universo que compone el conocer el mundo a través de una lengua, ya que de acuerdo a Sapir: "vemos, oímos y experimentamos de cierta manera porque los hábitos lingüísticos de nuestra comunidad nos predisponen a ciertas selecciones de interpretación". Fragmento citado como epígrafe de un trabajo de Whorf, B. L. (1941).

llegan a los servicios, sino que también funcionan como mecanismos de disciplinamiento que operan en la manera en que el sistema sanitario se erige frente a la mujer migrante boliviana en su afán de transformar hábitos y costumbres "nativas" para moldear otros acordes a los parámetros esperados por el sistema médico argentino. Como nos explica una profesional: "A veces las cosas no funcionan bien, y uno echa la culpa al paciente por su forma de ser" (Marta, referente de la comunidad migrante en Córdoba, entrevista, 2013). En la misma línea, una trabajadora comunitaria nos comenta en relación a los cuidados de los niños recién nacidos, "los vendan (las mujeres bolivianas) a los bebés, les vendan los pies, quedan duros... le ponen una moneda en el ombligo... y nosotras le decíamos —eso no lo tenés que hacer mamá, eso no es sano—" (Charla con trabajadora comunitaria, Comodoro Rivadavia, 2016).

Muchas veces los cuidados y atención a la salud a través de saberes tradicionales o populares son desestimados o manifiestamente proscriptos por los efectores de salud. Parte de esta explicación está relacionado con el tipo de construcción que se hace de la cultura del otro(a), la cual no solo está pensada como un obstáculo para la atención, sino como un elemento capaz de ser modificado y hasta "mejorado". Un ejemplo de esto es la no utilización de métodos anticonceptivos de algunas migrantes, lo cual es entendido como un problema cultural a ser modificado: "Algunas requieren un cuidado de anticoncepción porque dejan todos los hijos que vienen, por una cuestión de cultura o algo, que no vienen a consultarnos. Entonces, por un asesoramiento de las trabajadoras comunitarias se vienen acá, para que nosotros les demos algún anticonceptivo, para el cuidado" (Luis, médico ginecólogo, Comodoro Rivadavia, entrevista, 2016).

En este problema, así definido, de la anticoncepción, las trabajadoras comunitarias en Comodoro Rivadavia cumplen un rol fundamental como estrategia de APS. Estas representan un nexo entre los profesionales de los CAPS y las usuarias del sistema de salud, en un rol que tiene como fin principalmente el promover prácticas saludables y prevenir enfermedades. En una entrevista con trabajadoras comunitarias, estas exponen: "Por más que tengan diez chicos, ellas prefieren por ahí no cuidarse. Y se respeta esto, de que no te quieras cuidar. Hay que respetar mucho a la mujer [...] Pero bueno, de a poquito estamos logrando que se cuiden. Esto del boca en boca también da sus resultados" (Equipo de Salud Comunitaria, Comodoro Rivadavia, entrevista, 2016).

Aunque se reconoce explícitamente el respeto hacia las decisiones de no utilizar métodos anticonceptivos, aparece como horizonte deseable el control de la natalidad, ligado a la progresiva utilización de métodos anticonceptivos, lo cual es vivenciada como un logro por parte de las agentes de salud.

Esta forma de mirar a quien migra, sostenemos, está basada en una interpretación de la cultura como un conjunto de actitudes, valores y comportamientos individuales (Parsons, 1951). La noción de cultura como algo homogéneo y estático de las poblaciones se asimila a las interpretaciones culturales de la pobreza asociadas a la "culpabilización de las víctimas" de su propio destino, donde la visión Parsoniana ha sesgado erróneamente la conexión entre pobreza y cultura, no solo transformando nociones sociales en razones psicológicas-individuales sino implicando que las personas pueden dejar de ser pobres "si cambian de cultura" (Virruel Fuentes, 2007). En este sentido bajo el concepto de cultura utilizado por los efectores de salud, se invisibilizan muchas veces condiciones estructurales de desigualdad, colocando siempre el "riesgo" bajo responsabilidad del sujeto (Menéndez, 1998). Asimismo, el riesgo implica la distinción de comportamientos inadecuados que tienen como fin modificar "estilos de vida" según determinadas normas y valores sociales de referencia (Lorenzetti, 2012). Así, la "cultura del otro/a" no solo es utilizada para marcar las dificultades en la atención con las mujeres sino para justificar discursos y mecanismos normalizadores de las prácticas que ellas deberían adquirir para adecuarse a un tipo deseado de paciente y de mujer. Este proceso, que en los relatos profesionales aparece como neutral, está impregnado de miradas normativas de género y de clase etnizadas que buscan encausar a la migrante dentro de parámetros esencializadores y biomédicos propios del sistema sanitario argentino. Parte de esto se observa en el relato siguiente donde la cultura es confundida con el nivel educativo, homologándose con el bajo nivel de instrucción de la población. En tanto se equipara la cultura con el bajo grado de instrucción, se interpretan los comportamientos de las mujeres bolivianas bajo una perspectiva valorativa, imprimiéndose en el discurso un sentido normativo respecto a los comportamientos que las mujeres deberían adquirir, similares a los de las argentinas, tal como pudimos analizar para las dos ciudades donde investigamos: "La diferencia con las argentinas es el nivel de instrucción; la boliviana es sumisa, principalmente elemental; ésa es la característica cultural; habla poco y no podemos entenderla" (Gabriela, psicóloga, Córdoba, entrevista, 2013).

Tanto en Comodoro Rivadavia como en Córdoba migrantes bolivianas son comparadas con otras pacientes migrantes con el fin de demarcar diferencias y establecer jerarquías de clase basadas principalmente en el nivel de instrucción:

Migración, salud y cultura: miradas comparativas…

Son cultas y muy educadas. No tienen ningún dialecto así que nos entendemos a la perfección [...] Al ser universitaria, chicos, ya notas mucho la diferencia. El parto duele a la boliviana, a la culta a la ingeniera, a la latina y a la argentina, a todas, pero se nota la diferencia. (Gustavo, medico ginecólogo, Comodoro Rivadavia, entrevista, 2015)

El peruano es más limpio y está más *ducho*; se cuida y controla más; es de otra clase social. El peruano busca o exige, conoce sus derechos, mientras que el boliviano lo podés atender en el pasillo y no dice nada, son más pobres. (Amelia, trabajadora social, Córdoba, entrevista, 2013)

El criterio homogeneizador que atraviesa la forma de percibir a las mujeres migrantes y a su cultura no solo desconoce las diferencias intranacionales sino que, al trasladarse al nivel de las prácticas, coloca bajo el mismo paraguas a todo el conjunto de migrantes, independientemente de sus trayectorias o sus necesidades particulares. En este sentido, se establecen las diferencias, se remarcan aquellas cuestiones negativas que estarían obstaculizando el vínculo médico-paciente o subyacen concepciones de cultura exotizada (Meñaca, 2004), donde se recuperan visiones que sugieren lo instintivo de determinados modos de practicar como por ejemplo, la alimentación del recién nacido: "Lo que tienen de bueno las bolivianas es la lactancia materna [...] Ellas todo el tiempo con la teta, que es lo mejor, viste. Y ellas al pie del cañón eso. La tienen re clara con eso" (Equipo de Salud Comunitaria, Comodoro Rivadavia, entrevista, 2016). La lactancia materna sería el único ámbito en el cual no se presentan inconvenientes, ya que para los agentes de salud esta práctica es deseable y objeto de promoción:

Las bolivianas tienen muy buen instinto de dar la teta. Vos ves que agarran a su bebé y enseguida agarran. Es su primer hijito capaz, vos no sabes cómo hacen, por que vos no le explicaste nada. Bueno, pero eso ¿qué es?, es cultural. Ellas lo ven todo el tiempo. Todos sus hijos, todos sus familiares ven que dan la teta, porque es lo más sano, evitas un montón de enfermedades. (Camila, licenciada en obstetricia, Comodoro Rivadavia, entrevista, 2016)

Hay cuidados de la salud y actitudes preventivas de la mujer boliviana que la argentina no tiene. El tema de la lactancia materna por ejemplo casi el cien por ciento da leche materna exclusiva que la argentina no tiene. Tienen otro tipo de hábitos, la mayoría no fuma, no toma alcohol en el embarazo, en ese sentido tiene más actitudes saludables que la mujer argentina. (Mariela, médica, Córdoba, entrevista, 2015)

El dar de mamar —práctica que para otros grupos de madres se debe "enseñar"— en este caso es revalorizado como virtud. Sin embargo, remite a una concepción rígida sobre la cultura de estas mujeres que "mágicamente" solucionan la alimentación de sus hijos. En este modelo, la relación médico-paciente queda planteada en una relación asimétrica y ahistórica, en la que se establecen relaciones de poder, donde el lugar del paciente está caracterizado por su vulnerabilidad y sumisión (Caramés García, 2004) y en la que se omite incluir las características y trayectorias propias de las pacientes. Si se trata de grupos subalternizados, tal como es el caso de mujeres que provienen del ámbito rural de Bolivia, se potencia en tanto "otro cultural", quedando reducido y subsumido a las normas establecidas en el sistema de salud argentino: "Habitualmente, cuando nos referimos a los colectivos migrantes sudamericanos se plantea una relación de asimetría: yo te recibo acá, pero vos tenés que vivir con mi forma, con mis leyes, con lo que yo pienso. No hay una voluntad de hospitalidad" (Verónica, médica toco-ginecóloga, Córdoba, entrevista, 2013).

Las percepciones de los efectores de salud sobre las migrantes bolivianas están permeadas por una idea de "la cultura" ligada a su adscripción nacional, étnica, su lengua y su clase social, a través de la cual se interpretan todas sus prácticas de cuidado sobre la salud y el modo de ser mujeres y madres. Los múltiples sistemas de desigualdades estructuran una concepción que ubica a estas mujeres en un espacio de alteridad a través de la cual, los efectores resaltan algunos atributos positivos y deseables para la perspectiva biomédica, y se explican dificultades en su interacción de manera univoca, en muchos casos justificando su intervención. En este sentido, el énfasis puesto en la cultura de las mujeres invisibiliza otras variables de desigualdad social que puedan explicar las dificultades de las mujeres en el acceso a la salud.

La mirada de las mujeres migrantes bolivianas sobre el cuidado de su salud en el contexto sanitario argentino

Como buscamos dar cuenta arriba, el énfasis por mirar la salud de las mujeres migrantes desde esta particular lente sobre su cultura, invisibiliza otras categorías sociales que atraviesan simultáneamente la mirada que se tiene sobre la migrante y que influyen sobre el tipo de atención que se busca impartir. Este "reduccionismo cultural" ha atravesado los estudios interesados en analizar las experiencias de las poblaciones migrantes, los cuales han usualmente tomado a los actores a partir de una foto estática una vez instalados en el país de destino, aislándolos así de los procesos histórico-sociales más amplios donde han conformado sus prácticas y representaciones en torno a su salud (Mariano, 2008). Sin embargo, aunque las prácticas en salud se materialicen por las decisiones personales de cada actor social y sus circunstancias específicas en el contexto migratorio, la experiencia individual no puede ser tomada como un hecho aislado sino como una continuidad entre el país de origen y el de destino. En particular, el caso de la salud de las comunidades indígenas invita necesariamente a mirar las experiencias en el campo de la salud de las personas desde una perspectiva histórica-espacial-comunitaria en donde juegan un papel fundamental la resignificación que las migrantes bolivianas otorgan a los saberes y prácticas tradicionales una vez instaladas en Argentina. Como hemos querido demostrar en las entrevistas realizadas a los profesionales de salud, la mirada de la cultura en las poblaciones migrantes bolivianas ha tendido a focalizar los déficits que esta genera, producto de las dificultades que surgen de la comunicación con los proveedores sanitarios. Sin embargo, como menciona Ann Swilder, la cultura influye sobre la acción de los individuos pero no porque establezca los fines perseguidos o determine comportamientos específicos, sino porque provee a los individuos de herramientas, de un vocabulario de significados, símbolos y repertorios con los cuales estos organizan sus prácticas (Swidler, 1986). En este sentido, la cultura que habitualmente ha sido leída en clave de obstáculo puede ser entendida como parte de estrategias deliberadas que las mujeres racionalmente llevan adelante en función del repertorio de significados y herramientas que ellas encuentran en el contexto migratorio. En el contexto migratorio hacia este país, las redes familiares y sociales bolivianas asumen características propias de un proceso de continuidad y reforzamiento en la manera en que se configura la estructura social que conforman los lazos sociales en el país de origen. En los nuevos espacios de residencia, se construyen marcos de relacionalidad que genera parentesco donde antes no existía, a través de redes procreativas, de alimentación compartida, de hospitalidad a quienes llegan recientemente, y sobre todo en la generación de nuevos significados y experiencias de estar relacionados (Carsten, 2000).

Acá hay un valor cultural andino dentro colectivo boliviano, es el valor de la comunidad en general. En mi familia por ejemplo es una obligación la difusión cultural, es porque nosotros nos entendemos como comunidad, no como individuos y eso es un valor muy grande. O sea nosotros debemos ayudarnos entre nosotros porque uno de nuestros valores inclusivos es la reciprocidad... ayudás porque en algún momento de la vida el otro te va ayudar o lo vas a necesitar. (Noemí, mujer boliviana, entrevista, Córdoba, 2014)

La reciprocidad a la que nos remite Noemí es aquella "del ayllu de los pueblos originarios", ayllu caracterizado como la relación de intercambio, circulación y organización de energía humana, de fuerza laboral, de manifestación y ejercicio de prácticas rituales y sociales acotadas, antes que a consideraciones redificadas acerca de culturas ancestrales y esencializadas (que) es el rasgo distintivo como aporte social y cultural a ser elaborado por los migrantes de origen e identificación andina en esta sociedad... distante de la generalización que diluye. Esta mirada sobre el ayllu y la reciprocidad constituyen conceptos que adquieren sentido en su interrelación, remitiendo a relaciones sociales basadas en la confianza y en la cercanía propias del parentesco ampliado, del compadrazgo, de la vecindad y de la amistad, al reconocimiento de la dependencia mutua con la naturaleza y el universo, a la tríada ritual / cultural / festivales, a diversas expresiones donde lo colectivo prima sobre lo individual (Vargas, 2006: 20-21, citado por Casanello, 2016). Estas redes de conexión que se producen entre el territorio de origen y el nuevo territorio habitado, al contrario de generar rupturas conllevan una serie de acercamientos, contactos y nuevos lazos territoriales que fortalecen vínculos y pueden generar nuevos modos de transmisión de saberes, presentándose como redes en el contexto de migración transnacional. El relato siguiente así lo pone de manifiesto al indicar el valor que adquiere el ayllu en tanto provee de información útil respecto a la disponibilidad de servicios en salud para los recién llegados a la Argentina: "Las familias que hace muchos años que estamos acá tenemos como la obligación de contarles a los recién llegados, no solo el proyecto migratorio sino de dónde ir a atenderse. Entonces por eso las familias que estamos hace más tiempo, es como la información que damos hacia los nuevos" (Jenny, boliviana, entrevista realizada en Córdoba, 4/2014).

Esto también se pudo observar en la ciudad de Comodoro Rivadavia, donde los migrantes generalmente construyen sus viviendas en cercanía a familiares o vecinos de la misma zona de origen, reforzando o generando nuevos vínculos en el contexto migratorio. Estos vínculos de paisanaje que se materializan en la cohabitación de espacios, posibilitan las estrategias de cuidado y ayuda mutua, facilitando la recuperación de conocimientos ligados al sostenimiento de la salud. En este sentido, también se evidencia la existencia de un curandero o curandera referente por cada zona donde habitan los migrantes, así como relaciones que posibilitan la transmisión de saberes ligados al cuidado de la salud.

Sara nos cuenta que la curandera le explicó cómo sanar la espalda de la nena. Nos dice que ella le dijo que se compre *dolorsen* o *mentizan* y le pase a la nena por la espalda (mientras se acaricia la palma de una mano con los dedos de la otra de manera circular) para no pagar de vuelta cada vez que ella tiene esos huevitos. (Nota de trabajo de campo, Comodoro Rivadavia, 10 de marzo de 2017)

Dentro del sistema de reciprocidad y cooperación, como producto de la socialización y división social del género, la mujer asume el rol de cuidadora, principalmente de los cuidados que tienen que ver con la vida diaria, los alimentos y el cuerpo sano, como símbolo de la figura femenina en armonía con la naturaleza (Álvarez *et al.*, 2007: 681). Asimismo, las mujeres han ocupado un papel clave como generadoras y reproductoras de redes sociales, portadoras y transmisoras de la memoria colectiva, de los saberes y la cultura, incluida el uso de la medicina. En el campo de la salud, las comunidades indígenas mantienen una percepción propia de los procesos de salud, enfermedad, prevención y restauración de la salud individual y colectiva. Para muchas de esas comunidades, la salud es entendida como el resultado de relaciones armoniosas del ser humano consigo mismo, la familia, la comunidad y la naturaleza, que resultan del cumplimiento de normas de comportamiento social y de respeto a las fuerzas de la naturaleza y los elementos que la componen (OPS, 2003). Como lo expresan dos entrevistadas:

Siempre es prioritario lo natural, lo familiar, la costumbre, a tal punto que en algún momento yo puedo observar como un riesgo la falta de controles, pero para ellas (las bolivianas) están los cuidados, pero siempre desde el conocimiento familiar y el natural. (Marta, referente de las comunidades migrantes, entrevista, Córdoba, 2014)

En Bolivia hay un reconocimiento muy fuerte de la medicina natural y por la naturaleza y se recurre a plantas medicinales que son naturales para sanarnos porque es desde la tierra donde nacemos y nos sanamos... en la pachamama... creemos que la tierra no es un objeto sino un sujeto entonces la pachamama es un ser viviente, nosotros la tratamos como nuestra madre por lo tanto la maternidad y lo que surja de ella la vivimos como parte de esa naturaleza y todo parte de ese fundamento. (Jacinta, mujer boliviana, entrevista, Córdoba, 2015)

En una charla con una curandera de Comodoro Rivadavia, proveniente de una zona rural de Cochabamba, se puede observar el sostenimiento de prácticas ligadas a la capacidad de curar y su adaptación al nuevo contexto.

Nos comenta que el "ser curandero" es un don y que su suegro, todos los años hace ofrendas a la pachamama para poder tener el don. Mata a un animal, le dan alimento y bebida a la pachamama. Le preguntamos si aquí también hacen ofrendas. Nos cuenta que sí, pero no en público, sino cada familia en su casa. Se juntan para los carnavales y en sus casas hacen la celebración. (Nota de trabajo de campo, Comodoro Rivadavia, 20 de enero de 2017)

En este contexto, las mujeres recurren a diversas prácticas para su propio cuidado, lo que le permite aprender de su propia experiencia, iniciarse en el conocimiento empírico en su hábitat y proveerse autocuidado, práctica que realiza para mantener su propia vida, salud y bienestar basado en los conocimientos que posee (Álvarez *et al.,* 2007: 681). La posibilidad de recuperar saberes tradicionales andinos toma un valor preponderante ante las barreras que encuentran las mujeres en el sistema sanitario. En este sentido, la cosmovisión andina se recupera en el marco de la vida urbana y en el marco comunitario y familiar, en algunos casos, como modo de afrontar la atención de los problemas de salud que surgen en contexto migratorio. Las alternativas vinculadas al conocimiento de los efectos curativos de plantas, ungüentos y demás elementos que componen el mundo andino conforman el conjunto de propiedades que los profesionales médicos no reconocen como válidos para la sanación, desestimándolos o proscribiéndolos. En otras palabras, lejos de ser barreras, los saberes tradicionales como la auto-atención, resultan facilitadores para afrontar las barreras que se encuentran como migrantes en el campo sanitario. Las respuestas ofrecidas por dos mujeres de la comunidad explicando el modo en que se resuelven problemas de salud a través de saberes y prácticas recuperadas del mundo andino frente a las dificultades identificadas en los servicios de salud son elocuentes en este sentido.

Vamos cuando ya no podemos hacer nada aquí [...] Cuando (respecto a los hijos) tienen un dolor de estómago nosotros le damos una hierba que se llama manzanilla que traemos de Bolivia, tenemos yerba buena, hay un árbol para todos esos dolores allá, como eucalipto, eso se utiliza. Y si ya tiene fiebre nosotros los bañamos con eucalipto, hacemos hervir el eucalipto y con esa agua lavamos el cuerpo. Y también con orina, en

Bolivia cuando vivís en el campo, la orina es bien (muy buena) para nosotros. Si es varón (el que tiene fiebre), tiene que ser orina de mujer y si es mujer (la que tiene fiebre), orina de varón y para los bebés la orina tiene que ser de la mamá y la pasamos con un trapito, también ponemos papita (papa) y también mojamos con agua y papa y lo pasamos, lo cubrimos (al cuerpo) con eso. Nosotros vamos al centro de salud cuando no tenemos las hiervas, pero sino usamos nomás las hiervas que traemos. (Entrevista a Roxana, mujer boliviana, Córdoba, 2016)

La búsqueda de atención en el sistema de salud se presenta en muchos casos como alternativa cuando las prácticas de cuidado y atención recuperadas del mundo andino no pueden ser garantizadas o no surten el efecto esperado. Asimismo, se puedo observar en el encuentro con efectores de salud, cómo otras formas de cuidado diferentes al biomédico, no son valorizadas. Esto se pudo observa en el caso de Elva de 23 años, proveniente de Tarija. En una visita que realiza la trabajadora comunitaria a su casa, Elva comenta que ya no usa métodos anticonceptivos porque habían estado buscando un bebé, pero no puede quedar embarazada.

Nos cuenta que anda con mucho dolor en la panza y que le pusieron eso (nos muestra una venda ancha que le cubre la parte inferior del vientre), porque le dijeron que tenía "*la matriz lastimada*". Le pregunto si fue al centro de salud de acá. Me dice que no, "*a lo de una paisana* [...] *que también cura el susto*". La trabajadora rápidamente le dice que es importante que vaya a hacerse el PAP, para que vea si no tiene alguna infección y para descartar cualquier enfermedad. (Nota de trabajo de campo, 24 de febrero 2017)

En los intersticios del dominio médico y ante el deseo de generar mayores posibilidades de acercar el territorio "abandonado" y el nuevo, las mujeres migrantes asumen fuertemente el resguardo de la memoria. Relatando historias familiares, enlazando ambos territorios mediante consultas, preguntas, retornos, idas y venidas, los recuerdos se activan en la construcción de una trama compleja donde se intenta recuperar todo aquello que puede colaborar a sobrellevar el tránsito de la migración, pero en un contexto en el cual es necesario en ocasiones también ocultar, silenciar y en otros casos olvidar (Baeza, 2014). Las mujeres, en muchos casos, distinguen qué tipos de padecimientos serían adecuados tratar a través de la auto-atención, con curanderos y cuáles con médicos, lo que las lleva a buscar la ayuda adecuada en cada momento. En la siguiente nota de trabajo de campo, en un encuentro con Luisa de 38 años proveniente de una zona rural de Cochabamba, se evidencia la recuperación de saberes del cuidado de la salud a través de vínculos con migrantes de la misma zona de proveniencia, así como la búsqueda adecuada de atención, donde las dimensiones del cuerpo y lo espiritual no se encuentran necesariamente escindidas.

Retomo el tema del susto. *"Recién dijiste que estaba con susto la bebe... ¿qué le pasa?"*. *"Ah... porque no puede dormir de noche y tiene como una bolita en la espalda"* me dice. Me cuenta que es por esa bolita, que cuando se la tocan llora mucho, eso es porque tiene susto, y además el otro día sus otros hijos cerraron la puerta muy fuerte y la bebe se asustó. Por esto a veces no puede dormir bien a la noche. Me dice que cuando no puede dormir, ella la llama por el nombre *"para que vuelva... Juliana Celeste, Juliana Celeste"* y hace señas con la mano, como si llamara a alguien. Le pregunto si es para que vuelva el alma, y me dice que sí, para que *"vuelva el alma a su cuerpito, que si no se va con el diablo"*. Le pregunto sobre cómo se cura el susto. Me dice que lo lleva a la curandera, a María, una mujer que también es de Punata. Dice que ella le hace algo en la espalda y le cura el susto. Ante mi pregunta sobre si a los médicos le cuenta de esto, se ríe mirando para abajo y dice que no, *"ellos no saben curar eso. Lo llevo a la curandera"*. (Nota de trabajo de campo, Comodoro Rivadavia, 10 de enero de 2017)

Como afirma Menéndez (1994), aun cuando se piensa una visión antagónica entre las prácticas populares y la biomedicina, a nivel de las prácticas hay una tendencia a la complementación entre los distintos saberes y formas de atención cuya elección está basada en el diagnostico presuntivo que realizan las personas como de las condiciones objetivas que los atraviesan. Así, el fenómeno de la salud y enfermedad se presenta bajo un marco de referencia codificado, dando lugar a prácticas y comportamientos que se apoyan en mitos, creencias y costumbres arraigadas, así como en obstáculos y facilitadores que los sujetos encuentran en el camino. Justamente los relatos arriba mencionados evidencian que las mujeres no necesariamente visibilizan o llevan estos saberes o prácticas a los consultorios, pero sin embargo los activan o recuperan en sus ámbitos privados, colectivos o familiares como formas de cuidar su salud ante las distintas barreras que deben atravesar para acceder al sistema sanitario. Los conocimientos médicos del mundo andino, resignificados en contextos de relacionalidad (Cartens, 2000), coexisten diariamente con los provenientes del sistema de salud público, ambos modelos en varios aspectos diferentes,[5] pero quizás complementarios en contextos migratorios, aspectos que seguiremos indagando en futuras investigaciones.

Comentarios finales

Este trabajo se propuso observar la forma en que los equipos sanitarios construyen su mirada y sus prácticas en torno a las mujeres migrantes bolivianas y cómo ellas responden a esta atención a través de distintos mecanismos que llevan adelante en el cuidado de su salud en las ciudades de Córdoba y Comodoro Rivadavia. El artículo pretendió abrir las interpretaciones que denotan la idea de "cultura" para visibilizar la producción/reproducción del entramado múltiple de desigualdades sociales que atraviesa el tipo de atención en salud que se imparte hacia las mujeres de este colectivo, así como las prácticas, que desde mecanismos agenciadores, ellas despliegan para sortearlas durante el cuidado de su cuerpo. Aunque en proceso de construcción incipiente, el campo de estudio de la salud migratoria ha estado particularmente influenciado por la noción de cultura como forma de visibilizar cómo las distancias culturales entre proveedores y migrantes influyen en la atención y el acceso de estos últimos en los países de destino (Comelles, 2004). Este trabajo busca aportar a este campo, pero desde una mirada novedosa que problematiza qué significa dicha "cultura" para los actores que forman parte del sistema sanitario y cómo estos significados influyen sobre sus prácticas. La posibilidad de abrir la "caja negra" sobre cómo opera la cultura en el contexto sanitario migratorio permitió poner en evidencia el "reduccionismo cultural" que atraviesa las percepciones de los equipos sanitarios en torno a la imagen de la mujer boliviana; reduccionismo que ha tendido a subsumir el "problema" de la salud migrante a una sola causa o forma de clasificación social, la cual habilita prácticas disciplinadoras orientadas a encauzar o "aculturizar" a la mujer migrante en función de las expectativas del sistema sanitario argentino. Desde la aproximación de la interseccionalidad, el trabajo dio cuenta de los distintos mecanismos de dominación —de clase, de género, de nacionalidad— que encierra este concepto en el afán de disciplinar a las migrantes bajo parámetros nacionales en clave étnica que obstaculizan instancias de acercamiento

---

5   Michaux, analiza las diferencias entre los paradigmas de la medicina occidental y la proveniente del mundo andino, ambos modelos sostienen concepciones diferentes acerca del cuerpo, salud, enfermedad, etiología, método de detección, procedimiento, terapéutico, rol del paciente y relación con el paciente (Michaux, 2004).

intercultural, invisibilizando sus trayectorias y necesidades particulares en salud. El trabajo dialoga también con los estudios sobre migración y género mostrando no solo cómo la migración es un fenómeno atravesado por el género sino también cómo las mujeres migrantes son agentes activas en los procesos migratorios (Parella, 2003; Ariza, 2000) y en particular en la toma de decisiones respecto al cuidado de su salud en dichos procesos. En particular, en un contexto sanitario restrictivo caracterizado por una multiplicidad de barreras que exceden la "barrera cultural" como sucede en el caso de Córdoba y Comodoro Rivadavia, el trabajo demuestra cómo las migrantes reconfiguran las representaciones de la salud y del cuidado del cuerpo en los lugares de destino, donde recuperan y comparten saberes, prácticas y conocimientos propios del mundo andino y de otras trayectorias terapéuticas con el objetivo de sortear las distintos obstáculos que encuentran para acceder al sistema de sanitario. Sea por las distancias culturales con los profesionales, la falta de acceso a los servicios o las creencias en la eficacia de la medicina popular, las migrantes desarrollan racionalmente estrategias para esconder saberes y conocimientos juzgados y sancionados que son recuperados en sus ámbitos comunitarios y familiares con el fin de auto-cuidarse y cuidar a sus familiares en distintos procesos y estados de la salud y la enfermedad. Futuros estudios que logren identificar las condiciones históricas, sociales políticas y culturales necesarias para la construcción de puentes de diálogo en salud intercultural resultan necesarios para avanzar en el ejercicio efectivo de los derechos de las y los migrantes a la salud.

Bibliografía

Aizenberg, L.; Baeza, B. 2017 "Salud Reproductiva y Migración Boliviana en Contextos Restrictivos de Acceso al Sistema Sanitario en Córdoba, Argentina" en *Health Sociology Review* (Taylor and Francis) Nº 26(3).

Aizenberg, L.; Rodríguez, M. L.; Carbonetti, A. 2015 "Percepciones de los equipos de salud en torno a las mujeres migrantes bolivianas y peruanas en la ciudad de Córdoba" en *Migraciones Internacionales* (Colegio de la Frontera Norte: Tijuana) Nº 8(1), pp. 65-94, enero-junio.

Albó, X. 2004 "Interculturalidad y salud" en Fernandez Juarez, G. (ed.) *Salud e interculturalidad en América Latina Prospectivas antropológicas* (Quito: Abya-Yala).

Baeza, B. 2014 "La memoria migrante y la escucha de los silencios en la experiencia del parto de mujeres migrantes bolivianas en Comodoro Rivadavia (Chubut, Argentina)" en *Anuario Americanista Europeo* (Madrid: Ceisal) Nº 11, pp. 179-197.

Cardoso de Oliveira, R. 2007 *Etnicidad y Estructura Social* (México: CIESAS; UAM).

Carsten, J. 2000 "Introduction: cultures of relatedness" en *Cultures of Relatedness. New Approaches to the Study of Kinship* (Cambridge: Cambridge University Press).

Cerrutti, M. 2011 *Salud y migración internacional: mujeres bolivianas en la Argentina* (Buenos Aires: PNUD-CENEP; UNFPA).

Escarce, J.; Morales, L.; Rumbaut, R. 2006 "The health status and health behaviours of Hispanics" en Tienda, M.; Faith M. (eds.) *Hispanics and the future of America* (Washington: National Academies Press).

Gil Araujo, S. 2010 "Presentación. Una sociología (de las migraciones) para la resistencia" en *EMPIRIA. Revista de Metodología de Ciencias Sociales* (Madrid: Universidad Nacional de Educación a Distancia) N° 19.

Goldberg, A. 2014 "Trayectorias migratorias, itinerarios de salud y experiencias de participación política de mujeres migrantes bolivianas que trabajaron y vivieron en talleres textiles clandestinos del Área Metropolitana de Buenos Aires, Argentina" en *Anuario Americanista Europeo* (Madrid: Ceisal) Nº 11.

Gregorio Gil, C. 2015 "(De) construyendo la categoría "mujeres inmigrantes": De objetos de discurso a sujetos políticos" en Medina, I.; Luxán, M.; Legarreta, M.; Guzmán Iker Zirion, G.; Azpiazu Carballo, J. (eds) *Otras formas de (re)conocer: Reflexiones, herramientas y aplicaciones desde la investigación feminista* (Donostia-San Sebastian: Hegoa).

Grimson, A. 2000 *Interculturalidad y comunicación* (Buenos Aires: Norma).

Grossberg, L. 2012 *Estudios Culturales en Tiempo Futuro* (Buenos Aires: Siglo XXII).

Jelin, E.; Grimson, A.; Zamberlin, N. 2006 "¿Servicio?, ¿Derecho?, ¿Amenaza? La llegada de inmigrantes de países limítrofes a los servicios públicos de salud" en Jelin, E. (ed.) *Salud y migración regional. Ciudadanía, discriminación y comunicación intercultural* (Buenos Aires: Instituto de Desarrollo Económico y Social).

Lara, M.; Gamboa, C.; Karhamanian, M.; Morales, L.; Hayes Bautista. D. 2005 "Acculturation and latino health in United States: a review of the literature and the sociopolitical context" en *Annual Review of Public Health* (Palo Alto: Annual Reviews) Nº 26, 367-397.

Lorenzetti, M. 2012 "Alteridades y configuraciones interétnicas en el Chaco Santeño a través de la Atención Primaria de la Salud" en *Estudios en Antropología Social* (Buenos Aires: Ides) Nº 1(2).

Lugones, M. 2008 "Colonialidad y género" en *Tabula Rasa* (Bogotá: Colegio Mayor de Cudinamarca) Nº 9, julio-diciembre.

Magliano, M. J. 2009 "Migración, género y desigualdad social. La migración de mujeres bolivianas hacia Argentina" en *Revista Estudios Feministas* (Florianópolis: Universidad Nacional de Santa Caterina) Nº 17(2).

Menéndez, E. 1994 *Prácticas populares, grupos indígenas y sector salud: articulación cogestiva o los recursos de la pobreza* (Buenos Aires: Colegio de Graduados en Antropología) Nº 5(2).

Menéndez, E. 1998 *Estilos de vida, riesgos y construcción social. Conceptos similares y significados diferentes. Estudios sociológicos* (México: El colegio de México) Nº 16(46).

Menéndez, E. 2006 "Interculturalidad, 'diferencias' y Antropología 'at home'. Algunas cuestiones metodológicas" en Fernández, G. (comp.) *Salud e interculturalidad en América latina. Antropología de la salud y crítica intercultural* (Quito: ABYA YALA).

Meñaca, A. 2004 "Salud y migraciones. Sobre algunos enfoques en uso y otros por utilizar" en Fernández Juárez, G. (coord.) *Salud e interculturalidad en América Latina. Perspectivas antropológicas* (Quito: Abya- Ayala) primera edición.

Michaux, J. 2004 "Hacia un sistema interculturalidad de salud en Bolivia. De la tolerancia a la necesidad sentida" en Fernández Juárez, G. (coord.) *Salud e interculturalidad en América Latina. Perspectivas antropológicas* (Quito: Abya- Ayala) primera edición.

Pantelides, E.; Moreno, M. 2009 *Situación de la población en Argentina* (Buenos Aires: PNUD; UNFPA).

Parsons, T. 1951 *The Social System* (Nueva York: Free Press).

Ramírez Hita, S. 2006 "La Interculturalidad sin todos sus Agentes Sociales. El Problema de la Salud Intercultural en Bolivia" en Fernández Juárez, G. (ed.) *Salud e Interculturalidad en América Latina, Antropología de la Salud y Salud Intercultural* (Quito: Abya Yala; UCLM; AECI).

Viruell-Fuentes, E.; Miranda, P.; Abdulrahim, S. 2012 "More than culture: structural racism, intersectionality theory, and immigrant health" en *Social Science & Medicine* (Elsevier) Nº5(12), pp. 2099-2106.

Waldstein, A. 2006 "Mexican migrant ethnopharmacology: pharmacopoeia, classification of medicines and explanations of efficacy" en *Journal of Ethnopharmacology* (Elsevier) Nº 108.

Waldstein, A. 2008 "Diaspora and Health? Traditional Medicine and Culture in a Mexican Migrant Community" en *International Migration* (Wiley) Nº 46(5).

Acceso a la justicia y los indígenas residentes en la Ciudad de México

Dra. Rebecca Lemos Igreja[1]

Introducción

En ese texto, quisiera traer a la memoria un trabajo de investigación iniciado a fines de los años noventa junto a las organizaciones indígenas de la Ciudad de México actualizado en varios momentos y que se revisitó durante un reciente trabajo de campo en 2017.[2]

En los años noventa empezaba la discusión de la antropología jurídica mexicana sobre las formas propias de justicia indígena y de su reconocimiento por el estado nacional. Momento importante de reapertura del país, después de años de predominio del Partido Revolucionario Institucional (PRI), y de importantes cambios en la manera de tratar a la diversidad cultural de la población, especialmente a los pueblos indígenas. Coincide, igualmente, con el momento de discusión del multiculturalismo, en tanto que política de inclusión de esa diversidad, que va a tener reflejo en los cambios constitucionales que afirman y reconocen México como un país multicultural y pluriétnico. En términos económicos, es un período de cambio, en el cual se implementa el Tratado de Libre Comercio de América

---

1   Antropóloga, profesora del Departamento de Estudios Latinoamericanos (ELA), Universidad de Brasilia.

2   Esa investigación hizo parte de un proyecto de investigación, financiado por el Conacyt, dirigido por la Dra. María Teresa Sierra de CIESAS que planteó presentar un estudio sobre el derecho consuetudinario indígena y su conflictiva relación con el derecho del Estado. La investigación se inició en marzo de 1998, y se concluyó a finales del año 2001, cuando se entregó el informe final, si bien los estudios en las regiones tuvieron diferentes ritmos y términos de investigación. En ese proyecto fui responsable de la investigación con los indígenas de la Ciudad de México. Mi trabajo de campo se extendió hasta 2005 y fue actualizado a partir de retornos al campo en los años siguientes. Sobre el proyecto ver, Igreja (2004).

del Norte (NAFTA) llevando al país a una política de descentralización del Estado y a la introducción de políticas neoliberales. El reconocimiento de los pueblos indígenas es acompañado por un debilitamiento de las políticas sociales de protección del Estado.

Estos años también estuvieron marcados por procesos de resistencia, como el levantamiento zapatista en 1994, que demandaron una transformación profunda de la estructura del Estado en defensa de una mayor inclusión social, participación política y respeto a una verdadera democracia y a las autonomías de los pueblos indígenas. Este momento de discusión sobre la diversidad y el respecto a los derechos indígenas, apoyado por el contexto internacional, contribuyó a lo que se puede llamar un resurgimiento de las organizaciones indígenas y de sus demandas con base en el reconocimiento de las identidades étnicas. Asumirse como indígenas en la esfera pública pasaba, desde entonces, por la afirmación de una autonomía jurídica y política propia, entre otros elementos marcadores de la identidad como puede ser la lengua. Como afirma Stavenhagen (1990: 29), el derecho consuetudinario indígena, junto con la lengua, constituye un elemento básico de la identidad étnica de un pueblo.

Era, por lo tanto, importante en ese entonces elaborar estudios que diesen cuenta de esas formas propias de aplicación de justicia de los pueblos indígenas. Era necesario, en la búsqueda por la autonomía de estos pueblos, que nosotros antropólogos jurídicos pudiéramos comprender cómo funcionaban esas formas de derecho y sus interrelaciones con la justicia del Estado.

Los indígenas urbanos de la Ciudad de México aportan especificidades para la discusión de los derechos indígenas y su encuentro con el Estado, como explicitaré abajo. La investigación que pude realizar en ese entonces procuró centrarse en la problemática del derecho y de la diferencia étnica en el contexto urbano y tuvo como guías las siguientes preguntas: ¿se han reivindicado el reconocimiento a partir de sus identidades étnicas ?; estando en la ciudad, ¿hay una pérdida de sus tradiciones en lo que se refiere a lo jurídico?; ¿se puede hablar de un derecho indígena vigente en ese contexto urbano?; ¿cómo es la confrontación de los grupos con la legislación nacional y qué tipo de conflictos enfrentan?; ¿qué agentes intervienen en la impartición y administración de justicia hacia los indígenas en la ciudad?; ¿cómo se da el acceso de los indígenas a la justicia del Estado ? ¿cómo perciben los cambios en los marcos jurídicos y políticos nacionales e internacionales en materia indígena y qué uso hacen de estos cambios?

La investigación se inició en un contexto de importantes transformaciones en la ciudad de México, desde el inicio del gobierno de Cuauhtémoc Cárdenas, lo que apuntaba a una apertura democrática que se estaba configurando en el país. Eran momentos de intensos cambios, donde surgían nuevos sujetos e instituciones. Como grupos pertenecientes a la ciudad, los grupos indígenas, percibieron ese momento y procuraron ubicarse reivindicando un espacio para ellos. A pesar de no haber sido el primero enfoque, la investigación pudo acompañar el proceso organizativo de los indígenas residentes en la ciudad de México y su construcción en tanto que grupos étnicos frente a las instituciones públicas y a los aparatos de justicia. Asimismo, buscó acompañar las discusiones al interior de las organizaciones sobre el propio proceso organizativo y sobre la identidad étnica en un contexto urbano.

Provocada por la propuesta del Seminario Internacional "Indígenas en las ciudades de las Américas: condiciones de vida, procesos de discriminación e identificación y luchas por la ciudadanía étnica"[3] y por la reforma política de la Ciudad de México y la elaboración de su nueva Constitución Política que contempla en sus varios artículos la protección de los derechos de los indígenas residentes en la ciudad, me propuse revisitar mis apuntes antiguos y regresar a campo acercándome a los representantes de las organizaciones indígenas y a las nuevas instituciones para observar las condiciones de estos grupos y los cambios luego de un lapso de más de diez años.

En los siguientes apartados, por lo tanto, recupero algunas informaciones de la investigación que pude realizar en el pasado en diálogo con algunos elementos observados en el contexto actual de la Ciudad de México, especialmente, en lo que respecta a la impartición de justicia por y hacia los indígenas residentes en la ciudad.

Introduciendo a los indígenas de la ciudad de México

Los primeros estudios sobre los indígenas urbanos tendieron a concentrarse en el proceso de migración, urbanización y posterior asimilación de los indígenas, pues se esperaba que, una vez en la ciudad, ellos serían asimilados a la cultura nacional. Muchos autores siguieron un modelo redfiliano del continuum folk-urbano, que fue concebido para estudiar la

---

3   Seminario Internacional "Indígenas en las ciudades de las Américas: condiciones de vida, procesos de discriminación e identificación y lucha por la ciudadanía étnica". Chetumal, Quintana Roo, 15, 16 y 17 de agosto de 2017.

transformación sociocultural ocasionada por la urbanización, utilizándolo también para tratar a la transformación social a partir de la migración rural y urbana.[4] Otros estudios fueron surgiendo, contradiciendo el modelo de Redfield, los cuales enfocaban una cultura de la pobreza que tendía a ser perpetuada por las condiciones de subempleo y desempleo, marginalidad y promiscuidad en que los migrantes vivían en la ciudad (Lewis, 1957; 1972).

A partir de la década del setenta, los estudios sobre migración se multiplicaron, teniendo como base a las teorías de la dependencia, del colonialismo interno y de la marginalidad, que explicaban la migración como síntoma de desequilibrios regionales, vinculados a la explotación económica (Ohemichen Bazán, 2001:07). El deterioro de la agricultura de subsistencia, el crecimiento poblacional y el desarrollo de la industria, permitieron explicar las causas y los movimientos migratorios (Muñoz & Oliveira, 1977), así como la presencia de los indígenas en Ciudad de México (Arizpe, 1975; 1978; 1985; Nolasco, 1979; Lomnitz, 1997).

Según Ohemichen Bazán (2001: 09), el enfoque histórico-estructural le otorgó, dentro de la explicación, gran peso al sistema económico nacional e internacional, acabando por marginalizar el estudio de la transformación sociocultural. Un ejemplo, serían los estudios realizados por Lourdes Arizpe en los años setenta, referencia obligatoria sobre los indígenas urbanos de la Ciudad de México. Aunque hayan significado una renovación del interés por la investigación sobre ellos, sus estudios privilegiaron el enfoque determinista económico. La autora llamó la atención de los estudiosos de la época hacia la persistencia de la diferencia étnica y la discriminación frente a lo que se esperaba, es decir, la asimilación de los indígenas por una sociedad urbana regida por las diferencias de clase. No obstante, sería la marginalización económica la que fortalecería una identidad étnica: "Totalmente marginados, sin posibilidad de movilidad social y económica, necesitan del apoyo de su grupo étnico en la ciudad y así, en vez de perderla, reafirman su identidad étnica" (Arizpe, 1975: 151).

Otros estudios observaron que los migrantes, por lo menos los de la primera generación, no rompían con los lugares de origen y destacaron en sus análisis los vínculos de los migrantes con sus comunidades de origen (Ohemichen Bazán, 2001: 08). El envío de dinero, la contribución para la realización de obras y servicios de mejoramiento de la comunidad,

---

4   Redfield (1941) propuso un modelo evolutivo, el cual asoció una serie de características de las sociedades tradicionales y modernas, con el objetivo de analizar el cambio sociocultural.

la participación en las fiestas patronales y el apoyo que ofrecían a los nuevos migrantes en la ciudad, pasaron a constituir un nuevo enfoque (Orellana, 1973; Romer, 1982; Odena, 1983; Mora, 1983; Hirabayashi, 1985). Sin embargo, algunos estudios que focalizaban los vínculos con la comunidad acababan no retratando los lazos que estos indígenas crearon con la propia ciudad y los problemas que enfrentaban dentro de ella.

A partir de los años ochenta, fueron realizados nuevos estudios, enfocando de manera más detallada en las condiciones y la transformación de la cultura de los indígenas migrantes en la Ciudad de México. Estos nuevos estudios se centraron en el auto-reconocimiento de los migrantes como indígenas o como pertenecientes a sus lugares de origen. También investigaron las relaciones de los indígenas con la sociedad de origen, observando especialmente la discriminación de la que eran víctimas. De todas las maneras, en este momento eran aun pocos los estudios sobre los indígenas urbanos de la Ciudad de México.[5]

En los años posteriores, nuevos trabajos demostraban una nueva interpretación de la cultura indígena en el contexto urbano y en el país. Estos estudios abandonaron el enfoque de la aculturación y propusieron una definición de cultura más amplia. Camus por ejemplo (2000), citando a Arizpe, afirma que el estudio con los indígenas urbanos expresa una transformación en la raíz de la etnicidad, en tanto se modifica la construcción social y cultural del indio como ser primitivo, vinculado a su tierra y a su comunidad. Todos estos autores intentan comprender la permanencia o trasformación de la cultura indígena en el contexto urbano, a través de conceptos más amplios, de los que se destacan culturas híbridas y *criollización* (García Canclini, 1990), resignificación (Martínez, 2007) o transformaciones culturales (Ohemichen, 2001); conceptos que denuncian una falsa dualidad entre el campo y la ciudad, ya que los indígenas del mundo rural también están sujetos a cambios constantes advenidos con la modernidad, inclusive a través de la contribución de los migrantes. La importancia de estos estudios radica en la apertura de perspectiva de la definición del indígena, no como remanente del pasado sino como una presencia en el mundo moderno, con valores culturales y necesidades distintas. Asimismo, intentan demostrar los diferentes y posibles rumbos de la resignificación o transformación cultural, que permita el reconocimiento de una verdadera multiculturalidad.

---

5   Aunque poco numerosos, fueron elaborados importantes estudios sobre los indígenas urbanos en México. Entre ellos, los de Romer (1998), de Pérez Ruiz (1993), Lestage (1997; 1998), Igreja (2000); Ohemichen Bazán (2001).

Por esta multidireccionalidad de la transformación cultural en el contexto urbano, los estudios con indígenas de la ciudad no despiertan tanto interés. Camus (2000), que estudiaba el discurso mayista de Guatemala, afirmaba que los indígenas urbanos eran aun vistos como sujetos intermediarios y que no estaban presentes ni en el discurso político indígena ni en el discurso oficial nacional. Mi investigación con los indígenas urbanos de la Ciudad de México surgió en ese escenario de discusión teórica sobre ellos y sobre los derechos indígenas en el contexto nacional. Era especialmente notoria la falta de interés de muchos sectores académicos e institucionales respecto al estudio y trabajo con los indígenas urbanos y su ausencia del debate sobre los derechos indígenas, aún más sobre las formas propias de justicia y de organización social indígena.

Los datos más recientes apuntan que en 2010 habitaban en la Ciudad de México 122,411 personas de 5 años y más que hablan alguna lengua indígena, cifra que representa 1,5% del total de la población de este grupo de edad. En una encuesta intercensal, los datos por auto-adscripción apuntaron que 8.80 se consideran como indígenas en la Ciudad.[6] Este número debe ser tomado bajo ciertas reservas ya que existe una tendencia a sub-numerar a la población indígena debido, entre otros factores, a que las condiciones de asentamiento de numerosos grupos no les permiten ser censados y al hecho que la lengua es el indicador principal, cuando muchos de ellos ya no hablan su idioma.

Los indígenas presentes en la Ciudad de México no constituyen un grupo social homogéneo. Muchos son originarios de la propia ciudad y otros de las comunidades rurales del interior del País. Los grupos originarios[7] nahuas, se sitúan en el sur de la ciudad, en las delegaciones de Milpa Alta, Xochimilco, Tláhuac, Cuajimalpa, Tlalpan, Magdalena Contreras y Álvaro Obregón, zonas de carácter más rural. Son grupos que históricamente se dedican a la agricultura. Sus reivindicaciones enfocan particularmente, la protección de sus tierras que, en los últimos años, han sido fraccionadas y amenazadas por la creciente urbanización, sirviendo de motivo para la generación de conflictos.

Las otras organizaciones indígenas presentes en la ciudad están constituidas por indígenas migrantes, considerados así, aunque se encontraran en la segunda o tercera generación en la ciudad, o como residentes, como

---

6   Datos INEGI (2017).

7   Los grupos del sur de la ciudad son denominados como originarios por ser considerados como descendientes de las poblaciones que, antes de la conquista española, habitaban los límites de lo que era el Distrito Federal.

actualmente reivindican ser llamados. Sus condiciones sociales dependen de la condición social previa a la salida de la comunidad de origen y a cómo fue su inserción en el contexto urbano.

La investigación iniciada a fines de los años 90 tomó como referencia, pero no solamente, a los grupos que eran clasificados por las instituciones, especialmente el antiguo Instituto Nacional Indigenista (INI) como de extrema pobreza. Son básicamente grupos mazahuas del Estado de México y Michoacán, triquis de Oaxaca y otomíes de Querétaro. De las organizaciones mazahuas —las más numerosas— se contactaron: Asociación de Inquilinos Mazahuas A. C. (Cuba 53), 22 Inquilinos Organizados Pensador Mexicano A. C., La Mansión Mazahua A. C.; La Joyita A. C., Grupo Mazahua Cerro de Xochiaca A. C., Grupo Mazahua de Resistencia Activa A. C., Grupo Mazahua de Barrios Unidos de San Antonio Pueblo Nuevo A.C. (Mesones) y Mazahuas de la Villa. De los grupos otomíes: Otomí Guanajuato A. C., Otomí Zona Rosa A. C, Otomí Chapultepec 380, Agrupación de Artesanos Otomíes A. C. De los grupos triquis se trabajó con: Unión de Artesanos Indígenas y Trabajadores No Asalariados (López 23), Asociación de Artesanos y Comercialización Emiliano Zapata A. C. (Candelaria). Asimismo, se contactaron de forma menos intensa otras organizaciones triquis y otomíes.

Estos grupos se encontraban en la ciudad en condiciones precarias de subsistencia, ubicados en el sector informal y confrontándose intensamente con la justicia del Estado en condición de víctimas y acusados de delitos. Grupos mazahuas, triquis y otomíes se encontraban en vecindades en mal estado, sobre todo ubicadas en el centro de la ciudad. Uno de los grandes incentivos para que los indígenas formaran las organizaciones, era la lucha por una mejor vivienda. Por esta razón, varias organizaciones indígenas se definían como asociaciones de moradores o de inquilinos. Algunos de ellos habitaban en terrenos baldíos, donde construyeron casas con cartón y láminas de aluminios, sin ninguna infraestructura. Otros consiguieron, con el apoyo del proyecto del gobierno de la ciudad, habitaciones en las periferias, pero volvían constantemente al centro de la ciudad para la venta ambulante. En estas *vecindades* o terrenos baldíos, encontrábamos 30, 40 o hasta más de 100 familias del mismo grupo étnico viviendo juntas. Tampoco era raro encontrar personas no indígenas habitando la misma *vecindad*. Compartir un mismo local de habitación de manera tan próxima y en condiciones tan precarias, posibilitaba tanto reforzar los lazos entre los habitantes, permitiendo crear un espacio de interacción, como generar varios conflictos entre los habitantes, conllevando a un desarrollo de la violencia, de delincuencia y drogadicción entre los jóvenes de las *vecindades* (Igreja, 2000).

Los indígenas se encontraban, por lo tanto, estructurados en la ciudad en varias organizaciones, estando gran parte de ellas configuradas como asociaciones civiles. Se basaban, en general, en anteriores redes de relación de carácter familiar, vecinal, o incluso comunitaria. Estas organizaciones se fraccionaban con gran facilidad y surgían nuevas a cada instante a partir del liderazgo de jóvenes indígenas y/o de mujeres, especialmente, las que se encontraban en el comercio ambulante. Gran parte de ellas se constituyeron con el objetivo de tener acceso a la promoción de los Fondos Regionales dentro del Programa Nacional de Solidaridad. Surgieron con propuestas de proyectos productivos a fin de alcanzar estos fondos, ampliamente apoyados por el INI, que colaboró con cursos de capacitación de líderes y con el establecimiento de talleres productivos. Las instituciones públicas tuvieron gran injerencia en los procesos formativos y de capacitación de los representantes de las organizaciones. Aun así, la conformación de ellas, su estructura, sus reglas y sus logros estaban determinados por los grupos étnicos que las conformaban; es decir, sus organizaciones dependían de la formación cultural que tenían, de cómo se dio la migración, del proceso adaptativo a la ciudad, de la relación con las instituciones del Estado, de la influencia de otras organizaciones no indígenas en que ya participaban y de la relación entre los miembros y el representante.

Además de la demanda por vivienda, las organizaciones estaban estructuradas con fines muy específicos, como permisos de venta en el comercio ambulante y asesoría jurídica para enfrentar a los conflictos con la justicia del Estado o mismo para lidiar con sus problemas internos. Las instituciones respondían a esas demandas con proyectos productivos para la venta en las calles, con proyectos de vivienda intermediados con las delegaciones de la Ciudad y con apoyo para la capacitación en derechos y asesoría jurídica. Posteriormente, y a partir del Gobierno de Cuauhtémoc Cárdenas, fueron surgiendo nuevas instituciones de atención de los indígenas en la Ciudad y el propio INI fue transformado en la Comisión Nacional para el Desarrollo de los Pueblos Indígenas (CDI).

El proceso organizativo y la recuperación de lo que consideraban como sus costumbres indígenas, como vestimentas y lenguas, generó un sentimiento de identificación importante en los grupos y sus vecindades. El trabajo etnográfico anterior en las vecindades ya atestiguaba cambios significativos en las relaciones entre los vecinos —especialmente, en la cotidianidad de las familias— y, por lo tanto, una disminución importante en los conflictos internos existentes. Conocer a las instituciones y estar en contacto con ellas ofrecía a los grupos un acceso a los servicios públicos y al conocimiento de sus derechos. En este momento, los grupos pasaron a tener acceso a cursos de capacitación en derechos, al apoyo de prestadores de servicio social y de educadores que realizaban talleres para los niños y las mujeres.

Uno de los cambios más importantes que se observa hoy ha sido la posibilidad de acceso a la vivienda colectiva que algunos grupos pudieron tener, cambio que también va a impactar directa y positivamente en la situación de violencia a la que muchos de ellos estaban expuestos. En algunos casos, se construyeron habitaciones en el predio en que ya se encontraban, o fueron trasladados a otros terrenos en la ciudad. También fueron construidas nuevas viviendas, en las cuales se ubicaron grupos de varias etnias. En algunos casos, fueron surgiendo organizaciones multiétnicas a partir de esas viviendas.

Observamos, actualmente, que algunas organizaciones se han desmovilizado, una vez que su demanda de vivienda ha sido atendida. Algunos representantes de ellas, muchos aun los mismos desde su creación, se siguen vinculando a las instituciones, especialmente por cuenta de obtención de recursos para pequeños proyectos productivos para la venta ambulante. Sin embargo, sienten que se ha perdido el espacio colectivo de discusión y de proyecto que había en las vecindades. Como explica una representante mazahua, las familias han seguido su propio camino de manera separada y los más jóvenes no han querido asumir la tarea de liderazgo de las organizaciones. Es interesante resaltar como en algunos casos esa mejoría de condiciones ha proporcionado que algunos de los representantes se volteasen hacia la comunidad de origen, invirtiendo en nuevas habitaciones y en cargos allá.

La mejoría de las viviendas para algunos grupos —por supuesto no abarcan toda la población de indígenas residentes en la ciudad— no ha sido acompañada de permisos para la venta ambulante, su principal fuente de manutención. Los representantes se muestran inquietos pues les faltan recursos para pagar los préstamos de habitación y para su sobrevivencia. Por ejemplo, en algunos predios las organizaciones otomíes pudieron construir y mantener espacios colectivos donde producen y venden sus artesanías.

Un cambio profundo en las condiciones de los indígenas en la Ciudad se anuncia con la elaboración de la nueva constitución política de la ciudad de

México (2017). El proceso de discusión en la Asamblea Constituyente lleva al reconocimiento de una amplia gama de derechos para los indígenas originarios y residentes de la Ciudad de México. Transformación importante es la consideración de los indígenas ya no como migrantes, sino que como residentes en la ciudad. La condición de 'migrante" pasa a ser vista como una clasificación de los pueblos originarios que tendría matices discriminatorios, dando lugar a la idea de pueblos residentes en la ciudad o de "poblaciones en movimiento", según propuestas interpretativas de los propios grupos (Lucas Campo, 2016).

La Constitución fue elaborada con base en una Asamblea Constituyente que involucró a representaciones indígenas. La constitución abre una serie de derechos para los indígenas que se conjugan con los derechos ya previstos por el convenio 169 y que abarcan las cuestiones de tierra y de la autonomía. Son cambios que apenas se están dando, difíciles de ser evaluados. Es en el campo del acceso a la justicia que traigo algunos apuntes sobre estos cambios.

El derecho indígena en la ciudad

En mis trabajos anteriores he partido de la premisa de que la existencia de formas diferenciadas de aplicación de justicia, del uso de distintas normatividades se fundamenta en la consideración que el fenómeno jurídico es un elemento constitutivo de las relaciones sociales y culturales, y que el ámbito jurídico es visto como un espacio en que se expresan las contradicciones, los conflictos y las relaciones que se establecen en un contexto de diversidad cultural y social.

Autores como Geertz (1994) señalan que los órdenes normativos deben ser vistos como sistemas culturales y por tanto la ley debe verse como cultura. En su interpretación, los órdenes legales contienen sistemas de símbolos y significados por medio de los cuales las estructuras ordenadoras son formadas, comunicadas, impuestas, compartidas y reproducidas. La ley, entonces, es como un lenguaje o "una manera distinta de imaginarse lo real". Antropólogos jurídicos que han vinculado la ley con la cultura expresan que el estudio de lo jurídico debe dar cuenta del contexto social y cultural en el cual se produce, porque el derecho se genera desde matrices culturales que remiten a sustratos históricos e identitarios, a partir de los cuales se elaboran las costumbres, las normas y en referencia a las cuales se transforman (Sierra, 1996).

Vincular la ley a la cultura no debe significar olvidar los vínculos de la ley con las relaciones de poder. Durkheim, Weber, Marx ya consideraban los fenómenos jurídicos como constitutivamente determinados y funcionalmente condicionados por el conjunto de relaciones sociales dentro de una determinada formación social. Estas relaciones sociales están marcadas por relaciones de poder desigualdades y, por tanto, los fenómenos jurídicos también reflejan las relaciones de poder en una formación social. El derecho es la expresión vigente de la sociedad que, en el caso de la sociedad nacional, está jerarquizada en clases sociales, donde la ley tiende a privilegiar a unos en detrimento de otros (Starr & Collier, 1989).

De las formas diferenciadas en que se aplica justicia, entre derechos de distintas culturas y el propio derecho del Estado, lo que se concluye es la presencia de un pluralismo jurídico que se observa en distintas sociedades. Las relaciones que se establecen entre esas distintas formas jurídicas no ocurren de manera armónica pues no se puede olvidar que el sistema legal dominante del Estado prevalece sobre los otros. La ley del Estado no solamente provoca choques con los diversos sistemas, sino que también los penetra y los reestructura a través de símbolos o coerción directa, al mismo tiempo que se da una reacción de resistencia de los otros sistemas normativos (Merry, 1988). Estos conceptos son de fundamental importancia para la comprensión de cómo se da la relación de la justicia y los indígenas urbanos en la ciudad de México.

Como resultado del primer momento de la investigación, pude concluir que no se podría afirmar que hay un "derecho indígena" en práctica por parte de las organizaciones de indígenas residentes en la ciudad, aunque haya grupos que en sus discursos lo planteen de esa manera. Propuse hablar de "normatividad indígena", porque de esta manera se describía mejor las formas de regulación en el contexto urbano, en una estrecha vinculación con el derecho nacional. La consolidación de las organizaciones indígenas urbanas posibilitó que, de una cierta manera, se formalizaran formas alternativas de derecho, procurando así no solamente resguardar una herencia de un derecho nativo sino también proteger la unión del grupo y suplantar los espacios de justicia en que falla la justicia del Estado. Se pudo observar que las organizaciones, cada una a su modo, procuraban actuar para solucionar los conflictos internos generando normas, reglas y, especialmente, buscando discutir estos conflictos en asambleas comunitarias a fin de se alcanzar una conciliación.

Lo que se verificaba, de hecho, era la existencia de un pluralismo jurídico en la ciudad, producto de la convivencia de la justicia del Estado con la referencia de un derecho indígena vigente en la comunidad de origen o con una normatividad alternativa nacida en oposición a la justicia del Estado. Además, el encuentro de estas manifestaciones legales y la justicia del Estado a partir de una visión dinámica de interacción y de resistencia, propició espacios de interlegalidad que permitían una negociación entre estas. Lo que se pudo observar es que estos espacios servían muchas veces como recurso para que un integrante de un grupo indígena pudiera recurrir a la justicia del Estado alegando opresiones sufridas al interior del grupo o aun ejercer presión sobre los demás buscando un interés propio.

Los conflictos más recurrentes observados durante la investigación entre integrantes de las vecindades —sean ellas mazahuas, otomíes y triquis— se resumían principalmente en riñas, violaciones, maltratos a niños y mujeres, y los problemas causados por los drogadictos y alcohólicos del grupo. Sin embargo, la manera de buscar soluciones para estos conflictos se diferenciaba según las organizaciones.

Los grupos mazahuas no han podido retomar referentes consolidados de una impartición de justicia tradicional. La mayoría de las organizaciones no reconocían la injerencia de las autoridades tradicionales del pueblo de origen y les acusaban continuamente de caciquismos. Explican que una de las causas que los llevaron a la migración fueron los conflictos políticos en la comunidad. Sin embargo, frente a los muchos conflictos internos que enfrentaban en las vecindades, especialmente problemas con la delincuencia de los jóvenes, riñas entre vecinos y problemas de maltrato a niños, y el descrédito hacia los aparatos judiciales, buscaron crear algunos mecanismos que se adecuaran a las necesidades del grupo. En general, constituían asambleas, donde buscaban conciliar a las partes involucradas en el conflicto y hacían referencias a sus tradiciones y a la comunidad. Correspondía al representante actuar como mediador, aunque lo hiciera con dificultades pues les faltaba muchas veces la legitimidad de un líder tradicional. Importante resaltar el carácter de asociación civil que muchas de las organizaciones tenían.

Reproduzco abajo una de las entrevistas:

Bueno, aquí los problemas que tenemos en las vecindades si son problemas familiares no podemos intervenir porque ellos tienen que sacar la solución. Sin son problemas entre vecinos, entre compañeros se trata de solucionar, y no hacerlo más, entre nosotros, ver cuáles son los problemas entre cada uno, ver quien cometió el error para tratar de que reflexione y de que recapacite el error porque no tiene caso que nos estemos mordiendo si luego al rato nos estamos hablando otra vez, esto es jugar con la hipocresía... pero cuando tenemos de estar ante una autoridad no tenemos de demonstrar esto, muchas veces es un poco difícil hacerlos ver, hacerlos entender. (Representante mazahua)

Hay que observar que había una preocupación importante del representante en evitar que los conflictos fuesen llevados a otras instancias, colaborando de esta manera con una imagen negativa de los indígenas y dificultando el otorgamiento de apoyos de las instituciones de asistencia a ellos. Como solían decir, las autoridades se valían de los conflictos para estereotipar al indio como delincuente. La excepción eran los casos de naturaleza más grave ocurridos en las vecindades, como violaciones de niños, que eran llevados hasta la justicia del Estado.

También es importante destacar que muchos representantes de las organizaciones mazahuas eran mujeres. Se justifica tal liderazgo por varios motivos, entre ellos, el hecho de que ellas tenían más disponibilidad de tiempo por dedicarse a la venta ambulante, mientras sus compañeros estaban trabajando; porque tenían más contacto con las instituciones, dónde iban buscar apoyo, y por el propio incentivo que les daba el INI en aquel entonces. Eran ellas también las que más acudían a la justicia del Estado no solamente por los demás integrantes sino también por sí mismas, principalmente en casos en que involucraban violencia doméstica. El acceso a la justicia y el apoyo de las instituciones trajeron, e muchas situaciones, transformaciones en las relaciones de las mujeres representantes con sus parejas.

No, porque, mira lo que pasa es que yo con mi pareja, con mi esposo, este, fue un poco difícil. Fue si usted quiere y yo se lo he dicho a mis hijos, para mí, la vida que llevo ahorita no fue fácil, fue un proceso largo porque mi esposo, y lo he visto en todos paisanos, que siempre el macho mexicano, que si anda la mujer en esto (esto es refiriendo a la organización) es un pecado, es un libertinaje, que porque ya anda poniendo los cuernos a tu marido, que porque lo mejor quién sabe qué, o sea todo eso... Yo con mi marido sufrí mucho, golpes diarios, moretones diarios, humillaciones diarias, desobligaciones diarias, entonces, me dio por trabajar, me dio por tener, porque yo sabía trabajar, desde niña he sabido trabajar... entonces yo hablé con él y le dije: mira, si tú quieres destruirnos después de quince años de casado, en un día nos vamos a destruir, pero si quieres que nos vamos a tratar de vivir bien pues piénsalo, porque yo ya me cansé... Por eso fue por lo que dialogamos, platicamos y todo, entonces cambió mucho. (representante mazahua).

Podría decirse que son los grupos mazahuas los que más cambios han sufrido después que se organizaron de manera más consolidada. Los cambios van desde la mejoría en sus condiciones de vida a través de los proyectos vinculados a las instituciones, hasta los que están ocurriendo dentro de las familias y del grupo como un todo. En ese proceso, buscar la solución de los conflictos entre ellos dentro de la organización ha jugado un papel fundamental, pues los hizo sentir más capaces y más preparados para enfrentar las instituciones y la justicia del Estado.

Actualmente se observa que en muchas organizaciones mazahuas que lograron el acceso a la vivienda y mejores condiciones de vida ya no han organizado asambleas, interviniendo solamente en casos de conflictos que afectan a la vivencia del grupo en el predio. En las palabras de los representantes, la vivencia en las vecindades en situaciones tan precarias era lo que explicaba los problemas y los conflictos. De hecho, según los representantes, ha disminuido la intensidad de estos conflictos. Hay que decir que algunos representantes ya se sienten desmotivados para proseguir con la tarea pues los más jóvenes no han querido asumirla.

Los grupos otomíes se diferenciaban mucho según las organizaciones. Había grupos que en sus discursos no planteaban la recuperación y práctica de una impartición tradicional de justicia en la ciudad. Otros, sin embargo, hacían un esfuerzo no solamente por recuperarla sino también por encontrar un acuerdo entre la justicia tradicional y la justicia del Estado. Con este fin, estos grupos procuraban vincularse más a la comunidad de origen e involucrar más al representante como mediador de los conflictos. Un ejemplo es el testimonio del representante del Grupo Otomí Guanajuato, A.C., que buscaba vincularse más a la comunidad de origen y con esto trasladar hasta la ciudad una práctica normativa indígena que para él debe combinarse con las leyes de la ciudad.

> Pues estamos tratando de combinar las dos cosas, no podemos llevar todo como estamos acostumbrados, aquí es diferente; pero tratamos de relacionar las dos, sabemos que aquí la justicia, o la impartición de justicia son distintas, los problemas son distintos, entonces no es forzoso, los problemas no tienen la misma salida, entonces se tienen que combinar las dos cosas. Algo que hacemos nosotros con los problemas que tenemos en los grupos, es primero conocemos la cosa, tratamos no de enfrentar a las personas involucradas, sino que platicar en separado. Primero platica con uno, bueno, tú estás de acuerdo en resolver

el problema, que, si ya está de acuerdo que se termina el problema, entonces ya no enfrenta las dos personas, sino que las familias ya vienen con esa certeza de arreglar las cosas y resolver el problema.

La visión del representante iba más allá de la impartición de justicia tradicional en la comunidad, pues planteaba, a través de ella, una revitalización de sus tradiciones, para encontrar un espacio en la ciudad donde pudieran seguir manifestando su cultura. Todo era justificado como un proyecto de preservación y fortalecimiento de la identidad étnica, donde la práctica de la justicia juega un papel fundamental, pues a través de ella se demuestra la cohesión del grupo. Sin embargo, muchos casos salían del control del representante y eran presentados en la justicia del Estado. Además, muchas de las organizaciones se fragmentaban fácilmente por varios motivos, incluso políticos y religiosos. Como los mazahuas, algunas organizaciones otomíes pudieron contar con nuevas viviendas y mejores condiciones de vida, lo que ha llevado a un número menor de conflictos dentro del grupo.

Como los demás grupos indígenas, las organizaciones triquis se diferenciaban entre sí en la forma en que impartían justicia, aunque en ellos se observaba de manera más fuerte que los demás grupos la preponderancia de la autoridad de los representantes triquis sobre los integrantes de sus organizaciones y un esfuerzo para que los conflictos permanecieran dentro de la organización.

Fueron muy pocos los casos registrados en las instituciones o en los ministerios públicos de conflictos entre integrantes de organizaciones triquis. Organizaciones como López 23, han intentado imponer las prácticas jurídicas indígenas vigentes en la comunidad de origen, aunque estén en la ciudad. Afirmaban que, en realidad, procuraban hacer una adaptación de las costumbres jurídicas con el derecho positivo del Estado. Para la solución de los problemas internos disponían del apoyo de la comunidad que intervenía en los casos más complicados. También procuraban a través de la renovación de los líderes, fortalecer todavía más las reglas al interior de la organización y a partir de nuevas reglas, evitar los privilegios de algunos integrantes, y hacer que los jóvenes revisaran sus comportamientos bajo la amenaza de enviarlos al pueblo. Todo el esfuerzo estaba dirigido a la conservación de las tradiciones.

El acceso a las organizaciones triquis en la ciudad no fue fácil y durante la investigación las entrevistas solo se hicieron a representantes, principalmente cuando el asunto era sobre los conflictos internos. Sin embargo, estar cerca de los comerciantes triquis permitió observar el poder real del representante y las varias formas donde se busca defender o aun, oponerse a ese poder. Además, permitió verificar conflictos y tipos de violencia semejantes a los de otros grupos, muchas veces en situaciones graves y sin recurso al apoyo externo. De todas formas, el control sobre los conflictos internos ha permitido a los triquis una mayor cohesión y una consolidación organizacional.

Los grupos en la ciudad se encuentran muy desagregados y se ven afectados por experiencias bastante personales de sus integrantes. Como ya se mencionó, las organizaciones indígenas surgieron y se extinguieron de manera muy rápida. El esfuerzo se dirigía especialmente para controlar a los conflictos, práctica que todavía permanece. Un ejemplo, es como aun en vecindades multiétnicas, como las que se observan actualmente, se siguen buscando realizar asambleas colectivas cuando hay problemas de conflictos entre ellos o al interior de las familias. Como narra una representante de una organización de ese tipo, son los responsables por la gestión del espacio que organizan las asambleas. Ella cita un caso de una mujer acusada de maltrato a su hijo, que recusaba dialogar con ellos. En grupo decidieron acudir a la justicia del Estado y posteriormente expulsarla del predio donde vivían. Son prácticas, por lo tanto, que aún permanecen y demuestran ese vínculo y negociación entre lo que buscan con la justicia del Estado.

Es importante, finalmente, resaltar que la adaptación a la ciudad y el enfrentamiento con los conflictos entre los vecinos abrieron espacio para una reflexión interna importante entre los integrantes de los grupos. Con el pasar de los años, si las costumbres indígenas eran percibidas como anti-modernas e inconformes con el contexto urbano, se fueron volviendo motivo de valoración de la autoestima y de ubicación diferenciada en el espacio urbano. Muchos de ellos se asumen ahora como indígenas, especialmente los jóvenes, y se siente respaldados por una colectividad más amplia. Además, el propio contacto con la vida en la ciudad abrió espacio para la reconsideración y discusión de tradiciones, que permitieron cuestionar espacios específicos para, especialmente, las mujeres y los jóvenes.

La nueva Constitución y el regreso al campo de investigación

La nueva Constitución política de la ciudad de México trae como derecho para los indígenas urbanos el respecto a su autonomía jurídica. A los grupos indígenas les otorga (copio algunos artículos):

Artículo 59

A. Carácter jurídico.

1. Los pueblos y barrios originarios y comunidades indígenas residentes tienen derecho a la libre determinación. En virtud de ese derecho determinan libremente su condición política y persiguen libremente su desarrollo económico, social y cultural.

3. Los pueblos y barrios originarios y comunidades indígenas residentes tienen el carácter de sujetos colectivos de derecho público con personalidad jurídica y patrimonio propio. Tendrán derecho a la libre asociación.

B. Libre determinación y autonomía.

3. Las comunidades indígenas residentes ejercerán su autonomía conforme a sus sistemas normativos internos y formas de organización en la Ciudad de México.

4. Las autoridades de la Ciudad de México reconocen esta autonomía y establecerán las partidas presupuestales específicas destinadas al cumplimiento de sus derechos, así como la coordinación conforme a la ley en la materia.

5. En esta dimensión territorial de la autonomía se reconoce y respeta la propiedad social, la propiedad privada y la propiedad pública en los términos del orden jurídico vigente.

6. Ninguna autoridad podrá decidir las formas internas de convivencia y organización, económica, política y cultural, de los pueblos y comunidades indígenas; ni en sus formas de organización política y administrativa que los pueblos se den de acuerdo con sus tradiciones.

Dos puntos importantes se desprenden de la posibilidad de autonomía jurídica que les otorga la Constitución a los grupos indígenas residentes. Uno de ellos es que estos son descritos como comunidades residentes en la ciudad delimitadas y territorializadas y como poseedoras de sistemas normativos internos de acuerdo con sus formas específicas de organización. A partir de esto se presupone que el representante ejerza el rol de autoridad de esa comunidad.

La definición de comunidades y territorios en la Constitución ha estado presente en las entrevistas que pude realizar recientemente con los representantes, quienes manifiestan su preocupación por el reconocimiento de estos derechos en la ciudad. A pesar de que la autonomía sea una demanda importante para ellos, la experiencia de vivencia como grupos fragmentados, en espacios interculturales, habitando en predios, vecindades muchas veces multiétnicas, les aportan condiciones específicas del contexto y les dificultan la delimitación de una comunidad o territorio. ¿El territorio sería el predio donde viven? ¿Y las organizaciones compuestas por integrantes que viven en distintas partes de la ciudad? ¿Espacios de encuentro como plazas pueden ser reconocidos como espacios colectivos de ellos? ¿Cómo abrir el concepto para que los encuadren efectivamente? ¿Qué tipo de organización se puede plantear para que se pueda hacer valer estos derechos? ¿Cómo plantear una comunidad indígena urbana? ¿Cómo adaptar el antiguo formato de las organizaciones en tanto que asociaciones civiles con este nuevo modelo?

Recuperar el histórico de la constitución de las organizaciones indígenas en la ciudad de México, especialmente de cómo muchas fueron creadas con el objetivo de acceder a los beneficios de las instituciones y a los proyectos productivos y de acceso a la vivienda es fundamental para demostrar el esfuerzo que los indígenas han realizado para responder a las demandas de categorización de los distintos contextos políticos institucionales. En el nuevo modelo constitucional, las asociaciones civiles no tienen cabida, sino que se espera que los grupos se redefinan a partir de un colectivo cultural comunitario más amplio y territorializado para tener acceso a los derechos planteados por la Constitución. En una primera mirada, representantes indígenas han demostrado preocupación porque para ellos más una vez sus especificidades y necesidades no están claramente presentes en el texto mencionado. Por supuesto que la Constitución no coloca como una exigencia que los grupos estén organizados en comunidades y que hagan uso de un sistema normativo indígena, al contrario, la propia Constitución reconoce las formas propias de organización de ellos. Quizás, lo que les preocupa, es el hecho de que más una vez las dinámicas organizacionales de los grupos indígenas se ven alteradas de manera abrupta para adaptarse a ese nuevo contexto de derechos y a la posibilidad de ser reconstituidas como colectividades culturales con más autonomía en la ciudad.

Como ya se ha mencionado, muchos de los representantes siguen siendo los mismos que han creado las asociaciones civiles, asociaciones que podían involucrar desde centenas o mismo solamente diez familias. No se trata de autoridades indígenas, sino de representantes que buscan apoyar en la mediación de conflictos de manera colectiva. ¿Esto sería suficiente para pensar en autonomías jurídicas en la ciudad? ¿Cómo pensar en este derecho de manera amplia y no excluyente de la diversidad de formas de organización indígena en la ciudad? Estos son apuntes de los cuáles parto para regresar a campo y mapear las trasformaciones por las cuales los indígenas de la ciudad de México han pasado.

La justicia capitalina y los indígenas

En la ciudad de México los indígenas enfrentaban los mayores problemas en la administración e impartición de justicia por parte del Estado. La confrontación de los grupos presentes en la ciudad con los aparatos de justicia se daba en un ámbito de incomprensiones y de absoluta falta de diálogo, donde el punto más cuestionable era la adscripción étnica de los indígenas.

Los delitos que involucraban a los indígenas -sean en situación de víctimas o de acusados- variaban según el grupo, sin embargo, algunos casos eran más frecuentes y la actitud de la justicia estatal solía ser semejante. La actividad del comercio ambulante, que muchas veces era ejercida sin permisos oficiales, era la gran provocadora de conflictos con la justicia estatal. La retirada de los vendedores ambulantes de las calles se hacía con violencia pues se daba una confrontación directa entre agentes de vía pública y los vendedores cuando les decomisan las mercancías. Las mujeres indígenas, ubicadas en esta actividad, eran víctimas diarias en esta lucha. Los conflictos relacionados a la vivienda también eran comunes y llevaban a que esos grupos se confrontaran directamente con la justicia. Sin embargo, en este texto me gustaría centrarme en los problemas que involucraban a los jóvenes indígenas.

Los jóvenes indígenas sufren un sentimiento de ambigüedad ya que su vida en la ciudad parece dividirlos en dos condiciones: "indígenas" o "urbanos". Muchos de ellos, a los cuales se les preguntaba si se consideraban indígenas, contestaban que sus padres eran indígenas. Esta actitud no era fortuita pues han compartido la vida de sus padres y saben lo que significa ser indígena y la discriminación consecuente de esto. Con todo, la opción de los jóvenes por el mundo urbano no ocurre de manera tranquila, muchos quieren dejar de ser indígenas, pero siguen dentro de una colectividad y sienten que no es simple hacerlo (Pérez Ruiz, 1993).

La temática de los jóvenes indígenas en la ciudad de México es muy amplia y permite el desarrollo de varios estudios; esta investigación se limitó a verificar los conflictos que han enfrentado y cómo ha sido el comportamiento de la justicia con relación a ellos. La identidad jugaba un papel fundamental en estas confrontaciones, ya que también era colocada en discusión por los procuradores e impartidores de justicia, que ejercían un papel fundamental para que los grupos negaran o afirmaran sus identidades, como puede ser visto en un caso que involucró a un joven mazahua que pude acompañar y analizarlo en mis textos (Igreja, 2004):

Hace poco que un muchacho lo detuvieron también por vía pública. Le acusaron que le robó una cámara de TV Azteca, y le robó una cámara de Duro y Directo (programa de la televisión), y luego ya después de allí se les rompieron unos lentes. Ese muchacho tenía un mechoncito aquí blanco y con un pantalón de mezclilla de, este, cholos, con una playerota, y con esos Nikes, grandotes, así está vestido el muchacho, que es de mi organización... y la hora que había llegado el muchacho no habían dejado entrar ni su mamá, ni su tía, ni nadie; yo entré y le digo: mira, yo ya llamé por teléfono la delegación, la delegación le llamó por teléfono a ustedes y no encontraban aquí ningún indígena. Pero, me dijeron que aquí estaba el muchacho indígena y, este, no ... y agarra la juez y dice: No, aquí no hay ninguno muchacho indígena, el muchacho que ustedes dicen que se hace pasar por indígena habla perfectamente español, así que no se traba nada ni nada. Le digo: mira señora, su madre es una indígena, el muchacho tal vez no se quiera reconocer como indígena, pero la mamá es indígena y si estoy aquí es por la mamá que no sabe expresar y no sabe decir nada y por eso estamos aquí con ella, y ya le dije que la mamá que nunca sabe hablar bien el español y ni supo hablar muy bien el mazahua, le digo. Y agarra a la señora y dijo: "es que usted cállese, que si va a hablar a su hijo habla en español. Le digo: "me va a disculpar usted, señora Juez, ella tiene todo el derecho de hablar como ella si le da la gana, ella tiene una lengua y yo desde al principio dije que es una indígena, ella no habla castellano y habla su lengua y su hijo lo entiende para que usted no diga que no es hijo de una indígena, el muchacho entiende ahorita lo que habla su mamá y no tiene ninguno derecho usted de privar sus derechos de la señora".

Durante toda la investigación fue posible verificar la dificultad de que los agentes de justicia en reconocer y registrar en los expedientes la identidad étnica de los indígenas. Limitados por el factor del idioma, no cabía la posibilidad de que los indígenas supieran hablar en español. Por lo anterior, un representante de una organización, ya muy inconforme con la situación, manifestó que:

Mis hijos aquí nacieron y no quiere decir que porque aquí nacieron dejan de ser mazahua, yo lo puedo comprobar, yo he registrado aquí y he registrado allá, pero esto no quiere decir que les van a hacer de menos que otros, posiblemente, a lo mejor no pueden hablar bien la lengua, pero entienden unas cosas. No es apenas el idioma, sino que la cultura de dónde venimos, no más aquí. Vuelvo a repetir, es querer imponer sus leyes, también cosas que yo le decía que es siempre, siempre nos han tenido. Por eso es que lo digo, desgraciadamente desconocemos muchas cosas, por eso yo en la verdad me da mucha tristeza en ver un caso como esto y luego pensando de donde vinimos porque creo que no se vale que las autoridades nos hacen menos que uno, porque ellos tienen más conocimiento, más preparación, ellos saben porque están dentro de la ley y la ley es la ley, cierto, estamos de acuerdo que posiblemente si sí tienen sus reglamentos pero tampoco no tiene por qué hacer esto, no pueden privar un derecho.

Las situaciones de encuentro de los indígenas con la justicia del Estado solían ser muy contradictorias. Este caso ilustra ese esfuerzo de identificación étnica y de lucha por el reconocimiento de los derechos específicos de los indígenas, previstos constitucionalmente y por convenciones como la 169 de la OIT. Los indígenas han enfrentado en la justicia del Estado situaciones de discriminación por su diferencia cultural y lingüística.

La convivencia con la criminalidad conduce a situaciones de verdadera culpabilidad de los jóvenes indígenas. En las puertas de las vecindades se observaban muchos integrantes jóvenes drogándose y eran comunes casos de robo cometidos por ellos. A su vez, las vecindades eran constantemente invadidas con gran violencia por policías que inculpaban a los indígenas por crímenes sin pruebas. Para ilustrar esas situaciones, cito un caso vivenciado por los padres de una familia otomí que perdieron la tutela judicial de sus hijos por les dejaren solos en las calles pidiendo limosnas. La procuraduría encaminó a los niños a unos familiares que los pudieran cuidar en su pueblo de origen. Con respecto a ese caso el licenciado encargado manifestó:

Son otomíes, sí hablan en otomí, pero también hablan en español, por eso partimos de que puedan hacer parte de un grupo indígena. Ellos hablan español, si hubiera venido con nosotros y no hablara más que otomí pediríamos el apoyo del INI para que nos hiciera la traducción, pero no fue necesario. Igual para las familias que se van a encargar de los niños.

A pesar de la declaración, se pudo verificar en la investigación que la madre hablaba español con dificultades y que su hija era quien hacía la traducción, como solía ser en varios casos. Además, la familia no estaba integrada a una organización, lo que fue visto como una ventaja para el licenciado.

No están tan integradas, más bien pensando por ellas mismas y por su familia y no por un grupo. Yo creo que están moviéndose por intereses particulares, yo creo eso. Eso sucede porque se desintegra, sucede porque alguien tiene más noción de progresar que otros, no van a estar apoyando siempre a este grupo y llegan a cambiar, o va a ser una persona distinta al grupo e integra a una familia nueva, con costumbres nuevas, que no depende de la influencia del grupo.

La lógica de pensamiento del licenciado estaba basada en una visión individualista donde no hay lugar para la colectividad. Según él, el hecho de que no formaran parte de un grupo era un motivo de progreso, ya que empezaban a pensar por sí mismos, convirtiéndose en personas libres y con voluntad propia.

A pesar de esas situaciones de falta de reconocimiento y discriminación en la justicia, la constitución de las organizaciones y la presencia de los representantes indígenas trajo poco a poco posibilidades de defensa importantes para los indígenas, una vez que se les abrieron puertas para la reivindicación de otros derechos. Como resultado concreto de ese proceso fue creada una agencia del Ministerio público para la atención a los indígenas.

La nueva Constitución puede contribuir aun más para el reconocimiento de los derechos de los indígenas, pues abre una serie de garantías en términos de impartición de justicia:

Artículo 59
I. Derechos de acceso a la justicia.
1. Los integrantes de los pueblos y barrios originarios y comunidades indígenas residentes, tienen derecho a acceder a la jurisdicción de la Ciudad de México en sus lenguas, por lo que tendrán en todo tiempo el derecho de ser asistidos por intérpretes, a través de la organización y preparación de traductores e intérpretes interculturales y con perspectiva de género. En las resoluciones y razonamientos del Poder Judicial de la Ciudad de México que involucren a los indígenas se deberán retomar los principios, garantías y derechos consignados en los convenios internacionales en la materia.
2. Las personas indígenas tendrán derecho a contar con un defensor público indígena o con perspectiva intercultural. Cuando se encuen-

tren involucradas en un proceso judicial, deberán tomarse en cuenta sus características económicas, sociales, culturales y lingüísticas.

3. Los pueblos y barrios originarios y comunidades indígenas residentes tienen derecho a solucionar sus conflictos internos, mediante sus sistemas normativos, respetando los derechos humanos y esta Constitución. La ley determinará las materias reservadas a los tribunales de la Ciudad de México.

4. Queda prohibida cualquier expulsión de personas indígenas de sus comunidades o pueblos, sea cual fuere la causa con que pretenda justificarse. La ley sancionará toda conducta tendiente a expulsar o impedir el retorno de estas personas a sus comunidades.

Efectivamente, otros cambios importantes ya están ocurriendo, como la mayor presencia de traductores indígenas acompañando a los indígenas. Instituciones como la Secretaría de Desarrollo Rural y Equidad para las Comunidades (SEDEREC) han apoyado en la garantía de ese servicio. Al mismo tiempo, esto no ha sido suficiente para el enfrentamiento de problemas comunes que aún persisten y otros nuevos que han surgido y agravado en los últimos años.

En una entrevista reciente a un licenciado indígena servidor de una agencia del Ministerio Público, fue posible detectar las dificultades que aún permanecen en la impartición de justicia hacia los jóvenes indígenas. En primer lugar, según el licenciado, se han incrementado los casos que involucran a los jóvenes indígenas con la delincuencia Quizás no con los jóvenes de los grupos ya conocidos, pero varios otros, incluso de otras etnias que no habían aun accedido a las instituciones. La diferencia es que en este momento la criminalidad se agrava por el contexto específico de violencia que vive el país marcado por la intensificación del narcotráfico y de los conflictos entre pandillas de la ciudad en los que se han vistos involucrados jóvenes indígenas y no indígenas.

A pesar de los nuevos derechos reconocidos, todavía no se han implementado políticas de prevención de delitos y ya no son tan comunes los talleres sobre violencia y derechos humanos en las organizaciones que antes se realizaban. Además, el servidor público entrevistado cree que es necesario ampliar estos talleres involucrando de manera conjunta jóvenes indígenas y no indígenas que compartan un espacio común de vivienda y/o de relaciones de amistad. A la par de esto, sería necesario ofrecer otros tipos de oportunidades para estos jóvenes, para que no fueran atraídos por la criminalidad.

Así, a pesar de la amplitud de derechos reconocidos, la realidad cotidiana sigue poniendo a jóvenes indígenas en confrontación con la justicia.

Conclusión

Traje en esta presentación apenas algunas memorias de una antigua
investigación que nos permite acompañar la evolución del debate sobre la
impartición de justicia hacia los indígenas de la ciudad y la conformación
de las organizaciones étnicas. Recuperarlas puede auxiliar a comprender
las condiciones de los grupos en la ciudad y a cómo se van adaptando a
los nuevos contextos políticos. Igualmente, esta recuperación es importante para abrir espacio de diálogo que ponga en cuestión las fórmulas
jurídicas e institucionales que son constantemente recreadas y que suelen
hacerse de arriba hacia abajo, sin considerar realmente las especificidades
de estos grupos. Muchos de los nuevos derechos planteados son vistos
como fundamentales para las organizaciones, pero al mismo tiempo es
visible su preocupación y molestia en torno a corresponder y adaptarse
a las formas en que las instituciones implementan estos derechos. Asimismo, es importante denotar que permanecen problemas recurrentes
como un mayor reconocimiento de derechos, mejoría de las viviendas y,
contradictoriamente, pocas oportunidades de trabajo y asistencia a la
prevención de delitos.

Bibliografía

Altamirano, T.; Hirabayashi, L. 1991 "Cul-
turas regionales en ciudades de América
Latina: un marco conceptual" en *América
Indígena* (México: Instituto Indigenista
Interamericano) Vol. LI, Nº 4, pp. 17-48.

Arizpe, L. 1975 *Indígenas en la ciudad de
México: el caso de las Marías* (México:
Secretaria de Educación Pública).

Arizpe, L. 1978 *Migración, etnicismo y cambio económico: un estudio sobre indígenas
en la ciudad de México* (México: El Colegio
de México).

Arizpe, L. 1985 *Campesinato e migração.*
(México: Secretaria de Educación
Pública).

Arizpe, L. 1989 "Pluralismo étnico, arte e
integración nacional em América Latina:
apuntes para su interpretación" en
Devalle, S. (coord.) *La diversidad prohibida: resistencia étnica y poder de Estado*
(México: El Colegio de México).

Camus, M. 2000 *Ser indígena en ciudad
de Guatemala* (México: Universidad de
Guadalajara; CIESAS).

García Canclini, N. 1990 *Culturas híbridas:
estrategias para entrar y salir da modernidad* (México: Grijalbo).

Geertz, C. 1994 *Conocimiento local* (Barcelona: Paidós).

Hirabayashi, L. 1991 "La politización de la cultura regional: zapotecos de la Sierra Juárez en la ciudad de México" en *América Indígena* (México) Vol. LI, N° 4.

Igreja, R. 2000 *Derecho y diferencia étnica: la impartición de justicia hacia los indígenas migrantes en la ciudad de México* (México: CIESAS).

Igreja, R. 2003 "Justicia y diferencia étnica. El reconocimiento étnico en el contacto de los grupos indígenas migrantes en la Ciudad de México con la administración de justicia de la ciudad" en *Revista Mexicana de Ciencias Políticas y Sociales* (México: UNAM) Año XLVI, N° 188-189, pp. 169-189, mayo-diciembre.

Igreja, R. 2004 "Derecho y diferencia étnica: la impartición de justicia hacia los indígenas migrantes en la ciudad de México" en Sierra, M. T. (ed.) *Haciendo Justicia: interlegalidad, derecho y género en regiones indígenas* (México: CIESAS; Porrúa) pp. 409-474.

Igreja, R. 2006 "Políticas públicas e identidades: una reflexión sobre el diseño de políticas públicas para los indígenas migrantes de la Ciudad de México" en *Urbi indiano, la larga marcha a la ciudad diversa* (México: Universidad Autónoma de la Ciudad de México).

Igreja, R. 2008 "Negociando identidades. La participación de los jóvenes en las organizaciones indígenas de la ciudad de México" en *Jóvenes indígenas y globalización en América Latina* (México: INAH) pp. 219- 238.

Lestage, F. 1997 *Diseñando nuevas identidades: el sistema de alianzas de los migrantes mixtecos en Tijuana* (México: XIX Coloquio de Antropología e Historia Regionales, El Colegio de Michoacán).

Lestage, F. 1998 "Apuntes sobre los mecanismos de reconstrucción de la identidad entre migrantes. Los mixtecos en las californias" en Napolitana, V.; Solano, L. (cords) *Encuentros Antropológicos: power, identity and Mobility in Mexican society* (Londres: Institute of Latin American Studies).

Lewis, O. 1957 "Urbanización sin desorganización. Las familias zapotecas en la ciudad de México" en *América Indígena III* (México) Vol. XVII, N° 3.

Lewis, O. 1972 *La cultura de la pobreza* (Barcelona: Cuadernos Anagrama).

Lomnitz, L. 1997 *Cómo sobreviven los marginados* (México: Siglo XXI).

Lucas Campo, L. 2016 "¿Indígenas migrantes o residentes en la Ciudad de México?" en *Sinfín Revista Electrónica* (Sinfín) N° 20, pp. 53-63, noviembre-diciembre. En <http://www.revistasinfin.com/wp-content/uploads/2016/11/Sinf%-C3%ADn-20.pdf>.

Martínez Casas, R. 2007 *Vivir invisibles: la resignificación cultural entre los otomíes urbanos de Guadalajara* (México: Ciesas).

Merry, S. 1988 "Legal Pluralism" en *Law and Society Review* (Wiley) N° 22(5).

Muñoz, H.; De Oliveira, O. 1977 "Migración y desigualdad social en la ciudad de México" en Muñoz, H. *et al. Las migraciones internas en América Latina. Consideraciones teóricas.* (México: El Colegio de México).

Nolasco, M. 1979 *Cuatro ciudades. El proceso de urbanización dependiente* (México: INAH).

Ohemichen Bazán, C. 2001 *Mujeres indígenas migrantes en el proceso de cambio cultural. Análisis de las normas de control social y relaciones de género en la comunidad extraterritorial* (México: Facultad de Filosófica y Letras, UNAM).

Oliveira, O. 1997 "Migración femenina, organización familiar y mercados laborales en México" en *Comercio Exterior* (México) Nº 34(7).

Orellana, C. 1973 "Mixtec migrants in Mexico City: a case study of urbanizations?" en *Human Organization* (SfAA) Nº 32(3), pp. 273-285.

Ortiz Marín, C. 2003 "Existen los jóvenes rurales e indígenas?" en *Seminario Internacional Virtual Juventud Rural En Centroamérica y México, El Estado De Las Investigaciones Y Los Desafíos Futuros* (Guatemala: Red Latino Americana De Investigación En Juventud Rural; FLAC-SO-Guatemala).

Pérez Ruiz, M. 1993 "La identidad entre fronteras" en Bonfil Batalla, G. (coord.) *Nuevas identidades culturales en México* (México: Conaculta) pp. 126-153.

Pérez Ruiz, M. 1995 "Los migrantes mazahuas en Ciudad Juárez; estereotipos y realidades" en *Ce-Acatl* (México) Nº 72.

Pérez Ruiz, M. 2002 "Jóvenes indígenas y su migración a las ciudades" en *Diario de Campo: Los jóvenes indígenas en las ciudades. Avances en la reflexión* (México: CONACULTA; INAH) Nº 23, pp. 07-19, diciembre.

Romer, M. 1982 *Comunidad, migración y desarrollo: El caso de los mixes de Totonpec* (México: INI).

Sierra, M. T. 1996 "Antropología Jurídica y derechos indígenas: problemas y perspectivas" en *Dimensión antropológica* (México) Año 3, Vol. 8, septiembre/ diciembre.

Starr, J. E.; Collier, J. 1989 "Introduction" en *History and Power in the Study of law Ithaca e Londres*: (Estados Unidos: Cornell University).

Stavanhagen, R. 1990 "Derecho consuetudinario indígena en América Latina" en Stavenhagen, R.; Iturralde, D. (comps.) *Entre la ley y la costumbre* (México: Instituto Indigenista Interamericano) pp. 27-46.

Educación inter y multicultural en universidades de Colombia:

¿Hay un proceso de inclusión de saberes de jóvenes indígenas para una interculturalidad plena?

Guillermo D'abbraccio Krentzer[1]

Introducción

En Colombia, un país marcado a fuego por sus múltiples escenarios de violencia, es común escuchar en el argot universitario una palabra para referirse (o reemplazar) a la pérdida de cursos académicos y a la potencial y temida deserción escolar. La palabra —triste e inadecuada por sí misma, paradójica por la otra— es "mortalidad académica".

Dicha realidad acompaña en mayor medida a los jóvenes provenientes de los sectores sociales más desfavorecidos. Pero hay una mayor incidencia en jóvenes de sectores rurales, especialmente si provienen de comunidades afrocolombianas y los pueblos indígenas (Arango, 2006: 17). Hacia ese foco de atención se dirige este trabajo, fruto de un estudio que se llevó a cabo en los años 2014 a 2017 en la principal universidad pública de Colombia: la Universidad Nacional. Realizada en gran medida en su sede Manizales, pero igualmente replicada en las otras sedes (Bogotá es la sede central y principal, Medellín, Palmira y Manizales las "intermedias").

La pregunta inicial fue ¿Hay un proceso de inclusión de saberes de jóvenes indígenas para una interculturalidad plena? De entrada, la intuición nos indicaba que la respuesta iba dirigida hacia un "No" rotundo. Sin embargo, era necesario contrastar esa percepción e intuición, al acudir primero a los archivos del Sistema de información académica la Universidad Nacional de Colombia (SIA) para confirmar si la "deserción académica" afectaba en mayor medida a los jóvenes provenientes de pueblos indíge-

---

1   Profesor Titular de la Universidad Nacional de Colombia, sede Manizales. Correo electrónico: <gadabbracciok@unal.edu.co>.

nas. Efectivamente así indicaron los resultados de esa primera pesquisa, acercándose a un lamentable 70%. Y, por otra parte, se necesitaba saber el por qué se produce dicha deserción académica, cuáles son las áreas del saber en las que hay mayor dificultad para la adaptación a la vida universitaria y, finalmente pero no por ello menos importante, cuáles son los retos para consolidar una verdadera "educación intercultural" que sea diferenciada, incluyente y respetuoso de las diferencias.

En nuestro paradójico y ambiguo país, el mismo que le dijo "No" a la firma de los Acuerdos de paz, hacer referencia a "profesionalización de jóvenes indígenas" en los planes curriculares de las Universidades, parecería ser una apuesta quijotesca. Y de hecho lo es, puesto que cerca de un 70% de los jóvenes universitarios de procedencia indígena desisten en los primeros 2 años de carrera por diversos motivos que serán objeto de análisis a lo largo de este camino de investigación.

Es un hecho incuestionable que la profesionalización de indígenas es una aspiración y una necesidad de enorme importancia para los pueblos indígenas, fruto de luchas y reivindicaciones a lo largo del siglo XX. Estos jóvenes están llamados a apoyar sus comunidades, como líderes, cuando terminen sus formaciones académicas. Igualmente, se espera que sean el puente entre las comunidades y el Estado (así como el sector privado) para la inserción de sus comunidades en las dinámicas económicas, sociales, políticas y culturales del país y el mundo contemporáneo.

Sin embargo, y siguiendo la obra de Paulo Freire "La pedagogía del oprimido", es pertinente señalar que la educación debería tener como objetivo un plan para la liberación auténtica del hombre (opresor u oprimido). Además de criticar al sistema tradicional de la educación (lo que Freire denomina educación bancaria), es necesario pensar que esa inclusión de jóvenes indígenas a la educación formal a su vez debe considerar una nueva pedagogía donde los educadores y los educandos trabajen juntos para desarrollar una visión crítica del mundo en que viven.

En ese orden de ideas, Freire rechaza la situación de la cultura dominante, donde los privilegiados son los actores y los demás son meramente espectadores. En el caso que aquí nos ocupa, los profesores formados en la academia occidental e inmersos en la individualidad, la lógica del mercado y el derecho a la propiedad privada, por una parte, y los estudiantes indígenas formados en el mundo de la oralidad, del respeto y defensa de la Pacha Mama (como madre naturaleza común a todos/as), por otra parte.

Los estudiantes indígenas afrontan dos grandes retos: adaptarse a la ciudad (con todos los prejuicios que eso conlleva en su contra) y al "ritmo universitario", valga decir, al reto académico que lamentablemente los está arrinconado con altos índices de deserción y "mortalidad académica". Esto es evidente en jóvenes indígenas que provienen de procesos escolares de menor calidad y capital escolar deficiente para el parámetro occidental (Bourdieu & Passeron, 1969: 14) y la gran mayoría no bilingues (me refiero a inglés). Pero los retos no se quedan ahí, pues siguiendo un informe de la IESALC y la ONIC:

> Si el estudiante indígena finalmente logra profesionalizarse —como efectivamente muchos lo han logrado, algunos de manera sobresaliente— afronta el dilema de aprovechar personalmente su título para abandonar su identidad de indígena y su compromiso con sus comunidades, o regresar a su territorio donde no es seguro que encuentre las condiciones y los incentivos para poner sus conocimientos al servicio de las comunidades, o donde, por encima de estas circunstancias, cumpla sus compromisos y deberes con la población. Cuáles son los factores que influyen en una u otra decisión es algo que está por investigarse (IESALC, ONIC, CRIC, 2015: 55)

Igualmente, otro gran riesgo de los jóvenes indígenas (y que afecta irremediablemente a sus comunidades) es el de egresar como profesionales, pero no retornar a sus resguardos a "retroalimentar" el proceso formativo y aplicar sus conocimientos. Tal como sugiere el informe mencionado anteriormente "Los egresados indígenas pueden jugar un papel en uno u otro sentido, o no jugar ningún papel en relación con sus comunidades, en lo cual tendrá mucho que ver la orientación que reciban en las universidades, además, lógicamente, de la participación y el compromiso que hayan tenido en los procesos y las luchas de sus comunidades. Podrán ser puente de doble vía para el enriquecimiento mutuo entre las culturas indígenas y el entorno global; o una vía sin retorno que los aleje, a ellos y a su gente, cada vez más de la etnicidad. El aislamiento que caracterizó a muchas comunidades es una opción cada vez menos posible y deseable, que contribuye más a la decadencia que a la supervivencia de las comunidades (IESALC, ONIC, CRIC, 2015: 56).

Son muchas (82) las universidades que en el país han abierto sus puertas a los estudiantes indígenas, aportando algunas condiciones económicas y académicas "preferenciales". Se destaca la Universidad Nacional de Colombia que les ofrece cupos, rebajas de matrícula, préstamo beca, vivienda, bono alimentario, y cuenta con el Programa de Admisión Especial (PAES), para indígenas, mejores bachilleres y estudiantes de municipios pobres. La Nacional, Pedagógica y Distrital brindan bonos alimentarios. Los estudiantes indígenas que cumplen ciertos requisitos cuentan con el Fondo Álvaro Ulcué para ingresar a universidad privadas, lo cual les otorga 200.000 pesos mensuales, pero es un fondo cada vez más insuficiente. Y por supuesto las universidades privadas tienen otra lógica, marcada por la perspectiva del mercado.

La bandera de lucha política que durante décadas se ha esgrimido en Colombia es que se requiere lograr equidad en la educación superior desde un punto de vista de justicia social, donde atender el problema de la deserción y retención de estudiantes universitarios significa que "los jóvenes provenientes de los estratos sociales más desfavorecidos tengan acceso a una educación de buena calidad y desarrollen procesos de aprendizaje significativos que les permitan beneficiarse de la misma para mejorar sus condiciones de vida" (Silva & Rodríguez, 2012: 25).

El programa PAES en la Universidad Nacional de Colombia

El programa PAES es una fuerte apuesta de la Universidad Nacional de Colombia en sus diversas sedes para consolidar la presencia de estudiantes provenientes de comunidades afrocolombianas e indígenas, así como de sectores del campo que han sido especialmente vulnerables a la pobreza y al conflicto armado en Colombia.

Los estudiantes hacen un primer año (año cero) en el que cursan de 4 a 5 asignaturas de "Fundamentación" y adaptación a la vida universitaria. Este primer año lo llevan a cabo en las 4 subsedes de frontera o periferia en las que la Universidad Nacional de Colombia hace presencia, a saber: Tumaco (frontera con Ecuador), Leticia en la subsede Amazonia (frontera con Brasil y Perú), Valledupar (frontera con Venezuela) y la sede Caribe en la isla de San Andrés (Caribe colombiano)

Una vez pasan ese primer año introductorio, se trasladan a una de las 4 sedes grandes. La central y principal (en la capital Bogotá) o las 3 subsedes intermedias (Medellín, Manizales y Palmira). En ellas tienen acceso a subsidios de alimentación, matrícula mínima y demás beneficios del programa de "Bienestar Universitario". Sin embargo, dichos subsidios han sido objeto de "recortes presupuestales" en las últimas dos décadas, lo cual ha llevado a poner en riesgo dicho apoyo fundamental para la permanencia de los estudiantes provenientes de las comunidades más vulnerables del país.

Aspectos metodológicos

El presente estudio se centró metodológicamente en 20 entrevistas a estudiantes de diferentes pueblos indígenas en la Universidad Nacional de Colombia. En el caso de la sede Manizales se aplicaron 12 entrevistas por ser la del origen de la investigación. Para conocer la realidad de las sedes Bogotá, Medellín y Palmira, se aplicaron 8 cuestionarios vía chat (4 en la sede Bogotá, 2 en la sede Medellín y 2 en la sede Palmira).

Para que se conozca el panorama de la sede Manizales, es pertinente señalar que ofertamos once (11) programas curriculares, a saber:

* *Facultad de Ingeniería y arquitectura:* 1) Ingeniería química; 2) Ingeniería electrónica; 3) Ingeniería eléctrica; 4) Arquitectura; 5) Ingeniería Civil; 6) Ingeniería Industrial. Total: seis programas.
* *Facultad de Ciencias:* 1) Matemáticas; 2) Ingeniería Física. La ubicación de esta ingeniería en esta Facultad parece una contradicción, no está en la Facultad de Ingeniería sino en Ciencias, por su mayor énfasis en Física que en Ingeniería. Pero eso es una discusión que trasciende este trabajo. Total: dos programas.
* *Facultad de Administración y Humanidades:* 1) Gestión Cultural y comunicativa; 2) Administración de empresas; 3) Administración de sistemas informáticos. Total: tres programas.

Como bien se puede observar, el foco principal está concentrado en las Ingenierías, arquitectura y matemáticas, con 8 de 1 programas. Eso se refleja en el número total de inscritos en la sede, así como en el mayor poder de recursos financieros que cuentan esas dos Facultades. De hecho, también se refleja en el poder en la toma de decisiones, dado que del total de Vice-rectores que ha tenido la sede, solamente uno proviene de la Facultad de Administración, justamente el actual Vice-rector de sede, profesor de perfil del Departamento de Administración de empresas. Todos, absolutamente todos los anteriores vice-rectores en los setenta años de historia de esta sede regional, provenían de la Facultad de Ingeniería. Lo anterior se refleja además en el presupuesto asignado al Campus La Nubia, con enormes fortalezas en Laboratorios de Química, Laboratorio de Materiales, Laboratorio de Física del Plasma, entre otros, con las inversiones más cuantiosas de la sede, ofreciendo así un campus universitario de mejor infraestructura de todas las cuatro sedes juntas y el pilar del "orgullo" para mostrar en la institución (las comillas no son para nada un aspecto peyorativo).

Principales obstáculos a los que se enfrentan los estudiantes indígenas en las universidades en Colombia: el caso de la U.N. en Manizales y otras sedes

A continuación, se visualizará cuáles son las principales competencias curriculares que las universidades occidentales buscan en la formación de sus estudiantes, más allá de la perspectiva disciplinar. Estos cursos son los denominados de "fundamentación" y constituyen la piedra angular de los dos primeros años de cada carrera universitaria en la Universidad Nacional de Colombia.

Comprensión lectora: ¿qué se lee, cómo se lee, qué se entiende?

De acuerdo a los resultados del examen de admisión, los estudiantes que ingresan entran a una base de datos de la Universidad en la que se visualiza cuáles son los que tienen mayores deficiencias en "lecto-escritura" (igualmente en inglés). De ahí entonces a los de primer y segundo semestre se los inscribe en los cursos de "Lectura" y "Escrituras creativas". Ambos son asumidos como cursos de Fundamentación en perspectiva de "nivelación".

Sin embargo, ni los resultados son los esperados (en un solo curso de 16 semanas no es posible "aprender a escribir" ni fomentar la "pasión por la lectura") ni tampoco despiertan el interés del estudiantado. Además, son cursos que son ofrecidos por profesores "de contrato a término definido" por lo que muchas veces están supeditados al presupuesto. Cuando se buscar recortes en algún nivel de ofertas de la universidad, la lógica burocrática dirige su mirada estos cursos que son los más "blandos" a juicio de dichos funcionarios. Lógica perversa en manos de la inoperancia y la miopía.

Pero el quid de la cuestión en lo que atañe al estudiante indígena, es que provienen de un mundo de la "oralidad", por lo que el primer choque cultural se visualiza en la premisa de la lectura y escritura como competencias fundamentales de la Modernidad y, obviamente, de la Universidad como esfera de saber y formación de las "élites ilustradas". Aquí se encuentra una piedra en el zapato que no es fácil de resolver. La Universidad se creó en esa lógica (lectura y escritura) y las comunidades provienen de otro mundo (oralidad).

La deserción académica en este punto no es tan visible ni fácil de identificar como en las matemáticas, pero atraviesa transversalmente las cuitas y derrotas de los jóvenes indígenas en todos sus cursos.

Redacción de ensayos: el problema de "superar" la oralidad

Derivado de lo anterior, si no se lee, tampoco se escribe. Y si se escribe, no se hace con la rigurosidad que exigen los profesores e investigadores. Menudo dilema.

Si bien se trata de una deficiencia que no solamente cubre a los estudiantes indígenas (en el año 2016, Colombia ocupó el puesto 57 entre 65 países a nivel mundial en pruebas PISA), es menester resaltar que los profesores "exigen" la realización de ensayos y que la lógica de redactar dicho producto académico no es de fácil resolución para los jóvenes indígenas, a contravía de los estudiantes que pertenecen a Semilleros de investigación y que forman parte de un círculo especial de "elegidos" por competencias y cualificaciones académicas (Bourdieu & Passeron: 1969).

Diversos entrevistados manifestaron que para ellos (y ellas) resulta más complejo a veces redactar un ensayo que estudiar para el "examen de matemáticas". Paradójico a primera vista de parte de los que venimos del mundo de las ciencias sociales, pero completamente coherente teniendo en cuenta la cosmovisión de la oralidad de la que provienen los jóvenes de pueblos indígenas.

Algunos profesores aceptan (o negocian) que los estudiantes "conversen" sobre lo leído. Sin embargo, ello no resuelve el problema de fondo que es aprender a escribir y, por el contrario, asume un papel de "minusvalía intelectual" que empeora la situación ante los profesores que no aceptan dicha negociación ("conversemos sobre lo que usted entiende de lo leído").

Matemáticas y físicas: la piedra en el zapato de la deserción académica en las ingenierías

Tanto en nivel básico (primaria y secundaria) como en la terciaria (universidad), el talón de Aquiles de los estudiantes indígenas que cursan ingenierías y ciencias son las diversas matemáticas. En este caso particular que nos ocupa se trata de mirar la incidencia que tienen sobre el rendimiento académico, ciertos cursos claves que se han identificado como problemáticos y cuyos datos se incluyen en el presente trabajo. Ello se deduce de la información que se ha podido recopilar desde el año 2000 hasta el 2016, y son Matemáticas básicas, Cálculo Diferencial, Cálculo integral, Geometría Euclidiana, Geometría Vectorial y Analítica, Matemáticas Operativas, Álgebra Lineal, Estadística, Probabilidad y Estadística, Física I, Física II y Física III.

En un sólido trabajo realizado en el año 2009 por el Grupo de investigación en "Ingenierías y Física" de la Universidad de Antioquia (Medellín), titulado "Matemáticas y físicas ¿las barreras en ingeniería?" se encontró que en cursos como Geometría Euclidiana y Geometría Vectorial y Analítica, hay diversos factores a tener en cuenta:

se puede decir que son temas muy nuevos para los estudiantes, porque la formación en Geometría que reciben en el bachillerato es mínima, y ello podría ser una de las explicaciones de los resultados. Pero ese no es el caso de Matemáticas Operativas, que se considera un curso remedial del bachillerato, o cuando mucho, de profundización. Con la anterior premisa sería de esperarse que el rendimiento en Matemáticas Operativas fuera mucho mejor que para las geometrías, pero la realidad es que no, pues el porcentaje de perdedores para este curso varía entre 25 y 43% con una media de 32.5% y el de los que cancelan varía entre el 6 y el 22%, con una media de 12%. Sin embargo, debe anotarse que, aunque los perdedores son similares en porcentajes a los cursos anteriores, el número de los cancelan es visiblemente menor. (VVAA, 2009: 39)

En cuanto a la otra piedra u obstáculo que propicia la deserción académica (los cursos de física), es pertinente señalar que en las entrevistas realizadas a los jóvenes indígenas en la U. N., estos señalaron que dichos cursos han sido considerados como difíciles por diversas razones, a saber: por la formación deficiente en el bachillerato, por la orientación vectorial y, por tanto, la mayor exigencia matemática que tienen estos cursos universitarios, por la actitud prepotente de los profesores de física, por los prejuicios de los estudiantes (temores y rechazos) y en fin, por la dificultad inherente de esta disciplina.

No obstante, es pertinente preguntarnos ¿cómo debe enseñar un profesor universitario a estudiantes que en un gran porcentaje traen limitaciones académicas desde la secundaria?

Bilingüismo: inglés global versus lenguas indígenas locales

La Constitución Política de 1991 se constituyó en la principal apuesta por el reconocimiento de las diferencias y de la configuración de la multiculturalidad. En ese sentido, se "visibilizaron" los pueblos indígenas, los afrocolombianos, así como las diversidades religiosas. El enfoque sobre la libertad de expresión y el reconocimiento de los Derechos.

Sin embargo, a pesar de dichos avances en el reconocimiento de los derechos, el escenario de las políticas educativas no "incluye" el plurilingüismo indígena en los currículos escolares de básica primaria y secundaria. En los escenarios educativos públicos en Colombia se enseña inglés (y también colegios privados agregan francés, y otros alemán).

Por lo tanto, el bilingüismo corresponde al inglés, pero no incluye las lenguas indígenas. Eso constituye un espacio de invisibilidad, ergo, exclusión compleja de resolver.

En los resultados de las entrevistas a los jóvenes indígenas, se observa un hallazgo interesante: los estudiantes no pierden en general los niveles de inglés 1 a 4. Y, por el contrario, aprueban y se destacan. Al contrario de las matemáticas y la lecto-escritura, el aprendizaje del inglés no ha sido un gran obstáculo para su permanencia académica en las carreras.

Este punto es pertinente de trabajar, pero desborda los objetivos que se plantearon en este estudio. Sin lugar a dudas, será objeto de próximas investigaciones.

Prejuicios de los profesores

Los jóvenes indígenas que respondieron las encuestas, han expresado que la causa principal para cancelar una asignatura es la metodología inadecuada del profesor (34%), en segundo lugar, aparece la dificultad de la asignatura (32%) y en tercer lugar la falta de estudio (21%). Otros motivos concentraron un 13% teniendo en cuenta aspectos como: depresión y soledad (nostalgia por sus familias, comunidades y territorios), dificultades en la alimentación, en fin, problemas de adaptación.

Lo paradójico del aspecto que se refiere a "metodología utilizada por los profesores", es que las evaluaciones sobre el desempeño profesoral realizado por los estudiantes, sean indígenas o no (ubicada en la plataforma "Edificando" de la U. N.) los evalúan de forma muy positiva, como buenos (63,7%) y como muy buenos (17,8%). Solo un 20% los califica como "muy malos profesores". De lo anterior podría inferirse que los estudiantes no indígenas se encuentran más habituados a estos perfiles de profesores que los jóvenes indígenas. Cabe enfatizar de acuerdo a sus comentarios (de los chicos indígenas) que los profesores que tenían en sus niveles básico y secundario en sus comunidades eran "más cercanos, afectuosos, atentos y receptivos" tal como señaló uno de los entrevistados.

Y a todo eso... problemas de bienestar universitario

Dada la coyuntura actual en Colombia, es conocida por todos la necesidad de articular luchas para evitar que los escenarios de la Universidad Pública caigan en las meras lógicas del mercado. Lo anterior es palpables en reducciones en recursos a investigación, a las matrículas universitarias y en el caso que nos atañe aquí, a la política de bienestar universitario.

Tras los recortes presupuestales se encuentra desde hace décadas, una arremetida del establecimiento por delimitar las potencialidades de las universidades públicas. En ese proceso, los estudiantes provenientes de sectores populares en todo el territorio nacional (y los indígenas constituyen el eslabón más débil de la cadena) quedarán expuestos a mayor vulnerabilidad y aumentarían los niveles de deserción académica.

Integración en las ciudades sedes: el afuera y el adentro

En la ponencia presentada en este GT CLACSO el año pasado 2016, en el evento que también se realizó en la sede Ecosur en Chetumal, planteé que la integración de los jóvenes indígenas es más fácil en el adentro —Universidad Nacional de Colombia—, que en el "afuera", es decir, la ciudad misma. Esto se debe a que los jóvenes de universidades públicas demuestran —en su mayoría— mayor empatía y generosidad en la recepción a los estudiantes provenientes de pueblos indígenas. Caso contrario a la ciudad de Manizales, Bogotá, Medellín y Palmira donde se encuentran las sedes de la U. N., puesto que los prejuicios, indiferencia y el mismo rechazo a los indígenas se traduce en complejas y difíciles situaciones de adaptación a sociedades "hostiles" a los jóvenes indígenas.

El reto de una educación diferenciada. A modo de conclusiones

La pregunta inicial de este trabajo fue ¿Hay un proceso de inclusión de saberes de jóvenes indígenas para una interculturalidad plena en la Universidad pública en Colombia? Evidentemente, todas las pruebas presentadas a lo largo de este estudio indican que no es así.

La presencia de jóvenes indígenas en las universidades colombianas es un fenómeno reciente, que tiende a incrementarse y debe cualificarse progresivamente para responder a las demandas de los pueblos indígenas, de sus derechos a una educación que los fortalezca culturalmente, y que, a la vez, contribuya a la construcción de una academia abierta a otras culturas y saberes, y de una nación pluriétnica y multicultural, como lo demanda la Constitución Política de 1991 (Rojas & Castillo: 2005: 28).

Igualmente, es pertinente enfatizar que la defensa de los intereses de los estudiantes indígenas debe ser llevada a cabo por las Organizaciones estudiantiles. A estas últimas les corresponde gestionar los apoyos para mejorar las condiciones de vida (vivienda, alimentación, salud, recursos económicos, recreación) y de estudio (espacios, textos, Internet, nivelación, acompañamiento) que contribuyan a la adaptación a la ciudad y al éxito académico de los indígenas en las universidades; promover espacios y actividades que fortalezcan la solidaridad entre los estudiantes indígenas en general y la identidad cultural de cada etnia en particular; servir de interlocutora ante las universidades y promover la proyección de los estudiantes.

Si bien existe una apertura de las universidades públicas hacia los indígenas que data de 1990 hacia acá, esta no se puede quedar en abrir cupos y rebajar matrículas. Las instituciones de educación superior deben asumir el reto de preguntarse si están contribuyendo a fortalecer a los estudiantes indígenas y a sus pueblos; si están efectuando las adecuaciones necesarias para garantizarles el derecho a una educación que responda a sus particularidades y necesidades colectivos; si se están beneficiando de la presencia de los indígenas y del contacto con sus autoridades y comunidades; si están impulsando con ellos procesos investigativos; si están avanzando en la construcción de una academia y una sociedad pluralista.

Finalmente, tras este proceso de indagar en una problemática compleja, se formulan 7 retos para consolidar el proceso de adaptación y mejoramiento de la situación de los jóvenes indígenas en la Universidad Nacional de Colombia, a saber:

1. Abordar el desarrollo curricular de los programas.
2. Capacitación docente para reconocer las diferencias en los modos de aprendizaje.
3. Incorporar a los jóvenes estudiantes a semilleros de investigación, articulando sus saberes.
4. Apostarle a la investigación etnolingüística.
5. Derivado de lo anterior, producir materiales pedagógicos para los diferentes pueblos indígenas (articulación puente "Docencia-investigación-extensión").

6. Hacer un acto de inclusión modificando los aspectos extremadamente rígidos de la normatividad de las Universidad Públicas, en este caso la Universidad Nacional de Colombia.
7. Desarrollar procesos de innovación y transformación pedagógicas integradas y adecuadas a las necesidades y características del estudiantado indígena.

Bibliografía

Arango, L. G. 2006 *Jóvenes en la Universidad: género, clase e identidad profesional* (Bogotá: Siglo del hombre; Universidad Nacional de Colombia).

Bourdieu, P.; Passeron, J-C. 1969 *Los herederos, los estudiantes y la cultura* (Barcelona: Labor).

Rojas, A.; Castillo, E. 2005 *Educar a los otros. Estado, políticas educativas y diferencia cultural en Colombia* (Popayán: Grupo educación indígena y multicultural. Programa Unicef-ProAndes; Universidad del Cauca).

Silva Laya, M.; Rodríguez, A. 2012 "El primer año universitario entre jóvenes provenientes de sectores de pobreza: un asunto de equidad" en *Revista Iberoamericana de Educación Superior* (México: UNAM-IISUE; Universia) Vol. IV, Nº 10. En <http://ries.universia.net/index.php/ries/article/view/334>.

VVAA 2009 "Matemáticas y físicas ¿las barreras en ingeniería?", Grupo de trabajo académico ingeniería y sociedad (Medellín: Universidad de Antioquia).

SEXTA PARTE

Discursos públicos, participación política y resistencias

Reclamos indígenas en contextos urbanos de Buenos Aires y Norpatagonia[1]

María Laura Weiss[2]
Juan Manuel Engelman[3]
Sebastián Valverde[4]

Introducción

Con el objetivo de repensar las formas de organización y presencia indígena en las ciudades es que en primer lugar nos interesa reparar sobre la importancia que poseen los procesos migratorios —desde cierta profundidad histórica—, cuya articulación en el espacio se ha dado a través de la reproducción de relaciones de parientes, alianzas y afines tanto para el Área Metropolitana de Buenos Aires (AMBA), la Ciudad Autónoma de Buenos Aires (CABA) y Norpatagonia. En segundo orden, nos proponemos describir la relevancia que desde fines de los sesenta posee el proceso de toma de conciencia étnica para la socialización de las nuevas dirigencias urbanas, que paulatinamente se alejaron de patrones de vinculación estatal más próximos al asistencialismo y/o paternalismo. En tercer lugar, priorizaremos la importancia que tuvo el reconocimiento constitucional[5] del año 1994, junto a la creación posterior de organismos

1   Los autores quisieran agradecer los comentarios y observaciones realizados por la Dra. Nalúa Rosa Silva Monterrey, la Dra. Margarita Chaves y la Dra. Paola Canova. Sus invalorables aportes han enriquecido nuestro trabajo.
2   Universidad de Buenos Aires (UBA), École des Hautes Études en Sciences Sociales (EHESS), CONICET. Correo electrónico: <weissmlaura@gmail.com>.
3   Universidad de Buenos Aires (UBA), Universidad Nacional de Luján (UNLu), CONICET. Correo electrónico: <jmengelman@hotmail.com>.
4   Universidad de Buenos Aires (UBA), Universidad Nacional de Luján (UNLu), CONICET. Correo electrónico: <sebalverde@gmail.com>.
5   La Reforma Constitucional del año 1994 (Artículo 75, inciso 17) y el reconocimiento a la preexistencia indígena instrumentará un proceso de organización local de auto-adscripción y visibilización. Éste se verá enriquecido tanto por una mayor toma de conciencia étnica como por una militancia barrial constante.

de participación en la estructura del Estado tanto para el nivel nacional como para el provincial. Finalmente, puntualizaremos los efectos que la gestión de recursos y programas estatales tuvieron en el incremento y consolidación de las "comunidades" indígenas en las últimas dos décadas en nuestro país en el marco de las políticas multiculturales actuales.

En este sentido, el abordaje del proceso de organización etnopolítico de población indígena[6] que se ubica en zonas urbanas implica retomar el contexto político y económico de la década de 1990 en Argentina. Es importante señalar que ello nos permitirá hacer hincapié sobre el impacto que el "trabajo político y barrial" posee tanto en la práctica política indígena del AMBA como en la de Norpatagonia, a la hora de referirnos acerca de las características en que se dan las instancias de representación y legitimación de las nuevas dirigencias étnicas. Lo eventual de ejercer un análisis comparativo de espacios que aparentan ser altamente diferentes, recae en la posibilidad de pensar en que si bien AMBA y Norpatagonia poseen características específicas se ven afectadas de igual modo por procesos generales. Es decir que, y anticipándonos a las reflexiones finales, se trata de esbozar que los procesos de transformación tanto de las relaciones estatales como de los espacios de participación indígena de los últimos años han habilitado nuevos canales, y reorientado, las modalidades de participación y negociación de la población indígena al tiempo que han incrementado su visibilización. No debemos olvidar que la Argentina, a diferencia de otros países del continente americano, históricamente se ha definido y ha sido conceptualizada desde un pretensioso origen europeo que niega a las poblaciones originarias a través de eufemismos tales como que provenimos "de los barcos" (Tamagno, 2001).

En otros trabajos, hemos analizado las relaciones de parentesco y de alianza como entidades que regularon los procesos migratorios de las poblaciones indígenas hacia el AMBA, dado que se constituyeron en un tejido de recepción que aminoró el impacto de llegada a Buenos Aires (Engelman & Weiss, 2015). Las familias migrantes, e instaladas en barrios metropolitanos durante la década del ochenta, no fueron actores aislados de los circuitos de trabajo y/o de experiencias primarias de participación etnopolítica. De igual modo, la importancia de las relaciones entre parien-

---

6   Según el último censo de población del año 2010 (INDEC, 2012) el 2,4% de la población de Argentina se reconoce como perteneciente o descendiente de un grupo indígena. El pueblo Mapuche es el más numeroso, con más de 200.000 integrantes, luego le siguen los pueblos Qom (Toba) y Guaraní —con más de 100.000—, y los grupos Diaguita, Kolla, Quechua y Wichí —entre 50.000 y 100.000— (INDEC, 2012).

tes se replicó en la zona de Norpatagonia como veremos más adelante. Hacer hincapié en la función reguladora, y no por ello no conflictiva, del parentesco como medio que opera para la reconfiguración de sentidos, espacios y la organización etnopolítica de las poblaciones indígenas permite reforzar el análisis comparativo de ambos casos.

Cabe aclarar, que la presencia de indígenas en las ciudades al tiempo que expresa su emergencia (Bengoa, 2000) enseña el fracaso de los procesos de homogeneización a través de los cuales se constituyeron históricamente los Estados-Nacionales o en "nuestro caso" un país "blanco" y "europeo" (Bartolomé, 2008). Se trata de un complejo proceso de reconocimientos mutuos, de cambios de sistemas de clasificación, de aparición de identidades —que al parecer estaban escondidas—, y que hoy en día generan procesos de afirmación colectiva (Bengoa, 2009).

Es insoslayable analizar los procesos de la revalorización y visibilización etnopolítica en relación a la emergencia de luchas sociales de los sectores populares, movimientos sociales o mismo desde los sindicatos. Aunque la "cuestión indígena" tiene sus características específicas –reclamos sobre identidad y territorio– también entendemos que son luchas que se nutrieron del escenario convulsionado de movilizaciones sociales que caracterizaron la década del noventa e inicios de los años 2000. Al respecto el "trabajo barrial", en tanto instancia primaria de acercamiento a la política, socializó una militancia en las nuevas dirigencias indígenas. Esto posibilitó que muchos dirgentes y dirigentas comenzaran su trabajo etnopolítico como parte de movimientos sociales y partidos políticos en el plano local, y en relación a demandas sociales de vecinos y miembros comunitarios sobre vivienda, trabajo, educación y salud.

No obstante ello, aclaramos que no pretendemos dar cuenta de una etnicidad subsumida en demandas ciudadanas o que surge como consecuencia de una militancia político barrial. Sino que el objetivo del presente trabajo es reparar acerca de cómo las poblaciones indígenas en las ciudades han resignificado y se han reapropiado de prácticas políticas locales tanto para garantizar y legitimar el manejo de recursos públicos como para reafirmarse como sujetos a través de su visibilización y participación etnopolítica durante procesos de lucha por el territorio.

Como objetivo secundario, el presente trabajo intenta abordar críticamente aquellas construcciones identitarias que han sido aceptadas desde el imaginario nacional a través de la legitimación y construcción histórica de estereotipos acerca de los pueblos originarios que habitan en el medio rural. A diferencia de estas, las cuales poseen cierto grado de aceptación y que los definen de manera folklórica, en el caso urbano los procesos migratorios han complejizado esas esencializaciones, tanto en lo que hace a la percepción y construcción del endogrupo, así como a las percepciones externas que de este se tiene.

Alertar sobre el impacto negativo que tales construcciones de sentido poseen —sobretodo, las que ubican a los indígenas por fuera de la ciudad— en los procesos de afirmación y re-etnización de los indígenas en las ciudades permite rescatar su composición heterogénea. Es decir que, la etnicidad (Bartolomé, 1997) es una variable más del comportamiento político y no un dato primario desde el cual se analiza ese comportamiento (Engelman, 2017).

Dicha premisa, nos permite considerar que los "indígenas en las ciudades" marcan un límite étnico para diferenciarse al interior de la población urbana sin que ello inhabilite procesos de negociación que implican el uso estratégico de derechos ciudadanos e indígenas.

Norpatagonia y la migración rural–urbana

En la región de Norpatagonia, la zona que hemos definido para el presente trabajo es el Parque Nacional Nahuel Huapi y sus Municipios aledaños. En especial nos centraremos en la margen sur, el Departamento "Bariloche" de la provincia de Río Negro, en la Patagonia Argentina.[7] Esto incluye el ejido municipal, San Carlos de Bariloche[8] cabecera respectivamente de ambas jurisdicciones provinciales. La ciudad que corresponde a la margen norte, Villa la Angostura, en la provincia de Neuquén no la consideraremos en este aporte.

Esta región de los Lagos de Norpatagonia argentina, dado su gran atractivo paisajístico (bosques, montañas, cuencas lacustres, paisajes boscosos, ríos, arroyos, etc.) y a la vez la infraestructura con que cuenta, viene experimentando desde hace décadas una gran expansión del tejido urbano a partir del turismo, que ha adquirido una creciente importancia,

---

7   La Patagonia comprende los territorios del sur de Chile y de Argentina. En Argentina, abarca un sector de la Provincia de Buenos Aires, junto con La Pampa, Neuquén y Río Negro. Éstos distritos corresponden al área norte de la Patagonia que abordamos en este trabajo. En cambio, la sección sur está compuesta por las provincias de Chubut, Santa Cruz y Tierra del Fuego.

8   La ciudad de San Carlos de Bariloche se asienta sobre la margen sur del Lago Nahuel Huapi, contando —de acuerdo a datos del último censo del año 2010— con 108.205 habitantes (*Bariloche 2000*, 26 de noviembre de 2010), siendo el principal punto turístico de la "zona de los lagos" y la tercera ciudad en población de la Patagonia.

no solo por ser destino de miles de visitantes, sino en términos de servicios y político-administrativos.

En el caso de Norpatagonia, a lo largo del Siglo XX los integrantes de las diversas familias Mapuche circundantes a estas localidades fueron migrando hacia las mismas para desempeñarse en diferentes trabajos asalariados —ya sea diariamente, por temporada o en forma permanente—. Las actividades agrícola-ganaderas que desarrollaban fueron declinado como consecuencia de la creciente reducción de los espacios territoriales (ante el avance de diferentes agentes estatales y privados), la imposibilidad de las economías domésticas de acrecentar su producción (al tiempo que se incrementaban sus integrantes) y la progresiva reducción del mercado para la venta de las diversas elaboraciones domésticas de las que antes eran abastecedores. Esto llevó al asalariamiento y asentamiento en los ámbitos urbanos en los barrios característicos de los sectores populares.

En el ámbito urbano, las tareas desarrolladas se asocian con las características de los sectores pauperizados y más empobrecidos: el servicio doméstico (las mujeres) y en la construcción (los hombres) además de diversas labores vinculadas a los servicios, en gran medida del mercado turístico (trasporte, jardinería, servicios gastronómicos, etc.), muchas de ellas de carácter informal y temporario, por ello es que padecen tanto menores remuneraciones como mayores niveles de desempleo que la población no indígena.

Las familias indígenas migrantes, y las nuevas generaciones nacidas en la ciudad, forman parte de la población postergada que sufrió el impacto neoliberal de la década del noventa. El desempleo, como condición, habilitó las ya preexistentes relaciones asistenciales, paternalistas y clientelares. Ese tejido heterogéneo, de bienes y contraprestaciones simbólicas, no estuvo fijado solamente a procesos de redistribución y circulación local, sino que la globalización y transnacionalización del capital impactó regionalmente de forma diferenciada.

Estas migraciones rural-urbanas han sido un factor clave y fundamental para ejercer diversas reivindicaciones étnico-identitarias de la población Mapuche. De hecho, esta es de todas las zonas del país, la que registra mayor porcentaje de población urbana, fruto de ciertas características regionales, lo que también contribuye a explicar que más del 80% del pueblo Mapuche sea urbano.

En el marco de estos procesos, un fenómeno que se ha extendido en los últimos años, es el de diversos grupos familiares que históricamente se autodefinían y eran visibilizados públicamente como "pobladores" (en gran medida como resultado del proceso histórico de invisibilización y ausencia de reconocimiento como indígenas), y que comenzaron a adscribirse y a reivindicarse públicamente como "Mapuche", demandando al Estado su formalización como "comunidades". Desde los espacios urbanos, en muchos casos implicó el retorno a ámbitos que fueron expulsados o debieron abandonar en el pasado, o bien devino en una reafirmación donde se encontraban asentados tradicionalmente. En estas dinámicas de reterritorialización —o *"viajes de vuelta"* como las ha señalado hace unos años Pacheco de Oliveira (1999)— ha sido definitoria la manera en que los integrantes de estas familias —devenidos en la nueva dirigencia urbana— ha revalorizado su propia cultura en este contexto no tradicional (Valverde, 2013).

La existencia de fluidos vínculos (a los que aludíamos) entre quienes resistieron en los territorios ancestrales y aquellos que se instalaron en las cercanías de ciudades tales como San Carlos de Bariloche, han sido los que permitieron vehiculizar un conjunto de demandas territoriales contemporáneas (Valverde, 2013).

Por ejemplo, en el caso de los Mapuche que migran a la ciudad, estos atraviesan por un proceso de heterogeneización muy marcado el cual ofrece diversas alternativas identitarias muchas veces contradictorias entre sí (Radovich, 2009). Se trata de que en el medio rural las identidades poseen ciertas construcciones determinadas, y de alguna manera aceptadas, aunque estereotipadas y discriminadas. Ese proceso de heterogeneización discurre en la posibilidad de que el pueblo Mapuche, o demás pueblos indígenas del país, se identifiquen desde una pluralidad de sentidos alejados desde aquellas construcciones ahistóricas donde lo "indígena" *per se* es definido por la presencia de deícticos tales como ropas tradicionales, plumas y/o accesorios que legitiman su identidad.

La presencia indígena en el AMBA y Norpatagonia en la década del noventa

Durante la década de 1990 surgió un programa neoliberal que diseñó una política monetaria y cambiaria basada en la paridad del peso con el dólar. La apertura a los mercados para las exportaciones, la privatización de las empresas estatales junto a la expansión de la deuda pública se afincó en la clara expresión de un paradigma económico ortodoxo. Aunque la Argentina, y su historia económica, registra un largo período de inflación crónica y creciente, el régimen de la Convertibilidad[9] tuvo por fin irrumpir esa dinámica ya que intentó sustraer el valor del dinero de la puja distributiva y el conflicto social (Balazote & Piccinini, 2010). Este tipo de acciones afectaron el rumbo de las políticas sociales, y su posterior implementación sobre la población nacional. Con respecto a las políticas destinadas a los pueblos originarios, Hugo Trinchero expone que los avances acerca del reconocimiento indígena además de estar signados por la incorporación de derechos en las reformas constitucionales —año 1994— se encontraron ligados a las transformaciones económicas mencionadas. Si en la década del noventa mayoritariamente se generaron procesos de retirada de capitales acompañados por la desregulación del Estado en la provisión de servicios y coberturas sociales, no resulta sorpresivo que dicha situación haya contribuido a la exclusión y pauperización de los sectores más vulnerables de la sociedad,[10] entre ellos los pueblos originarios (Trinchero, 2010).

Los procesos organizativos en el plano político a inicios de la década de 1990 se caracterizaron por ser incipientes y limitados a reclamos puntuales. En el caso del AMBA estaban direccionados a resolver problemáticas de tipo social y en relación a cuestiones de salud, trabajo y educación o simplemente para mejorar la infraestructura de las viviendas indígenas en las periferias. Durante estos primeros años, las reivindicaciones identitarias eran poco recurrentes, lo que generaba una suerte de "identidad clandestina" en la ciudad (Bartolomé, 2010), siendo su principal objetivo buscar disminuir posibles situaciones de discriminación y violencia. En Norpatagonia, y en el marco comunitario local (rural), tampoco se intentaba dar cuenta de la identidad indígena dada la existencia de una fuerte valorización negativa, producto de la estigmatización y discriminación, hacia el pueblo Mapuche. En palabras de Juan Carlos Radovich "se trataba evidentemente de una identidad 'resguardada' por el ropaje aparente de la 'ciudadanía común'" (2009: 5).

---

9   El sistema de Convertibilidad Monetaria se había vuelto insostenible y el Fondo Monetario Internacional dejó de alimentar la caja deficitaria nacional. La inevitable quiebra provocó una corrida bancaria que en el mes de diciembre anunció la imposibilidad de pagar a aquellos que habían realizado depósitos y plazos fijos en los bancos. Ello se sumó al descontento de una coyuntura política con un alto nivel de desempleo que provocó levantamientos e insurrecciones populares tanto en el centro como en diferentes ciudades del país al tiempo que forzó la caída del gobierno de Fernando de la Rúa (1999-2001).

10 En la década de 1990 los índices de pobreza no sólo se dispararon a nivel nacional, sino que para Almirante Brown ello se tradujo en que el 20% (89.561) de su población total (447.805) se encuentre con Necesidades Básicas Insatisfechas (NBI) (INDEC, 1991).

Evidentemente, los reconocimientos de derechos para los pueblos originarios se dieron en un contexto donde la pobreza se incrementó y donde la identidad étnica se encontraba estratégicamente solapada en clivajes de clase. No obstante ello, resulta pertinente destacar que serán aquellas experiencias previas de participación política en la ciudad, las que catapultaron la configuración de los campos etnopolíticos de los años venideros. El escenario urbano, entonces, debe ser entendido como un catalizador de la identidad étnica y de su expresión política bajo las nuevas condiciones de negociación y reconocimiento que posibilita la legislación contemporánea en nuestro país. La migración rural-urbana en el marco de las transformaciones de la década del noventa, tanto para el AMBA como para Norpatagonia, hará que diversos sectores, incluidos los indígenas, se localicen en las periferias urbanas con el objetivo de mejorar sus condiciones de vida. Es a partir del reconocimiento constitucional de la población indígena argentina del año 1994 que hay una intensificación de los procesos de toma de conciencia étnica e identidad étnica en relación a la emergencia de luchas sociales de los sectores populares. Y, aunque la "cuestión indígena" tiene sus características específicas —reclamos sobre identidad y territorio—, entendemos que se nutrió de un escenario convulsionado de movilizaciones y toma de los espacios públicos que la población nacional vivió entre 1990 e inicios de la década del 2000, y sobretodo durante la crisis del año 2001.

Es pertinente resaltar que las políticas neoliberales que desmantelaron la estructura salarial en la década del noventa repercutieron con mayor fuerza en el sector formal de la economía. Aunque no ahondaremos en ello, lo que nos interesa remarcar son las estrategias etnopolíticas que la dirigencia indígena implementó en el marco de desarrollo de un conjunto de políticas neoliberales. Cabe destacar que si bien estas últimas no se basaron en la explotación de las tierras o de la fuerza de trabajo indígena, sí excluyeron a la población indígena tanto de un modelo económico (Bartolomé, 2008) como de la elaboración de políticas públicas específicas para aquellos que habitan en las ciudades (Engelman, 2015).[11] A diferencia de la población indígena que vive en sus territorios originarios, la urbana —al dejarlos— ha sabido recorrer instituciones y tejer vínculos con

---

11 En otros trabajos hemos destacado la falta de políticas públicas específicas para las poblaciones indígenas de las ciudades en nuestro país. Cuando se trata de programas o recursos estatales, los mismos son diseñados e implementados en poblaciones indígenas rurales que permanecen en sus territorios tradicionales o ancestrales (Engelman, 2015).

funcionarios para que programas y políticas impacten de forma directa en sus comunidades principalmente a partir de los comienzos del 2000. Con ello no negamos las posibilidades que diferentes grupos indígenas del interior poseen también a la hora de participar en estas políticas; sino que el impacto que burocráticamente han tenido, por ejemplo en el AMBA, ha delineado modalidades de representación y legitimidad que se caracterizan por una práctica política altamente institucionalizada.

De este modo comienza una nueva tarea de recreación/reconfiguración del discurso identitario, que a su vez retorna al medio local, en el cual también se reprocesa de diversas maneras y no sin contradicciones y enfrentamientos basados en diferencias de género, etarias, situación socioeconómica, educativa, etc. (Radovich, 2009). Ello, a su vez, se da en el marco local de un trabajo social, político y cultural de una dirigencia indígena cuya socialización recupera un escenario articulado por múltiples actores y espacios estatales y no estatales. Es decir que no se trata solamente de considerar que la población indígena urbana posee un alto grado de heterogeneidad interna, sino que los contextos en que dicha población convive también tienen esa característica. Rescatar esa complejidad analítica permite considerar tanto la conflictividad como las transformaciones que los indígenas urbanos poseen en términos constitutivos, y evitar posibles abordajes culturalistas.

Estos nuevos dirigentes, en su mayoría de zonas urbanas con altas experiencias de participación política en sindicatos, asociaciones voluntarias de migrantes, cooperativas agrarias y organizaciones cristianas de base, comienzan a reclamar con mayor intensidad por el respeto a los derechos humanos e indígenas. Su discurso, fuertemente cargado contra las políticas paternalistas y las prácticas discriminatorias de una élite ideológicamente poderosa, comienza a tener mayor visibilización en la sociedad en su conjunto (Radovich, 1999). La socialización de las nuevas capas de dirigentes indígenas a partir del retorno de la democracia en Argentina (1983), y posteriormente de aquellos que se forman desde el 2000 en adelante, implicará un alto nivel de institucionalización de la práctica etnopolítica local y regional. Cabe resaltar que ello se da en el marco regional donde el multiculturalismo neoliberal impactará tanto en las estructuras estatales como en las políticas de la identidad (Hale, 2002). La mayor participación de dirigentes en espacios estatales y consulta se incrementará, como consecuencia de la lucha por el reconocimiento indígena y el uso de convenios y leyes vigentes de nuestro país.[12] Asimismo, resulta imperante rescatar que el proceso de descentralización político-administrativo acompañó la creación de nuevas instituciones cuyo objetivo, muchas veces, se vinculó a operativizar el funcionamiento del libre mercado (Assies & Gundermann, 2007). Ello, para la cuestión étnica, fue asumido mediante políticas basadas en el reconocimiento de derechos específicos y mediados por un "multiculturalismo neoliberal" (Hale, 2002) como parte de una estrategia de gobernabilidad que tangencialmente inició a nivel nacional y decantó en los gobiernos locales.

Entre estos espacios, que están fuertemente vinculados tanto con la dirigencia de Norpatagonia como con la del AMBA, se encuentra el "Consejo de Participación Indígena" (CPI) —creado en el año 2006—, el cual por función es un órgano de consulta y de aplicación de políticas públicas constituido por referentes indígenas de todo país, y que se encuentra radicado como parte del Instituto Nacional de Asuntos Indígenas (INAI). Otro espacio de participación fue la creación del "Consejo Indígena de Buenos Aires" (CIBA) que, al igual que el CPI, tiene por objetivo hacer partícipe a un sector de la dirigencia indígena provincial en aquellas cuestiones o problemáticas que afectan al sector. Este órgano inicia sus actividades gracias a la sanción del Decreto Nº 662/2006, donde se crea la Comisión Provincial por los Derechos de los Pueblos Originarios para reglamentar la Ley 11.331. Para el caso de la región de Norpatagonia, un antecedente fundamental es el "co-manejo" del Parque Nacional Lanín. El mismo surgió a partir de un intenso conflicto en el año 1999, con las comunidades Mapuche asentadas en los territorios de dicho Parque Nacional, donde el resultado del éxito de la movilización devino en la creciente participación indígena.[13] El "co-manejo" iniciado por aquel

---

12 En primer lugar, e independientemente de la crisis económica del año 2001, entra en vigencia en ese mismo año el convenio 169 de la Organización Internacional del Trabajo (OIT). Este convenio internacional se sumaría a la ya sancionada Ley 23.302 de "Política Indígena y Apoyo a las Comunidades Aborígenes" del año 1985. Aunque su reglamentación sucedió tres años después, uno de sus resultados fue la creación del Instituto Nacional de Asuntos Indígenas en tanto organismo público y específico para la aplicación de la política indígena nacional.

13 Cabe destacar que históricamente la Administración de Parques Nacionales —que jugó un rol sumamente protagónico en la construcción y consolidación del Estado en esta región— ha aplicado una política sumamente expulsiva y restrictiva hacia los pobladores indígenas y criollos de bajos recursos, al tiempo que favoreció a los "pioneros" (de origen europeo), hecho explicable a partir de la impronta conservadora, nacionalista y sumamente elitista de sus medidas (basada en dichos preceptos ideológicos). En el año 1999, la conducción del Parque Nacional Lanín intentó desalojar a la familia mapuche Quilapán y se produjo una inédita e inesperada movilización de las organizaciones y comunidades indígenas, junto con trabajadores del Parque Nacional (nucleados en

entonces, implica una administración conjunta de los territorios entre esta institución, las comunidades mapuche y la Confederación Mapuche Neuquina, reconociéndose además su carácter no solo de interlocutores válidos, sino de activos partícipes en el proceso de conservación de esta área protegida.

Otro ejemplo es el del Consejo de Desarrollo de Comunidades Indígenas de la provincia de Río Negro (CODECI), organismo mixto encargado de la aplicación de la política indígena, conformado tanto por representantes del gobierno provincial como por delegados del pueblo Mapuche de diferentes zonas de la provincia. En el caso de San Carlos de Bariloche, luego se instrumentó el co-manejo de las comunidades Mapuche con el Parque Nacional Nahuel Huapi (replicando la experiencia del vecino Parque Nacional Lanín). Por último, en lo que respecta al municipio de San Carlos de Bariloche, ha efectuado un cambio sustancial al reconocer en la Carta Orgánica Municipal —modificada en el año 2007— al Pueblo Mapuche como preexistente.

Estos ejemplos son ilustrativos, y refieren a espacios de participación etnopolítica tanto a nivel nacional como provincial y local (municipal). No solo fueron constituidos durante los primeros años del 2000, sino que representan conquistas de experiencias etnopolíticas de una dirigencia indígena que, al menos para el caso del AMBA y de la Ciudad Autónoma de Buenos Aires (CABA), trabaja colectivamente desde la década de 1960, en tanto que en Patagonia estas articulaciones se retrotraen a la década de 1980. Andrés Serbín describe que:

> en Buenos Aires, esta capa, étnica e ideológicamente heterogénea, fue generando algunos focos de reunión alrededor de eventos culturales, en Asociaciones y clubes co-provincianos. Estos focos fueron originando, de una manera paulatina y poco orgánica, algunos intentos de organización, y el surgimiento de una ideología étnica sin perfiles claros que reivindicaba una etnicidad indígena genérica históricamente descalificada. (1981: 418)

Es así que, desde tales experiencias, surge en la década del sesenta el Centro Indígena de Buenos Aires, cuyo foco de atención fue vincular a los indígenas arribados a la ciudad con sus comunidades de origen para iniciar un proceso de "rescate de las culturas aborígenes" (Serbín, 1981).

---

su sindicato, la "Asociación de Trabajadores del Estado"). Las acciones desarrolladas que implicaron la toma de la intendencia del Parque, diversas declaraciones públicas, etc., no solo detuvieron el mencionado intento de desalojo, sino que trajeron como consecuencia el cambio en las autoridades y en las políticas del Parque.

Ese y otros propósitos, harán que el Centro se convierta en la Comisión Coordinadora de Instituciones Indígenas de la Argentina (CCIIRA), la cual tuvo por objetivo revitalizar la conciencia étnica de la población aborigen y contribuir a sus distintas reivindicaciones (Serbín, 1981; Bartolomé, 2003; Gordillo & Hirsch, 2010; Radovich, 2014).

Desde la década de 1960 es que la población indígena tanto de AMBA como CABA forma parte de circuitos y redes de participación etnopolítica. Parte de ello resulta ser expresión de las relaciones de alianza y de parentesco, en tanto marco que dinamizó los procesos migratorios, pero a su vez también refiere a que dichas relaciones funcionaron como medio para re-localizarse en el tejido periurbano de Buenos Aires. Evidentemente más allá de décadas en que las poblaciones indígenas de diversas ciudades — tales como Buenos Aires o de la región de Norpatagonia— subsumieron su identidad étnica en pos de los altos niveles de violencia simbólica, cabe destacar la importancia que tanto los testimonios etnográficos como los trabajos académicos poseen a la hora de confirmar una presencia histórica de dicha población en las ciudades.

A continuación, pasaremos a describir cuáles fueron las condiciones que permitieron la reorganización de las dirigencias en función de reorientar objetivos en el marco de nuevos canales de reconocimiento, participación y negociación estatal.

Años 2000, descentralización estatal, políticas públicas y manejo de recursos estatales

El contexto estatal sudamericano se encuentra bajo una marcada y reciente tendencia de gobiernos anti–neoliberales. Arturo Escobar al respecto, y en relación a los casos específicos de Venezuela, Bolivia y Ecuador, destaca un núcleo de aspectos que los horizontes políticos de esos países poseen en común. Primero, una fuerte propuesta de participación democrática; segundo, un proyecto económico y político anti-neoliberal; tercero, la formación de estados pluriculturales o plurinacionales; y cuarto, la implementación de modelos de desarrollo que consideren la variable ecológica (Escobar, 2010). Esa coyuntura regional que centraliza el papel estatal en la búsqueda del desarrollo nacional, independientemente de los mercados y capitales externos, tomó protagonismo también en la Argentina con el primer gobierno de Néstor Kirchner (2003-2007) y los gobiernos de Cristina Fernández de Kirchner (2007-2011 y 2011-2015).

Para el caso de las poblaciones indígenas del AMBA y de Norpatagonia, la "apertura" de un Estado más participativo en políticas públicas y espacios de promoción de la diversidad —de los gobiernos locales o de situaciones de co-manejo— fomentó y enriqueció los procesos de reorganización y fortalecimiento de una práctica etnopolítica ya existente (Yashar, 2007). Esto sucedió acorde al conjunto de legislaciones vigentes que hemos mencionado párrafos atrás; las cuales enmarcaron diferentes demandas acerca del territorio, la identidad, el acceso a la educación intercultural, salud, trabajo y vivienda de la población indígena. En este apartado, intentaremos destacar la importancia que han tenido diversos programas y/o políticas públicas en la organización de la población indígena urbana. Cabe recordar que, si bien el "sujeto indígena" desde las denominaciones y categorizaciones estatales ha tenido una mayor presencia respecto de años anteriores, también ello generó altos niveles de conflictos, disputas materiales y de legitimidad al interior del movimiento indígena en general y de sus segmentos más locales. A ello se le suma la inexistencia de políticas públicas específicas para los indígenas urbanos, siendo el sujeto principal y demandante de las políticas, aquel que es concebido en términos culturalistas y exclusivo de zonas rurales. No obstante ello, la población indígena del AMBA ha reorientado el conjunto de demandas y estrategias con el objetivo de acceder a dichos programas estatales y recursos. A continuación, pasaremos a detallar algunos de ellos, pero antes resulta pertinente reparar acerca de la importancia que los municipios y la política local comienza a tener en las dos últimas décadas.

La visibilización, re-etnización y la organización etnopolítica de las poblaciones indígenas urbanas expone la transición de los reclamos autonómicos hacia aquellos direccionados por la "participación", en un contexto descentralizado de la estructura estatal (Assies y Gundermann, 2007). Ese mayor nivel de participación primero fue a nivel nacional con el CPI, luego a nivel provincial con el CIBA y, finalmente, sucederá al interior de los gobiernos locales.[14]

---

14 En los últimos años en el AMBA se crearon la "Secretaría de Pueblos Originarios y Relaciones Indoafroamericanas" del partido de Quilmes; la "Secretaría de Asuntos Indígenas" del partido de Marcos Paz; el "Consejo Consultivo Municipal Indígena" de Moreno y la "Coordinación de Pueblos Originarios de Almirante Brown". Todos ellos forman parte de la estructura administrativa de los municipios, poseen fondos propios —en algunos casos para puestos de trabajo— y cuentan con recursos económicos con los cuáles visibilizar y difundir reclamos, problemáticas específicas y organizar talleres de formación y capacitación sobre derechos indígenas.

El interés de apropiación de instancias de decisión y articulación estatal, delineó tangencialmente una práctica política de la dirigencia indígena ligada a la elaboración de programas y proyectos en los que median los intereses municipales.

Cabe mencionar que desde el año 2003, y como hemos expuesto, las políticas públicas recuperaron un protagonismo estatal que en la década del noventa estuvo ausente. El margen fiscal del primer gobierno de Néstor Kirchner, seguido por los de Cristina Fernández de Kirchner, logró un sostenimiento y crecimiento económico durante los primeros años que permitió contar con los recursos presupuestarios necesarios para ser trasladados a las diferentes instancias de gobierno.

La presencia del Estado Nacional fue preponderante en las áreas de trabajo y previsión social, mientras las provincias tuvieron mayor peso del gasto en rubros como vivienda, urbanismo y educación. En cuanto a las áreas de salud los recursos destinados desde nación y las provincias fueron semejantes. Finalmente, en materia de promoción y asistencia social, la participación en el gasto de los tres niveles de gobierno resultó ser altamente equitativa (Acuña, 2014; Repetto, 2014).

La orientación explícita de un Estado que apuntó a incrementar los beneficios sobre cobertura previsional y de una política universal —como la Asignación Universal por Hijo (AUH)— suministró una plataforma social hacia los sectores vulnerables, donde se ubica gran parte de la población indígena del AMBA[15] y de otras ciudades del país. No solo en términos de cobertura, sino de recursos e inyección económica que mediante una entrada fija mensualmente contribuye a asegurar la reproducción del grupo familiar. Por ejemplo, para el caso de los 24 partidos —unidades administrativas— que forman el AMBA, el 88% de los indígenas mayores a 65 años percibe una jubilación. O si consideramos la tasa de ocupación de la población total activa, el 92,6% está ocupada frente a un 8,4% desocupada (INDEC, 2015).

Este "colchón" económico no es desdeñable a la hora de analizar el proceso de organización etnopolítico. Los testimonios etnográficos definen la lucha indígena urbana como una lucha cultural por la visibilización y los

---

15 Expresión de ello fueron las pensiones no contributivas. Desde el año 2003 en adelante, se otorgaron jubilaciones para aquellas personas que estaban en situación de vulnerabilidad o para quienes no habían realizado aportes contributivos. En ese año se registraron 178.278, número que para el 2013 creció a 1.171.152 beneficiarios (Acuña, 2014). Algo similar sucedió con la AUH creada en noviembre de 2009 por Decreto N° 1602 que para el 2013 su instrumentación alcanzaría a cerca de 3.597.00 beneficiarios y 219.000 embarazadas (Cogliandro, 2013).

territorios, pero también por la existencia de una discriminación política a ser transformada. Es decir, en la actualidad la participación implica el diseño de políticas específicas para población indígena, elaboradas también por la población indígena. Aunque, hasta hoy, han sido escasas las propuestas que se llevaron a cabo podemos afirmar que el eje de su aplicación estuvo signado por un carácter regional y, sobretodo, desde programas de Educación Intercultural Bilingüe.[16]

En este sentido, por ejemplo, tanto la creación de coordinaciones, secretarías o consejos consultivos indígenas en los municipios remite a saldar un proceso de participación institucional estimulado por experiencias que se vivieron en la Región Cono Sur. Los ejemplos de Evo Morales y el caso ecuatoriano no fueron ajenos a las demandas que proponían los dirigentes del AMBA o Norpatagonia ni por la distancia ni por la desinformación. En este sentido, el acceso tecnológico fue un factor clave que enriqueció las demandas a través de hechos concretos y efectivos que demostraban una participación "internacional" de la población indígena en el marco de un "clima de época" regional.

A diferencia del Sistema Integral de Prestaciones por Desempleo o Seguro de Desempleo el Estado implementó a partir de la década del noventa un conjunto de programas de empleo,[17] capacitación o fortalecimiento institucional bajo la categorización de políticas activas[18] (Manzano, 2013).

Entre los múltiples programas podemos mencionar el "Programa Trabajar" (1995) y el "Programa Trabajar II" (1997) que serán unificados en el año 2002 por el "Programa Jefes y Jefas de Hogar Desocupados",

---

16   La Ley de Educación Nacional N° 26.206 fue sancionada en el mes de diciembre de 2006. Entre sus diferentes capítulos, el número XI refiere a la Educación Intercultural Bilingüe. Es a través del Artículo N° 53 que el Estado se hace responsable de un conjunto de obligaciones sobre el reconocimiento identitario y la participación indígena en instituciones educativas. Esta herramienta legal al tiempo que permitió trabajar con la modalidad de tutores indígenas, fue utilizada para promover la articulación de programas con el Ministerio de Educación de la Nación.

17   Los diferentes programas se sucedieron desde el año 1993 financiados con el Fondo Nacional de Empleo y, en algunos casos, con préstamos de Organismos internacionales de Crédito. Para el caso, todos ellos compartían como objetivo manifiesto la inserción laboral de los trabajadores desocupados en obras y tareas de utilidad pública a partir de convenios entre el gobierno nacional, las administraciones provinciales y organismos no gubernamentales. Además, todos proponían una ayuda económica no remunerativa de carácter transitorio que iba desde los tres meses a los doce (Manzano, 2013).

18   Lo que en el lenguaje estatal se define como políticas activas, el Banco Mundial lo denomina "workfare". Es decir, que la orientación general de los programas apuntaba a seleccionar trabajadores desempleados de familias pobres, a los que se les otorgaba una ayuda monetaria escasa a cambio de un trabajo contraprestacional.

creado por el Poder Ejecutivo Nacional (165/02) que también declaró la "Emergencia Ocupacional Nacional".

Es pertinente resaltar que las ayudas económicas fueron absorbidas por parte de la población indígena y se volvieron gradualmente objeto de disputa. Los recursos estatales se articularon con el tejido muchas veces clientelar, asistencial y de parentesco –de la década de 1990– en calidad de insumos "fijos" que permitieron mayores niveles de autonomía política y económica. Es decir que, esa inyección de recursos estatales configuró un espacio de organización que se nutrió además del reconocimiento constitucional y el posterior proceso que ese mismo reconocimiento generó sobre el conjunto de reclamos postergados de la población indígena urbana y de diversas regiones del país.

Evidentemente, si consideramos que el proceso de institucionalización —inscripción de personerías jurídicas indígenas— inicia con mayor fuerza tanto en AMBA como en Norpatagonia a partir de los primeros años del 2000, entendemos que no solo estamos frente a un aspecto novedoso de la práctica etnopolítica local, sino que además esta es el resultado de un proceso de negociación que se remonta a años anteriores.

Por ejemplo para el caso de AMBA, y según los registros etnográficos, un sector de la dirigencia indígena del partido de Almirante Brown[19] le propuso a un conjunto de concejales la necesidad de formar una "delegación indígena" para canalizar demandas específicas durante la década del noventa. A modo de respuesta, los funcionarios coincidieron en que la población indígena era demográficamente escasa y políticamente desarticulada. Esa argumentación implicó que las comunidades indígenas promovieran una mayor visibilización de la población, por un lado, y que recurrieran a organismos con el fin de aprender la dinámica estatal para garantizar, por el otro, mejores condiciones de negociación. Es así que, al tiempo que la estructura estatal limitó las formas de organización indígena en Almirante Brown a través del reconocimiento, dinamizó la creación de espacios propios que tuvieron por objetivo ampliar la participación y consulta de las comunidades locales. Entre los diferentes espacios podemos mencionar la creación tanto en el años 2006 como en el

---

19 El partido de Almirante Brown es uno de los 135 partidos que forman la provincia de Buenos Aires. Se ubica en dirección sur respecto de CABA, a una distancia aproximada de 26 kilómetros. La ciudad cabecera del municipio es Adrogué, y se encuentra conformado por las siguientes localidades Burzaco, Calzada, Claypole, Don Orione, Glew, Longchamps, Malvinas Argentinas, Mármol, Ministro Rivadavia, San José y Solano.

año 2007 del "Consejo Indígena de Almirante Brown",[20] "La MESA de Organizaciones de Pueblos Originarios de Almirante Brown" y, finalmente, la "Coordinación de Pueblos Originarios de Almirante Brown" como área que dependió de la Subsecretaría de Derechos Humanos e Igualdad de Oportunidades del municipio homónimo.

Con respecto al manejo de recursos estatales las poblaciones indígenas de Almirante Brown fueron receptoras de un conjunto de planes denominados bajo la sigla PEC (Weiss, 2015). Las Planes de Empleo Comunitario establecieron la modalidad colectiva de incorporación de beneficiarios en actividades "comunitarias" o "productivas" con el objetivo de cumplir con la contraprestación de trabajo que duraba 4 horas a cambio de una ayuda económica no remunerativa (Manzano, 2013).

El acceso al beneficio de los planes PEC enseñó la vigencia contemporánea del carácter contrastativo de la identidad étnica (Cardoso de Oliveira, 1992). Es decir que dicho programa no estaba destinado a las poblaciones indígenas específicamente, lo cual generó que su solicitud al Ministerio de Desarrollo Social de la Nación por parte de los dirigentes indígenas locales operativizara un uso instrumental de la identidad étnica.[21] Pero a diferencia de otras épocas, la identificación que ahora expresa la emergencia de viejas o nuevas identidades no necesariamente tienen que ver con un modelo indígena pasado. Es decir, si las comunidades indígenas de Almirante Brown recurrieron a una estrategia instrumentalista de la identidad fue, en todo caso, para garantizar el acceso de recursos públicos, y aumentar su competencia respecto de otros posibles beneficiarios. Esa estrategia consciente remite a que las identificaciones no se "inventan" sino que se actualizan. Es decir que *se trata de recuperar un pasado propio, o asumido como propio, para reconstruir una membresía comunitaria que permita un más digno acceso al presente"* (Bartolomé, 2010: 14).

---

20   La población indígena que compone el mencionado Consejo se distribuye, en las localidades, de la siguiente manera: "Cacique Hipólito Yumbay" del pueblo Tupí Guaraní, "Cuimbae Toro" del pueblo Avá-Guaraní y "Guaguajni Jall'pa" del pueblo Kolla en Glew; "Juan Kalfulkurá" del pueblo Mapuche y "Cacique Catán" del pueblo Mocoví en Longchamps; "Nogoyin Ni Nala" de los pueblos Toba (Qom)-Mocoví en Calzada y "Migtagan" del pueblo Toba (Qom) en San José.

21   De acuerdo a los registros etnográficos no sólo el trabajo de huerta funcionó en los predios comunitarios de "Cacique Hipólito Yumbay" (Glew) sino también en terrenos cercanos a "Nogoyin Ni Nala" (Calzada) y a "Migtagan" (Solano) (Weiss, 2015). La "huerta comunitaria" se consolidó como la mejor opción para solicitar los recursos al tiempo que legitimaba la mirada externa acerca de las poblaciones indígenas. A saber, los dirigentes recurrieron a una imagen pasada que asocia la práctica agrícola como tarea esencial para su reproducción. No obstante ello, aunque se trabajó en terrenos urbanos, el objetivo principal fue cumplir con los requisitos del programa.

Otro programa, que vehiculizó la población indígena local, fue el "Plan Vida".[22] Un conjunto de mujeres de la comunidada "Nogoyin Ni Nala" (Calzada) realizaban una labor social diaria que implicaba distribuir alimentos y leche a niñas y niños, y mantener el registro de la población materno-infantil de una manzana del barrio. Su asignación dependía de los vínculos personales con referentes barriales y de su ubicación geográfica.

La delimitación y organización del espacio etnopolítico de las poblaciones indígenas urbanas se logra, en definitiva, cuando se perfila un conjunto de reclamos relativos a las condiciones de vida urbana e identitarios. Consideramos que su formación articula un conjunto de experiencias previas, las cuales sugerimos que pueden ser resumidas en cuatro núcleos temáticos. Esta propuesta no es más que operativa en términos metodológicos, y es una elección propia que se ajusta con el contenido de lo hasta ahora mencionado en el presente trabajo.

En primer lugar, subrayamos la existencia de un proceso migratorio, de cierta profundidad histórica, articulado por relaciones de parientes, alianzas y afines en el AMBA y CABA. En segundo orden, destacamos el incremento, desde fines de los sesenta, de una toma de conciencia étnica que permitió la socialización de la nueva dirigencia más allá de vínculos asistencialistas y paternalistas nutrida de las luchas por la ciudadanía. En tercer lugar, asumimos la importancia que tuvo el reconocimiento institucional del año 1994, y la creación posterior de organismos de participación en la estructura del Estado (INAI-CPI / Bs. As.-CIBA). Para en último lugar, resaltar la formalización en "comunidades" a consecuencia del reconocimiento de la población indígena que habilita mayores espacios de autonomía y gestión de recursos estatales respecto de experiencias clientelares de los noventa.

Consideraciones finales

En el presente trabajo se analizaron el conjunto de aspectos que —a nuestro entender— caracterizan la práctica política de las poblaciones indígenas urbanas en relación a la transformación de ciertas estructuras estatales, y creación de otras, de las últimas décadas. Cierto recorrido

---

22 Este programa fue impulsado por la esposa del gobernador de la provincia de Buenos Aires, Hilda González de Duhalde, en el partido de Florencio Varela en el año 1994. Y las "manzaneras" son mujeres que viven en barrios que los funcionarios designan como 'pobres' a través de las mediciones técnico-estadísticas del índice NBI" (Masson, 2004).

histórico de cómo se caracterizó el proceso de reorganización y de mayor visibilización de la población indígena en las ciudades, nos ha permitido argumentar acerca de la necesidad de reparar sobre la formación de los espacios de articulación interétnica en contextos y con sujetos heterogéneos, para evitar posturas analíticas que reducen dicha articulación a las relaciones de tipo: dominio/sometimiento.

Este trabajo, al ubicarse dentro de los estudios de la etnicidad (Bartolomé, 1992), ha reparado también sobre la importancia que tiene la contrastación de la identidad étnica, en contextos de negociación y reconocimiento estatal, como mecanismo que permite acceder a la población indígena urbana a recursos estatales. En el cuerpo del texto varias veces hemos advertido la inexistencia de políticas públicas específicas para los "indígenas urbanos" en nuestro país, a diferencia de lo que sucede en otros países como Chile (Campos, 2007) o México (Engelman, 2015). No obstante, destacamos que la práctica etnopolítica de la población indígena del AMBA operativizó un conjunto de mecanismos que revirtieron esa inexistencia de políticas específicas. Ello se reflejó tanto en el incremento del manejo de recursos económicos, respecto de años anteriores, como en las posibilidades efectivas de participación que se tradujeron en un salto cualitativo de los niveles organizacionales. A su vez, en la medida en que varios de los integrantes desarrollaron nuevas experiencias a partir del relacionamiento con los poderes estatales entendemos que se incrementaron sus recursos simbólicos. Es decir que, ese aprendizaje opera en la redefinición de las estructuras políticas y facilita la emergencia de nuevos líderes que legitiman su acción a través de la manipulación de los recursos del Estado.

Otro aspecto que destacamos fue que la articulación de los niveles estatales se posicionó como mecanismo regulador de una práctica política cuya recurrencia excede específicamente a las instituciones indígenas. Este manejo inter-ministerial de dependencias de Estado si bien ha estimulado una alta burocratización de las y los dirigentes, ha permitido la demarcación tangencial de márgenes autonómicos impensados.

Por lo tanto, entendemos que el análisis de la práctica etnopolítica urbana debe puntualizar acerca de su composición heterogénea —de actores y contextos— para emprender abordajes que hagan foco en las transformaciones de la identidad étnica, independientemente de las construcciones culturales que la definan. Es decir que si bien la vinculación con el Estado implica cierta pérdida de la autonomía —por ser este un órgano regulador de la práctica etnopolítica a través de la demarcación de políticas y formas de reconocimiento específicas—, configura al mismo tiempo un escenario complejo donde las organizaciones indígenas balancean y redefinen esos márgenes de manera dinámica y conflictiva.

Bibliografía

Acuña, C. 2014 "Introducción: qué hacemos en estos volúmenes y por qué lo hacemos" en Acuña, C. (comp.) *El estado en acción. Fortalezas y debilidades de las políticas sociales en la argentina* (Buenos Aires: Siglo XXI).

Assies, W.; Gundermann, H. (eds.) 2007 *Movimientos indígenas y gobiernos locales en América Latina* (San Pedro de Atacama: Línea Editorial IIAM; Universidad Católica del Norte).

Balazote, A; Piccinini, D. 2010 "Los efectos en la crisis argentina post convertibilidad. La racionalidad económica en discusión" en *Política y Sociedad* (Madrid) N° 9(17).

Bariloche 2000 2010 (San Carlos de Bariloche) 26 de noviembre. En <http://bariloche2000.com/> acceso 20 junio 2016.

Bartolomé, M. A. 1997 *Gente de costumbre y gente de razón: las identidades étnicas en México* (México: Siglo XXI).

Bartolomé, M. A. 2003 "Los pobladores del 'Desierto' genocidio, etnocidio y etnogénesis en la Argentina" en *Cuadernos de Antropología Social* (Buenos Aires: Instituto de Ciencias Antropológicas, Facultad de Filosofía y Letras, Universidad de Buenos Aires) N° 17, enero-agosto.

Bartolomé, M. A. 2008 "La diversidad de las diversidades. Reflexiones sobre el pluralismo cultural en América Latina" en *Cuadernos de Antropología Social* (Buenos Aires: Instituto de Ciencias Antropológicas, Facultad de Filosofía y Letras, Universidad de Buenos Aires) N° 28.

Bartolomé, M. A. 2010. "Interculturalidad y territorialidades confrontadas en América Latina" en *RUNA*, Vol. XXXI, (Buenos Aires: Instituto de Ciencias Antropológicas, Facultad de Filosofía y Letras-Universidad de Buenos Aires) N° 1.

Bengoa, J. 2000. *La Emergencia Indígena en América Latina* (Santiago de Chile: Fondo de Cultura Económica).

Bengoa, J. 2009 "¿Una segunda etapa de la Emergencia Indígena en América Latina?" en *Cuadernos de Antropología Social* (Buenos Aires: Instituto de Ciencias Antropológicas, Facultad de Filosofía y Letras, Universidad de Buenos Aires) N° 29, julio.

Campos Muñoz, L. 2007 "La violencia al denominar en la construcción/deconstrucción del sujeto indígena urbano por el Estado de Chile" en *Revista de la Academia* (Santiago de Chile) N° 12.

Cardoso de Oliveira, R. 1992 *Etnicidad y estructura social* (México: Ciesas).

Cogliandro, G. 2013 "Pensiones no contributivas para madres de 7 ó más hijos: Seguridad social para las madres en situación de vulnerabilidad social" en *Boletín del Observatorio de la maternidad* (Buenos Aires: Observatorio de la Maternidad) N° 66.

Engelman, J. M. 2015 "Indígenas en la ciudad: una perspectiva comparada entre Buenos Aires, Santiago de Chile y el Distrito Federal de México" en *Cuadernos del Instituto Nacional de Antropología y Pensamiento Latinoamericano* (Buenos Aires, INAPL) N° 24.

Engelman, J. M. 2017 "Identidad étnica y práctica política en el sur del conurbano bonaerense", Tesis de Doctorado (Buenos Aires: Facultad de Filosofía y Letras de la Universidad de Buenos Aires).

Engelman, J. M.; Weiss, M. L. 2015 "El imán de la ciudad: Migración y distribución espacial de población indígena en el Área Metropolitana de Buenos Aires, Argentina" en *Revista Geopantanal* (Corumbá: UFMS; SEER) Nº 10(18).

Escobar, A. 2010 "Latin America at a Crossroads. Alternative modernizations, ¿post-liberalism, or post-development?" en *Cultural Studies. http://dx.doi.org/10.1080/09502380903424208*

Gordillo, G.; Hirsch, S. 2010 *Movilizaciones indígenas e identidades en disputa en la Argentina* (Buenos Aires: La Crujía).

Hale, C. 2002 "Does multiculturalism menace? Governance, cultural rights and the politics of identity in Guatemala" en *Journal Of Latinamerican Studies* (Cambridge) N° 34.

Instituto Nacional de Estadísticas y Censos (INDEC) 1991 *Censo Nacional de Población, Hogares y Viviendas. Resultados Definitivos* (Buenos Aires: Instituto Nacional de Estadísticas y Censos-INDEC).

Instituto Nacional de Estadísticas y Censos (INDEC) 2012 *Censo Nacional de Población, Hogares y Viviendas. 2010. Censo del Bicentenario. Resultados Definitivos, Serie B, n. 2, Tomo I,* (Buenos Aires: Instituto Nacional de Estadísticas y Censos-INDEC).

Instituto Nacional de Estadísticas y Censos (INDEC) 2015 *Censo Nacional de Población, Hogares y Viviendas 2010 - Censo del Bicentenario. Pueblos Originarios, Región Metropolitano. Serie D. Número 6* (Buenos Aires: Instituto Nacional de Estadísticas y Censos-INDEC).

Manzano, V. 2013 *La política en movimiento: movilizaciones colectivas y políticas estatales en la vida del Gran Buenos Aires* (Rosario: Protohistoria).

Masson, L. 2004 *La política en femenino. Género y poder en la provincia de Buenos Aires* (Buenos Aires: Antropofagia).

Pacheco de Oliveira, J. (comp.) 1999 *Ensaios em Antropologia histórica* (Río de Janeiro: Universidad Federal de Río de Janeiro).

Radovich, J. C. 2009 "Identidad y migraciones: una perspectiva desde los grupos domésticos en la migración rural-urbana" en *Actas de las 10º Jornadas Rosarinas de Antropología Sociocultural* (Rosario: Universidad Nacional de Rosario).

Radovich, J.C. 2014 "Política Indígena y movimientos etnopolíticos en la Argentina contemporánea. Una aproximación desde la Antropología Social" en *Revista Antropologías del Sur* (Santiago de Chile: Universidad Academia de Humanismo Cristiano) N° 1.

Repetto, F. 2014 "Políticas sociales: una mirada político-institucional a sus reformas, desafíos e impactos" en Acuña, C. (comp.) *El Estado en acción: Fortalezas y debilidades de las políticas sociales en la Argentina* (Buenos Aires: Siglo XXI).

Serbín, A. 1981 "Las Organizaciones Indígenas en la Argentina" en *Revista América Indígena* (México: UNAM) N° 41(3).

Tamagno, L. 2001 *Nam Qom hueta'a na doqshi Ima. Los tobas en la casa del hombre blanco. Identidad, memoria y utopía* (La Plata: Al Margen).

Trinchero, H 2010 "Los Pueblos Originarios en la formación de la Nación Argentina" en *Revista Espacios* (Buenos Aires: Facultad de Filosofía y Letras) N° 46.

Valverde, S. 2013 "Esas cosas precipitan que uno fuera a tomar otra fuerza: etnicidad y territorialidad mapuche en el Parque Nacional Nahuel Huapi" en Balazote, A.; Radovich, J. C. (comps.) *Estudios de Antropología Rural* (Buenos Aires: Facultad de Filosofía y Letras de la Universidad de Buenos Aires).

Weiss, M. L. 2015 "Políticas públicas, proceso organizativo y adscripción étnica en una comunidad indígena del conurbano Bonaerense" en *Papeles de Trabajo* (Rosario: Centro de Estudios Interdisciplinarios en Etnolingüística y Antropología socio-cultural) N° 20.

Yashar, D. 2007 "Resistance and Identity Politics in an Age of Globalization" en *The Annals of the American Academy of Political and Social Science* (SAGE) N° 610.

Desarticulación urbana y violación de derechos humanos en las zonas indígenas.

A propósito del denominado Arco Minero del Orinoco

Nalúa Rosa Silva Monterrey[1]
Carla Pérez Álvarez[2]

Luchas, derechos y orgullo étnico

Los derechos de los pueblos indígenas en Venezuela fueron establecidos desde la primera Constitución en 1811 en la que se les reconocía el derecho a la Ciudadanía bajo los principios de igualdad y justicia, lo que implicaba que no estaban obligados a servir a nadie contra su voluntad, así como la promoción del reparto de las tierras que poseían confiriéndoles capacidad de disposición sobre las mismas (Pérez Álvarez, 2015: 14).

Estos derechos fueron cambiando a lo largo del tiempo siendo las poblaciones indígenas paulatinamente asumidas como minorías dentro del Estado Nación. Ellas se ubicaban en regiones "despobladas" al punto que en el año 1904 por mandato constitucional se declara que los indígenas en estado salvaje y que no se empadronaran serían declarados oficialmente extintos como Pueblos precepto que se mantuvo en Constituciones posteriores (Estados Unidos de Venezuela, 1904: art. 33, único aparte). En 1915 se dicta la Ley de Misiones y se coloca a los indígenas bajo la tutela de los misioneros a nivel nacional en lo referente a Educación. Los Pueblos Indígenas pierden visibilidad dentro del panorama nacional como ciudadanos y no es sino hasta los años cuarenta, con la explotación y desarrollo petrolero, cuando la vida del país y de los indígenas da un vuelco total al incrementarse el proceso de migración campo-ciudad y

---

1 Centro de Investigaciones Antropológicas de Guayana de la Universidad Nacional Experimental de Guayana (CIAG-UNEG).

2 Centro de Investigaciones Jurídicas (CIJ) y Centro de Investigaciones Antropológicas de Guayana de la Universidad Nacional Experimental de Guayana (CIJ, CIAG-UNEG).

el desarrollo de los proyectos petroleros en zonas netamente indígenas como la Wayuu y Kari'ña.

Esos dos grupos indígenas fueron fuertemente impactados al insertarse en las actividades económicas de las transnacionales petroleras en calidad de trabajadores no especializados en los rangos más bajos. No es casual que los movimientos indígenas nazcan justamente en las zonas petroleras, particularmente en el Estado Zulia, importante región de explotación petrolera y carbonífera en 1947 con la creación de la Comisión Indigenista Nacional (Montiel Fernández, 1993: 19); y en Anzoátegui entre los Kari'ña de esa zona. Este período es desde nuestro punto de vista un momento importante dado que la actividad económica promueve un contacto estrecho entre los indígenas y los no-indígenas.

Nos dice Montiel (1993: 20) que los movimientos indígenas zulianos son producto del intercambio de los indígenas que hacían vida urbana en la ciudad de Maracaibo con otros trabajadores, quienes preocupados por el deterioro creciente de sus condiciones y calidad de vida, toman conciencia sobre la necesidad de un mejoramiento.

A lo largo del siglo XX surgen numerosos movimientos y organizaciones locales similares en diferentes Estados del país con población indígena. En los años setenta había federaciones de indígenas con una fuerte influencia político-partidista en todo el país, las cuales a medida que las organizaciones fueron madurando por el intercambio de ideas tanto a nivel nacional como internacional, entre otros elementos, condujeron a que los indígenas asumieran cada vez más el protagonismo de sus propios procesos, tal y como se señalaba ya desde el encuentro de Barbados en 1971 (Montiel, 1993: 109).

Las organizaciones regionales autóctonas integradas en las federaciones regionales forman una confederación nacional de carácter no gubernamental, la cual de forma intermitente desaparece y reaparece hasta el nacimiento en 1989 del Concejo Nacional Indio de Venezuela (CONIVE), instancia de representación indígena nacional que agrupaba a todos los pueblos indígenas del país. Esta organización jugó un papel preponderante en los acuerdos que se hicieron con el candidato Hugo Chávez Frías en 1997 en pro del reconocimiento de los derechos de los pueblos indígenas que quedaron plasmados posteriormente en el capítulo VIII de la Constitución de la República Bolivariana de Venezuela en el año 1999 (Silva Monterrey, 2007: 50).

Hay que recordar que dentro de la Asamblea Nacional Constituyente de 1999 no se aceptó fácilmente el "paquete" de reivindicaciones solicitadas por los Pueblos Indígenas del país. Un grupo numeroso de indígenas y "aliados" prácticamente se mudó a Caracas para hacer vigilia en las afueras del Capitolio en donde sesionaban los constituyentistas entre los cuales había tres representantes por los Pueblos Indígenas además de otros cuatro indígenas que iban en representación de los Estados (RBV 2000, 1999: 365). El aspecto que suscitó mayor discusión fue sin duda el reconocimiento territorial el cual fue plasmado en el artículo 119 del texto constitucional bajo el término de hábitat y tierras (Silva Monterrey, 2007: 51).

A partir de la Constituyente, hubo un constante ir y venir de líderes indígenas y representantes de las comunidades a Caracas para participar en la redacción del Capítulo VIII de los Derechos de los Pueblos Indígenas. Luego de aprobada la Constitución de 1999 vino la elección de los Diputados a la Asamblea Nacional lo cual requirió la permanencia de estos líderes en las ciudades. Los numerosos espacios de participación y de derechos que la nueva Constitución creó obligaban a la permanencia de la representación indígena en la capital del país y de los Estados a fin de ejercer la función legislativa y la articulación con los programas del Estado lo cual reforzó la presencia del liderazgo indígena en las ciudades.

Esta nueva constitución de 1999, en el Capítulo VIII de los derechos de los pueblos indígenas, trajo consigo el reconocimiento de los derechos fundamentales colectivos de los pueblos indígenas de Venezuela, como sujetos de derechos originarios y específicos diferenciándolos del resto de la población venezolana, entre los que se destacan el reconocimiento de la existencia de estos pueblos y comunidades, el derecho a la propiedad colectiva del territorio término homologado y reconocido como "hábitats y tierras indígenas", el reconocimiento a su organización social, sus propias formas de gobierno (autonomía interna) y económica, los derechos a la participación, consulta previa, salud, educación basados en su propia cultura y cosmovisión indígena, derecho a la propiedad intelectual, derecho a la participación política, asumidos como Pueblos con una identidad específica, además de los derechos fundamentales que como individuos y ciudadanos venezolanos les corresponde.

Algunos derechos están vinculados al territorio originario como la autodeterminación o el ejercicio de sus propias formas de gobierno o la jurisdicción indígena. Otros como lo que están vinculados a la identidad cultural pueden ser ejercidos en cualquier parte del territorio venezolano como cualquier ciudadano.

A lo largo del año 2000, las organizaciones indígenas y sus aliados trabajaron arduamente en la Ley de Demarcación y Garantía de Hábitat a fin de que se procediera rápidamente al reconocimiento territorial por considerar que el territorio era la prioridad en el entendido de que la base material, física, del territorio es una condición fundamental para la permanencia cultural de los pueblos indígenas. Dicha ley quedó sancionada en diciembre del año 2000 (RBV, 2000). Acto seguido, se introdujeron los expedientes de las auto-demarcaciones realizadas previa a la nueva Constitución y se iniciaron los procesos de demarcación de numerosas comunidades los cuáles no han llevado en todos los casos al otorgamiento de los títulos de propiedad colectiva de las tierras. Sin embargo, en el momento se produjo un gran alborozo por la esperanza de poder lograr los reconocimientos territoriales y los derechos concomitantes.

No solo era la estabilidad en el territorio sino los anhelos de los indígenas en cuanto a su desarrollo, el manejo del territorio, el sentirse interlocutores reconocidos y con voz propia para el diseño e implementación de los programas que suponían les traerían mayor desarrollo y bienestar incluyendo el económico.

Estas expectativas produjeron entre los indígenas una revalorización de su identidad. Por un lado, los líderes indígenas dejaron de ser conocidos solo entre los indígenas para convertirse en figuras nacionales con una mayor articulación con el Estado-Nación venezolano, como líderes de la población entera con todos los beneficios y dificultades que ser un líder político nacional implica en relación a la aceptación o rechazo de su gestión, seguridad personal, entre otros.

Los campesinos no fueron diferenciados del resto de la población en cuanto al reconocimiento de los derechos en esta nueva Constitución debido a que sus organizaciones no tenían la misma fuerza, preparación y organización que los indígenas.[3] Había sido ya un logro en la etapa

---

3   En la Constitución de 1961, en su artículo 77, se reconocía a la población campesina y se garantizaba el mejoramiento de sus condiciones de vida; lo cual se materializó en una serie de políticas públicas y leyes tales como la creación del Instituto Agrario Nacional (IAN) y la promulgación de la Ley de Reforma Agraria además de otros organismos públicos como la Federación Campesina.
En ese mismo artículo 77 se reconocía a los indígenas hasta tanto no se produjera su "incorporación" a la sociedad nacional entendiéndose con esto su campesinización, mestizaje o desaparición como culturas diferenciadas. A pesar del florecimiento del movimiento campesino durante esos años, y de que tanto ellos como los indígenas fueron objetos de las mismas políticas públicas, los indígenas siguieron viéndose como culturas diferenciadas generando luchas reivindicativas y organizaciones propias. Los movimientos campesinos fueron debilitándose al punto de que desaparecen y llegan de esta forma al debate constituyente de 1999.

previa a la Constituyente, y producto del trabajo de las organizaciones indígenas como CONIVE, que se diferenciara a los Pueblos Indígenas de los campesinos, homologación a través de la cual se les invisibilizaba como conglomerado social particular al ser asumidos como cualquier venezolano mestizo cuya particularidad tenía que ver con su actividad económica en el área rural y no con su especificidad cultural como personas con una visión del mundo y forma de vida diferenciadas del resto de la sociedad venezolana. Es decir que con esta constitución se reafirmó paralelamente la descampesinización de los indígenas. Se entendió que los indígenas no eran campesinos sino Pueblos Indígenas. Lo que adquiere sentido y se conjuga con el concepto de la refundación de la República establecida en la Constitución de 1999, donde el Estado venezolano reconoce la existencia de una sociedad multiétnica y pluricultural, en un Estado descentralizado, único e indivisible conformado por pueblos indígenas como culturas de raíces ancestrales (RBV, 2000: Preámbulo).

Tabla 1. Población indígena venezolana en los censos nacionales

Año	1961	1982	1992	2001	2011
Nro. de grupos indígenas censados	37[*]	27[**]	28[***]	36	52[****]
Población indígena total		140.562	315.815	534.816	724.592
% indígena con respecto a la población nacional de Venezuela		0,96%	1,5%		2,8%
Escuelas o maestros en zonas indígenas		24%	51%		
Centros de salud o enfermeros en zonas indígenas		22%[‡]	19%[‡‡]		
Propiedad de la tierra		24%	38%[‡‡‡]		

Fuente: Censo Indígena de 1982; y Censo Indígena de 1992. OCEI. Nomenclador de asentamientos. Tomo II. 1995.

[*] El censo se hizo contando de forma separada a los sub-grupos.
[**] No se censaron a los Mako y a los Arawak.
[***] Incluye los Arawak queno habían sido censados antes.
[****] Recensaron como diferentes a los sub-grupos ejem. Yanomami-Waikerí; Shiriana-Sanema. Además, reaparecieron grupos como los Gayón, Chaima, Cumanagoto, Timote, Amorrúa, Píritu, Arutaní, Uruak, Japrería (y no Yaruro o Pumé), Guanamo, Kaketíos, Tunebo.
[‡] La de mayor cobertura médico-asistencial Anzoátegui y la menor Delta Amacuro.
[‡‡] En las comunidades de más de 400 habitantes el 100% dispone de algún tipo de servicio médico-asistencial.
[‡‡‡] Tierras otorgadas por el IAN a comunidades no como hábitat.

Al tener reconocimiento de sus derechos, y ser valorizada la identidad indígena, se produjo entonces el fenómeno contrario, ya no la campesinización de los indígenas sino la etnización de los campesinos. Muchas comunidades campesinas empezaron a reconocerse de origen indígena tal y como sucedió en los estados Anzoátegui, Monagas, Nueva Esparta y Sucre en donde presenciamos un renacer de identidades indígenas históricas[4] que habían dejado de ser incluso censadas como el caso de los Chaima, Cumanagotos y Guaiqueríes. Presenciamos el trabajo de líderes indígenas visitando comunidades campesinas o de pescadores promoviendo la re-etnización, la recuperación de las identidades perdidas tal y como lo observamos en el Estado Bolívar en el poblado de Palmarito por mencionar un caso.

Un resultado visible de este proceso fue que muchas personas empezaran a decir que eran indígenas, que tenían derechos específicos y que estos debían serles reconocidos. Lo anterior quedó plasmado en el censo de 2011 el cual muestra un aparente incremento de grupos indígenas en relación a los censos anteriores tal y como se muestra en la Tabla 1.

Esto se reflejó como era de esperarse en el número de personas que fueron censadas como indígenas las cuales prácticamente doblaron el número del censo de 1992. Sin embargo e independientemente del incremento de la población indígena consideramos que este abrupto salto tiene que ver con la forma en que se hizo el censo sobre el cual se han escuchado varias críticas entre las cuales que no hubo control sobre la toma y manejo de la data, los criterios de verificación de las identidades indígenas e inclusión de indígenas urbanos de otras nacionalidades por solo mencionar algunas.

Los derechos indígenas en la Constitución de 1999 frente a las condiciones de vida

El resultado más claro del reconocimiento de los derechos indígenas en la Constitución fue la participación política de los líderes indígenas en los diferentes estamentos del Estado con ámbito de acción para todo el país independientemente de su identidad cultural. Muchos de ellos pasaron a ocupar cargos como diputados, gobernadores, concejales, ministros, directores en los diferentes niveles de toda la administración pública

---

4   Nos referimos con identidades indígenas históricas a grupos cuyos nombres aparecen en las crónicas y documentos pero que se consideraban extintos.

perdiendo en una gran mayoría de los casos su independencia y autonomía de liderazgo para defender al gobierno nacional. Las organizaciones indígenas, como la Federación de Indígenas del Estado Bolívar, prácticamente desapareció al igual que ORPIA y otras organizaciones nacionales quedando por ejemplo el CONIVE como un apéndice del gobierno al ser nombrada su presidenta ministra de Asuntos Indígenas. Solo unas pocas organizaciones como la Organización Indígena de la Cuenca del Caura "Kuyujani" mantuvo su autonomía y su objetivo de luchar por las reivindicaciones de los derechos de los pueblos indígenas.

El descalabro organizacional y la alianza indígena con el gobierno generó que dentro de las comunidades se establecieran una serie de programas sociales. Un ejemplo de ello fue la "Misión Robinson" cuyo fin era la alfabetización o la "Misión Barrio Adentro" para la atención sanitaria. Si bien estos programas fueron positivos hubo otros cuyo impacto consideramos negativo como la "Misión Piar" creada para promover la "pequeña minería" incluso en los territorios indígenas y Áreas Bajo Régimen de Administración Especial (ABRAE).

Asimismo, se crearon a nivel nacional los Concejos Comunales, instancias organizativas del gobierno chavista, paralelas a la administración municipal que tienen como finalidad dirigir los programas de desarrollo comunitario otorgándoles recursos monetarios por la vía directa desde el Ministerio de las Comunas.

Los representantes de los Concejos Comunales son electos por un grupo de vecinos que se organizan para conformarlo y recibir los beneficios monetarios que pudiera darles el Estado tales como créditos, desarrollo de servicios públicos, acceso a alimentos entre otros. Esto conllevó a la atomización de las comunidades en cuanto al ejercicio de la autoridad, al punto que en un poblado de doscientos habitantes podría haber 40 Concejos Comunales, pues prácticamente cada familia formó uno. Las autoridades indígenas, los jefes o caciques y los Concejos de Ancianos tradicionales quedaron relegados o simplemente no eran consultados pues cada quien atendía a los intereses de su Concejo Comunal sin prestar atención a los aspectos de la cooperación comunitaria.

Las demarcaciones de los hábitat indígenas tampoco fueron reconocidas y el mismo presidente Chávez llegó a decir que estos eran un atentado contra la soberanía en algunos casos (Chávez, 2005). A esto se suma el hecho de que sobre uno de los sitios emblemáticos como la cuenca del Caura se haya creado un Parque Nacional (RBV, 2017) sin que la solicitud de reconocimiento de los hábitats en esa región se haya hecho efectiva.

Un balance en esta materia nos dice que solo se han entregado tierras a 21 comunidades (911.854 hectáreas) lo cual representa alrededor del 1% del territorio nacional (Silva Monterrey, 2012); y que el proceso se ha detenido y no se ha entregado ningún hábitat indígena por representar una extensión mayor del territorio nacional.

Los títulos otorgados no enuncian el carácter de propiedad colectiva siendo similares a las antiguas cartas agrarias que solo permiten el uso, goce y usufructo de la tierra. Al omitir el término "propiedad colectiva" se limita el ejercicio de las prácticas de gobierno, justicia indígena o desarrollo cultural porque no remite a los derechos específicos y originarios de los Pueblos Indígenas.

Se ha evidenciado que a pesar de la incorporación de los líderes indígenas en la gestión pública los logros más importantes como el derecho a la tierra y territorio no se han alcanzado, así como tampoco en otras áreas como la educación o salud. En este último aspecto es todo lo contrario, en este momento entre los Warao hay una epidemia de SIDA y el paludismo se ha incrementado de manera exponencial particularmente en las regiones indígenas-mineras (Pujol, 2016; Poliszuk, 2010). La falta de estadísticas dada la política del gobierno de suspender los boletines epidemiológicos nacionales impide que tengamos datos de salud de los últimos años y de la mortalidad infantil indígena. Un elemento de preocupación sin embargo es el incremento de los suicidios entre los jóvenes ye'kwana por ejemplo (Silva Monterrey, 2016).

En síntesis, existen leyes específicas en materia indígena, así como un grupo de líderes articulados con el Estado, pero pocos avances en el bienestar efectivo de los Pueblos Indígenas lo que parece evidenciar poca voluntad política real, generando amenazas sobre la vida individual y colectiva de los indígenas, menoscabando así sus derechos fundamentales.

Migración indígena rural-urbana-rural

A nivel nacional ha habido un sostenido proceso de urbanización en Venezuela tal y como se puede ver en la Tabla 2.

En la región Guayana en particular en el año 2004 el gobierno nacional inició lo que llamó la reconversión minera, es decir un proceso para que los mineros abandonaran las minas de oro y diamante de la cuenca del Caroní y desarrollaran actividades agrícolas y pecuarias. Este proyecto fracasó y cómo era previsible los mineros se mudaron simplemente de la cuenca del río Caroní a la cuenca vecina del río Caura lugar donde habitan grupos indígenas tradicionales como los Ye'kwana y Sanema con presencia urbana intermitente.

Tabla 2. Población Nacional de Venezuela

Año	1772-1781	1891	1920	1926	1941	1950	1961
Total	333.532	2.221.572	2.479.525	2.814.131	3.850.771		7.523.999
Urbana					39,4%		67,4%
Tasa de desempleo						6,4%	13,3%
Año	1971	1981	2011				
Total	10.721.522	14.516.735	26.071.352				
Urbana	77,2%	84%					
Tasa de desempleo	6,2%	9.9%					

Fuente: XI Censo General de Población y Vivienda. 1981. Pag. LXXXIII y Censo 2011.

Los indígenas no han escapado al proceso de migración rural-urbana, aunque en menor proporción como se puede apreciar en la Tabla 3.

Tabla 3. Indígenas urbanos y rurales

Año	1982	1992	2001	2011
Indígenas urbanos	1.284	129.601 41%	66%	63,2%
Indígenas en sus regiones tradicionales	139.278	179.161 58%	34%	36,8%

Fuente: Censo Indígena de 1982; y Censo Indígena de 1992. OCEI. Nomenclador de asentamientos. Tomo II. 1995.

Por tanto, sobre todo en el Caura y sus afluentes, aunque también en otras zonas indígenas de la región, los mineros ilegales llegaron masivamente a los territorios indígenas por lo que estos incrementaron la migración hacia las ciudades por las siguientes razones: a) huyendo de los mineros que invadieron sus tierras; b) solicitando asistencia médica por el incremento del paludismo y otras enfermedades (Watson, 2015); c) por la incorporación de los indígenas a la minería con el incremento de ingresos lo que les proporcionaba mayores posibilidades de mantenerse en las ciudades de forma más prolongada o para pagar estudios de sus hijos.

Las comunidades se vieron aún más divididas por el efecto la actividad minera, unos la rechazaban y otros la promovían. Esto ocurre en toda la región en donde se han producido enfrentamientos intra-comunitarios por esta razón.

Pero, así como la urbanización ha sido un proceso nacional que incluye a los indígenas, también los problemas nacionales, el deterioro de la calidad de vida, la inflación y el consecuente empobrecimiento de la población venezolana en los últimos años (ver Gráfico 1) ha tenido su efecto en las poblaciones indígenas.

Gráfico 1. Producto Interno Bruto a través del tiempo en Venezuela

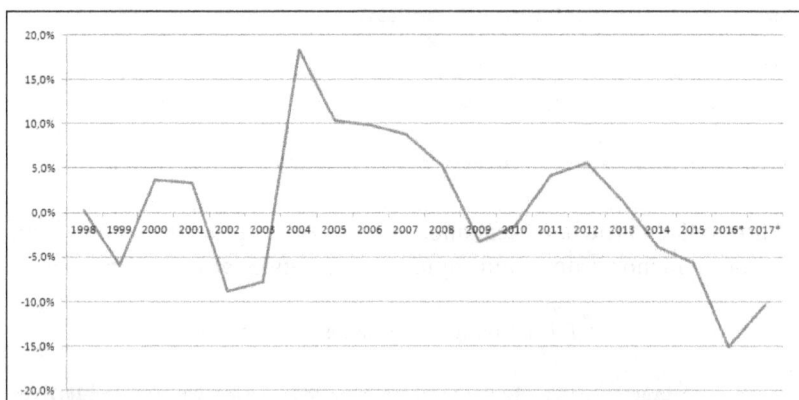

Fuente: Rendivalores y Ecoanalítica 2017 (Basados en datos del BCV y Bautista).

Desde hace dos años, y particularmente en el 2016, hemos observado que se ha iniciado un proceso de retorno a las comunidades por parte de los indígenas que se encontraban en las ciudades.

Familias indígenas enteras están regresando a sus lugares de origen encontrándose al retorno pueblos totalmente cambiados en donde las relaciones de reciprocidad han sido sustituidas por relaciones de intercambio mercantil no existentes en muchos sitios con anterioridad (Silva Monterrey, 2016).

En el último año en Venezuela se ha producido una escasez importante de alimentos y de medicinas. La población general está al borde de una hambruna. Índices elevados de mortalidad producto de las desacertadas políticas sociales y económicas reflejadas en una alta inflación del gobierno de Nicolás Maduro (ver Gráfico 2) han producido todo tipo de calamidades en el pueblo venezolano de las cuales los indígenas también son víctimas como se evidencia en el caso Warao (Pujol, 2016; Vitti, 2015).

Seguros de poder cultivar, cazar o pescar en sus sitios de origen, los indígenas prefieren retornar a sus territorios tradicionales que ser parias en las ciudades en donde al igual que el resto de la población pasan hambre.

Estamos observando con preocupación un fenómeno inédito que es la migración internacional tanto de grupos fronterizos (caso Ye'kwana) como de comunidades alejadas de la frontera (caso Warao), en estos dos grupos es evidente el deterioro de los espacios tradicionales por efecto de la minería, la contaminación, la violencia, o la falta de políticas públicas adecuadas que les hace sentirse desadaptados en sus propios territorios.

Gráfico 2. Inflación través del tiempo en Venezuela

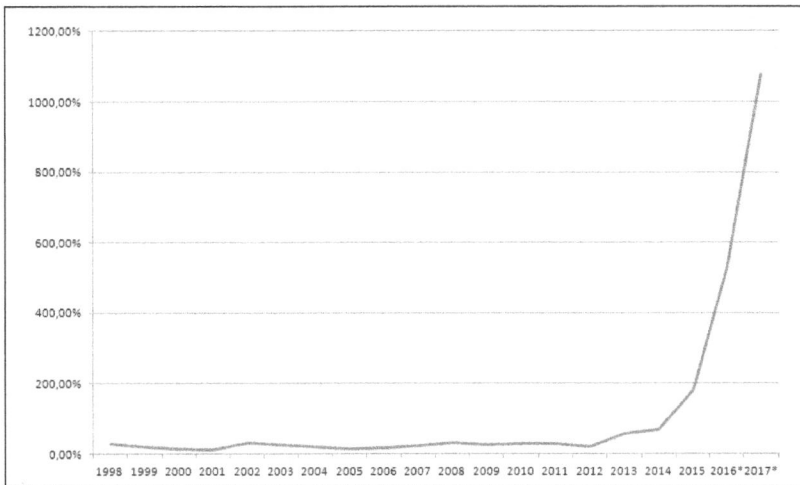

Fuente: Rendivalores y Ecoanalítica 2017 (Basados en datos del BCV y Bautista).

Los Warao que desarrollaban actividades marginales dentro de las ciudades, como la mendicidad, han prácticamente desaparecido del escenario urbano de Venezuela y son reportados por nuestros colegas de la frontera brasilera como un problema mayúsculo que atender dado que al menos cuatrocientos Warao han llegado a la población de Boa Vista y (en la frontera de Venezuela con Brasil pero distante en más de seiscientos kilómetros) y un poco más lejos a Manaos a ejercer actividades marginales para sobrevivir (Souza, 2016; Seixas, 2017). Asimismo ciudades como Ciudad Bolívar en donde había una presencia estacional de Eñe'pa (Panare) en el último año no se les ha prácticamente visto, lo cual significa que han cambiado su patrón de desplazamiento habitual.

Es decir que los indígenas han sido muy susceptibles a los cambios económicos y políticos del país aun cuando la tendencia generalizada en Venezuela tanto para los indígenas como para los no indígenas era la urbanización creciente hecho que en el caso de los indígenas pareciera estarse revirtiendo hoy en día (ver Tabla 3).

El proyecto del Arco Minero del Orinoco (AMO) y el derecho a la consulta previa de los pueblos indígenas

Desde febrero de 2016 el gobierno nacional está promoviendo un proyecto de mega minería a cielo abierto con uso de cianuro a lo largo del curso del Orinoco medio denominado "Zona de desarrollo estratégico nacional Arco Minero del Orinoco" (AMO) en el 12,2% del territorio nacional (RBV, 2016) (ver Mapa 1).

Mapa 1. Zona de desarrollo del Arco Minero del Orinoco

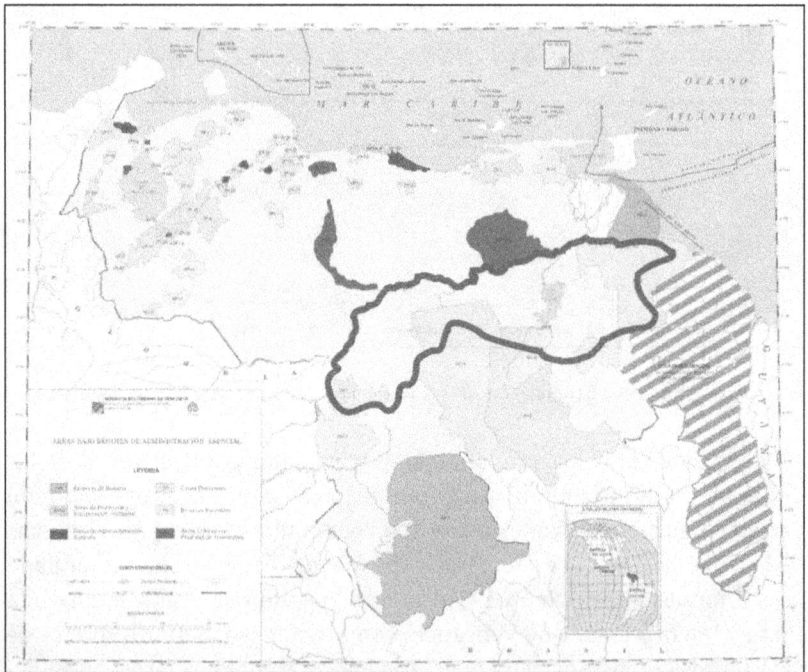

Mapa base: RBV-Ministerio del Ambiente. Fuente: Delimitación del AMO-CIAG.

Este proyecto ubicado en una extensión de 111.843,70 km² tiene como finalidad la explotación de varios minerales: bauxita, tierras raras, oro, coltán, diamante, hierro, cobre, caolín y dolomita tanto en zonas indígenas como no indígenas. El gobierno venezolano pretende desarrollarlo en asociaciones estratégicas con gobiernos de varios países: Irán, Canadá, Rusia y China, son los países que participarán en este proyecto cuya ejecución estaría a cargo de la Compañía Anónima Militar de Industrias Mineras, Petrolíferas y de Gas (Camimpeg) creada unos días antes de decretar su explotación (RBV, 2016: "a").

La extensión del AMO abarca tanto comunidades indígenas como no indígenas. Los pueblos indígenas afectados directamente son: Piaroa, Hiwi, Yaruro, Kari´ña, Warao, Pemón, Ye'kwana, Sanema, Eñe'pa (Panare), Wanai y Mapoyo (Silva Monterrey, 2016).

Mapa 2. Pueblos indígenas y Arco Minero del Orinoco

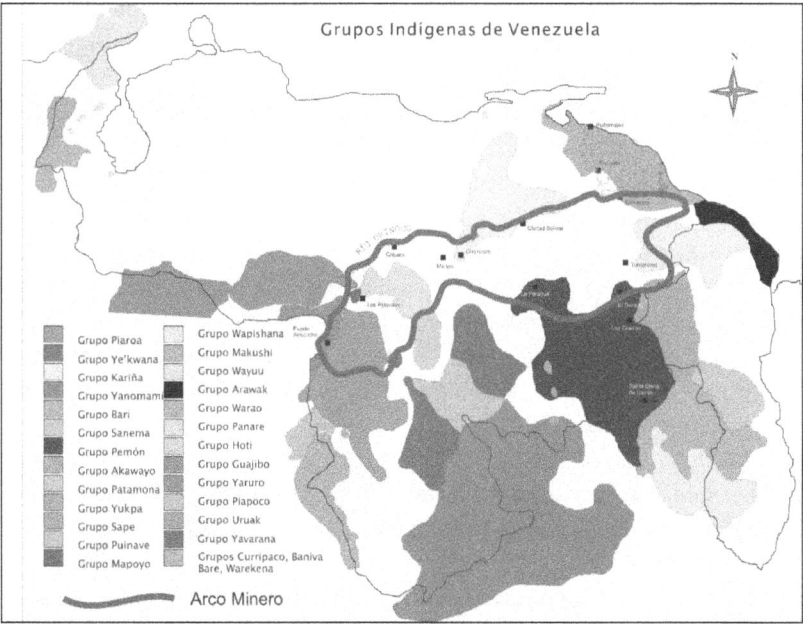

Fuente: OCEI-CIAG 2016.

En Venezuela se ha generado toda una polémica por el desarrollo de este proyecto entre ambientalistas, antropólogos e indígenas por un lado (Asamblea Nacional, 2016; Observatorio Guayana Sustentable, 2017) y el gobierno (apoyado por algunas comunidades aisladas) por el otro.

La preocupación estriba en la posible contaminación del Orinoco y en la afectación de las comunidades indígenas, así como la ilegalidad del decreto AMO por no haber sido aprobado en la Asamblea Nacional.

En cuanto a la única comunidad indígena que ha apoyado el proyecto, cabe decir que fue un representante no indígena de una comunidad Mapoyo el que declaró a favor.

El resto de los pueblos indígenas se ha pronunciado en contra debido entre otras cosas a la falta de consulta previa a las comunidades indígenas (Organizaciones Indígenas *et al.*, 2016).

Nosotros nos preguntamos ¿cómo será la respuesta de las comunidades frente a este tipo de explotación? ¿Cómo será la articulación de las comunidades en estos macro-proyectos?

Los pocos datos que se tienen en este momento nos hablan de la arrogancia de las compañías que han llegado a realizar la explotación quienes pasando por encima de los moradores locales se amparan en el gobierno para imponerse. ¿Qué podemos prever en esta relación desigual?

Simplemente la negación de los derechos de los pueblos indígenas y particularmente su derecho al territorio.

Ante este panorama y dada la posible violación de derechos fundamentales de los pueblos indígenas venezolanos es necesario establecer la importancia de garantizar el derecho a la consulta previa de los pueblos y comunidades indígenas, dado por la especificidad de sus derechos, pues no se trata de cualquier consulta, esta va mas allá, se trata de garantizar sus derechos: a la vida, a la integridad personal, a un medio ambiente sano (del cual gozamos todos los ciudadanos), a la propiedad colectiva de sus tierras, a ejercer su autonomía interna y a su identidad cultural, que solo puede lograrse si se establece claramente la forma en la que debe ser realizada la consulta.

La situación irregular que se presenta con la puesta en marcha del AMO es que el gobierno nacional aún no ha realizado la consulta previa, libre e informada garantizada en la constitución venezolana.

El derecho a las tierras y hábitats indígenas es originario, por lo que de no efectuarse se amenaza la vida y subsistencia de las comunidades indígenas que habitan en esa zona, obviando la estrecha vinculación que mantienen los pueblos indígenas con su territorio, menoscabando el derecho de propiedad colectiva sobre los mismos. El AMO se traslapa con tierras y hábitats indígenas que, aunque hasta la presente fecha no tengan un título de propiedad colectiva, el Estado debe reconocer.

En este caso no se cumple con la protección y amparo de los derechos de los pueblos indígenas al uso y goce efectivo de sus territorios y con ellos el uso de los recursos naturales, la seguridad y control sobre los mismos, lo que permitiría el mantenimiento de sus formas de vida tan necesarios para su subsistencia cultural y su cosmovisión. El Estado venezolano no brinda por tanto la protección que permita dar continuidad a su identidad cultural, costumbres y tradiciones en sus hábitats originarios.

El derecho a la consulta de los pueblos indígenas y su reconocimiento se basa en el respeto de su derecho a la propia cultura, los cuales deben ser garantizados particularmente en una sociedad multiétnica, pluricultural, y democrática, como la establecida en la Constitución venezolana.

Como derecho fundamental, la consulta previa es una obligación de los Estados. Estas se deben realizar como procesos de consulta especiales y diferenciados cuando se puedan afectar determinados intereses de los pueblos indígenas. Asimismo, en estos procesos se debe respetar el sistema particular de consulta de cada pueblo o comunidad, para que pueda entenderse como una relación adecuada y efectiva con otras autoridades estatales, actores sociales o políticos y terceros interesados. Es decir, que la consulta obedece a las particularidades de cada pueblo o comunidad y a sus propias formas de participación y gobierno, no es posible imponer un tipo de consulta si la misma no se adecúa a cada comunidad o pueblo.

Ante cualquier situación que afecte los derechos de los pueblos indígenas es necesario realizar la consulta, la cual, está orientada hacia la resolución de conflictos basada en la obtención del consenso, donde las partes deben estar dispuestas a hacer compromisos mediante el diálogo intercultural (Parra, 2011:86). En este sentido, el derecho a la consulta de los pueblos indígenas se configura en el artículo 6.1.a del Convenio 169 de la OIT, que establece:

1. Al aplicar las disposiciones del presente Convenio, los gobiernos deberán:

    a) "Consultar a los pueblos interesados, mediante procedimientos apropiados y en particular a través de sus instituciones representativas, cada vez que se prevean medidas legislativas o administrativas susceptibles de afectarles directamente".[5]

---

5 El Convenio 169 de la Organización Internacional del Trabajo, de junio de 1989, vigente desde el 5 de septiembre de 1991, publicado en la Gaceta Oficial de la República Bolivariana de Venezuela N° 37.305, del 17 de octubre de 2001

El derecho a la consulta previa se consolida en la norma internacional, para garantizar que los pueblos indígenas puedan participar efectivamente en todos los niveles y en la toma de decisión de los órganos políticos, legislativos y administrativos, al igual que en los procesos que puedan afectarles directamente. Igualmente deben ser tenidos en cuenta en la formulación, aplicación y evaluación de planes y programas nacionales y regionales de desarrollo (OIT, 1989: artículos 6 y 7) pues les permite asegurar su participación efectiva en las decisiones que les afecten en el ejercicio de sus derechos.

La consulta, permite finalizar con el modelo histórico de exclusión en la adopción de decisiones, con la finalidad de que estas decisiones importantes no le sean impuestas a los pueblos indígenas y que les permita prosperar como comunidades distintas, en las tierras en las que están arraigados por su cultura (Anaya, 2009: 41). Por ello, se considera que la consulta es uno de los medios que garantiza la participación en la toma de decisiones contribuyendo al ejercicio de la auto determinación, representando un mecanismo de protección de los derechos fundamentales frente a las decisiones que afectan directamente a los pueblos indígenas (Parra, 2011: 74). Parra nos señala que el objetivo de la consulta es facilitar el diálogo para la reconciliación de intereses en conflicto y solucionar discrepancias, en este sentido, la consulta es un medio que regula las relaciones que pudieran ser conflictivas, entre los pueblos indígenas y las diversas estructuras del Estado.

La consulta al igual que el consentimiento libre, previo e informado, es una obligación del Estado, que debe ser aplicada en todos los casos en que se afecten o pudieran afectarse los derechos o intereses de los pueblos indígenas; por ello, se debe realizar la consulta cuando se prevean medidas legislativas o administrativas que puedan incidir directamente sobre los pueblos indígenas.

Se considera que el derecho a ser consultado es fundamental para el derecho a la propiedad comunal de los pueblos indígenas sobre las tierras que han usado y ocupado tradicionalmente, por lo que la obligación de consultar se hace aun cuando los pueblos indígenas no tengan títulos sobre sus tierras y territorios (CIDH, 2010: párrafo 275). En reconocimiento a su capacidad jurídica los Pueblos Indígenas deben ser consultados sobre los procesos de delimitación, demarcación y otorgamiento del título colectivo sobre el territorio así como la forma en que se realizará la consulta misma (CIDH, 2010: párrafo 279).

La aplicación y alcance de la consulta, se establece cuando los intereses y particularidades de los pueblos indígenas estén implicados en la decisión o cuando una decisión impacte de forma general al conjunto de la sociedad pero que afecte directamente los intereses de los pueblos indígenas (CIDH, 2010a: 113).

En los casos que involucran actividades de la empresa privada en territorios indígenas la realización de la consulta es obligación del Estado, quien no solo se encuentra en la obligación de realizarla, sino que también debe preservar los derechos de los pueblos indígenas. Su responsabilidad no la puede eludir o delegar a ninguna empresa privada. No obstante, es obligación de la empresa privada mantener una conducta acorde con los derechos de los pueblos indígenas y considerar los estudios de impacto y las medidas para mitigarlos (Anaya, 2010).

La realización de la consulta, está supeditada al tipo de acción sujeta a consulta, es decir, si se trata de una acción general como una reforma constitucional, sería necesario considerar instituciones y mecanismos representativos, pero si se refiere a una acción específica como una concesión para actividades de exploración y explotación, es necesario realizar la consulta enfocada a la concesión con las comunidades afectadas, considerando la naturaleza misma de los derechos e intereses afectados y el posible impacto de las propuestas bajo consulta, para ello es necesario tener en cuenta una serie de elementos para que la consulta sea efectiva, por lo que debe ser realizada:

a. Con instituciones indígenas representativas;
b. Con apoyo a las instituciones e iniciativas propias de los pueblos indígenas; incluso si fuera necesario, con recursos financieros;
c. Bajo el principio de buena fe y de manera apropiada a las circunstancias;
d. Mediante procedimientos adecuados;
e. Con el fin de lograr un acuerdo o el consentimiento y;
f. Con la realización de evaluaciones periódicas de los mecanismos de consulta (OIT, 2009).

Estos elementos de obligatorio cumplimiento fueron establecidos por la OIT, y se aplican a cualquier consulta, pues garantizan que la misma sea efectiva. En este sentido, para realizar la consulta que permita llegar a un acuerdo, la misma debe ser:

1. Culturalmente Adecuada.
2. Informada.
3. Buena Fe.

Para lograr la construcción de la confianza mutua que permita alcanzar el *consenso*, en todos los casos se espera que los Estados "presten la debida consideración a los resultados de la consulta o, en su defecto proporcionar razones objetivas y razonables para no haberlos tomado en consideración" (CIDH, 2010b: párrafo 324) igualmente se debe tener en cuenta para lograr el consenso:

a. Consenso sobre el procedimiento de la consulta;

b. Garantizar el acceso a la consulta con información al respecto;

c. Crear confianza para facilitar el diálogo;

d. Remediar el desequilibrio de poder sin interferir en los procesos e instituciones de tomas de decisiones propias de los pueblos indígenas;

e. Garantizar la representatividad de los interlocutores indígenas;

f. En caso de afectar las tierras y los recursos naturales, además de prever medidas de mitigación y compensación, también prever medios de distribución equitativa de los beneficios (Anaya, 2009a).

La legitimidad de cualquier decisión final que resulte de un proceso de consulta depende del conjunto de estos elementos. Se les exige a los gobiernos realizar consultas efectivas en la que los pueblos indígenas tengan "el derecho de expresar su punto de vista y de influenciar el proceso de toma de decisiones" (OIT, 2009). No obstante, los gobiernos no tienen el deber de adoptar las opiniones de las comunidades en todos los casos, a diferencia del consentimiento (Rodríguez *et al.*, 2010: 81).

Anteriormente se señaló que en la Constitución venezolana se garantiza el derecho de información y consulta previa de los pueblos indígenas, en cuanto al aprovechamiento de los recursos naturales en hábitats indígenas por parte del Estado (RBV, 2000: artículo 120), en este sentido, se ha establecido en la legislación que rige la materia una serie de parámetros en concordancia con los estándares internacionales. En caso de que las actividades afecten grave o irreparablemente la integridad cultural, social, económica ambiental la ejecución de las mismas estarán prohibidas en los hábitats y tierras de los pueblos indígenas. Estos tomarán la decisión de aprobar o no los proyectos en asamblea, donde considerarán en qué medida sus intereses puedan verse afectados, no obstante, si existiese oposición al proyecto, los proponentes podrán presentar las alternativas que consideren necesarias, para alcanzar un acuerdo justo que satisfaga a las partes.

Por ello es necesario obtener de la consulta el consentimiento de los pueblos indígenas. Los principios que un proceso debe tener para lograr un verdadero consentimiento libre, previo e informado, como la ausencia de coerción o manipulación, el respeto por el tiempo requerido por estos pueblos y el suministro de información completa sobre el motivo del proyecto, naturaleza y alcance del mismo, y los posibles riesgos y las posibilidades de beneficio para los pueblos afectados, que dan las pautas que rigen el consentimiento libre, previo e informado (FPCI, 2005: párrafos 45 y 46), y se configura como un medio de protección de los derechos de estos pueblos.

El deber de los Estados es garantizar la participación de los pueblos indígenas en la vida pública, sin adoptar decisión alguna vinculada directamente con sus derechos e intereses sin su consentimiento informado (OACDH, 1994: observación Nº 23), es decir, que "la necesidad de consentimiento abarca todas las cuestiones relacionadas con la vida de los pueblos indígenas, ya que es un derecho extrínseco al ejercicio del derecho de libre determinación y componente básico del derecho a tierras, territorios y recursos"(FPCI, 2005a: 14).

Dentro de las directrices de implementación del principio del consentimiento previo de los pueblos indígenas, es que el mismo debe ser fundamentado y dado libremente en relación con los aspectos que involucren el desarrollo que afecten sus tierras y recursos naturales. El Foro Permanente para las Cuestiones Indígenas del Consejo Económico y Social de las Naciones Unidas ha establecido las definiciones del significado de lo que es el consentimiento libre, previo e informado con respecto a los pueblos indígenas (FPCI, 2005a).

Los Estados están obligados a garantizar la aplicación del principio del consentimiento libre, previo e informado pues de lo que se trata es de garantizar el derecho a la autodeterminación debido a que es un proceso evolutivo que permitiría la coadministración y decisión de los pueblos y comunidades indígenas sobre programas y proyectos que pudieran afectarles directamente (Rodríguez et al., 2010: 80).

El consentimiento libre, previo e informado es un medio de protección frente a decisiones que afectan a los pueblos indígenas y una manifestación del derecho a la autodeterminación, es el resultado deseable de la consulta. De lo que se trata, es que los pueblos indígenas no solo estén involucrados en un proceso de toma de decisión, sino que también puedan ejercer plenamente el derecho a determinar los resultados de ese proceso (Parra, 2011: 84).

El alcance del consentimiento libre previo e informado, debe ser determinado por los casos donde se considera un requisito absoluto, cuándo es imprescindible o en qué momento no se puede exigir, es decir, que el consentimiento se requiere cuando existen derechos fundamentales involucrados, como la vida o los territorios de los pueblos indígenas, que establece una presunción sólida de que la medida propuesta no debe ser adoptada sin el consentimiento de los pueblos indígenas (Parra 2011: 84), tal es el caso, del consentimiento que debe ser obligatorio cuando obedece al traslado fuera del territorio y en caso de almacenamiento o eliminación de materiales peligrosos que puedan afectar los territorios y recursos de los pueblos indígenas (ONU, 2007: artículo 10 y 29.2), asimismo, en caso de reparación cuando se les han privado bienes culturales, intelectuales, religiosos y espirituales, al igual que la privación de sus tierras, territorios y recursos comprendidos los que tradicionalmente han poseído u ocupado o en caso de aprobar cualquier proyecto que afecte sus tierras, territorios y recursos (ONU, 2007: artículos 11, 28 y 32.2).

El consentimiento es un medio que permite salvaguardar los derechos de los pueblos indígenas que responde al principio de proporcionalidad, este permite la participación en la toma de decisiones (Parra, 2011: 85), vinculadas a sus derechos, sobrevivencia, dignidad y bienestar, por lo que debe considerarse la visión y prioridades de los pueblos indígenas, naturaleza de la medida o proyecto bajo consulta y el impacto potencial sobre los pueblos indígenas que pudieran ser afectados (ACNUDH/EMRIP, 2011).

La participación también es un derecho fundamental de los pueblos indígenas que tiene una doble dimensión: una interna, que incluye las instituciones y procesos de toma de decisiones propias de los pueblos indígenas enmarcada en la autonomía, y el autogobierno, que involucran los parlamentos y organizaciones indígenas así como los sistemas legales propios que el Estado tiene el deber de garantizar pero en la que no puede interferir; y la otra externa, que involucra una serie de instituciones, procesos y arreglos de gobernabilidad tales como la participación en los procesos electorales, parlamentarios y el ejercicio de funciones gubernamentales (ACNUDH/EMRIP, 2011).

Igualmente, se contempla la participación en sistemas híbridos de gobernabilidad, en este caso los pueblos indígenas participan en procesos gubernamentales aplicando, en mayor o menor grado, sus propias estructuras y prácticas de toma de decisiones. Donde el Estado considera el establecimiento de consejos o comités indígenas, la aplicación del principio del consentimiento libre, previo e informado dado por los proyectos de desarrollo, la participación en organizaciones no gubernamentales y en proyectos y espacios regionales e internacionales (ACNUDH/EMRIP, 2011).

En este sentido, los Estados tienen que adoptar medidas especiales que garanticen la efectiva participación de los pueblos indígenas en las instituciones y estructuras políticas del mismo, debido a que la participación pudiera resultar inadecuada o desproporcionada, por lo que los Estados deben garantizar por medio de medidas positivas las cuotas de participación de los pueblos indígenas.

El Comité para la Eliminación de la Discriminación Racial de la ONU en las conclusiones de su 83° período de sesiones, si bien reconoce los avances hechos por el Estado venezolano para garantizar la participación de los pueblos indígenas, sugiere que para asegurar la plena participación de los indígenas en especial el de la mujer, que redoble sus esfuerzos, y sean incorporados en todas las instituciones de toma de decisión y especialmente en las instituciones representativas y en los asuntos públicos, igualmente a que se tomen medidas efectivas para asegurar que todos los pueblos indígenas participen en todos los niveles de la administración pública (CERD, 2013: 5), que permita alcanzar el ejercicio efectivo de este derecho.

Dada la amplia extensión del AMO, y su afectación sobre tierras y hábitat indígenas, el Estado venezolano está obligado a cumplir con la consulta previa particularmente a los pueblos indígenas que ocupan de forma tradicional y ancestral esos territorios. Lo anterior es conforme a lo establecido en el artículo 23 de la norma constitucional relativo a que los tratados y convenios sobre derechos humanos suscritos y ratificados por Venezuela tienen jerarquía constitucional y prevalecen en el orden interno, como el convenio 169 de la OIT, en concordancia con el artículo 120 de la carta magna.

No obstante este derecho constitucional fue ignorado en el decreto del AMO y solo establece que dentro del plan de desarrollo específico de la zona el Ministerio con competencia en Pueblos Indígenas debe fortalecer y preservar las culturas ancestrales, así como sus distintas modalidades y expresiones (RBV, 2016: artículo 11.7) sin considerar cómo se efectuaran tales medidas.

Asimismo, en el marco de la creación del AMO en concordancia con la Ley de Regionalización para el desarrollo Socioproductivo de la Patria se crea una Comisión Presidencial de Desarrollo Ecosocialista y Salvaguarda de los Derechos de los Pueblos Indígenas en la Actividad Minera; dicha comisión tiene dentro de sus atribuciones "promover y coordinar los mecanismos de participación de los pueblos y comunidades indígenas en la formulación y ejecución de proyectos mineros de las áreas que constituyen su hábitat, así como la visión integral de la cultura e identidad de los pueblos indígenas" (RBV, 2016b). Sin embargo, no se deja establecida cómo será la participación de estas comunidades y tampoco se señala el derecho a la consulta de los pueblos indígenas, solo contempla que el Ministerio de pueblos indígenas formará parte de esta comisión.

En este sentido, la creación y promulgación de estos decretos generan exclusión y mayor marginación sobre los pueblos indígenas, pese a que existe un ordenamiento jurídico que se encuentra vigente el cual, aunque reconoce y protege plenamente sus derechos hace que ellos queden invisibilizados ante un discurso gubernamental y políticas públicas que resultan incongruentes, prevaleciendo el "se acata pero no se cumple" de la época colonial. Es decir, existe la ley, pero no se aplica y pareciera que a mayor reconocimiento mayor la desarticulación de los pueblos indígenas.

Planteados como están estos decretos es claro que menoscaban no solo los derechos fundamentales colectivos de los pueblos indígenas sino los de todos los pobladores de la zona y sus áreas de influencia en relación a la salud y a un ambiente sano afectando negativamente los ecosistemas y la biodiversidad.

Ante estas condiciones adversas nos preguntamos si es posible el retorno de los indígenas, que oriundos de estas zonas estaban en las ciudades, a sus hábitats originarios. Particularmente con los vicios que genera la minería como la prostitución, alcoholismo, enfermedades e inserción en niveles bajos de la actividad laboral. Lo peor de las ciudades les alcanza ahora en sus comunidades de origen intensificando los aspectos negativos que les habían obligado a migrar a los espacios urbanos. Ya no están bien ni en las ciudades ni en sus territorios lo cual explica por ejemplo el caso Warao de migración indígena internacional como un fenómeno que no se había vivido antes en la región.

Conclusiones

En la mayoría de los análisis que se hacen respecto a los Pueblos Indígenas se les toma como entes aislados, ajenos a la realidad de la nación venezolana. En este trabajo hemos mostrado como la situación nacional impacta a los pueblos indígenas y como estos están consustanciados con los procesos nacionales. Tanto es así que, como se vio, cuando el país está en una situación de bonanza los indígenas migran hacia las ciudades para disfrutar de ese bienestar insertándose a la vida urbana en la cual tienen acceso a servicios que no llegan a las comunidades a pesar de la situación boyante del país.

También vimos como desde el 2013 cuando asume la Presidencia de la República Nicolás Maduro, se inicia un proceso hiperinflacionario que repercute negativamente tanto en la población no indígena como en la indígena, siendo estos últimos los más perjudicados por su inserción en las ciudades en los estratos más humildes y con trabajos precarios. Esto genera que al deteriorarse su calidad de vida en las ciudades intenten retornar nuevamente a sus comunidades buscando la protección y amparo que no tienen en los espacios urbanos.

Sin embargo, en los últimos años y desde el 2006, los espacios tradicionales en Guayana y en el Zulia han venido siendo ocupados por poblaciones foráneas a las comunidades, particularmente en las zonas mineras, con presencia de garimpeiros, guerrilleros, narcotraficantes y los denominados sindicatos que no son más que mafias del oro. Ante esta situación adversa muchos indígenas han tenido que asimilarse a la mina o simplemente escapar de esta realidad ya sea yéndose a comunidades aisladas o migrando a otros países como lo han hecho los Ye'kwana y los Warao.

La desarticulación se produce en un principio por el deterioro en la calidad de vida urbana y porque al regresar a sus territorios estos están tan impactados que hacen difícil la re-inserción aunado al hecho de que ellos después de haber permanecido en las ciudades ya no son los mismos por haber adquirido nuevas experiencias, valores, una percepción distinta de la realidad, uso no continuo del propio idioma e incluso llegar a no transmitirlo, educación dentro de un formato no bicultural por nombrar algunos aspectos. Por otro lado, y pese al reconocimiento de sus derechos específicos el Estado aún desconoce la autonomía tanto política como cultural de los pueblos indígenas y no resguarda ni ampara sus derechos fundamentales tal y como quedó evidenciado en el caso del Arco Minero del Orinoco.

Bibliografía

Anaya, J. 2009 "The right of indigenous peoples to self-determination in the post-declaration era" en *Making the Declaration work* (Copenhague).

Anaya, J. 2009a Relator Especial de la ONU en *Informe Anual* (A/HRC/12/34).

Anaya, J. 2010 *Observaciones sobre la situación de los derechos indígenas de Guate-*

mala en relación con los proyectos extractivos, y otro tipo de proyectos, en sus territorios tradicionales (A/HRC/15/37).

Asamblea Nacional de la República Bolivariana de Venezuela 2016 *Informe de la Comisión Mixta a cargo para evaluar el impacto ambiental y económico que ocasiona la explotación de la zona de desarrollo estratégico "Arco Minero del Orinoco"* (Caracas).

Chávez, Hugo 2005 *Discurso de entrega de tierras a los indígenas* (Santa Rosa de Tácata).

Comisión Interamericana de derechos humanos de la OEA (CIDH) 2010 *Derechos de los pueblos indígenas y tribales sobre sus tierras ancestrales y recursos naturales. Normas y jurisprudencia del Sistema Interamericano de Derechos Humanos, Caso Saramaka contra Surinam* (Washington).

Comisión Interamericana de derechos humanos de la OEA (CIDH) 2010a *Derechos de los pueblos indígenas y tribales sobre sus tierras ancestrales y recursos naturales. Normas y jurisprudencia del Sistema Interamericano de Derechos Humanos* (Washington).

Comisión Interamericana de derechos humanos de la OEA (CIDH) 2010b *Derechos de los pueblos indígenas y tribales sobre sus tierras ancestrales y recursos naturales. Normas y jurisprudencia del Sistema Interamericano de Derechos Humanos* (Washington).

Comité para la Eliminación de la Discriminación Racial (CERD) de la ONU 2013 *Observaciones finales sobre los informes periódicos 19° a 21° de la República Bolivariana de Venezuela, aprobadas por el Comité en su 83° período de sesiones* (Ginebra).

Estados Unidos de Venezuela 1904 *Constitución de los Estados Unidos de Venezuela.* (Caracas).

Foro Permanente para las Cuestiones Indígenas de ONU 2005 *Informe del Taller internacional sobre metodologías de consentimiento libre, previo e informado y pueblos indígenas.* (Nueva York).

Foro Permanente para las Cuestiones Indígenas de ONU 2005a *Informe del seminario Internacional sobre metodologías relativas al consentimiento libre, previo e informado y los pueblos indígenas.* (Nueva York: Consejo Económico y social de las Naciones Unidas. E/C.19/2005/3).

Montiel Fernández, Nemesio 1993 *Movimiento Indígena en Venezuela.* (Maracaibo: Ediciones de la Secretaría de Cultura).

Observatorio Guayana Sustentable 2017 *Pronunciamiento ante el Decreto No. 2248 mediante el cual el Ejecutivo Nacional crea la zona de desarrollo estratégico nacional "Arco Minero del Orinoco".* (Ciudad Guayana: inédito).

Oficina del Alto Comisionado Comité de Derechos Humanos (OACDH) de la ONU 1994 *Observaciones Generales de los Comités sobre los pueblos indígenas, Observación General Nº 23, "Los derechos de las Minorías étnicas, religiosas o lingüística"* (Nueva York).

ONU 2007 *Declaración de las Naciones Unidas sobre los Derechos de los Pueblos Indígenas* (Nueva York) 13 de septiembre.

ONU 2011 Mecanismo de Expertos sobre los Derechos de los Pueblos Indígenas (ACNUDH/EMRIP). *Estudio definitivo sobre los pueblos indígenas y el derecho a participar en la adopción de decisiones, A/HRC/EMRIP/2011/2* (Nueva York).

Organización Internacional del Trabajo 1989 *Convenio 169* (Ginebra).

Organización Internacional del Trabajo 2009 *Los derechos de los Pueblos Indígenas y Tribales en la práctica. Una guía sobre el Convenio No. 169 de la OIT* (Ginebra: Departamento de normas internacionales de Trabajo).

Organizaciones Indígenas *et al.* 2016 "Gobierno no puede promover proyectos de minería sin realizar procesos de consulta previa con las comunidades indígenas" en <https://docs.google.com/forms/d/e/1FAIpQLScBq-7t8fHVozY0kotKB6i3iYKQe7BQSIUbo-hHXi0-7B9N4iwg/viewform?c=0&w=1> acceso 20 de julio de 2016.

Parra, J. 2011 "La Consulta, la participación y el consentimiento libre, previo e informado: una agenda internacional para la protección de los derechos de los pueblos indígenas" en *Revista venezolana de Ciencias Políticas* (Mérida) Nº 39, enero-junio.

Pérez Álvarez, C. Z. 2015 "Modelo de Gobernabilidad para las comunidades indígenas del alto Caura de Venezuela, en base a sus derechos político-territoriales", Tesis Doctoral. (Madrid: Universidad Nacional de Educación a Distancia. Departamento de Derecho Político. Facultad de Derecho).

Poliszuk, J. 2010 "Ecocidio en el Caura" en *Diario El Universal-ambiente* (Caracas) p. 3, 18 de abril.

Pujol, F. H. 2016 "Infección por VIH en Comunidad Warao" en *1º Foro sobre salud indígena: Warao y VIH* (Caracas: Escuela de Antropología de la Universidad Central de Venezuela).

Rendivalores y Ecoanalítica 2017 *Datos del Producto Interno Bruto e Inflación históricas de Venezuela* (Caracas).

República Bolivariana de Venezuela (RBV) 2000 *Constitución de la República Bolivariana de Venezuela 1999* (Caracas).

República Bolivariana de Venezuela (RBV) 2001 *Ley de Demarcación y Garantía de Hábitat* (Caracas).

República Bolivariana de Venezuela (RBV) 2016 "Decreto 2.248 de creación de la zona de desarrollo estratégico nacional "Arco Minero del Orinoco" en *Gaceta Oficial de la RBV* (Caracas) año CXLIII, mes V, Nº 40855.

República Bolivariana de Venezuela (RBV) 2016a "Decreto 2.231 de creación de la Compañía Anónima Militar de Industrias Mineras, Petrolíferas y de Gas (Camimpeg)" en *Gaceta Oficial de la RBV* (Caracas) año CXLIII, mes V, Nº 40845.

República Bolivariana de Venezuela (RBV) 2016b "Decreto Nº 2265 de creación de la Comisión Presidencial de Desarrollo Ecosocialista y Salvaguarda de los Derechos de los Pueblos Indígenas en la Actividad Minera" en *Gaceta Oficial de la RBV* 40.866. (Caracas) 10 de marzo.

República Bolivariana de Venezuela (RBV) 2017 "Creación Parque Nacional Caura" en *Gaceta Oficial de la RBV* (Caracas) año CXLIV, mes VI, Nº 41.118.

República de Venezuela 1985 *Censo Indígena de 1982. Nomenclador de Comunidades y Colectividades* (Caracas: OCEI).

República de Venezuela 1985 *XI Censo General de Población y Vivienda* (Caracas: Oficina Central de Estadística e Informática OCEI. Presidencia de la República).

República de Venezuela 1993 *Censo Indígena de 1992* (Caracas: OCEI).

República de Venezuela 1995 *El Censo 90 en Amazonas* (Caracas: OCEI).

Rodríguez, C.; Morris, M.; Orduz, N.; Buriticá, P. 2010 *La Consulta Previa a Pueblos*

Indígenas. Los estándares del Derecho Internacional, Justicia Global (Bogotá: Universidad de los Andes).

Seixas, R. 2017 "Viemos para Manaus para comer" en <http://www.acritica.com/channels/manaus/news/aqui-em-manaus-temos-o-que-comer-e-remedios-diz-venezuelanos> acceso 8 de febrero de 2017.

Silva Monterrey, N. R. 2007 "Demarcación de los territorios indígenas en Venezuela, avances y perspectivas" en *Pueblos Indígenas territorios y demarcación* (Maracaibo: MCT-Fonacit-LUZ-CENDIC) pp. 49-65.

Silva Monterrey, N. R. 2012 "Reconocimientos territoriales Indígenas. Una comparación entre Venezuela y Colombia", Poster presentado en las *Jornadas de Investigación Institucional UNEG* (Ciudad Guayana: UNEG).

Silva Monterrey, N. R. 2016 "Sobre el Arco Minero y los Pueblos Indígenas" en *Bole-tín Antropológico* (ULA) Nº 1(91), pp. 241-243. En <http://www.saber.ula.ve/handle/123456789/42082>

Souza, J. 2016 "Crises na Venezuela: O repúdio das instituicoes des direitos humanos contra a deportacaoemmassa dos indios Warao" en *Amazonia Real* (Brasil). En <http://amazoniareal.com.br/crise-na-venezuela-o-repudio-das-instituicoes-dos-direitos-humanos-contra-a-deportacao-em-massa-dos-indios-warao/> acceso 29 de diciembre de 2016.

Vitti, Minerva 2015 "Las sombras de los niños Warao" en *SIC*. En <http://revistasic.gumilla.org/2015/las-sombras-de-los-ninos-warao/#sthash.deBXYP8W.dpuf>.

Watson, F. 2016 *Envenenamiento por mercurio de indígenas amazónicos: nuevos datos salen a la luz* (Survival International). En <http://www.survival.es/noticias/11183> acceso 23 de marzo de 2016.

SÉPTIMA PARTE

Participación económica, organización social y percepciones de la discriminación

Organización social, patrones de residencia e identidad en comunidades indígenas urbanas en Estados Unidos

Susan Lobo[1]

Introducción

Este capítulo se complementa con el ponencia y capítulo correspondiente presentado por primera vez en agosto 2016 como parte del seminario titulado "Discriminación, Exclusión y Pobreza de los Indígenas Urbanos en Las Américas" en Chetumal, México (Lobo, 2016). Este capítulo inicial daba una visión general de la migración indígena hacia áreas urbanas en Estados Unidos y la formación de comunidades indígenas urbanas. El enfoque de este trabajo profundiza en la exploración y descripción tanto de la historia de la migración del ámbito rural al urbano por pueblos indígenas en Estados Unidos como de la organización social y patrones de residencia de las comunidades indígenas urbanas. El capítulo también presenta y detalla la naturaleza y funcionamiento de las redes sociales indígenas, así como la creación de la identidad indígena en comunidades indígenas urbanas, en particular en su contraste con la afiliación e identidad tribal rural. Esta historia, los detalles y ejemplos de conceptos tales como "comunidad" y formación de la identidad, aportan a nuestra comprensión de la importancia de la presencia indígena como parte de la sociedad urbana general de Estados Unidos. En contraste con gran parte de América Latina donde el término Indian/Indio a menudo conlleva connotaciones negativas, en Estados Unidos dentro del *"Indian Country"*/territorio indígena, es decir en las reservas indígenas y en las comunidades indígenas urbanas o en cualquier lugar donde la gente indí-

1   Research Scholar, The University of Arizona, American Indian Studies Department. Correo electrónico: <susan.b.lobo@gmail.com>. Gracias a Elena Saccone por traducir este capítulo desde inglés al español.

gena se reúne, los propios indígenas utilizan la terminología de Indígena (*Indian*) o Nativo, y en contextos más formales Indígenas Americanos o Nativos Americanos. En este capítulo utilizo los términos *Indian* o *Native* en inglés traducido al español indígena o nativo.

Desde el punto de vista metodológico, el material presentado proviene de mi experiencia personal, participación activa e investigación que se extiende por un período de más de cuarenta años, trabajando para y siendo parte de una amplia variedad de organizaciones indígenas, organizaciones sin fines de lucro y actividades indígenas rurales y urbanas. Este trabajo incluye más de veinte años trabajando como directora del Proyecto de Historia de la Comunidad y Archivo (*Community History Project and Archives*) ubicado en el Centro Indígena Comunal (*Intertribal Friendship House*), en Oakland, California. Dado que mucha de la información de este trabajo proviene de mi experiencia personal y la participación que he tenido en comunidades Indígenas urbanas en Estados Unidos, las "referencias" a menudo son expresiones comúnmente usadas y terminología que uno escucha a diario dentro de la comunidad indígena urbana así como de publicaciones académicas. Algunas de las palabras y frases anónimas citadas provienen del trabajo de historia oral que llevamos adelante durante años en el Proyecto de Historia de la Comunidad del Centro Indígena Comunal. Estas historias orales y una gran cantidad de otros materiales incluyendo fotografías, documentos, recortes de prensa, música y pósters están actualmente guardados en la Biblioteca Bancroft en el campus de la Universidad de California, en Berkeley, California. La ayuda de búsqueda para el archivo puede accederse en el Archivo En Línea de California: www.oac.edlib.org (Buscar: *American Indian Community History Center*)

Migración del medio Rural al urbano

Al revisar esta historia de migración se torna evidente que las instituciones y programas gubernamentales han tenido un papel fundamental en la migración indígena hacia las ciudades. La historia del crecimiento de las comunidades indígenas urbanas también incluye la mención de algunas comunidades indígenas urbanas contemporáneas que existen en lugares donde se establecieron asentamientos indígenas mucho antes de la llegada de los europeos y que continúan hoy, rodeados, y hasta cierto punto, como parte integral de algunas ciudades metropolitanas como Minneapolis, Chicago y Los Ángeles.

Una de las presiones iniciadas por el gobierno, que condujo a la migración, incluye las escuelas tipo internado de estilo militar, establecidas por el gobierno y controladas por la iglesia o por el gobierno a comienzos de la segunda mitad del siglo XIX, en las que los niños indígenas eran extraídos a la fuerza de sus familias y comunidades para ser colocados, a menudo durante años, en instituciones que tenían la intención de "civilizarlos" y educarlos. Muchos de estos niños eran luego ubicados en hogares urbanos como trabajadores domésticos y en otros contextos laborales donde generalmente se quedaban por el resto de su vida.

Otro impulso de la migración hacia las ciudades fue a través de la implicación militar. Aunque la gente indígena no fue considerada ciudadana de Estados Unidos hasta el año 1924, sirvieron en la Primera y en la Segunda Guerra Mundial, y en la actualidad siguen sirviendo en las fuerzas armadas en cantidades significativas. Muchos de aquellos que se alistaron en las fuerzas armadas, luego decidieron no retornar a las reservas, sino mudarse hacia las ciudades, a menudo para realizar trabajos donde poner en práctica las habilidades técnicas adquiridas mientras estuvieron al servicio de las fuerzas militares. En muchos casos, estos veteranos de muchas tribus distintas que se establecieron en ciudades se convirtieron en los fundadores de algunas comunidades indígenas urbanas, creando centros comunitarios, equipos de béisbol o convirtiendo algunos bares en sus lugares de encuentro. En Estados Unidos una estricta zonificación y códigos de construcción prohíben los asentamientos irregulares o barrios de viviendas precarias, que serían donde en América Latina muchos migrantes indígenas se asentarían. Debido a estas leyes que prohíben los asentamientos precarios, estos veteranos a menudo viven dispersos en las ciudades donde se establecieron y estos clubes y lugares de encuentro multi-tribales se convierten en nodos significativos de las redes que crecieron y se convirtieron en el típico patrón estructural de las comunidades indígenas urbanas de Estados Unidos: una red de relaciones más que barrios conglomerados de residencia de gente indígena que es el patrón común en gran parte de América Latina.

A comienzos de la década de 1950, el gobierno estableció el programa de *Relocation* (Reubicación). Para lograr comprender los antecedentes que condujeron a este programa gubernamental es necesario contextualizarlo desde el punto de vista histórico. En la segunda mitad y fines de la década de 1880, a continuación de lo que se conoce como el período de las Guerras Indígenas (*"Indian Wars"*), el gobierno creó muchas reservas indígenas. Esta acción de establecer reservas a menudo incluía la reubicación y restricción de los movimientos de las tribus, así como una intensa actividad en la creación de tratados entre el gobierno de Estados Unidos y una amplia gama de naciones o tribus indígenas. A partir de estos tratados, estas tierras o reservas eran a menudo apartadas para el uso indígena y también tenían un control parcial o limitado por parte de los indígenas. Esto fue realizado como reconocimiento de la pérdida de territorios tradicionales indígenas a manos del gobierno de Estados Unidos a continuación de las guerras indígenas y la reubicación de algunas tribus. A menudo, también en reconocimiento de la pérdida de tierras, los tratados incluían proveer servicios tales como educación y atención de la salud, aunque estos eran mínimamente adecuados. Los tratados dentro de este contexto, basados en la documentación histórica y acuerdos y decisiones judiciales, han sido definidos en los tribunales como convenios jurídicamente vinculantes entre naciones soberanas: naciones tribales individuales y el gobierno de Estados Unidos, dando por tanto a ambas partes, una serie de beneficios y responsabilidades obligatorias. En años subsiguientes, estos tratados fueron con frecuencia limitados judicialmente, redefinidos y en raras ocasiones, re formulados para otorgar tierras y servicios adicionales a algunas tribus.

El programa de Reubicación del gobierno fue establecido con el objetivo de trasladar a la gente indígena fuera de sus territorios tribales tradicionales y reservas y reubicarlos en áreas urbanas con el objetivo de asimilarlos dentro de la mano de obra urbana y la sociedad norteamericana.[2] El gobierno creó una amplia propaganda sobre las maravillas de la vida urbana moderna y la hicieron circular extensamente en las áreas de las reservas donde había una intensa presión por empleados del gobierno sobre las reservas para convencer a la gente indígena de abandonar sus territorios y las reservas y mudarse a las ciudades, con el argumento de que ello les brindaría muchos beneficios. Consecuentemente, mucha gente indígena eligió entrar en este programa por el atractivo de la vida en la ciudad y la posibilidad de empleo cuando se enfrentaban a la alternativa de la pobreza en la reserva, y entre otros factores, servicios educativos y médicos deficientes. Un objetivo menos explícito del gobierno era su esperanza de lograr un acceso más libre a vastos territorios y recursos indígenas, tales como petróleo y uranio y que el gobierno "saliera del asunto de los indígenas", esto es, pudiera disminuir sus responsabilidades y costos acordados durante muchos años y codificados en tratados y

---

2   Por más detalles sobre el Programa de Reubicación, véase Blackhawk (1995), Waddell y Watson (1971) y *Task Force Eight: Urban and Rural Non-Reservation Indians* (1976).

decisiones judiciales. Asimismo, la gente indígena que vivía en las reservas donde había altas tasas de desempleo eran vistas como potencialmente listas para ser la mano de obra urbana que se necesitaba para la reconstrucción industrial posterior a la Segunda Guerra Mundial.

Este programa de Reubicación continuó por más de veinte años hasta fines de la década del setenta y fue la principal fuerza motivadora para las oleadas continuas de miles de indígenas migrando de áreas rurales hacia áreas urbanas. A pesar de que el censo de Estados Unidos es notoriamente deficiente en la enumeración de indígenas americanos, tanto urbanos como rurales (Lobo, 2002a), para el año 1980 los resultados del Censo indicaban que casi la mitad de toda la población indígena vivía en ciudades y para el año 2000 (*Census* 2000a; 2000b; 2000c; 2010; *The American Indian and Alaska Native Population*: 2010; 2012), más de dos tercios de la población indígena de Estados Unidos vivía en áreas urbanas más que en las reservas o en áreas rurales.

De hecho, esto fue un cambio demográfico verdaderamente significativo al compararlo con sesenta años antes cuando el programa de Reubicación fue implementado por primera vez y la población indígena estaba masivamente localizada en las reservas o áreas rurales.

Debido a que el objetivo del programa de Reubicación desde la perspectiva del gobierno era la reubicación permanente de familias, en contraste con la migración previa de aquellos que salían de las escuelas tipo internado o que dejaban el servicio militar que era realizado por individuos, tanto hombres como mujeres, el programa de Reubicación puso un énfasis en la extracción de familias enteras y su re-asentamiento en áreas urbanas. Generalmente estas familias eran trasladadas a una de las once ciudades posibles de reubicación que estaban lejos de sus territorios tribales y reservas, haciendo que fuera difícil volver. Las poblaciones de Reubicación más grandes estaban en Los Ángeles, San Francisco, Oakland, Phoenix, Oklahoma City, Mineápolis, Chicago y Nueva York. En el mismo período, se inició un programa más limitado, Terminación (*Termination*), que en realidad extinguió las reservas y los derechos sobre las tierras de algunas tribus, pagándole a individuos para que cedieran la soberanía tribal reconocida por el gobierno. Muchas de las personas afectadas por la política de Terminación también se mudaron a las ciudades.

El resurgimiento de la identidad indígena y el activismo

Algunos individuos y familias que se mudaron a las ciudades tuvieron dificultades para sobrevivir en este medio nuevo, desconocido y a veces hostil. Algunos sufrieron de pobreza extrema o de problemas de salud o tuvieron respuestas sicológicas al extrañamiento que sintieron al ser extraídos de sus familias, base cultural y territorios de origen. Con el tiempo, otros sobrevivieron bien y prosperaron, en particular con el apoyo de comunidades indígenas urbanas y la sensación de disminución de las restricciones a menudo experimentadas en las reservas. Con el aumento de la migración del área rural a áreas urbanas, las comunidades indígenas urbanas continuaron expandiéndose y consolidándose también. Irónicamente, las políticas asimilacionistas y los supuestos del gobierno de hecho condujeron a una población indígena más urbanizada en Estados Unidos y cada vez más integrada en la economía urbana y la fuerza de trabajo, pero no condujo, como se había previsto por creadores de la política de Reubicación del gobierno, a una pérdida de identidad indígena y cohesión de los grupos.

De hecho, ocurrió exactamente lo contrario. Hubo un resurgimiento de la identidad indígena y un orgullo de identificarse como persona indígena, así como una conciencia del poder social de la cohesión grupal multi-tribal en las ciudades. A pesar de los objetivos de los iniciadores del programa de Reubicación del gobierno de asimilar a las personas indígenas en la población general americana que a menudo se denomina "el crisol americano", para muchas personas indígenas la existencia y la resiliencia de la comunidad indígena urbana es una expresión de resistencia a la presión y a la dominación del mundo no indígena. Un factor en esta persistencia ha sido la estructura social fluida y basada en redes de la mayoría de las comunidades indígenas urbanas. Según lo explican los propios indígenas, la comunidad tiene el potencial de regenerarse en sí misma. La comunidad es abstracta y efímera por naturaleza, como el legendario y simbólico animal, el coyote embaucador, les ha enseñado a las personas indígenas a apreciar, con el poder de adquirir nuevas formas continuamente, de transformarse y así perdurar. O se describe en las "Viejas Historias" tradicionales que guían a la Gente Indígena como una estrategia de antiguos guerreros para dispersarse, desaparecer, tornarse invisibles y luego para reagruparse y volver a luchar otro día. Esta dinámica es familiar para la gente indígena, quienes a lo largo de la historia de las relaciones Indígena-Europeo y antes han buscado formas de persistir como individuos y como grupo. Las instituciones en las comunidades indígenas urbanas están en flujo continuo, con la posibilidad de separarse y re-agruparse. Los nodos en la red urbana: organizaciones y organismos sin fines de lucro, eventos y actividades, programas, lugares de encuentro e incluso los miembros de esta población altamente móvil van y vienen. Sin embargo, y a través de todo este movimiento, hay una estructura de red subyacente que es "la comunidad" que permite la persistencia.

Con el desarrollo y el crecimiento de comunidades indígenas urbanas multi-tribales se dio un estallido de aprendizaje y transformación, cuando la gente indígena de muchas tribus diferentes se encontraron, se reunieron y pudieron comunicarse unos con otros, directamente, sobre cuestiones específicas de la historia de cada tribu individual, aspectos culturales y perspectivas, y de esta manera, adquirir una nueva conciencia nacional de los efectos negativos de muchas de las políticas y los programas aplicados por el gobierno históricamente. Esto también creó la oportunidad de fortalecer y transformar lo que significaba ser indígena en el contexto de Estados Unidos. Para fines de la década del sesenta y continuando en los años setenta, los indígenas que vivían en ciudades habían desarrollado una comprensión cada vez mayor y una resistencia más fuerte a las políticas indígenas del gobierno, una conciencia sobre cuestiones de derechos Indígenas y un activismo indígena social y político mayor.

Durante el período de establecimiento del sistema de reservas que comenzó a mediados de la década de 1880, que separaba de forma estricta y aislaba una tribu de otra, se produjo una ruptura con lo que previamente y de manera tradicional había sido el contacto permanente a través del comercio, los viajes, el uso de tierras y recursos compartidos, los matrimonios inter-tribales e incluso el conflicto. Con la migración hacia las ciudades, que aumentó drásticamente luego del establecimiento del programa de Reubicación, se fomentó otra vez la comunicación y el intercambio cultural que fue el resultado de los contactos inter-tribales dentro de las ciudades. Hubo una explosión de actividad social y cultural una vez que las restricciones de aislamiento impuestas por el sistema de reservas fueron levantadas en las ciudades. Evidentemente esto no era lo que los creadores del programa de Reubicación habían previsto, pero la migración liberó a la gente indígena para comunicarse y actuar nuevamente a través de las fronteras tribales.

Este activismo indígena de las décadas del setenta y ochenta tuvo sus raíces en las comunidades indígenas urbanas y luego se expandió a las áreas rurales y las reservas (Smith & Warrior, 1996; Talbot, 2015). Los centros comunitarios urbanos, como el Centro Indígena Comunal de Oakland, jugaron un papel clave durante este período debido a que eran los lugares donde se compartía gran parte de la planificación y la información para que estas acciones se llevaran a cabo. El impacto se tornó nacional con marchas y demostraciones, así como ocupaciones que duraron meses, por ejemplo, en la Isla de Alcatraz de 1969-1971 en California y la ocupación de Wounded Knee en 1973 en Dakota del Sur (Fortunate Eagle, 1992; Johnson 1996). Las organizaciones indígenas activistas tales como el Movimiento Indígena Americano (*American Indian Movement* o AIM) y más tarde el Consejo del Tratado Internacional Indígena Americano se establecieron y dieron una voz internacional a las cuestiones y preocupaciones sobre los derechos humanos de los indígenas americanos. La Caminata Más Larga (*The Longest Walk*) en 1978 desde la costa del Pacífico, a través del país, finalizó en Washington D.C., la capital nacional. Tal cual era su intención, estas acciones de la gente indígena tuvieron gran cantidad de cobertura mediática con respecto a cuestiones a las que la gente indígena se enfrentaba en todos los Estados Unidos, tanto en área urbanas como rurales. También hubo Corridas (*"Runs"*) de larga distancia que eran únicamente indígenas y manifestaciones basadas en las tradiciones. Estas también se organizaban con la estrategia de captar la atención hacia las cuestiones y derechos indígenas. Algunos ejemplos son la Corrida Más Larga, que rememoraba la Caminata Más Larga, atravesando el país de oeste a este, cubriendo más de 3.000 millas, y también la Maratón Espiritual Indígena Americana anual de 500 millas que comenzó en 1978 y era organizada por el activista Dennis Banks que recorre la longitud de California y se continúa realizando hoy en día. Programas de radio que continúan tales como *"Living on Indian Time"* (*Viviendo en Tiempo Indígena*) de la radio KPFA en Berkeley y estaciones radiales como KILI en la reserva Pine Ridge de Dakota del Sur se establecieron y traían noticias de actividades y cuestiones sobre los derechos indígenas a una audiencia más amplia. Los periódicos indígenas como el *Akwasasne Notes* tuve notoriedad nacional e incluyó entrevistas en profundidad con líderes indígenas, intelectuales y académicos con base en la comunidad indígena tradicional. Artistas indígenas que trabajaban con materiales y temas urbanos y tradicionales se volvieron cada vez más activos y a menudo incluían una compleja crítica social y humor en su obra. Los festivales de música indígena en los que participaban cantantes como Floyd Westerman, cuyas canciones *"Custer died for your sins"* ("Custer murió por tus pecados") y *"Relocation"* ("Reubicación") se han convertido en favoritos de larga data, así como la danza basada en tradición urbana y festivales de música o *pow-wows* se convirtieron en eventos anuales, muchas veces contando con miles de participantes. Asimismo, durante este período, se crearon departamentos de Estudios de Indígenas Americanos especializados o de Estudios de Nativos Americanos en universidades de renombre tales como la Universidad de Arizona y la Universidad de California en Berkeley. Estos se enfocaban en un programa que enfatizaba la perspectiva indígena más que la de los antropólogos o historiadores y a menudo el plantel docente estaba compuesto por profesores indígenas. Por ejemplo, como texto introductorio se puede ver Lobo, Talbot y Morris (2010). Muchos de estos departamentos continúan al día de hoy, otro legado del renacimiento cultural indígena que surgió de la conjunción de la gente indígena de muchas tribus diferentes que migraron a áreas urbanas.

El carácter de las comunidades indígenas urbanas

Este artículo plantea la advertencia de que un concepto comúnmente utilizado como "comunidad" no es tan simple como parece ni tiene una sola dimensión. Es importante prestar mucha atención a la forma en que las propias personas perciben y definen su ambiente social. La descripción de la organización social y estructural de las comunidades indígenas urbanas aquí presentada es una generalización dado que cada comunidad urbana en cada ciudad es distinta hasta cierto punto, dependiendo de factores tales como el hecho de que la ciudad fuera uno de los once "sitios de reubicación" del programa del gobierno iniciado en la década del cincuenta, cuán cerca o lejos está la ciudad de los territorios tribales y si hay uno o varios grupos tribales dominantes numéricamente en la comunidad indígena urbana, así como factores específicos de la historia regional.

Como se mencionara anteriormente, más que agrupaciones residenciales en barrios de indígenas migrantes en áreas urbanas como tan frecuentemente se observa en gran parte de América Latina, en Estados Unidos las comunidades indígenas en áreas urbanas son característicamente redes fluidas, ampliamente dispersas y frecuentemente cambiantes, basadas en las relaciones. Las residencias u hogares están dispersos por toda la ciudad, pero los nodos de la red de la comunidad incluyen muchas organizaciones indígenas americanas que se encuentran en áreas urbanas, los eventos o actividades estacionales o intermitentes y lugares que tienen connotaciones de especial significancia. Las comunidades indígenas urbanas funcionan como redes, no como un espacio físico; lo cual se constituye en una definición de Comunidad mucho más abstracta que una emplazada en un lugar específico. Sin embargo, esta definición es tan real y funcional para los migrantes indígenas en las ciudades como lo sería una definida como un barrio o colonia. Esta comunidad basada en redes responde a necesidades de afirmar y activar la identidad; crea contextos para desarrollar las actividades necesarias de la vida comunitaria y provee de un amplio rango de circunstancias y símbolos que promueven las relaciones "Indígenas" a nivel de la familia y la comunidad. A nivel descriptivo general, este tipo de comunidad se caracteriza como un grupo social en el que:

1) los miembros de la comunidad reconocen una identidad compartida como gente indígena;
2) hay valores, símbolos y conocimiento de la historia compartidos;
3) se han creado y se mantienen instituciones básicas que proveen de los servicios necesarios y
4) hay características consistentes de organización social tales como aquellas relacionadas con el control social y la definición de roles distintivos y especializados por género y edad.

La comunidad indígena urbana es tanto aquellos quienes la conforman, como en la frase "Nosotros somos la comunidad indígena", como el sentido abstracto de comunidad como entidad, como alguien podría decir "Nuestra comunidad está aquí en Phoenix, Arizona".[3]

Para muchas personas no-nativas que están fuera de las comunidades indígenas urbanas, esta es una población invisible, tanto por la naturaleza abstracta y caracterizada por el no-lugar de la propia comunidad indígena urbana, como por la existencia continuada de una serie de estereotipos con respecto a la gente indígena. Estos incluyen la idea de que los indígenas y las tribus se han "desvanecido" y ya no existen, se perdieron en el pasado histórico o que la gente indígena vive masivamente en reservas en áreas rurales: los indígenas están "muy lejos y hace mucho tiempo".

Sin embargo, la comunidad Indígena urbana tiene una base física: está situada en una ubicación geográfica que está incluida en lo que crea la Comunidad, tanto físicamente como aquella entidad que provee referencias simbólicas compartidas de largo alcance. Por ejemplo, en el área de la Bahía de San Francisco hay marcadores geográficos alrededor de la Bahía que crean el escenario idóneo para las actividades de la comunidad indígena: las montañas que la rodean, la Bahía, los puentes que conectan East Bay con San Francisco y San Francisco con el Condado Marin. Sin embargo,

---

3   Los detalles específicos de varias comunidades indígenas urbanas se pueden encontrar en Bahr (1993); Jojola (1999); LaGrand (2002); Lobo (2002b); Ross (1997); Sarris (1994); Straus y Arndt (1998) y Weibel-Orlando (1991). Trabajos autobiográficos, como Mankiller y Wallis (1994), dan una descripción personal de la vida urbana de la comunidad.

estos elementos geográficos solo crean el escenario para el "mapa Indígena" de las áreas. Este "mapa" representa las connotaciones abstractas compartidas de la gente que habla de "ir al Centro de Curación", un centro de tratamientos residencial para mujeres y sus hijos, o asienten con la cabeza en dirección al norte del centro de Oakland y dicen "en el CRC", una agencia de asistencia a la familia y niños indígenas americanos. Las personas dentro de la comunidad indígena saben lo que son estos puntos de referencia, los que no pertenecen a la comunidad no lo sabrían. Otro ejemplo de esas connotaciones compartidas ocurre cuando una persona indígena comenta muy posiblemente fuera de contexto "¿Vas a Stanford?" la pregunta no es "¿Estudias en la Universidad de Stanford?", sino más bien "¿Nos vemos en el *pow-wow* de Stanford en mayo?". O cuando alguien dice "Te vi en Hilltop", la referencia es a un destacado bar indígena que no se debe confundir con un centro comercial del mismo nombre. Cada uno de estos ejemplos ilustra una de las formas en las que las personas dentro de la comunidad indígena del área de la Bahía de San Francisco hablan de o interpretan su medio como el lugar de la comunidad en el sentido espacial y también como algo profundamente entrelazado con las redes de relaciones que unen a los miembros como comunidad. Theodoratus y LaPena (1992) expresan muy bien esta idea con referencia a la geografía sagrada de la tribu Wintu: *"(This paper) is about topographical features that are the embodiment of Wintu expression of an ordinary and non-ordinary world. It is about a concept of land and interpretations of that natural universe that translate into a coherent world"*.[4] En el caso la versión indígena de comunidad del área de la Bahía de San Francisco, al igual que muchas comunidades indígenas urbanas, tanto los rasgos topográficos como el ambiente construido son parte de la creación de este "mundo coherente" o comunidad.

El medio físico que es el escenario y la base para gran parte de la actividad de la comunidad indígena, no es "la comunidad", la cual en cambio está enfocada en la dinámica de relaciones y en el universo más abstracto del conocimiento compartido que orienta y da forma a las acciones. Las comunidades indígenas urbanas no están situadas en un territorio inmutable, delimitado y acotado como es una reserva, sino más bien que existe dentro de una región definida de forma fluida con nichos de recursos y

---

4   Traducción: "(Este trabajo) refiere a las características topográficas que son la materialización de la expresión Wintu del mundo ordinario y el mundo no-ordinario. Es sobre un concepto de la tierra y las interpretaciones de ese universo natural que se traducen en un mundo coherente".

límites que responden a necesidades y actividades, quizás reflejando una realidad más cercana a la de las tierras indígenas tradicionales que a la imposición de fronteras de las reservas. Por ejemplo, con el desarrollo y florecimiento de la Universidad D-Q, un centro terciario basado en la comunidad y bajo control indígena, la conceptualización de la comunidad del área de la Bahía de San Francisco se extendió sesenta millas hacia el norte para incluir esta institución como entidad periférica.

En territorios tribales tradicionales, porciones de los cuales pueden estar encerrados dentro de las reservas, una fuente principal de identidad es representada por la tierra y a menudo por las historias y canciones tradicionales antiguas que unen realidad personal con tiempo y lugar. Como Basso (1996) destaca *"Knowledge of place is therefore closely linked to knowledge of the self, to grasping one's position in the large scheme of things, including one's own community, and to securing a confident sense of who one is as a person"*.[5] Aun así, en una comunidad indígena urbana no hay esencialmente una base territorial, excepto por ciertos edificios y propiedades recientemente adquiridas. O, por otra parte, como alguien me señaló, "todo es nuestro territorio urbano". En este contexto urbano, las organizaciones indígenas, los organismos sin fines de lucro y clubes que son un tipo de nodo en la red de relaciones, se convierten de forma poderosa en representantes del "espacio" indígena o "un lugar que es indígena" y están íntimamente relacionados con la identidad. Es en estas organizaciones que la gente se encuentra a menudo para compartir una comida, celebrar un cumpleaños o realizar el luto por el fallecimiento de una persona mayor. Es en estas muchas organizaciones que los que pertenecen a la comunidad "salen" para eventos, para activar su participación como parte de la comunidad indígena y validar de forma simbólica su pertenencia a la comunidad.

Las cosas que suceden en los centros comunitarios y organizaciones actualizan esta red de relaciones. Por consiguiente, el control, los programas y los valores que guían a estas organizaciones están bajo un constante escrutinio, negociación y ajuste por parte de miembros nucleares de la comunidad que actúan como árbitros sociales.

En gran parte de la literatura social y políticas del gobierno, hay una mentalidad que impone una dicotomía entro lo urbano y lo rural que

---

5   Traducción: "el conocimiento del lugar está íntimamente ligado al conocimiento del ser, a captar la posición que uno mismo ocupa en el marco más general de las cosas, incluyendo la propia comunidad, y a lograr un sentido de certeza de quién es uno mismo como persona".

se basa en el estereotipo que perdura de que "indígena" es sinónimo de rural y de que *urbano,* de alguna manera, no es genuina o auténticamente indígena. Si bien ciertamente hay diferencias en estos dos tipos de escenarios, establecer lo rural/lo urbano como característica de identidad no es realista desde el punto de vista indígena y sirve, como fuera la intención del programa de Reubicación, para continuar de forma oficial la alienación de la gente indígena de sus territorios tribales. Contrariamente, para muchas personas indígenas las áreas y las comunidades urbanas son visualizadas más como una extensión del territorio propio, o como dijo una persona "nuestro campamento urbano aquí". Más recientemente, con el aumento de las comunicaciones, internet, los teléfonos móviles, Facebook y las mejoras en el transporte, el hogar y los miembros de la familia que viven allí están cada vez mucho más accesibles y cierran la brecha conceptual y física entre lo rural y lo urbano aún más. Para aquellos indígenas que viven en las ciudades, incluso aquellos que fueron retirados de sus territorios hace varias generaciones, estos lazos fuertes con el "Hogar", en su mayoría, no se han roto. Uno simplemente extiende el sentido de territorio, a menudo plenamente consciente, por ejemplo, de que algunos lugares sagrados se encuentran en el Hogar y que cuando muera, él o ella probablemente será enterrado allí. Para la gente indígena urbana de tercera o cuarta generación, esta conexión puede cambiar y tomar nuevas formas, pero de todas maneras continúa.

Este sentido de comunidad indígena subyacente, basado en redes, si se visualiza fundamentalmente como red de relaciones, ha sido estructurada en muchos territorios tribales en forma de consejos tribales, formalizados, prescritos por el gobierno. Estos actúan como agencias de gobierno. Entonces, en la ciudad, cuando se desmorona la "tribu" de fronteras rígidas demandada por el gobierno esta estructura impuesta ya no es una fuerza de control.

Gran parte de la estructura social indígena tradicional en forma de red re-emerge. La imagen del gobierno de una tribu como una entidad limitada dentro de un territorio demarcado geográficamente de forma rígida o una reserva, gobernada por un cuerpo de oficiales electos y dentro de criterios de filiación designados de manera rigurosa no se transfiere a las comunidades indígenas urbanas. Al contrario, en la ciudad, la entidad social se reconstruye con una estructuración basada en una red de relaciones. El territorio fluido tiene límites externos cambiantes; no hay ningún órgano de gobierno formal que lo abarque todo y la pertenencia y la identidad son definidas y caracterizadas por una serie de criterios fuertemente personales, situacionales y hasta cierto punto negociables.

El paralelo urbano más llamativo de la estructura política tribal hallada en reservas rurales es el estatus legal sin fines de lucro de muchas organizaciones indígenas urbanas en las que hay una junta de directores que lideran, estatutos y posiblemente listas de miembros. Sin embargo, la gente indígena en la ciudad, al contrario de la situación que se da en el ambiente tribal de una reserva, no está gobernada por estas organizaciones dado que el consejo tribal gobierna la reserva, y las organizaciones no establecen ni ponen en práctica los criterios para ser miembros. En la ciudad, las personas indígenas pueden elegir volverse activos o no en una organización particular en cualquier momento dado.

A pesar de estar estructurada de forma diferente, la comunidad indígena urbana viene a representar muchas connotaciones y funciones para la gente indígena que son similares a aquellas de la tribu. La comunidad urbana da un sentido de pertenencia, satisface la necesidad de mirar hacia adentro de esta entidad social y promueve un sentimiento de responsabilidad de contribuir al bienestar de los miembros a través del apoyo a la continuidad y florecimiento de las instituciones urbanas. Ocasionalmente, se oye que se refiere, a modo de broma, a la comunidad indígena urbana como "La Tribu Urbana".

Desde el período cuando los primeros individuos liberados por el gobierno de las escuelas-internados de indígenas llegaron a vivir en las ciudades y más tarde aquellos que terminaban el servicio militar comenzaban a establecerse en las comunidades Indígenas urbanas, estas comunidades han evolucionado. Con la enorme cantidad de familias indígenas que migraron durante el período de la Reubicación, las comunidades se han enriquecido con la diversidad de tribus y las culturas nativas distintas que trajeron consigo a cada ciudad. Con los migrantes del programa de Reubicación, las comunidades indígenas a lo largo de todo el país crecieron no solo en cantidad de población sino también en diversidad interna. Con el tiempo, y al volverse las comunidades indígenas multi-generacionales, han surgido algunas características generales. Estas incluyen la proliferación de las organizaciones administradas por indígenas y los organismos sin fines de lucro, una diversidad económica mayor y el aumento de los vínculos con los territorios tribales y otros lugares distantes, incluso internacionales, tanto rurales como urbanos. Ahora también, hay una historia frecuentemente reconocida y compartida de una comunidad urbana particular que refuerza la identidad compartida para aquellos que forman parte de la comunidad.

Identidad:
¿quién es Indígena en una Comunidad Indígena Urbana?

Con las implicancias de inclusión y exclusión, la definición de quién es indígena y la cuestión de quién hace esta definición son temas complicados y con una carga emotiva en todas partes de las Américas. Por ejemplo, tenemos por un lado la auto-identidad; por otro están las formas y criterios que pueden ser impuestos externamente por el gobierno para definir la identidad u otras instituciones formales; también tenemos los cambios en la identidad apropiados de acuerdo a la situación y por otra parte, aquellos cambios de identidad que pueden ocurrir a lo largo de la vida de un individuo.

En las reservas las estructuras formales y criterios para determinar quién es indígena y quién el elegible para ser miembro varía de una tribu a otra, pero hay lineamientos establecidos por el gobierno que ha "sugerido firmemente" sean utilizados por las tribus para la adscripción de sus miembros.

Muchas tribus usan estos lineamientos; y algunas no los usan y prefirieren las guías tradicionales con respecto a quién es de su tribu particular y quién no. Por ejemplo, estos criterios pueden seguir relaciones de parentesco por línea materna o paterna, o pertenencia a cierto clan o el lugar de nacimiento de una persona.

El criterio esencial del gobierno es conocido como "*blood quantum*" (cantidad mínima de sangre indígena) con un estándar típico que un individuo debe tener al menos 1/8 de "sangre indígena", eso es tener al menos un bisabuelo que haya sido reconocido como indígena por el gobierno, más comúnmente a través de los antiguos roles tribales u otra documentación generada por el gobierno. Este sistema racial y poco científico ha sido extensamente criticado y controvertido en los juzgados por tribus y personas indígenas individuales desde hace muchos años. Por ejemplo, ¿cuál es exactamente el significado de "*blood quantum*", un término que se usaba muchos años antes de que hubiera un conocimiento preciso de la genética y la herencia biológica de los rasgos físicos? Además, bajo un escrutinio intenso por parte de la gente Indígena se ha dado la presunción de que con los matrimonios inter-tribales y fuera de las tribus, los niños de estos matrimonios luego de algunas generaciones no serían más indígenas o no podrían adscribirse a una tribu particular por el criterio del gobierno de 1/8 de cantidad mínima de sangre, aunque quizás, por ejemplo, hablen la lengua nativa y estén completamente integrados en la cultura de una tribu particular y su comunidad. Algunas personas indígenas critican el criterio del gobierno porque consideran que crea una forma sistemática de etnocidio a lo largo del tiempo y las generaciones. Algunas tribus prefieren utilizar criterios basados en la tradición para determinar quiénes son sus miembros. Por ejemplo, en las tribus como los Hopi que son tradicionalmente matrilineales, uno debe tener una madre Hopi para poder pertenecer a la tribu. El concepto de *blood quantum* es algo foráneo para esta tribu y no se incluye de ninguna forma en la determinación de quién es miembro. También es común ahora, especialmente en comunidades indígenas urbanas tribalmente diversas, que un individuo tenga múltiples herencias tribales, y puede auto-identificarse, por ejemplo, como "navajo, hopi, havasupai e irlandés", pero estará inscripto en una de estas múltiples tribus heredadas. Aquellos que migran o nacen en ciudades continuarán identificándose con o indicando una tribu de la cual son miembros registrados, pero también reconocerán otras herencias tribales, y con el añadido de ser "parte de" (pero no miembro registrado de) la comunidad indígena urbana de una ciudad particular. Una forma común de expresarlo, por ejemplo, es decir "Soy parte de la comunidad indígena de Oakland". Por tanto, las comunidades indígenas urbanas crean otro nivel de identidad más. Uno es de una reserva o pueblo particular, es miembro registrado de una tribu específica, y es parte de una comunidad indígena urbana específica. Ser "parte de" una comunidad indígena urbana está libre de la regulación y criterios del gobierno, entonces irónicamente, hasta cierto punto y en muchos aspectos, refleja más las formas tradicionales de pertenencia e identidad: aquellas que se relacionan con las relaciones familiares, la participación activa, el conocimiento cultural y la apariencia.

Entonces, en áreas urbanas la identidad indígena se define a través de:

1. *Ascendencia.* ¿Tiene la persona parientes y ancestros indígenas y funciona como miembro de una familia extensa indígena?
2. *Apariencia.* ¿Tiene aspecto "indígena"?
3. *Conocimiento cultural.* ¿Tiene la persona conocimientos de la cultura de su grupo y de aquellos valores pan-indígenas y expectativas sociales compartidas con la comunidad indígena urbana?
4. *Participación en la Comunidad Indígena Urbana.* ¿Apoya la persona abiertamente los eventos y actividades indígenas en la comunidad y contribuye al bienestar de la comunidad?

El peso y combinación dada a estos elementos para determinar la identidad indígena varía según la situación, y hasta cierto punto, están siempre bajo la evaluación de la comunidad, variando según cambian los tiempos. Por ejemplo, hay muchas personas que son muy bien aceptadas como indígenas en todas las comunidades indígenas urbanas que pueden no "tener aspecto indígena", que pueden no tener documentación de ascendencia indígena verificable, y aun así, por medio de una larga historia de participación activa y de contribuir al bienestar de la comunidad, así como demostrar un entendimiento profundo de los valores y protocolos indígenas, serán considerados sin dudar como miembros o parte de la comunidad indígena urbana, esto eso, hasta que surja un conflicto. Entonces esta combinación puede someterse a un escrutinio crítico.

En las ciudades de Estados Unidos, aunque no hay registros tribales comparables con los que llevan el gobierno o las tribus, hay una serie de maneras por las cuales uno se auto-identifica y es identificado por otros como indígena y como miembro o parte de una comunidad indígena urbana. Gonzáles (2001) discute varios matices relacionados con la cuestión de la identidad. Jackson (2002) y Ramírez (2007) dan descripciones claras con respecto a cómo funciona esto.

De forma similar a la fluidez de la definición del "territorio" urbano, la adscripción a la comunidad indígena urbana y el vínculo con la indigenidad según es definido por la comunidad es asimismo fluido. Se conoce y acepta la participación en la comunidad indígena urbana a través de un consenso informal. La gente indígena se siente cómoda con este enfoque en comparación con el enfoque del gobierno que requiere llenar formularios y firmarlos. Así es como es, por consenso, más que por escrito en papel, en un documento. Hay un entendimiento compartido por los participantes de los límites sociales de una comunidad indígena americana urbana. Estos límites y el sentido de ser miembro, o "ser parte de" la comunidad urbana son fluidos y están siempre bajo revisión y negociación. Los no-indígenas que no participan, que son externos a la comunidad no son conscientes de esta dinámica que une a la comunidad y marca quién está "dentro de la comunidad" y quién no. Entonces, la definición de quién es indígena dentro de las comunidades indígenas urbanas está esencialmente libre de la carga de la documentación formal impuesta sobre las tribus reconocidas por el gobierno. Como ejemplo del rechazo a esta documentación formal, un miembro del consejo, como estrategia para encauzar los resultados de la elección del consejo en una de las organizaciones indígenas urbanas en el área de la Bahía de San Francisco, envió una carta indicando que para poder votar a los miembros del consejo, los miembros de la comunidad debían aportar documentación probatoria de ser indígenas. Muchas personas, tanto quienes podían aportar documentación de su tribu como quienes no, se sintieron profundamente ofendidos. La estrategia se volvió en su contra y el miembro del consejo que había sugerido esto fue duramente criticada por hacer una sugerencia inapropiada. Su solicitud fue ignorada en los comicios.

Otro ejemplo del rechazo y desdén en un contexto urbano por la fórmula de identidad tribal impuesta por el gobierno, que emana de las exigencias gubernamentales de la cantidad de registros para poder ser reconocidos para los servicios, fue demostrado por un grupo de artistas del área de la bahía de San Francisco en protesta por las leyes que requerían prueba del gobierno de su identidad indígena para poder exhibir su arte como artistas indígenas. Una artista, Hulleah Tsinhnahjinnie, tomo una serie de fotografías desafiantes de sí misma con números pintados en la frente. En esencia, ella y estos artistas estaban afirmando "Soy indígena porque yo digo que lo soy" "Soy indígena porque tú me conoces y a mi familia, y me ves participar en la comunidad" y "Soy indígena porque sé lo que es ser indígena: los protocolos, las bromas, el conocimiento de la historia compartida, el racismo y la lucha que son parte de quien somos". "Intentar identificarme con un número está una mierda"

En un área urbana existe un elemento de elección dado que cada individuo determina hasta qué punto y en qué circunstancias actualiza su participación en la comunidad indígena y su adscripción a una tribu.

De esta forma, dependiendo de la situación, un individuo puede elegir cuáles criterios de ser indígena pueden ser activados y cuándo. Por ejemplo, algunas personas indígenas que viven en una comunidad indígena urbana son miembros de una tribu particular, pero no eligen participar o identificarse con la comunidad indígena urbana. Otros están adscriptos e involucrados activamente como miembros de su tribu de origen, y también participan y se identifican con la comunidad indígena urbana. Otros, puede ser que no sean participantes activos de su tribu, y sin embargo, estén muy implicados y sean muy activos en la comunidad urbana. Lógicamente también hay personas que, aunque se auto-identifican como indígenas, no participan ni se identifican ni con la comunidad urbana ni con una tribu. Hay personas que han elegido en algún momento de su vida, como resultado del racismo, las presiones asimilacionistas o los matrimonios fuera del ámbito indígena, ser considerados como no indígenas por la sociedad en general, por ejemplo, diciendo que son mejicanos, italianos o blancos. Cada vez más, muchos de estos individuos están eligiendo re-evaluar su auto-identificación racial, y a menudo, re-establecen su identidad indígena americana reintegrándose y volviéndose activos en una comunidad indígena urbana. En este sentido, las comunidades indígenas urbanas a menudo se convierten en una puerta abierta para la auto-identificación indígena.

La posición de los niños en la comunidad indígena urbana indica cuán compleja y sensible es la identidad indígena en el "Territorio Indígena" (*Indian Country*). En las comunidades indígenas urbanas, la mayoría de las cuales son muy diversas en su composición tribal, puede ser que haya, luego de dos o tres generaciones urbanas, una cantidad de niños quienes, aunque tengan una ascendencia genética indígena innegable, tengan dificultad de adscribirse a una tribu particular debido a su ascendencia tribal mixta o criterios específicos de adscripción, por ejemplo, ser nacido en esa reserva. También existe el caso de algunos niños que tienen, por ejemplo, una madre de una tribu patrilineal y un padre de una tribu matrilineal entonces no son reconocidos o no están inscriptos en ninguna de las dos tribus. Estos niños de herencias tribales mixtas o variadas y aquellos de herencia indígena/no indígena que pueden tener dificultades relacionadas con criterios formales de adscripción tribal, a menudo son, de todos modos, activos participantes y aceptados en la comunidad indígena urbana. En Estados Unidos, en contraste con América Latina, no hay un concepto o término igual a "mestizo" en español. Si un individuo no es "blanco" entonces lo consideran no – blanco como indígena o negro o "persona de color". A esto se le llama a veces la "regla de una gota". Por tanto, la mayoría de las personas que puedan tener una herencia de mucha mezcla, pero parecen "blancos" pueden elegir "pasar" como blancos o pueden reconocer su ascendencia o herencia mixta y elegir su auto-identidad como indígena. No hay opción mestiza.

Los padres y madres indígenas que están involucrados en una comunidad indígena urbana y cuyos hijos, por una de las razones mencionadas antes, no tienen lazos fuertes a una tribu, a menudo expresan su preocupación de que sus hijos pierdan su identidad indígena americana y se angustian por los problemas que puede acarrear la adscripción tribal. Un tema principal de las actividades de las comunidades indígenas urbanas es que la participación válida y refuerza la identidad indígena y los padres frecuentemente facilitan la participación de sus hijos en campamentos de verano indígenas o *pow-wows* para niños o jardines de infantes indígenas, a consciencia de que esta participación promoverá un sentimiento de identidad indígena, así como la aceptación por parte de la comunidad indígena urbana. Por ejemplo, en el área de la Bahía de San Francisco, los niños pueden ser inscriptos en propuestas educativas especiales como el pre-escolar Hintil Ku Caa's y programas extracurriculares, participar en *pow-wows* con la familia y otras actividades de la comunidad urbana, o asistir con sus familias a eventos como las cenas de los miércoles en el Centro Indígena Comunal, centro de la comunidad indígena urbana.

En este capítulo se han discutido algunas de las formas fundamentales en las que las complejas comunidades indígenas urbanas se constituyen a sí mismas y a la vez cómo los patrones de residencia y la estructura de esta comunidad se relaciona con la identidad. Desde el punto de vista conceptual, la comunidad indígena urbana es en principio abstracta, basada como está en una serie de relaciones muy dinámicas y significados, historias y símbolos compartidos, más que en un barrio residencial agrupado como se supone comúnmente. Cabe destacar particularmente que aunque la mayoría de las personas indígenas que viven en comunidades indígenas urbanas aprovechan, por ejemplo, las oportunidades que ofrecen los parques, viven en una amplia gama de apartamentos y casas, y son en general adeptos al uso de las carreteras, las autopistas y el transporte público, este contexto físico, que es telón de fondo de gran parte de las actividades de la comunidad indígena urbana, no es "la comunidad". La comunidad y por ende la identidad se centran en la dinámica de relaciones y en el universo más abstracto del conocimiento compartido que orienta y da forma a las acciones.

Bibliografía

Bahr, D. 1993 *From Mission to Metropolis: Cupeño Indian Women in Los Angeles* (Norman: University of Oklahoma Press).

Basso, K. 1996 *Wisdom Sits in Places* (Tucson: University of Arizona Press).

Blackhawk, N. 1995 "I can carry on from here: the relocation of American Indians to Los Angeles" en *Wacazo Sa Review* (Minnesota) Nº 11(2).

Census 2000a *We the People: American Indian and Alaska Natives in the United States* en <http://www.census.gov/pro­d/2006pubs/censr-28.pdf>

Census 2000b *Special Report: Racial and Ethnic Residential Segregation in the United States: 1980-2000* en <http://www.census.gov/prod/2002pubs/censr-3.pdf>.

Census 2000c: *Special Report: Migration by Race and Hispanic Origin: 1995-2000* en <http://www.ensus.gov/pro­d/2003pubs/censr-13.pdf>.

Census 2010 *The American Indian and Alaska Native Population: 2010* en <http:// www.census.gov>pdf>-c2010br-10->.

Fortunate Eagle, A. 1992 *Alcatraz! Alcatraz!* (Berkeley: Heyday Books).

Gonzales, A. 2001 "Urban (Trans)Formations: Changes in the Meaning and Use of American Indian Identity" en Lobo,

S.; Peters, K. *American Indians and the Urban Experience* (Walnut Creek: Altamira Press).

Jackson, D. 2002 *Our Elders Lived it: American Indian Identity in the City* (DeKelb: Northern Illinois Press).

Johnson, T. 1996 *The Occupation of Alcatraz Island: Indian Self-determination & the Rise of Indian Activism* (Urbana: University of Illinois Press).

Jojola, T. 1999 *Urban Indians in Albuquerque, New Mexico: A Study for the Department of Family & Community Services* (Albuquerque: University of New Mexico).

Krouse, S.; Howard, H. 2009 *Keeping the Campfires Going: Native Women's Activism in Urban Communities* (Lincoln: University of Nebraska Press).

LaGrand, J. 2002 *Indian Metropolis: Native Americans in Chicago, 1945-75* (Urbana: University of Illinois Press).

Lobo, S. 2001 "Is Urban a Person or a Place? Characteristics of Urban Indian Country" en Lobo, S.; Peters, K. *American Indians and the Urban Experience* (Lanham: AltaMira Press).

Lobo, S. 2002a "Census-taking and the Invisibility of Urban American Indians" en *Population today* (Oakland) summer: 2002.

Lobo, S. 2002b *Urban Voices: The Bay Area American Indian Community* (Tucson: University of Arizona Press).

Lobo, S. 2016 "Indígenas Urbanos en los Estados Unidos", Ponencia presentada en el Seminario Internacional *Indígenas en las Ciudades de las Américas: Condiciones de Vida, Procesos de Discriminación e Identificación y Lucha por la Ciudadanía Étnica*, 15 a 17 de agosto.

Lobo, S.; Peters, K. 2001 *American Indians and the Urban Experience* (Lanham: AltaMira Press).

Lobo, S.; Talbot, S.; Morris, T. 2010 *Native American Voices: a Reader* (Boston: Prentice Hall).

Mankiller, W.; Wallis, M. 1993 *Mankiller: A Chief and Her People* (Nueva York: St. Martin's Press).

Ramirez, R. 2007 *Native Hubs: Culture, Community, and Belonging in Silicon Valley and Beyond* (Durham: Duke University Press).

Ross, R. 1997 *Changing Times for Tucson's Indian Community* (Tucson: Metropolitan Tucson Commission on Urban Native American Affairs).

Sarris, G. 1994 *Grand Avenue: A Novel in Stories* (Nueva York: Hyperion).

Smith, P.; Warrior, R. 1996 *Like a Hurricane: The Indian Movement from Alcatraz to Wounded Knee* (Nueva York: The New Press).

Straus, T.; Arndt, G. 1998 *Native Chicago* (Chicago: University of Chicago Press).

Talbot, S. 2015 *Native Nations of North America* (Boston: Prentice Hall).

Task Force 1976 *Report on Urban and Rural Non-Reservation Indians* (Washington D.C.: American Indian Policy Review Commission).

Theodoratus, D.; LaPena, F. 1992 "Wintu Sacred Geography" en Bean, L. *California Indian Shamanism* (Menlo Park: Ballena Press).

Waddell, J.; Watson, O. 1971 *The American Indian in Urban Society* (Boston: Little, Brown and Company).

Weibel-Orlando, J. 1991 *Indian Country, L.A.: Maintaining Ethnic Community in Complex Society* (Urbana: University of Illinois Press).

Segregación residencial y ocupacional y procesos de discriminación a indígenas en la ciudad de Mérida, Yucatán, México[1]

María Amalia Gracia[2]

Introducción

La ciudad de Mérida, ubicada en el municipio homónimo al noroeste de la Península de Yucatán (Mapa 1), es la capital y ciudad más poblada de dicho estado. En el último Censo Nacional de Población y Vivienda del Instituto Nacional de Estadística y Geografía (INEGI, 2010) la ciudad capital poseía una población de 781,146 habitantes y, según el mismo censo, el 9,5% era población indígena, por lo que, y de acuerdo con las tipologías empleadas por el mismo instituto, se la considera una ciudad con presencia indígena.

En Mérida y otras ciudades de la Península, la exaltación de la cultura e imaginario de los antiguos mayas, de lo maya, forma parte de las políticas de Estado que promueven la visita a sitios arqueológicos como Chichen Itzá o los distintos atractivos turísticos como cenotes o rituales; sin embargo, ese discurso se aleja de los herederos de esa cultura, es decir los mayas actuales, los vivos, con problemáticas vinculadas a la desarticulación de comunidades agrícolas, a la vida en colonias populares urbanas atravesadas por procesos de violencia y ruptura del lazo social, a fuertes procesos de migración y cambio que resignifican su cultura y, en ocasiones, los llevan a dejar de identificarse con ellas, aun en casos en los

---

1   Una versión de este capítulo fue presentada en el Seminario Internacional "Indígenas en las ciudades de las Américas: condiciones de vida, procesos de discriminación e identificación y lucha por la ciudadanía étnica". Chetumal, Quintana Roo, 15, 16 y 17 de agosto de 2017.

2   Doctora en C. Social especialidad en Sociología. Investigadora Titular, Departamento de Sociedad y Cultura, El Colegio de la Frontera Sur. Correo electrónico: <magracia@ecosur.mx>.

que se habla la lengua, como lo muestra una investigación de narrativas de jóvenes indígenas y no indígenas sobre estereotipos y discriminación hacia personas mayas (Echeverría-Echeverría, 2016).

Este abismo es indicativo de la falta de reconocimiento de los discursos públicos y las instituciones estatales hacia los pueblos originarios, lo cual también se observa en las políticas públicas que ignoran sus características y los homogeneizan y engloban como población pobre que viene de los pueblos a instalarse en la ciudad. En el apartado específico denominado "Pueblo Maya" del Plan Estatal de Desarrollo 2015-2018 se explicita la necesidad de romper la correlación existente entre etnicidad y pobreza y atajar lo más posible la situación de marginación y rezago social que padece más del 58% de la población maya hablante. Sin embargo, el Municipio al que llegan no considera sus necesidades y particularidades culturales, ni genera condiciones para que accedan a iguales condiciones.

Este capítulo busca identificar y analizar procesos de segregación residencial y de discriminación de distinto tipo (residencial, laboral, educativa y en ámbitos de salud) relacionados con la identidad étnica, con la condición económica, la edad y el género. Para ello, mide la segregación residencial y ocupacional y la discriminación laboral y analiza las condiciones residenciales y laborales de los grupos indígenas que viven en una ciudad que no solo atrae a población de indígenas provenientes del interior del mismo estado sino a migrantes de Chiapas, Tabasco y Centroamérica que llegan de paso o deciden quedarse a vivir en ella, haciendo de esta región un área plurilingüe, con hablantes de Maya, Chol, Zapoteco, Mixe y Ttzotzil, aunque en la capital el idioma predominante es el español. Asimismo, busca detectar las redes y prácticas desarrolladas por los distintos grupos étnicos para sobrevivir en la ciudad, así como algunas de las situaciones de discriminación que experimentan y las percepciones que tienen indígenas y no indígenas de ellas.

El análisis se basa en una triangulación de técnicas cualitativas y cuantitativas utilizadas y combinadas en distintos momentos de la investigación. Las fuentes primarias de información fueron generadas entre marzo y septiembre de 2015 a partir de datos aportados por distintos informantes (Tabla 1) partir de las siguientes técnicas cualitativas: a) entrevistas abiertas a informantes claves de organizaciones de la sociedad civil e instituciones académicas y gubernamentales (4); b) entrevistas cortas de léxico y semiestructuradas (14) a personas indígenas que viven en la ciudad de distintas etnias, ocupación, edad y género; y c) observación no sistemática en espacios sociales (tres colonias y algunas zonas de la ciudad, principalmente centro histórico), ámbitos educativos (dos escuelas) y de salud (2 hospitales). Esta información primaria se complementó con el procesamiento propio de datos secundarios provenientes de fuentes censales para realizar mapas y calcular índices de segregación residencial y ocupacional y discriminación laboral mediante el procesamiento especial de los microdatos del Censo de Población de 2010.

Tabla 1. Entrevistas a informantes indígenas y no indígenas

Género	Edad	Lugar de origen	Indígena	No indígena
Hombre	40	Mérida, Yucatán	no indígena	Abogado, estudios de doctorado, parte del equipo
Mujer	50	México D.F.	no indígena	Investigadora de la UADY
Hombre	50	Valladolid, Yucatán	maya peninsular, bilingüe	Director de Educación Indígena, Secretaría de Educación del Estado de Yucatán
Hombre	30	Mérida, Yucatán	no indígena	Comisión de Derechos Humanos del Estado de Yucatán
Hombre	27	San Esteban Atlacauca, Oaxaca	náhuatl, bilingüe	Tapicero y carpintero
Hombre	33	Chucmichen, hacienda de Temax, Yuc.	maya peninsular, bilingüe	Vendedor en tienda de telas
Mujer	53	Opichén, Yucatán	maya peninsular, bilingüe	Empleada doméstica
Mujer	32	Ejido del Clavo, Palenque, Chiapas	tzeltal, bilingüe	Ayudante de costura
Mujer	55	Caucel, Yucatán	maya peninsular, bilingüe	Vendedora ambulante de frutas
Mujer	35	Ocosingo, Chiapas	tzotzil, bilingüe	Empleada en estética
Hombre	40	Sotuta, Yucatán	maya peninsular, bilingüe	Albañil
Mujer	44	Orizaba, Veracruz	náhuatl, bilingüe	Vendedora ambulante de bijoutería
Mujer	42	Dzununcan, Yucatán	maya peninsular, bilingüe	Empleada de farmacia
Mujer	26	Tadhziu, Yucatán	maya peninsular, bilingüe	Empleada administrativa en empresa
Hombre	22	Damasco, Palenque, Chiapas	tzeltal, bilingüe	Jefe de cocina en restaurante plaza comercial
Hombre	41	Ometepec, Guerrero	amuzgo	Herrero
Hombre	26	Cansacab, Yucatán	maya peninsular, bilingüe	Estudiante universitario y becario de investigación
Mujer	23	San Cristobal de las Casas, Chiapas	tzotzil, trilingüe	Estudiante universitaria, haciendo tesis

Fuente: elaboración propia con base en datos de campo.

Partes de este capítulo retoman tramos del informe producido para el proyecto "Exclusión, discriminación y pobreza de los indígenas urbanos en México" con financiamiento de la convocatoria de Ciencia Básica 177438.

Procesos de segregación y discriminación en Mérida

La ciudad de Mérida fue fundada en 1542 sobre un asentamiento maya que se describe como una región donde los mayas "mantenían vigentes sus principales logros culturales y era portadora de una cosmovisión y una religiosidad muy profundas compartidas con el área cultural mesoamericana" (Roys, 1957, citado en Bracamonte y Sosa & Lizama Quijano, 2003: 84). Trescientos años más tarde, la zona donde se emplaza hoy el municipio de Mérida fue el corazón de la agroindustria henequenera, responsable del auge económico de la región hasta su declinación en los años ochenta del siglo XX.

Bracamonte y Sosa y Lizama Quijano sintetizan los efectos de la política colonial sobre la organización política y la vida social y cultural de los pueblos de la zona:

La política de segregación impuesta por el régimen colonial desarticuló la organización política territorial, inició el cambio forzoso de las instituciones sociales y religiosas, articuló y aseguró la extracción de los excedentes factibles y estableció y obligó a la interiorización de un concepto ideológico de subordinación de origen "racial" y cultural derivado del imaginario de la "servidumbre natural" que asumieron los conquistadores para calificar a la población americana. (Bracamonte y Sosa & Lizama Quijano, 2003: 87)

Con la creación del Estado Nación mexicano estas políticas se reemplazaron por otras "integracionistas" o indigenistas que, a diferencia de las primeras, buscaron incluir de distintas maneras a los pueblos originarios a la nación, ya fuera de manera asimilacionista y etnocentrista o respetando su propia cultura, pero siempre desconociendo la problemática étnica-nacional en el país (Díaz Polanco, 1979, en Gracia 2016). Para Bracamonte y Sosa y Lizama Quijano, estas políticas siguieron profundizando la marginación de la población indígena en Yucatán, pero, sobre todo, a partir de la castellanización forzada y la escuela pública dejaron de lado los conocimientos de la cultura maya y generaron distintas oposiciones de los pueblos (Bracamonte y Sosa & Lizama Quijano, 2003: 86).

Los efectos de estas intervenciones públicas son palpables en la ciudad de Mérida y zona de influencia pues en ella tanto las poblaciones mayas como los demás grupos indígenas migrantes viven condiciones de segregación, pobreza y exclusión y, aun para aquellos que han logrado alcanzar mejores condiciones económicas y sociales, la discriminación vinculada con cuestiones socioculturales (étnicas) y económicas es algo que experimentan en distintos ámbitos y momentos de sus vidas.

Los procesos de discriminación en su sentido negativo suponen un trato desigual hacia un individuo o grupo social sobre el que recaen prejuicios y estigmas manejados por grupos dominantes de una sociedad cuyas pautas y valores intentan perpetuar en el tiempo (Goffman, 1963). Dicha sociedad desarrolla fuerzas sociales, culturales, económicas y políticas que reproducen estructuralmente la desigualdad dentro de la dinámica inclusión/exclusión (Gracia & Horbath, 2013)

La producción social de la diferencia se relaciona con regímenes establecidos de conocimiento y poder haciendo evidente cómo la definición de lo "anti-natural" y de lo "anormal" es fundamental para la definición social de lo "natural" y lo "normal" (Foucault, 1976). Un concepto importante para entender cómo quienes son discriminados en la sociedad a menudo aceptan e incluso internalizan la discriminación es la noción de "violencia simbólica" que hace referencia a los mecanismos simbólicos (palabras, imágenes, conductas y prácticas) que promueven el interés de los grupos dominantes así como sus distinciones y jerarquías (Bourdieu, 1988).

Entender las formas en que se construye la identidad y la otredad permite acercarse un poco más a las identidades y abordar el análisis de intolerancias, discriminaciones y racismos de diverso tipo pues ningún grupo se auto percibe y autodefine más que por oposición a la manera en que percibe y define a otro grupo humano, al que considera diferente de sí. En este sentido, la identidad no es previamente determinada por el origen y la pertenencia puramente étnica, sino que se sitúa desde la conciencia y la voluntad de los hombres (Gall, 2004: 4).

Si bien apelan a sentimientos y afectos, tanto el estigma como la actitud de discriminación son socialmente construidos y digitan nuestras acciones, actitudes y miradas frente al "otro" diferente. La discriminación se apoya en el rechazo individual o colectivo hacia el otro u otros en razón a la diferencia —política, económica, de clase, de origen, de apariencia física, de religión, etc.— manifiesta en una minoría aunque a veces sea una "inmensa" minoría o inclusive mayoría, como veremos para el caso de la población indígena en Mérida.

Migración y grupos indígenas en el Municipio de Mérida

Sin dudas se puede atribuir gran parte de la expansión demográfica y urbana de Mérida en los últimos 25 años al mayor desarrollo de su economía —ofreciendo mayores posibilidades laborales en el sector de servicios y de la administración pública—, a la instalación de mejores servicios en salud y educación (escuelas privadas subsidiadas de alto nivel educativo con reconocimiento nacional y hospitales y clínicas con equipo y personal de primer nivel y calidad) y una gran cantidad de vías de comunicación aérea, terrestre y férrea (García & Álvarez, 2003).

Tabla 2. Población de Mérida según atributos indígenas, 2010

Categorías de atributos	Población	Población%	Indígena	No indígena
1: Sin información de atributos indígenas.	44.574	5,39		44.574
2. No habla ni entiende lengua indígena, posiblemente habla español pero se autoadscribe como indígena.	21.072	2,55	21.072	
3. No habla ni entiende lengua indígena, habla español o sabe leer y escribir un recado, no se autoadscribe como indígena.	290.387	35,13		290.387
4. No habla ni entiende lengua indígena, habla español o sabe leer y escribir un recado, se autoadscribe como indígena.	214.719	25,98	214.719	
5. Habla o entiende lengua indígena, no habla español, no se autoadscribe como indígena.	15.663	1,89	15.663	
6. Habla o entiende lengua indígena, no habla español, se autoadscribe como indígena.	41.299	5,00	41.299	
7. Habla o entiende lengua indígena, habla español, no se autoadscribe como indígena.	13.618	1,65	13.618	
8. Habla o entiende lengua indígena, habla español, se autoadscribe como indígena.	60.528	7,32	60.528	
9. Sin atributos indígenas pero con vínculo intergeneracional indígena en el hogar.	124.711	15,09	124.711	
Total	826.571	100	491.610	334.961

Fuente: Cálculos propios a partir de los Microdatos del Cuestionario Ampliado del Censo de Población 2010 (INEGI).

Al igual que Cancún y Playa del Carmen, Mérida se ha constituido en un polo de atracción para migrantes indígenas provenientes de Chiapas, Tabasco y distintos países de Centroamérica (estos últimos residentes o en tránsito por razones laborales por períodos de tiempo más reducidos), forzados a dejar sus lugares de origen por la crisis y el deterioro de las economías regionales y nacionales de autoabasto. Esta mano de obra de indígenas migrantes se concentró en la industria de la construcción y las actividades de servicios en el sector turístico y de prestaciones personales (Cea, 2004).

Es posible establecer distinciones entre los procesos migratorios y sus efectos en la identidad indígena, sus procesos de identificación y los imaginarios sociales que las representan y diferenciar a *los pueblos indígenas originarios* (los que nacieron en el estado de la ciudad donde llegan, mayas peninsulares) de *los migrantes residentes* (los que viven en la ciudad desde hace tiempo, según el parámetro institucional después de 5 años) y de los que están de manera *"itinerante"* (trabajan en la ciudad y regresan a su pueblo natal cada cierto tiempo manteniendo una doble residencia).

Al considerar la condición de habla de alguna lengua indígena vemos que, de acuerdo al Censo de 2010, la población indígena de Mérida asciende a 70.580 personas de las cuales el 94,2% habla la lengua Maya y es la población originaria de la zona pues viene de los estados de Yucatán, Campeche y Quintana Roo. Asimismo, se registra un 1% de personas que hablan lengua Ch'ol' y luego les siguen Náhuatl, Zapoteco, Mixteco, Huasteco, Tzeltal, Tzotzil, Mixe, Zoque y Popoluca, que tienen proporciones de entre 0,3 a 0,1% y en suma representan 5,8% de la población hablante de lengua indígena diferente a la Maya.

Tomando la misma fuente censal hay datos sobre otros atributos -aunque ciertamente la identidad no se reduce tampoco a una colección de ellos- según los cuales el volumen de la población aumenta considerablemente. La posibilidad de hacerlo es considerar la autoadscripción y el vínculo intergeneracional con su familia en el espacio doméstico (hijos, padres y abuelos) en el que sus familiares refieren que tienen alguno de los dos atributos anteriores. De acuerdo a procesamientos especiales del Censo de Población de 2010 (Tabla 2), el total de población indígena en la ciudad de Mérida era de 491.610 personas que representaban el 59,4% de la población total (826.571 personas). De esta población, 131.108 personas refirieron que hablaban alguna lengua indígena, (26,7% de la población indígena), mientras que 235.791 personas manifestaron que se adscribían como indígenas, pero no hablaban ninguna lengua indígena (48% de los indígenas), en tanto que al último atributo intergeneracional se vincularon 124.711 personas (25,4% entre los indígenas). Es notorio que 15.663, el 1,65%, hablan o entienden lengua indígena, hablan español pero no se auto-adscriben como indígenas, lo cual muestra la complejidad que supone la cuestión de la identidad.

La población de migración reciente representa el 4,8% de los indígenas de 5 años y más que habitan en la ciudad (migraron entre 2005 y 2010). Si observamos los lugares de procedencia de los migrantes (localidades y municipios de Yucatán, zonas rurales de Quintana Roo, Chiapas y Campeche, hasta las más distantes Tabasco, Veracruz y el Distrito Federal) y establecemos una proporción, vemos que el mayor número viene de municipios indígenas, una parte menor procede de municipios con presencia indígena y un número muy reducido proviene de municipios con población indígena dispersa.

Para 2010 la población de reciente migración (5 años antes del momento del censo) que declara hablar lengua indígena y tiene 5 y más años era de 2.737 personas. De ellas, el 57,95% eran mujeres, el 50,68% población joven (372) que se encontraba entre los 5 y 19 años de edad y 9,72% adultos mayores; el 79,58% indicaron profesar la religión católica. Esta población de reciente migración contaba con un promedio de 8,52 años de escolaridad, lo cual es mayor que el promedio de quienes no emigran.

Estructura espacial, segregación y condiciones residenciales

La expansión de la mancha urbana de la ciudad inició en los años setenta del siglo pasado comenzando su proceso de conurbación en la década de los noventa. Actualmente Mérida incluye 46 comisarías y subcomisarías del municipio que se ubican en la periferia de la ciudad (Rodríguez Pavón, 2011; Lugo Pérez & Tzuc Canché, 2010) y muestran un "crecimiento anárquico y desordenado" que se distingue por la carencia de un sistema de drenaje en la zona urbana (García & Álvarez, 2003).

A partir de los recorridos, las entrevistas y la literatura, en la percepción del espacio local es posible hablar de una "zona rica" ubicada al norte de la ciudad y una "zona pobre" al sur, cuyo crecimiento ha seguido el patrón de urbanización popular basado, en general, en el asentamiento irregular y posterior organización de los pobladores para gestionar los servicios públicos urbanos (Gracia-Sain, 2004). El oriente y poniente crecieron a partir de la vivienda masiva de interés social de gestión pública y privada y el centro está protegido como patrimonio nacional y aloja, sobre todo, actividades comerciales (García-Gómez & Ruiz-Salazar, 2011).

Al cartografiar los datos censales se vuelve observable que las colonias de urbanización popular más pobres no se ubican solamente al sur (como lo piensan las elites y clases medias de la ciudad) sino que estos datos señalan localizaciones en otros puntos (Mapa 1).

Mapa 1. Concentración de población de 3 y más años
que hablan lengua indígena en Mérida, Yucatán, 2010

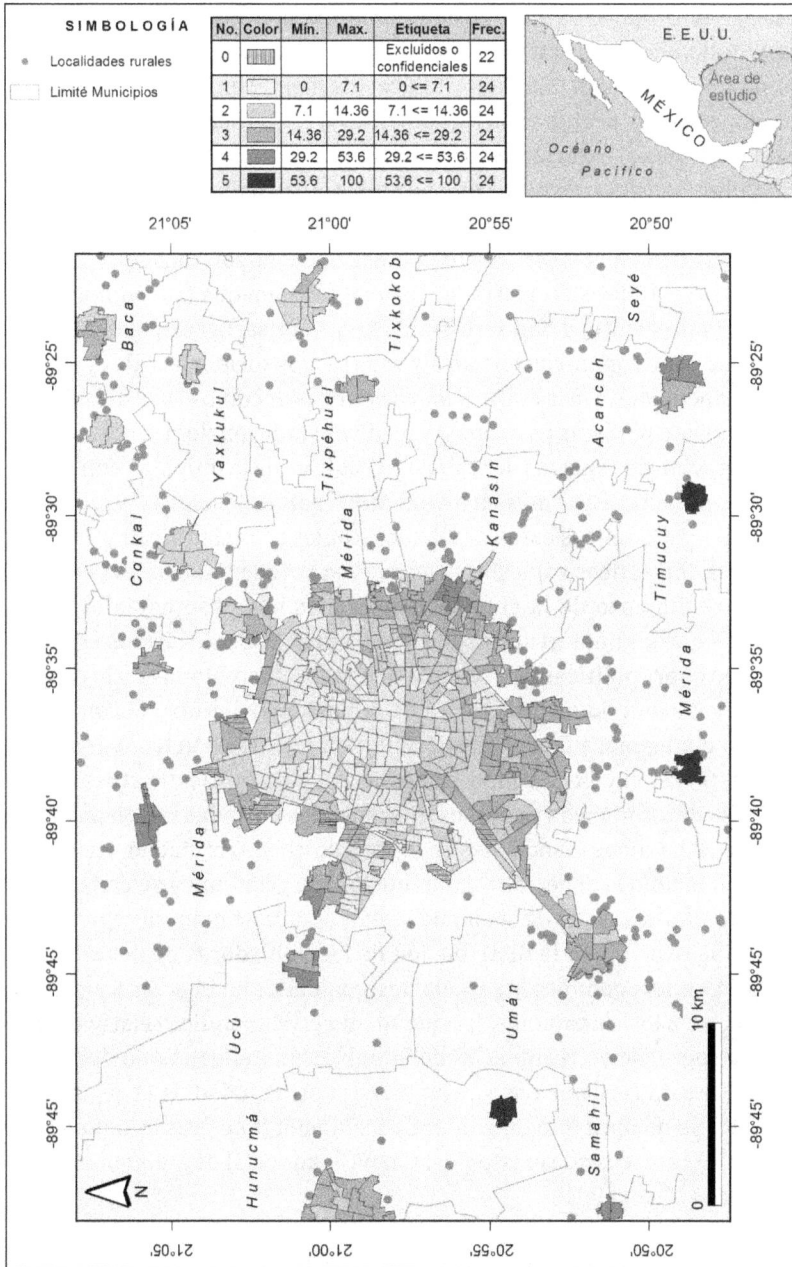

SIMBOLOGÍA	No.	Color	Mín.	Max.	Etiqueta	Frec.
● Localidades rurales	0				Excluidos o confidenciales	22
▢ Limité Municipios	1		0	7.1	0 <= 7.1	24
	2		7.1	14.36	7.1 <= 14.36	24
	3		14.36	29.2	14.36 <= 29.2	24
	4		29.2	53.6	29.2 <= 53.6	24
	5		53.6	100	53.6 <= 100	24

Fuente: elaborado por Holger Weissen, Laige Ecosur con base en Sistema para la Consulta de Información Censal 2010, versión 05/2012. <http://gaia.inegi.org.mx/scince2/viewer.html>.

Las AGEB urbanas concentran, en promedio, hasta un 25% de población indígena y son muy pocos los fragmentos territoriales que muestran una mayor proporción. Estos fragmentos más concentrados se localizan, sobre todo, en el perímetro metropolitano de Mérida, en los asentamientos humanos de Kanasín (sureste) y Caucel (noroeste) en la zona conurbada, los cuales tienen proporciones de entre 25% y 45% de población indígena y, un poco más al exterior de los anillos periurbanos y con similares proporciones, Ucú (noroeste) y Komchén (norte). Un poco más alejados y con menor concentración se ubican Tixpéhual (poniente), Cholul (nororiente), Leona Vicario (sur) y Umán (surponiente). La mayor concentración, de entre 53% y 100% se registra en Texan de Palomeque (surponiente),Timucuy (sur oriente) y San José Tizal (sur), comisarías ex henequeneras que, junto a la lengua, conservan algunos rasgos socioculturales y económicos vinculados con la cultura maya peninsular como el uso de huipil, la recurrencia a parteras (patronas) y médicos tradicionales (yerbateros), la consagración de espacios de trabajo y el cultivo de la milpa, aunque estos últimos parecen estar más en abandono; a partir de nuevas actividades laborales y dinámicas estas prácticas rituales se resignifican y adaptan a altares domésticos e iglesias (Lugo-Pérez & Tzuc-Canché, 2011) .

El crecimiento de la ciudad, mucho más marcado hacia el norte, muestra que algunos grupos sociales se apropiaron de ciertos espacios apoyados por "políticas de vivienda de Estado sustentadas en la propiedad privada individual de la tierra" (García Gómez & Ruiz-Salazar, 2011: 125) lo cual genera una diferenciación en el paisaje urbano, los tipos de construcción y la cantidad y la calidad de su infraestructura. Estas acciones determinaron procesos diferenciales de valorización del suelo en las cuatro zonas principales en las que se dividió la ciudad, en los que también incidió la especialización funcional y económica de cada una.

El conjunto urbano de la ciudad se estructura de manera segregativa lo cual se expresa en la distribución de los pobladores de acuerdo con su nivel socioeconómico y supone desigualdades en el acceso y calidad de vida para los ciudadanos. La ciudad muestra un índice relativamente alto de segregación residencial de la población indígena que llega a un 25,11% y está cercano a lo que muestra la otra ciudad de la región que atrae mano de obra indígena migrante: Cancún (que presenta un índice de 27,2%),[3] aun cuando existe cierta movilidad social de indígenas mayas yucatecos (Censo 2010).

---

3   El índice de segregación (Duncan & Duncan, 1955a; 1955b), permite calcular la diferencia entre la proporción de individuos del grupo minoritario (X) y la proporción del resto de

Condiciones residenciales, redes y formas de apropiación espacial[4]

Todas las investigaciones sobre los procesos de migración coinciden en la observación de que el tema de la vivienda es el más acuciante tanto para los indígenas como para los grupos campesinos que llegan a la ciudad. La búsqueda está condicionada por las limitaciones económicas –que a su vez no pueden resolverse si no hay una mejora en las condiciones laborales– razón por la cual los recién llegados se instalan en zonas donde el precio de la tierra o el costo de la renta son más bajos, lo cual ocurre en lugares en los que no siempre se cuenta con los servicios públicos básicos, espacios donde se localizan complejos industriales, instalaciones agropecuarias, cementerios, centros de readaptación social.

De igual manera que lo hallado en el estudio de otras ciudades del país, la situación de encontrar una vivienda varía según la condición social, estado civil y acceso a redes de parentesco, amistad y conocidos, factores fundamentales tanto para conseguir una vivienda o un empleo (Gracia, 2016). En algunos casos son los empleadores quienes apoyan:

> don Carlos Moguel, sinceramente, el me echó la mano desde que llegué, me dio trabajo, me dio donde vivir, tuve como, que te diré, como nueve años viviendo en una casa que él me prestó y hasta que saqué mi casita de Infonavit. (entrevista a hombre indígena amuzgo, 41 años, herrero, originario de Ometepec, Guerrero)

> allá donde me dieron trabajo, pues me dieron donde estar mientras, sí, así empecé, empecé, empecé hasta que busqué una pareja y me junté con ella y buscamos una casa. (entrevista a hombre indígena maya, 40 años, albañil, originario de originario de Sotuta Yucatán)

---

población en cada sección. El valor cero equivale a que en todas las secciones hay la misma proporción entre el grupo X y el resto de población.

$$\mathcal{B} = \frac{1}{2}\sum_{i=1}^{n}\left|\frac{x_i}{X} - \frac{t_i - x_i}{T - X}\right|\ ...0 \leq \mathcal{B} \leq 1 \ (10)$$

donde:

x_i es la población del grupo minoritario en la sección i.
X es la población total del grupo minoritario en el municipio.
t_i es la población total en la sección i.
T es la población total del municipio.
n es el número de secciones del municipio.

4 Me baso en el trabajo de observación realizado en tres colonias cercanas a las comisarías: San José Tecoh, Emiliano Zapata Sur y la Melitón Salazar.

Para un indígena que llega a la ciudad para estudiar y tiene familiares o conocidos resulta más fácil encontrar una vivienda que para uno que llega por primera vez, por cuenta propia y sin redes de amistad. Al principio la cuestión se resuelve residiendo con familiares o amigos, o incluso en planteles escolares o lugares de trabajo, asociándose con personas que compartan la misma condición migratoria, sobre todo, dentro del mismo grupo étnico o religioso.

Llegué sola, la coordinadora de docencia me proporcionó el teléfono de varias chicas que también habían estado buscando casa y entonces, ésa fue la manera en que me facilitaron poder conseguir un departamento donde vivir, al principio viví con tres compañeras de la universidad. (entrevista a mujer tzotzil, 23 años, estudiante, originaria de San Cristóbal de las Casas, Chiapas)

Llegué primero a un internado en Mérida, luego viví en Cholul [...] Primero por la situación de los estudios, en segundo lugar porque no tenía donde quedarme y fue en casa de un familiar [...] luego porque mis papás consiguieron un lugar para vivir para mí y para mis hermanos entonces ya nos establecimos. (entrevista a hombre maya, 26 años, estudiante de humanidades, originario de Cansacab, Yucatan)

Para la mayoría de la población indígena urbana la solución a la vivienda es la renta de algún inmueble, teniendo que enfrentar por años los gastos que esto representa (no sólo el de la renta sino los servicios de agua, energía eléctrica, gas para cocina, entre otros) solo con ingresos diarios y fluctuantes provenientes de trabajos informales:

nosotros tenemos que pagar la renta y cada mes hay que pagar 200 pesos y después, si vamos a comprar gas, se juntan las cosas, recibo de luz y gas y, si, él [su pareja] no tiene trabajo dos días, cómo lo haremos, claro que yo si estoy trabajando, pero tengo que llevar dinero a mi casa, y entonces él si no tiene trabajo qué va a hacer. (mujer indígena maya, 53 años, dedicada al servicio doméstico, originaria de Opichén, Yucatán)

Aquellos que cuentan con un empleo que les otorga beneficios laborales logran acceder a créditos de vivienda pero esto ocurre en muy pocos casos y no a partir de programas de vivienda dirigidos a la población indígena urbana, lo cual muestra la vulnerabilidad de los grupos indígenas en la ciudad:

ya me puse a trabajar adquirí una casa de tercera por medio del Infonavit, que es donde estamos. Le hicimos mejoras, ya, solo tenía un cuarto, ya le hicimos un cuarto más y la ampliación de la cocina, y pues ya, ya se puede decir que ya es mi casa. (entrevista a mujer indígena maya, 42 años, cajera de farmacia y originaria de Dzununcan, Yucatán)

Aquí en la ciudad, tengo una casita que tuve la oportunidad también, a través del tiempo, de adquirir [...] hubo la oportunidad de adquirir una vivienda propia y pues ya me cambié de casa [...] A través de un crédito de Infonavit. (entrevista a mujer indígena tzotzil, 35 años, encargada de una estética y originaria de Ocosingo, Chiapas)

hace poco me dieron mi casa de Infonavit [...] trabajando en fiesta americana [...] pasé a vivir por allá, tengo como 6 años allá viviendo. (entrevista a mujer indígena maya, 55 años, vendedora de frutas y verduras, originaria de Caucel, Yucatán)

Se observaron distintos tipos de viviendas según los momentos de llegada a las colonias; en general las viviendas tienen tres o cuatro piezas, pero, sin importar el tipo de familia (nuclear o extensa), solo se destinan una o dos para dormir. En promedio hay entre dos y cinco habitantes por vivienda, pero existen casos de trece (dos o tres familias) en una sola casa.

Las personas adaptan los espacios a sus necesidades y, cuando pueden adquirir la vivienda, contribuyen a procesos de consolidación del espacio urbano en ámbitos que se poblaron de manera irregular. En los casos de viviendas autoconstruidas se mantiene la estructura de la vivienda tradicional que se adapta a las condiciones climáticas mejor que las viviendas de interés social (García & Álvarez, 2003). En algunos casos, se conservan los solares detrás, en los que se crían aves y animales de corral para el autoabasto de huevos, leche y carne que contribuye con la economía doméstica.

De acuerdo a los recorridos y entrevistas observamos que la situación de vivienda puede ser peor para la mayoría de la población indígena tzotzil migrante proveniente de Chiapas:

Las personas de Chiapas se están asentando en el centro de la ciudad, en casas antiguas, pero esas casas son lugares muy viejos o la infraestructura del lugar es muy endeble; no tienen agua, no tienen baños, o la luz llega poco, o tiene un cuarto nada más, y ahí es donde están en condiciones lamentables, en condiciones de vivienda lamentables. Y viven a lo mejor muchas personas en una misma casa, pueden llegar a vivir 20 personas en una misma casa y ese hacinamiento también causa problemas. (entrevista a Jesús Armando Rivas Lugo, 30 años, encargado del programa de Igualdad y No discriminación del Estado de Yucatán, abril de 2015)

Obviamente, las condiciones descriptas deterioran las relaciones de las personas que comparten estos espacios en los que el hacinamiento origina situaciones de violencia que pueden resultar de extrema gravedad. Se ha denunciado la trata de personas —generalmente niñas y mujeres jóvenes— aunque tanto las víctimas como las autoridades guardan silencio ante estos hechos (Diario de campo & Boffil Gómez, 2013).

En las colonias ubicadas en la periferia se suma el problema de la inseguridad: robos violentos, agresiones entre vecinos, pandillerismo, mucho de lo cual es atribuible al alcoholismo y la drogadicción.

En contraste –y en marcada minoría con lo que se observa en la mayoría de los casos entrevistados– aquellos que alcanzan un nivel un poco más estable, con mejores oportunidades de vivienda y de empleo, tienen una concepción diferente del espacio donde viven y lo reflejan en sus usos, por ejemplo, el orden, lo funcional o lo seguro que puede ser su espacio habitacional y social.

Segregación y discriminación laboral

La fuerza de trabajo indígena migrante a la ciudad de Mérida se distribuye en tres sectores que concentran poco más del 61% de la ocupación, siendo la rama de actividad de otros servicios (excepto los gubernamentales) la que absorbe el 35,5% de la mano de obra indígena de reciente migración, seguido por el comercio al por menor, donde se destaca el comercio ambulante, con 14,4% y también el sector de servicios de alojamiento temporal y de preparación de alimentos y bebidas con el 11,5%.

Para dar cuenta de la discriminación laboral que experimenta la fuerza de trabajo indígena utilizamos los microdatos del Censo de Población de 2010 y, efectuando procesamientos especiales, generamos resultados agregando 24 sectores de la Clasificación Industrial de América del Norte, SCIAN.

Tabla 3. Índices de Segregación Ocupacional (ISO) y Discriminación Salarial (DS) hacia la población indígena (PI) e Ingreso Hora-promedio de la PI(IPI) en Mérida, Yucatán, según clasificación de actividades SCIAN, 2010

Clasificación Industrial de América del Norte, SCIAN	ISO	DS	IPI
Agricultura, cría y explotación de animales, aprovechamiento forestal, pesca y caza	24,7	0,54	23,59
Minería	0,6	-0,52	16,37
Generación, transmisión y distribución de energía eléctrica, suministro de agua y de gas por ductos al consumidor final	4,5	0,08	22,6
Construcción	14,9	0,18	19,49
Industrias alimentaria, textiles y cuero	8,3	0,04	26,45
Industrias de la madera, plástico y derivados del petróleo	3	-0,02	18,33
Industrias metálicas básicas, maquinaria, equipo y muebles	5,2	-0,2	20,47
Comercio al por mayor	3,6	0,04	12,48
Comercio al por menor	13,7	0	27,62
Transportes	0,9	-0,44	36,24
Correos y almacenamiento	0	-0,04	74,71
Información en medios masivos	5,7	-0,06	38,85
Servicios financieros y de seguros	2,6	0,06	
Servicios inmobiliarios y de alquiler de bienes muebles e intangibles	1,6	0,6	16,15
Servicios profesionales, científicos y técnicos	0	-0,29	33,94
Corporativos	--	--	37,51
Servicios de apoyo a los negocios y manejo de desechos y servicios de remediación	19,7	-0,06	185,13
Servicios educativos	11,4	-0,32	18,92
Servicios de salud y de asistencia social	9,1	-0,31	22,73
Servicios de esparcimiento, culturales y deportivos, y otros servicios recreativos	2,6	0,51	23,91
Servicios de alojamiento temporal y de preparación de alimentos y bebidas	9,9	0,13	21,6
Otros servicios excepto actividades gubernamentales	43,8	0,39	23,59
Actividades legislativas, gubernamentales, de impartición de justicia y de organismos internacionales y extraterritoriales	19,9	-0,29	16,37
Actividad económica no especificada	0,9	-0,11	22,6

Cálculos propios. Fuente: INEGI, Censo de Población de 2010

Para la segregación ocupacional utilizamos el índice de disimilitud de Duncan, índice de inequidad más comúnmente utilizado (Anker, 1998: 69) y lo adaptamos desde la propuesta de Rendón (2003:38) que lo utilizaba para medir la segregación del trabajo femenino en contraste con el masculino[5]. La magnitud del índice de segregación ocupacional refiere al desequilibrio proporcional entre la fuerza de trabajo indígena y no indígena en los sectores de actividad económica.

Mérida presenta altos índices de segregación ocupacional especialmente concentrados en otros servicios diferentes a los gubernamentales (43,8%), actividades agrícolas (24,7%), manejo de residuos (19,7%), construcción (14,9%) y comercio al por menor 13,7 (Tabla 3).

Pese a la opción por la ciudad, una parte de los indígenas migrantes mantiene vínculos con las actividades primarias —agricultura, cría y explotación de animales, aprovechamiento forestal, pesca y caza—, sectores que, dentro de la ocupación indígena, tienen las remuneraciones más bajas: entre 18 y 23 pesos por hora (a pesos de 2010), en comparación con el sector mejor remunerado —servicios de esparcimiento, culturales y deportivos y otros servicios recreativos—, que en promedio recibe 185 pesos por hora, pero donde trabaja menos del 1% de los ocupados indígenas de reciente migración.

De acuerdo a nuestras estimaciones del censo, en 2010 las y los indígenas recibían, en promedio, $4.652 mensuales por su trabajo (US$ 250 aproximadamente).

En cuanto al índice de discriminación salarial, que mide el porcentaje de remuneración que los indígenas asalariados no perciben respecto a los no indígenas —una vez consideradas el nivel de escolaridad, la inserción en el mercado de trabajo, el tipo de ocupación y la duración de la jornada de trabajo (INEGI; 2005)—[6] en 12 de las 24 actividades se observa una

---

5   La expresión de la fórmula para nuestro caso es:

$$D = \frac{1}{2}\sum_{i=1}^{n}\left|Pind_i - Pnind_i\right|$$

donde:
Pindi= porcentaje de indígenas, en la categoría de clasificación (por ejemplo, una ocupación particular); y
Pnindi= porcentaje de no indígenas en la misma categoría (Duncan y Duncan, 1955).

6

$$IDS = \frac{\dfrac{IHIndA}{IHNIndA} - \dfrac{PEIndA}{PENIndA}}{\dfrac{IHIndA}{IHNIndA}}$$

donde:
IHIndA=   ingreso promedio por hora de la población indígena asalariada;
IHNIndA= ingreso promedio por hora de la población no indígena asalariada;
PENIndA= promedio de escolaridad de la población no indígena asalariada;
PEIndA=   promedio de escolaridad de la población indígena asalariada.
Valores del índice negativos indican el porcentaje en que tendría que aumentar el salario de los indígenas. Valores iguales a cero sugieren que existe equidad salarial. Valores del índice mayores a uno, indican el porcentaje en el cual debe disminuir el salario de los indígenas

recurrencia de índices negativos que van desde niveles más bajos de -2% en industrias metálicas básicas y -4% en industrias alimentaria, textiles y cuero y correos y almacenamiento, pasando al -29% en servicios profesionales, técnicos y científicos, -32% y -33% en servicios educativos y de salud, respectivamente, hasta llegar a -44% en transporte y -52% en el rubro de minería.

Ámbitos laborales y expresiones de la discriminación

Como se señaló anteriormente, el gran crecimiento urbano y demográfico experimentado por Mérida en los últimos 25 años tiene como consecuencia mayores oportunidades laborales en el sector de la construcción, Es allí donde se insertan la mayoría de los migrantes hombres, como albañiles o ayudantes de albañil, tapiceros, carpinteros, provenientes principalmente del interior de Yucatán, Campeche y otros estados vecinos. En la zona del parque Eulogio Rosado,[7] de gran tránsito, se instalan diariamente 50 ó 60 hombres de entre 30 y 65 años, en su mayoría migrantes indígenas del interior de Yucatán. Son aquellos que se encuentran ya instalados en una de las colonias populares y empiezan a transitar la gestión de trabajo, razón por la cual esperan allí a los contratistas. Lamentablemente, en conversaciones informales con algunos contratistas, se puede inferir que ellos desconfían de los grupos que se reúnen allí y los asocian a población fuera del estado: "La mayoría de los trabajadores de ese parque [Eulogio Rosado] es gente 'mañosa' y de la cual uno no se puede confiar debido a que vienen de fuera y no son tanto de confiar como las personas de Yucatán" (Conversación informal con contratista. Diario de campo de observación no sistemática en Parque Eulogio Rosado).

Muchos grupos indígenas, sobre todo las mujeres y los niños, venden productos agrícolas —que en muchas ocasiones también cultivan— y artesanías en distintos espacios públicos del centro histórico de la ciudad. Los lugares donde se concentran son los mercados municipales "Lucas de Gálvez" y "San Benito" y el parque "Eulogio Rosado" (ubicados entre las calles 54 a 58 de oriente a poniente y 65 a 69 de norte a sur) en los que, sobre todo, trabaja población maya peninsular, aunque también

---

7   En el imaginario local también es conocido como "parque de los borrachitos", debido a la cantidad de cantinas que existen en los alrededores, así también porque en el pasado era utilizado por los parroquianos que vienen de comunidades de fuera del estado para pasar la noche; "parque de correos" por estar ubicado enfrente del antiguo edificio de correos, conocido como "Palacio de Correos" por su arquitectura de principios del siglo XX.

hay presencia de población nahúatl y tzotzil; sin embargo en estos sitios solo los hombres y mujeres mayas peninsulares visten ropa típicas como hipiles —mujeres— y sombreros de palma y alpargatas —hombres—, lo cual tal vez se vincule con que, como su presencia es más reconocida y aceptada, no requieren de procesos de invisibilización a los que de pronto recurren los nahúatl; para el caso de los tzotziles, tal vez se trata de una búsqueda de no acrecentar los conflictos interétnicos pues en la Plaza Principal (enmarcada por las calles 61 y 63 de norte a sur y 60 y 62 de oriente a poniente), el corredor turístico de la calle 60 hacia el norte y el parque de "La Mejorada" (ubicada entre las calles 57 y 59 de norte a sur, y 50 y 52 de oriente a poniente) hacia el oriente, sí llevan sus trajes típicos.

Cabe consignar un dato importante acerca de la población de indígenas tzotziles provenientes de Chiapas y es que resultó imposible recabar información referida principalmente a la cuestión laboral debido a su absoluto silencio sobre el tema. La mayoría se dedica a la venta de artesanías de su lugar de origen y lo hacen en forma ambulante, pero existen comercios emplazados sobre las calles con mayor afluencia de turistas en los que se comercian estas artesanías. Según datos provenientes de autoridades, académicos y representantes de asociaciones civiles, aparentemente esta población es víctima de explotación laboral (más de 10 horas diarias de trabajo por una remuneración mínima) a manos de explotadores chiapanecos y yucatecos, que ejercen control a través del miedo, con la connivencia de funcionarios del gobierno municipal (Boffil Gómez, 2013).

Aunque el trabajo doméstico en el que se emplean un gran número de mujeres indígenas les da "la posibilidad de recibir un pago finalizada la labor del día, sin tener que esperar a la quincena como sucede en la mayoría de los empleos", resulta un tipo de trabajo plagado de situaciones de abuso por incumplimiento de los acuerdos económicos o de la duración de la jornada laboral, o por acusaciones infundadas producto de actitudes de discriminación, Aun así, ante el desconocimiento de "sus derechos civiles, políticos, sociales y laborales como mujeres, como indígenas y como trabajadoras [...] el simple hecho de contar con un aguinaldo o un día de vacaciones les aporta la motivación necesaria para seguir en su labor" (Echeverría-Echeverría, 2016: 107).

Empleadores, es un poco así como de la edad media, ya sean particulares o alguna empresa, hay muchísimos casos de mujeres indígenas que llegan diciendo: "mi empleadora, mi patrona me despidió y me amenazó con que me iba a meter a la cárcel porque me robé un soguilla"... cuando en realidad lo que subsiste allí es el tema de no querer pagar las prestaciones adecuadas después de que la gente ha trabajo 20 ó 25 años y que de repente es despedida sin que le paguen. (Entrevista Jorge Fernández Mendiburu, 40 años, abogado y estudios de doctorado, equipo de Indignación A.C. junio 2015)

Muy pocos tienen un negocio propio y logran condiciones algo más estables. A partir de la observación, de los datos estadísticos mencionados, de entrevistas y de estudios de caso realizados por otros investigadores (López-Santillán, 2011) se pueden documentar procesos de movilidad social que ubican a las y los indígenas mayas —principalmente yucatecos— en puestos calificados en el sector de servicios, burocrático y académico.

Casi todos los entrevistados han transitado por más de tres empleos incluso de ramos distintos: "He trabajado en casas, de limpieza. He trabajado en restaurantes, como camarista, [...] hace como 12 años me dio que artritis reumatoide, me pasé en la fiesta americana, me cambiaron de camarista, me apoyaron de una forma" (entrevista a mujer indígena maya, 55 años, vendedora ambulante, nacida en Caucel, Yucatán).

De los relatos se desprende que, pese a los obstáculos y durísimas condiciones de vida, sobre todo al momento de llegada a la ciudad, allí encuentran las oportunidades de empleo que no tienen en su comunidad de origen y, eventualmente, el acceso a servicios. Sin embargo, ante el migrante indígena se abre un abanico de dificultades para conseguir un trabajo, como el hecho de que se les pida una documentación que no tienen (credencial de elector, por ejemplo), o que presenten certificación de experiencia o carta de recomendación, algo imposible para quien es un recién llegado sin redes de amistades o conocidos a quienes recurrir:

es difícil encontrar la oportunidad, porque pues, vienes a un lugar diferente y nadie te conoce y el hecho de tener una referencia, para poder encontrar un trabajo, es difícil [...] me presentaba y, pues, no hay quien me recomiende. (entrevista a mujer indígena tzotzil, 35 años, encargada de una estética y originaria de Ocosingo, Chiapas)

igual de conectes, de puros conectes, porque así nada más que vayas de buenas a primeras no creo que te den trabajo. (hombre indígena maya, 33 años, vendedor en tienda, originario de Chucmichen, Yucatán)

Varios entrevistados refirieron situaciones de discriminación tanto de parte de clientes (los que trabajan en comercio) u otras que llevaban al extremo de prohibir el uso de la lengua materna: "estaba prohibido hablar la lengua indígena que porque causaba miedo y que puede espantar a los clientes. Estaba en una cláusula de la empresa" (entrevista a hombre maya, 26 años, estudiante, originario de Cansacab, Yucatán).

Expresiones y percepciones de discriminación en distintos espacios educativos y de salud

En la introducción del capítulo hicimos referencia a las políticas gubernamentales dirigidas a exaltar la cultura maya, "lo maya"; en concordancia con estas políticas a partir del año 2010, se implementó la asignatura "lengua maya", que, en palabras del director de la Dirección de Educación Indígena "permite una reivindicación de la lengua" y "atender a los niños en la lengua que hablan" (entrevista a Director de Educación Indígena de la Secretaría de Educación Pública (SEP) en Yucatán). En la misma línea se atienden los servicios administrativos, de capacitación y pedagógicos con el objetivo de hacerlos funcionales para la población maya hablante que reside en la periferia de la ciudad. A pesar de esto —y como se señaló con anterioridad— el desconocimiento de los actores reales, de carne y hueso, pasa por la contradicción de que los programas no se ajustan a lo particular de la población a la que van dirigidos, sino que son los mismos que de manera general se aplican en el sistema educativo del país y del estado, cuyos impactos no se evalúan y en cuya planificación no participan sus beneficiarios.

Por otra parte, la población indígena hablante de lengua diferente de la maya —incluida la tzotzil, tzeltal, que se observa en el centro de Mérida— aunque de existencia reconocida no se atiende por dos motivos: primero porque no se sabe si la población infantil está estudiando, y, si lo está, no existen las herramientas ni programas que los contemplen y segundo, dicha población es considerada como en tránsito, ya que se mueve según la demanda de sus productos. En los casos en los que sí asisten a la escuela, no se observó tanto la discriminación dentro del plantel educativo[8] o en las aulas sino más bien en el trato hacia las familias por parte del personal docente y administrativo sobre todo por provenir de otro estado, pues en Yucatán —en particular la población de Mérida— se atribuyen una serie de elementos peyorativos a las personas que proceden de otros estados de la república, por ejemplo el Distrito Federal, Veracruz, Chiapas, Tabasco y Campeche:

---

8   Se hicieron observaciones en la Escuela secundaria "García Lavín" N° 20 ubicada en la colonia Emiliano Zapata Sur III y en la Escuela primaria Guadalupe Victoria, situada en la colonia Juan Pablo II.

la señora es de Tabasco, siempre son muy conflictivos los de afuera, son muy diferentes a nosotros. (conversación con la Directora de una escuela secundaria ubicada en la Colonia San José Tecoh III)

no sabemos cómo puedan reaccionar, se corre peligro de un enfrentamiento, así que mejor no nos metemos con los padres. (conversación con la Directora de una escuela primaria ubicada en Juan Pablo II, Mérida)

También los compañeros de grado tienen actitudes de discriminación en las que se estereotipa al que consideran diferente:

creo que en el primer semestre, cuando llegamos y nos presentamos y toda la cosa, en algún momento alguno de los compañeros hizo un comentario literal, "y si eres indígena ¿por qué no traes tu traje? ¿Por qué no vienes vestida así?", le digo, "porque si me lo pusiera tal vez me moriría de calor", "pero es que no te ves así como indígena", entonces en ese momento me surgieron como preguntas, para él, ¿qué es ser indígena, es como huaraches, falda, no, o sea, trenzas, algo así? Es como el estereotipo. Me pareció de alguna manera una discriminación. (entrevista a mujer indígena tzotzil, 23 años, estudiante, indígena tzotzil originaria de San Cristóbal de las Casas)

Como en otras ciudades estudiadas, en el ámbito educativo la discriminación se centra en la cuestión del lenguaje, que se relaciona al lugar de procedencia, al nivel socioeconómico y el nivel de estudios y, , como sucede en otros sitios, tiene como consecuencia el abandono de la lengua materna indígena junto con otros rasgos culturales, como lo expresan los entrevistados:

a veces de maldad se lo hace a los pobres indígenas hay personas que no los respetan, pero la verdad se debería respetar a los niños [en la escuela], ellos saben su dialecto de ellos, o sea, ellos saben cómo traducir la maya, porque hay distintas mayas, hay mayas que hablamos nosotros, hay mayas que en otros pueblitos es diferente. (entrevista a hombre indígena maya, 40 años, albañil, originario de Sotuta, Yucatán)

Las actitudes estigmatizantes vinculadas a estereotipos físicos generan situaciones humillantes pues se los asocia con la delincuencia:

Fui a comprar, para hacer mi intercambio de regalos de la escuela, fui a comprar a una librería, [...] entonces saliendo me puse a contar mi dinero en una banca y de repente llega como que la policía y me dice que soy sospechoso de alguna, como de un tráfico, como que estoy vendiendo relojes de manera ilegal, no sé, una cosa así me dijeron.

Entonces me detuvieron en la puerta de la librería, llamaron para revisar mis antecedentes penales, me tuvieron ahí como 20 minutos que porque no estaba de una manera apropiada para el sitio en el que estaba. Y yo iba con pantalones de mezclilla, con sandalias y una gorra, no sé, esa fue la situación. Vieron que no tenía ningún antecedente penal, además que ni tenía dinero ni nada, o sea, no tenía tanto dinero más que lo que compré. Justifiqué lo que fui a comprar y ya me dejaron ir. Me dijeron que, pues, que es un programa de prevención o algo de rutina, me dijeron, pues, es una detención de rutina, que me tocó a mí a lo gratis, pero fue feo porque la gente que pasaba te veía como un delincuente como una persona que había robado algún lugar. (Entrevista a hombre maya, 26 años, estudiante, originario de Cansacab, Yucatán).

En cuanto al ámbito de salud, los hospitales que concentran a la mayoría de la población indígena en la ciudad de Mérida son el Centro de Salud de Mérida y el Hospital Agustín O'Horán. El primero tiene en sus alrededores clínicas particulares, laboratorios de análisis clínicos, rayos X y otros servicios de bajo costo. La gente que acude allí pertenece a la clase trabajadora y sectores poblacionales de ingreso medio-bajo que no posee servicio médico del IMSS y pertenece al Seguro Popular. El departamento de Trabajo Social confirmó que este centro de salud también atiende a una gran cantidad de personas de fuera del estado, muchos de ellos provenientes de comunidades rurales del Estado de Chiapas.

En lo que concierne a la salud pública lo que ocurre con la población indígena no es tan diferente de lo que experimenta la población en general: deficiencias en el servicio, mala calidad de la atención médica y administrativa, tiempos de espera demasiado largos, sobresaturación de los servicios. A esto se suman las actitudes de discriminación por parte de personal administrativo y médico de las instituciones: tres son las condiciones que las provocan: lengua, pobreza y provenir de fuera del estado. Gran parte de la población indígena no cuenta con servicios de salud públicos y mucho menos con la oportunidad de acceder a los privados. Aquellos con acceso a los públicos, con frecuencia lo han obtenido a través de terceros, familiares inmediatos en la mayoría de los casos. Por otro lado, cuando se tiene la posibilidad de acceder al servicio médico privado —generalmente de bajo costo— se prefiere este debido a la mala calidad del sistema de salud pública. No obstante, la discriminación estará también presente a través de los estereotipos que encasillan a la población indígena como pobre.

Está un poco difícil a veces los tratos del hospital porque no te atienden, a veces hay mucha gente cuando llegas, pero sí tienes que tener paciencia para ir a esperar hasta que te toque te atienden, si porque hay mucha gente que viene de afuera y directo al O'Horán, todos van al O'Horán. Hay un poco de diferencia en el trato pues a veces los doctores no te quieren atender rápido, te hacen esperar, son los tratos que te dan, a veces te regañan, no te quieren atender, te dicen espera, si hay diferencia allá. A veces te tratan mal, no te reciben como debe ser. No tienen paciencia para atender a los enfermos. Es raro un doctor que me haya atendido que hable la maya, pero sí hay doctores que saben maya que vienen de fuera, vienen de pueblitos. (Entrevista a hombre indígena maya, 40 años, albañil, originario de Sotuta, Yucatán)

En relación al tema de la lengua, más allá de ser causa de discriminación puede significar una dificultad para los usuarios indígenas ya que no son atendidos en su propia lengua.

En los espacios de salud observados[9] otro hecho llamativo es que los carteles correspondientes a departamentos, áreas o ventanillas están escritos en español y en maya, pero no existe ninguna traducción al maya de la información colocada en las mamparas públicas dirigidas a la promoción de la salud y prevención de enfermedades. Tampoco existe traducción a otra lengua indígena diferente de la maya. Finalmente, como en los espacios educativos, las personas refieren que los procesos de discriminación se intensifican al proceder de fuera de Yucatán:

Tiene que ver con ser de fuera, [pero] es muy difícil hacer una separación de una persona que vive en la ciudad [y es] indígena y una persona que viene del pueblo, cuando uno acude al médico. Por ejemplo, si escuchan la forma de hablar de una persona de Chiapas o de Tabasco, de alguna otra parte de México pues sí hay como que, creo que una discriminación mayor, porque a fin de cuentas muchos de los servidores públicos [...] son gente local [...] yo tengo compañeros que fueron tzeltales y tzotziles en el trabajo y sí, tenían muchos problemas al momento de que se iban a registrar al IMSS [...] cuando se iban a registrar les decían como que les demoraban o les atrasaban los plazos o no los atendían, creo que sí, sí existe eso. (Entrevista a hombre maya, 26 años, estudiante, indígena maya originario de Cansacab, Yucatán)

---

9   Centro de Salud de Mérida en barrio San Cristóbal y Hospital Agustín O'Horán ubicado en el Centro.

Los problemas de salud atendidos en estos ámbitos de salud son considerados por el personal como "enfermedades cotidianas de la vida en la ciudad", es decir, enfermedades de las vías respiratorias, problemas gastrointestinales, enfermedades relativas a la alimentación y el contagio por la proximidad entre las personas; no obstante, también hay casos de fracturas por accidentes laborales, partos y cesáreas. Las percepciones entre los entrevistados parecen coincidir con esta apreciación, aunque ellos atribuyen, por lo menos las enfermedades estomacales, al cambio de dieta que les representó adaptarse a la vida en la ciudad, casi siempre marcada por el consumo en una escala mayor de carnes rojas (cerdo) generalmente procesadas.

Se debe a que aquí comes pura carne, puro cerdo, y en cambio allá en mi pueblo son puras verduras, lavadas, desinfectadas, pues el tiempo que tienes manteniendo en refrigeración el cerdo y la carne, porque en el momento lo matan allá en el pueblo, allá si quieres comer el cerdo ahorita te anuncian un día antes sólo vas a ir a comer fresco, acá está congelado, está refrigerado como un mes, no sé cuántos meses y lógicamente te enfermas. (Hombre indígena tzeltal, 22 años, originario de Damasco, Palenque, Chiapas jefe de cocina en restaurante)

Consideraciones finales

Las y los indígenas que viven en Mérida son diversos, aunque las personas que interactúan con ellos en distintos ámbitos urbanos en general los homogeneizan a partir de distintos mecanismos como la negación, el estereotipo o la invisibilización.

Indígenas mayas, ch'ol, amuzgo, tzotzil, tzetlal, nahuátl son discriminados por sus apellidos, por provenir de pueblos campesinos, por sus gustos, vestimenta, olor, porque son pobres; esta discriminación se da en distintos ámbitos urbanos, en la escuela, en el trabajo, en los centros de salud; sufren el rechazo expresado en palabras y miradas y la violencia que se manifiesta en despidos, acusaciones y, en ocasiones, arrestos. Todo esto puede ocurrirles aun a quienes no se reconocen como indígenas, pero cuyas características hacen que se los vea como tales.

Observamos que la expresión y vivencia de discriminación más compartida por los entrevistados indígenas y no indígenas es la falta de oportunidades de las personas indígenas para la satisfacción de sus necesidades de trabajo, vivienda, salud y educación, lo cual coincide con una investigación enfocada a jóvenes (Echeverría-Echeverría, 2016).

Hay investigadores que hablan de que esta discriminación genera una violencia simbólica más sutil (López-Santillán, 2011), aunque nuestro trabajo cuestiona el concebirla de esa manera. De todos modos habría que seguir indagando en el tema tomando grupos de población específicos para trabajar en profundidad un tema tan complejo como las identidades étnicas.

Al irse incorporando a la ciudad los indígenas migrantes modifican su dinámica de vida, aunque muchos mantienen vínculos con sus comunidades de origen. Los problemas más graves para establecerse son los de vivienda y trabajo; en esto último incide fuertemente el precario nivel de escolaridad que normalmente presenta la población indígena. El cotidiano vivir en la ciudad los expone a la segregación y exclusión a las que los condena la sociedad urbana y no indígena no sólo en términos de su pertenencia a ciertos estratos socioeconómicos sino también en función de su cultura y comunidad de origen. Aunque la cultura maya es predominante en la ciudad de Mérida, existen otros grupos de diferentes etnias que son sujetos de una doble discriminación: primero por ser indígenas y luego por no pertenecer a la región, lo cual se observa en los espacios públicos, en ámbitos educativos, de empleo, sobre todo hacia los indígenas chiapanecos. Esto se basa en distintos prejuicios históricos, religiosos y culturales que llevan al meridano a justificar la segregación para no perder la identidad propia. Algo que tiende a hacerse visible en tiempos más recientes es la creencia de que los inmigrantes vienen a ocupar empleos o realizar trabajos que estarían quitando recursos a la población local, lo que aparece en el discurso y también en manifestaciones de violencia de todo tipo

Es en los sectores de salud y educación donde la falta de servicios en la lengua propia contribuye a vulnerar a la población indígena migrante. Además, resulta discriminatorio que a los encargados de interactuar y ofrecer servicios no se les requiera hablar la lengua maya, aun cuando esa población es numerosa.

A pesar de que las políticas públicas realzan lo maya y también han hecho avances respecto a la incorporación de la lengua en los planteles educativos, la falta de reconocimiento hacia el indígena actual hace que haya actitudes de rechazo cuando se lo escucha hablar su lengua. En este sentido, un estudio sobre actitudes de yucatecos bilingües de maya y español hacia la lengua maya y sus hablantes plantea que el estatus renovado del que goza la lengua maya en Yucatán a raíz de las políticas públicas no se ha extendido de manera uniforme a los hablantes pues se habla muy bien de la lengua pero no de sus hablantes, sobre todo de los que son monolingües, lo cual se asocia al racismo que las elites meridanas han instaurado en el discurso público y a las imágenes de la globalización que realzan los fenotipos europeos que promueven el racismo simbólico (Lozano & Escudero, 2015: 173).

Para contrarrestar prácticas discriminatorias tan arraigadas es importante el reconocimiento público —sustentado en acciones y políticas— de la profunda desigualdad e injusticia frente a los pueblos mayas e indígenas. Se requiere visibilizar a las mujeres y hombres de los distintos pueblos indígenas, a las niñas y niños, a las y los jóvenes, a adultos y adultas mayores.

Bibliografía

Boffil-Gómez, L. 2013 "Víctimas de explotación, cientos de chiapanecos que laboran en Mérida" en *La Jornada* (México) 6 de octubre, p. 23. En <http://www.jornada.unam.mx/2013/10/06/estados/029n1est> acceso 29 de julio de 2017.

Bourdieu, P. 1988 *La distinción. Crítica y bases sociales del gusto* (Madrid: Taurus).

Bracamonte y Sosa, P.; Lizama-Quijano, J. 2003 "Marginalidad indígena: una perspectiva histórica de Yucatán" en *Desacatos* (Ciudad de México) Nº 13.

Cea-Herrera, M. E. 2004 "La migración indígena interestatal en la península de Yucatán" en *Investigaciones Geográficas* (México) Nº 55.

Echeverría-Echeverría, R. 2016 "Estereotipos y discriminación hacia personas indígenas mayas: su expresión en las narraciones de jóvenes de Mérida Yucatán" en *Aposta. Revista de Ciencias Sociales* (Madrid) Nº 71.

Fuentes-Gómez, J 1994 "Mérida: ¿ciudad media o metrópoli regional del sureste?" en Estrada, M. *et al.* (comps.) *Antropología y Ciudad* (México: CIESAS; UAM).

Gall, O. 2004 "Identidad, exclusión y racismo: Reflexiones teóricas y sobre México" en *Revista Mexicana de Sociología* (México) Nº 66(2), abril-junio.

Gall, O. 2016 "Hilando fino entre las identidades, el racismo y la xenofobia en México y Brasil" en *Desacatos* (México) Nº 51, pp. 8-17.

García, C.; Álvarez, A 2003 "Y sin embargo se vive. De la infravivienda a la vivienda urbana en Mérida Yucatán México" en *Scripta Nova* (Barcelona) Vol. VII, Nº 146(143). En <http://www.ub.es/geocrit/sn/sn-146(143).htm> acceso 30 de julio de 2017.

García-Gil, G.; Oliva-Peña, Y.; Ortiz-Pech, R 2012 "Distribución espacial de la marginación urbana en la ciudad de Mérida, Yucatán, México" en *Investigaciones Geográficas* (México) Nº 77.

García-Gómez, C.; Ruiz-Salazar, O. T. C. 2011 "La segregación territorial y el rezago en el sur de la ciudad de Mérida, como el resultado del crecimiento urbano descontrolado" en *Quivera* (México) Nº 13(1).

Goffman, I. 1963 *Estigma, la identidad deteriorada* (Buenos Aires: Amarrortu).

Gracia, M. A 2011 "Espacio habitable y desarrollo urbano de la Zona Metropolitana del Valle de México" en Bustamante Arango, J. J. *Desarrollo y Territorio, Tomo I, Medellín* (Medellín: Universidad Pontificia Bolivariana).

Gracia, M. A. ""El poblamiento de la Zona Metropolitana de la Ciudad de México: análisis y empleo de una tipología explicativa" en *Perfiles Latinoamericanos* (México) Nº 24.

Gracia, M. A. 2016 "Vivir y ser indígena en la Zona Metropolitana de Guadalajara, México", Ponencia presentada en el Seminario Internacional *Discriminación, Exclusión y Pobreza de los Indígenas Urbanos en Las Américas* (Chetumal, Quintana Roo) 22 y 23 de agosto.

Gracia, M. A.; Horbath, J. 2013 Expresiones de la discriminación hacia grupos religiosos minoritarios en México. *Sociedad y religión* (Buenos Aires) Vol. XXIII, Nº 39.

Horbath, J. 2008 *Exclusión social, discriminación laboral, pobreza de los indígenas en la Ciudad de México* (Buenos Aires: Observam-elaleph).

Horbath, J. 2013 "De la marginación rural a la exclusión escolar urbana: el caso de los niños y jóvenes indígenas que migran a las ciudades del sureste mexicano" en *Espiral* (Guadalajara) Nº 20(58).

López-Santillan, R 2011 *Etnicidad y clase media. Los protagonistas mayas residentes en Mérida* (México: UNAM).

Lozano, E. G. S.; Escudero, M. D. P. 2015 "Actitudes lingüísticas hacia la maya y la elección del aprendizaje de un idioma en un sector de población joven de la ciudad de Mérida" en *Península* (Mérida) Nº 10(1).

Lugo-Pérez, J. A.; Tzuc Canché, L. 2011 "Las comisarías y subcomisarías de municipio de Mérida: entre la tradición y a modernidad" en *Estud. cult. Maya* (Mérida) Vol. 37.

Lugo-Pérez, J. A.; Tzuc Canché, L. 2012 "Conurbación en el municipio de Mérida: su impacto en la economía rural y en el ambiente" en *Secretaría de Desarrollo Urbano y Medio Ambiente* (SEDUMA) pp. 77-81.

Oehmichen, C. 2007 "Violencia en las relaciones interétnicas y racismo en la Ciudad de México" en *Revista electrónica de Ciencias Sociales* (México) Nº 1(2).

Rodríguez Pavón, J. 2011 "Conurbación, cambio sociocultural e identidad comunitaria en la periferia de la ciudad de Mérida: el caso de Cholul" en *Península* (Mérida) Nº 6(1).

Los comerciantes indígenas de productos básicos de la ciudad de Guayaquil:

¿una nueva burguesía indígena?

Fernando García Serrano[1]

*A la memoria del abogado Pedro Chango Viñán,
primer fiscal indígena y dirigente del pueblo
puruway de la ciudad de Guayaquil.*

Introducción

En el año 1994, junto con otro colega antropólogo, inicié mi trabajo investigativo en la ciudad de Guayaquil. Se trataba de una investigación de carácter aplicada, solicitada por el ministerio de educación del gobierno del ex presidente Durán-Ballén, que inició un nuevo proyecto[2] de educación dirigido al mejoramiento de la educación básica, especialmente en zonas urbanas de bajos ingresos. En el marco de este proyecto lleve adelante una investigación sobre las problemáticas y necesidades educativas de los niños y niñas indígenas residentes en cuatro ciudades del país, entre ellas, la ciudad de Guayaquil (Cliche & García, 1994).

Hago alusión a esta investigación porque me permitió conocer la realidad de la ciudad considerada, por un lado, la más grande del país en cuanto a población (16% del total de la población del país, según el censo de 2010) y, por otro lado, el puerto más importante y la capital económica del país (por su puerto sale el 43% de las exportaciones y entra el 74% de las importaciones). Una vez iniciada la investigación, nos encontramos con una dificultad metodológica luego del recorrido de las áreas populares de la urbe: la presencia de la población indígena era invisible, más aún, nos resultó difícil ubicar las escuelas donde estudiaban los niños y niñas indígenas.

La clave para ubicarlos e identificarlos fue fijarnos en el lugar prioritario de trabajo de sus padres, esto es, los mercados de productos bási-

---

1   Profesor e investigador de FLACSO, sede Ecuador.
2   Me refiero al proyecto EB/PRODEC, Educación Básica/Proyecto de Desarrollo, Eficiencia y Calidad, financiado con recursos del Banco Mundial y ejecutado entre 1992 y 2004.

cos[3] de la ciudad por lo que concluimos que los niños y niñas indígenas estudiaban en las escuelas cercanas a estos lugares.

De este suceso ha pasado cerca de veinticinco años y la realidad de la población indígena en Guayaquil ha cambiado sustancialmente respecto a la invisibilidad anotada. Durante este período he realizado un seguimiento cuantitativo y cualitativo de la población indígena que vive en forma definitiva en la ciudad de Guayaquil que expongo a continuación. Para lo cual me propongo analizar cuatro temas importantes: 1) el contexto en el que vive la población indígena en la urbe; 2) el proceso de migración campo-ciudad llevado adelante el pueblo puruway de la zona rural de la provincia de Chimborazo hacia la ciudad de Guayaquil; 3) el proceso de apropiación territorial y laboral urbana que ha alcanzado este pueblo; y 4) la lucha que han desarrollado las organizaciones indígenas por lograr la ciudadanía étnica.

Las cifras de la población indígena en Guayaquil

El VII Censo de Población, realizado en el año 2010, muestra que la población indígena se encuentra distribuida en todo el país, tal como lo muestra el Mapa 1.

Respecto de la relación rural-urbana en Guayaquil, el 78,5% sigue siendo rural y el 21,5% urbana. Si se mide la misma relación en el país, es de 37% rural y de 63% urbana. Las cifras del Censo de 2001 informan que cerca del 12% de la población indígena residía en las dos principales ciudades. El nuevo censo de 2010 deja ver que esa cifra se habría fácilmente duplicado (21,5%), mostrando de esta manera que el tránsito campo-ciudad si bien ha bajado no se ha detenido. Además, existe población indígena en ciudades intermedias del país que configuran que dos de cada diez indígenas en el país viven en condiciones urbanas de forma definitiva. Cabe destacar que el 12,1% de la población indígena, es decir, aproximadamente uno de cada diez indígenas, reside en las dos principales ciudades del país: Quito y Guayaquil.

---

3   Productos básicos entendidos como productos agropecuarios que sirven para la alimentación, provenientes principalmente de la Sierra, y también productos elaborados provenientes de la agroindustria.

Mapa 1. Distribución de la población indígena según provincias y regiones

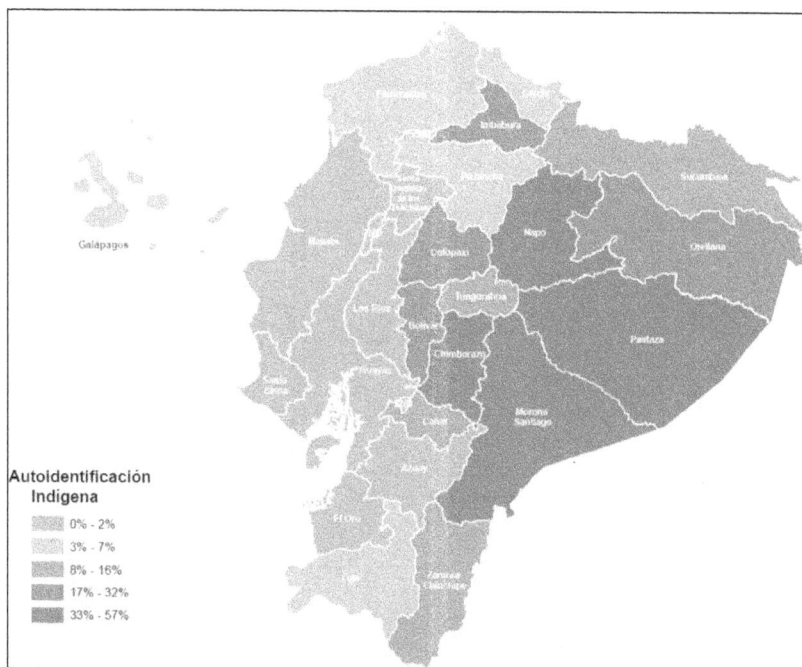

Fuente: INEC, VII Censo de Población, 2010.

En cuanto al porcentaje de población indígena que vive en la ciudad es importante apreciar el crecimiento de la ciudad de Guayaquil desde 1950 al 2010, tal como lo muestra el siguiente cuadro:

Cuadro 1. Evolución de la Población de la ciudad de Guayaquil

Censos	Población
1950	258.966
1962	510.804
1974	823.219
1982	1.199.344
1990	1.508.444
2001	1.985.379
2010	2.291.158

Fuente: INEC, Censos de 1950 -2010.

Mapa 2. Tipos de Áreas de Desarrollo Social en la Ciudad de Guayaquil

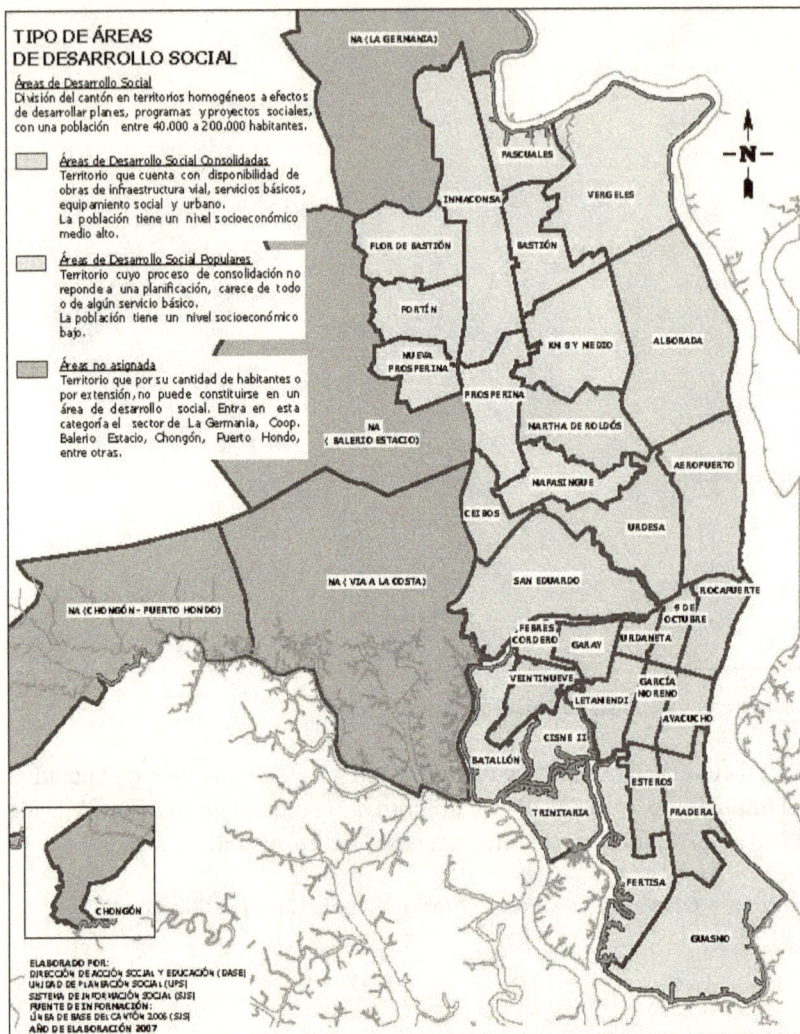

TIPO DE ÁREAS DE DESARROLLO SOCIAL

Áreas de Desarrollo Social
División del cantón en territorios homogéneos a efectos de desarrollar planes, programas y proyectos sociales, con una población entre 40.000 a 200.000 habitantes.

Áreas de Desarrollo Social Consolidadas
Territorio que cuenta con disponibilidad de obras de infraestructura vial, servicios básicos, equipamiento social y urbano.
La población tiene un nivel socioeconómico medio alto.

Áreas de Desarrollo Social Populares
Territorio cuyo proceso de consolidación no reponde a una planificación, carece de todo o de algún servicio básico.
La población tiene un nivel socioeconómico bajo.

Área no asignada
Territorio que por su cantidad de habitantes o por extensión, no puede constituirse en un área de desarrollo social. Entra en esta categoría el sector de La Germania, Coop. Balerio Estacio, Chongón, Puerto Hondo, entre otras.

ELABORADO POR:
DIRECCIÓN DE ACCIÓN SOCIAL Y EDUCACIÓN (DASE)
UNIDAD DE PLANIFICACIÓN SOCIAL (UPS)
SISTEMA DE INFORMACIÓN SOCIAL (SIS)
FUENTE DE INFORMACIÓN:
LÍNEA DE BASE DEL CANTÓN 2006 (SIS)
AÑO DE ELABORACIÓN 2007

Una de las discusiones sobre la presencia de indígenas en la ciudad es saber cuántos son. En el caso de Guayaquil, según datos del censo de 2001, ascendían a 27.986 habitantes, correspondiente al 1,4% del total de la población, cercana a dos millones. De acuerdo con el censo de 2010, se repite el porcentaje de 1,4%, que corresponde a 32.076 habitantes. Según varios dirigentes indígenas urbanos (Yépez, 2014: 58), estos datos no corresponde a la presencia de los indígenas en Guayaquil, ellos afirman, según información de sus comunidades de origen, que serían alrededor de 300.000 habitantes, es decir, un poco más del 10% de la población total de la ciudad.[4]

Gráfico 1. Auto-identificación étnica en Guayaquil 2010

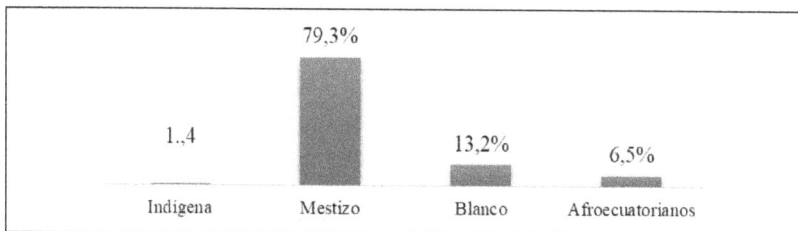

Fuente: INEC, Censo 2010.

Algunos indicadores adicionales dan cuenta de la situación social y económica de la población indígena. En primer lugar, los índices de pobreza.

Gráfico 2. Población según Necesidades Básicas Insatisfechas de acuerdo autodefinición y/o condición étnica-racial en el Cantón Guayaquil

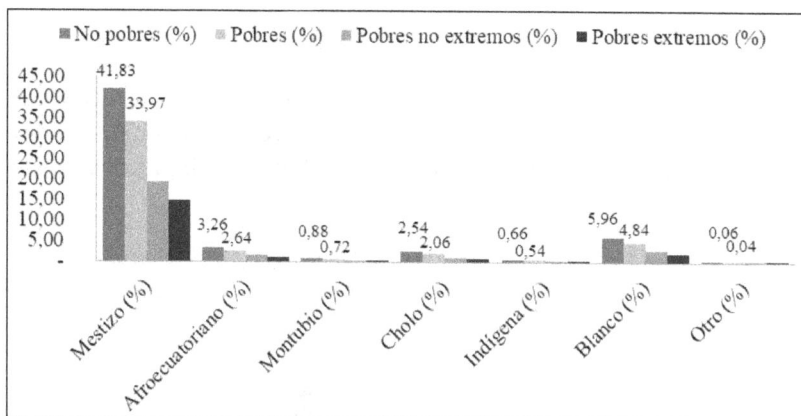

Fuente: Línea de Base 2006, Cantón Guayaquil, SIS.

A nivel nacional, en el Censo de 2010 se obtuvo que 61,3% de los hogares presentaron una o más necesidades básicas insatisfechas; es decir, son considerados como pobres a diferencia de la ciudad de Guayaquil que posee el 44,81%. En otras palabras, cuatro de cada diez personas

---

4   Las diferencias entre ambas cifras se deben a procesos de negación como indígenas y a procesos de invisibilización en el registro censal.

en Guayaquil son pobres, a diferencia de seis de cada diez personas en el país. Dentro del grupo de población mestiza, tres de cada diez personas en Guayaquil son pobres, mientras que en el país son seis de cada diez. Los mestizos ocupan el primer lugar como pobres en la ciudad de Guayaquil, mientras que a nivel nacional se encuentran en tercer lugar, antecedidos por los indígenas y los afroecuatorianos.

En cuanto a la vivienda, los indígenas en su mayoría han accedido a casas o villas que son construcciones permanentes hechas con materiales resistentes como hormigón, ladrillo, adobe, caña o madera.

Gráfico 3. Tipo de vivienda en Guayaquil y etnicidad

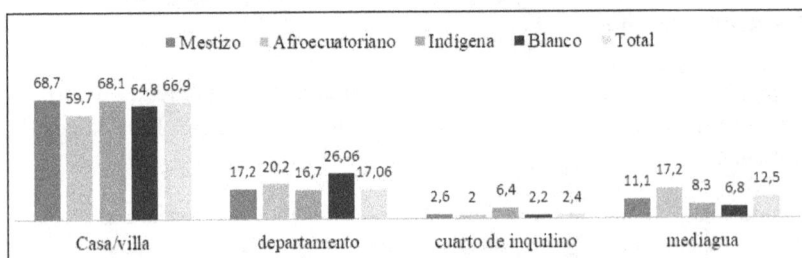

Fuente: Encuesta de Desarrollo Social 2006, DASE/INEC.

Uno de los servicios básicos en zonas urbanas es el acceso al agua para uso doméstico, el Gráfico 4 muestras que la mayoría de habitantes tiene acceso a este servicio por red pública. Sin embargo, los indígenas son los que más usan el tanquero de agua.

Gráfico 4. Agua potable en los hogares de Guayaquil y etnicidad

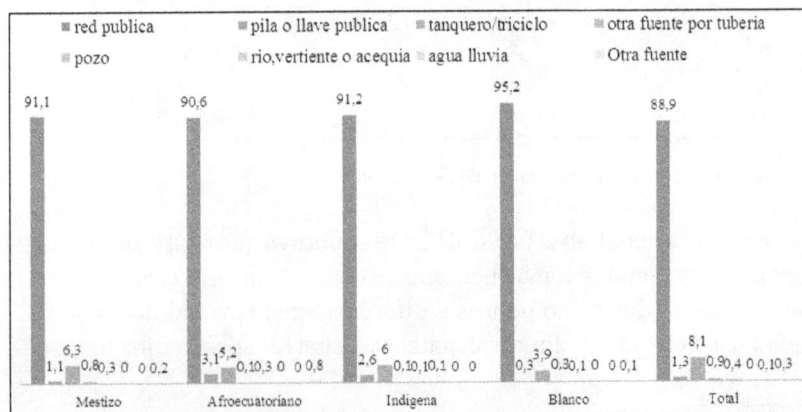

Fuente: Encuesta de Desarrollo Social 2006, DASE/INEC.

En el tema de educación, la situación de los indígenas es mucho más desigual que las demás necesidades básicas, lo demuestra el grado de analfabetismo de adultos. El acceso a la educación formal no es tan desigual en la educación básica y secundaria, si vuelve a ser inequitativa en la educación superior.

Gráfico 5. Alfabetismo y analfabetismo en Guayaquil y etnicidad

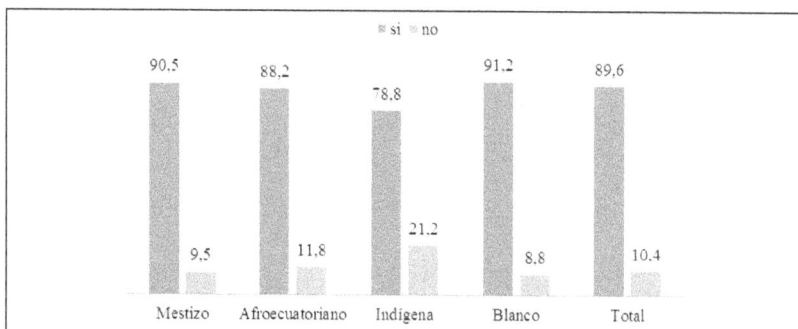

Fuente: Encuesta de Desarrollo Social 2006, DASE/INEC

Gráfico 6. Nivel de instrucción de la población de 12 años y más

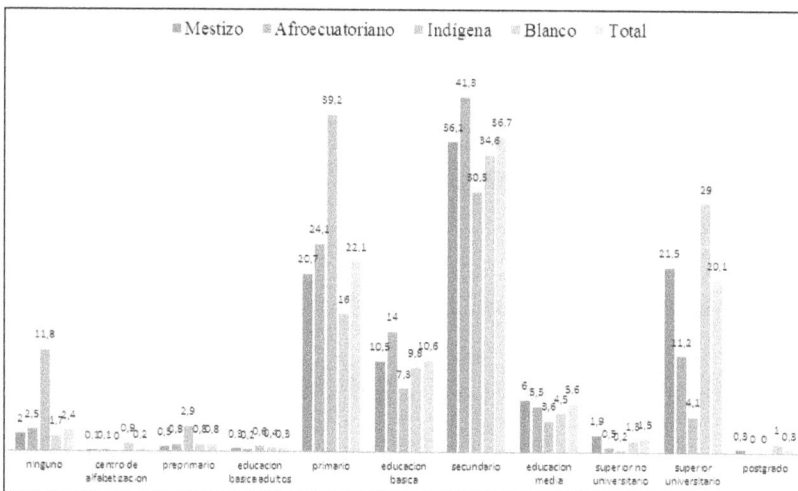

Fuente: Encuesta de Desarrollo Social 2006, DASE/INEC.

Con respecto a la actividad económica de los indígenas en la ciudad, como se puede apreciar en el Gráfico 7, el 62.6% están dedicados al comercio al por mayor y al por menor.

Gráfico 7. Rama de actividad y etnicidad

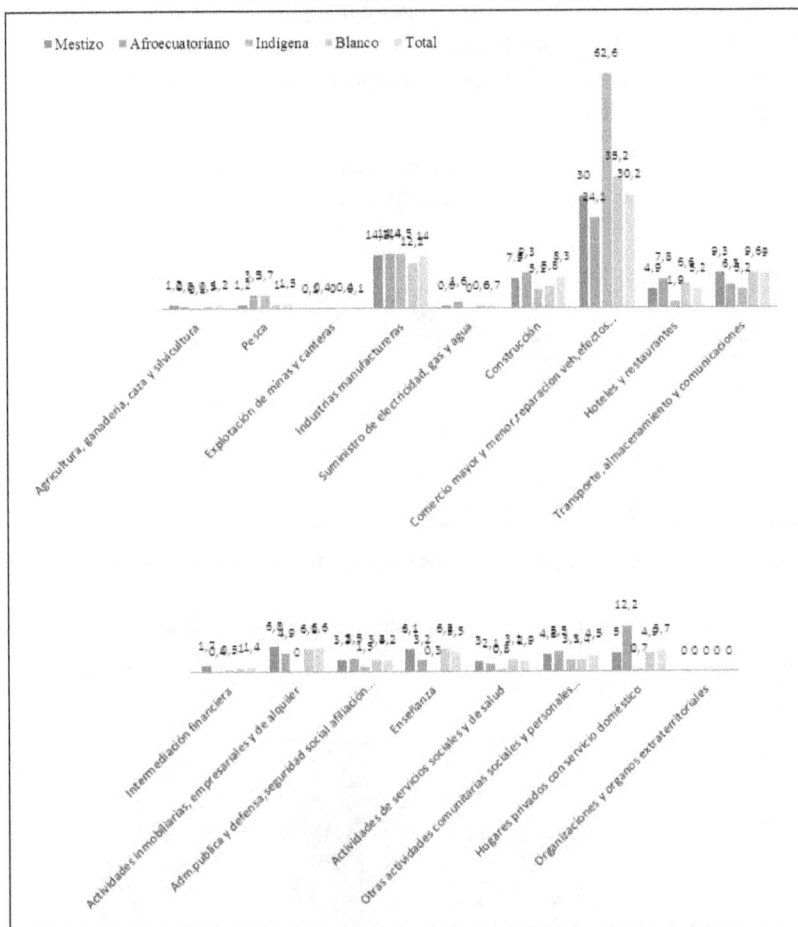

Fuente: Encuesta de Desarrollo Social 2006, DASE/INEC.

Del campo a la ciudad: un camino sin retorno

La historia migracional de los puruway de Chimborazo hacia la ciudad de Guayaquil contempla tres grandes oleadas migratorias que requieren ser explicadas. La primera se inició entre los años cincuenta y los setenta del siglo pasado. En realidad, es un movimiento poblacional que se acercó gradualmente a la ciudad. Se trató de trabajadores agrícolas temporales que estaban fuera del régimen de la hacienda en sus lugares de origen y que vendían temporalmente su mano de obra en el corte de caña de las agroindustrias ubicadas en la provincia de Guayas.

Esta permanencia fuera de sus hogares inició el conocimiento de la gran ciudad con todas sus atracciones, uno de los principales vínculos fueron las iglesias evangélicas urbanas que promovieron la conversión religiosa de los indígenas tradicionalmente católicos.

La segunda oleada, está relacionada con el proceso de reforma agraria en la Sierra ecuatoriana durante la década de los años sesenta y setenta. Efectos de este proceso fueron la liberalización masiva de la mano de obra indígena del régimen de hacienda y la entrega de minifundios como parte de su liquidación con los patrones. Esto provocó que los ingresos que obtenía el comunero indígena por su trabajo agrícola y ganadero sean insuficientes para sobrevivir, lo que permitió un éxodo masivo a la ciudad, en especial a Guayaquil, donde esperaba encontrar empleo en las actividades productivas urbanas.

Cuando los indígenas llegaron a la ciudad se enfrentaron con la limitación de que no podían desarrollar la actividad económica aprendida en sus lugares de origen, esto es, la actividad agropecuaria. Por lo tanto, iniciaron una actividad que no necesitaba aprendizaje previo e inversión de capital, se convirtieron en vendedores ambulantes de los productos de subsistencia provenientes de la Sierra. Actividad que inicialmente la realizaron en las calles para luego ir tomando el espacio de los mercados urbanos especializados en estos bienes.

La tercera y última oleada, se desarrolló desde la década de los ochenta hasta iniciado el siglo XXI. Originada en la crisis agropecuaria, en la quiebra bancaria y en la presencia del fenómeno del Niño provocó el abandono de las actividades agropecuarias serranas y costeñas y el aumento del subempleo y de la informalidad urbana. Para esta época la migración temporal se convirtió en migración definitiva y surgieron las primeras generaciones indígenas urbanas que ya forman parte definitiva del paisaje urbano.

Paralelamente a esta oleada, a partir de 1992, la ciudad vivió un proceso llamado de "regeneración urbana", promovido por el gobierno municipal que ha permanecido en manos del partido Social Cristiano-Madera de Guerrero, alineado con la derecha política, desde 1992 hasta la fecha.[5] Esta intervención no solo implicó una intervención en el paisaje urbano de la ciudad, o al menos de un sector consolidado de la ciudad, sino también

---

5   El caso de Guayaquil, como proceso de regeneración urbana, es único en el país y, no ocurrió algo similar en otras ciudades.

involucró un intento de transformación en las relaciones sociales de las áreas intervenidas como se verá a continuación (García, 2013).

El proceso de apropiación territorial y laboral del pueblo kichwa puruway

La ciudad en la que viven actualmente los kichwa puruway es resultado de un proceso histórico de conformación y estructuración iniciado desde la época colonial. El planteamiento analítico del que parto es la práctica de la segregación espacial, laboral y racial (Urrea & Barbary, 2004), como un proceso geográfico e histórico mediante el cual el racismo estructural vigente en los países latinoamericanos ha relegado a los indígenas y afrodescendientes a los sectores más bajos de la escala social de la ciudad, negándoles así su condición ciudadana.

Tal como se analizará a lo largo de este trabajo, varios autores que han estudiado la evolución urbana del puerto principal parten de que el proceso urbano obedece a una segregación espacial, impulsada por el proyecto de modernidad de la élite oligárquica blanca-mestiza desde finales del siglo XIX.[6] Al respecto, un estudio reciente sobre el proceso urbano y la exclusión social en Guayaquil, elaborado por Allán (2010) afirma que: "en Guayaquil se nota claramente una segregación espacial además de unas relaciones sociales organizadas en base a criterios jerárquicos, territoriales e incluso raciales" (2010: 23).

Como ex miembro del Grupo de Trabajo Cultura y Poder del Consejo Latinoamericano de Ciencias Sociales (CLACSO), también pretendo dar respuesta a uno de los objetivos que se planteó en su desarrollo, esto es, analizar y comprender los dispositivos de representaciones, prácticas y experiencias sociales claves en la producción de las diferencias, en este caso las diferencias étnicas y raciales del pueblo kichwa puruway.

A continuación, revisaré muy rápidamente de qué manera los indígenas del pueblo quichwa puruway se han apropiado de determinados espacios urbanos. La primera oleada de los años cincuenta se instaló en

---

6   Para Arias, "el conjunto urbano de Guayaquil se caracteriza por su alto nivel de segregación espacial, proceso que tiene su explicación histórico estructural" (1985:76). Para Villavicencio, de acuerdo con lo anterior, durante los años ochenta la evolución urbana de Guayaquil afianza más la segregación socio espacial de los sectores populares: "La localización de los sectores sociales, particularmente de los grupos populares, en el espacio urbano denota una marcada segregación socio-residencial, la misma que hace coincidir la ubicación de áreas ecológicamente destruidas o menos favorecidas con la residencia de los trabajadores como de los pertenecientes al sector informal urbano, que hacen el 70% de los usuarios de la ciudad" (1989:45).

el sector del barrio La Victoria, ubicado en el centro de la ciudad, cerca del mercado principal de productos básicos localizado en el sector de la calle Pedro Pablo Gómez. La mayoría vivía arrendando viviendas antiguas transformadas en tugurios, una vez que la población que vivía en esas casas se trasladó hacia los sectores más residenciales en el norte de la ciudad.

Con el proceso de regeneración urbana antes mencionado, el mercado de la calle Pedro Pablo Gómez desapareció y se creó, en el año 1996, un nuevo mercado mayorista, el de Montebello, ubicado en el kilómetro catorce y medio de la vía a Daule hacia el norte de la ciudad, que transfiere los víveres a cerca de cuarenta dos mercados que tiene la ciudad.

Este hecho obligó a la población indígena a buscar vivienda en otros sitios de la ciudad, cercanos al mencionado mercado. Se trata de los barrios Bastión Popular (bloque 1), Flor de Bastión, la cooperativa Pancho Jácome, Mapasingue, Monte Sinaí, Balerio Estacio y Sergio Toral al norte, al sur Isla Trinitaria, Fertisa y Santa Mónica. También habitan en el barrio Brisas del Estero, en el cantón vecino de Durán y en la ciudadela los Piñuelos, del igualmente vecino cantón de Samborondón.

Así, por ejemplo, la organización Asociación de Coltenses Musuk Kawsay, fue creada con el fin de conseguir vivienda en Durán, y es mencionada por Yépez (2014: 64-65) en su investigación:

Muchas personas han venido a sufrir por falta de trabajo, por falta de preparación, por falta de vivienda, entonces eso nos ha obligado a ver como dirigentes a los hermanos que están sufriendo, por eso hemos organizado y comprado un macro lote de 240 solares, estamos reunidos. De estos 240 lotes 12 son para la iglesia, 12 para la escuela y 6 para un espacio recreativo y quedan 210 solares para los miembros de la asociación. El reto de la organización es la vivienda y luego formar organización de comerciantes, también nos hace falta una radio comunitaria, la escuela está creada pero no tenemos la construcción, la escuela ya funciona, pero nos hace falta la infraestructura, es escuela bilingüe, esta escuela llega a 100 estudiantes, como no está rellenado este terreno todavía entonces no se puede construir la escuela, nos falta la casa comunal. (Entrevista a Juan Valla, presidente de la Asociación de Coltenses Musuk Kawsay, junio de 2013)

La misma autora señala otra experiencia de adquisición de vivienda:

La pre-cooperativa Sultana de los Andes, ubicada en la Cooperativa Pancho Jácome, en el noroccidente de Guayaquil, el fiscal indígena Pedro Chango, compró los solares y los vendió a sus compañeros indígenas, con la idea de que se encuentren asentados en un solo lugar como en la comunidad; aquí se encuentra el Centro Educativo Intercultural Bilingüe Sultana de los Andes. (Yépez, 2014:66)

En realidad la zona de mayor concentración indígena de la ciudad lo constituye el barrio Bastión Popular, tal como lo explica José Yungán, dirigente del Movimiento Indígena del Pueblo Kichwa de la Costa Ecuatoriana (MOPKICE), "acá en Bastión está el undécimo cantón de la provincia de Chimborazo".[7]

Los motivos que tiene la población indígena para organizarse en la ciudad son principalmente el acceso a la vivienda propia, la consecución de servicios básicos una vez establecidos definitivamente, las creencias religiosas (católica y evangélica) y las actividades deportivas.[8] El tejido social que organiza la vida de las comunidades en sus lugares de origen ha sido recreado en la ciudad, con la particularidad de que apunta al mantenimiento de la identidad propia y a la preservación de usos y costumbres. El testimonio del dirigente antes citado es ilustrativo:

> El trabajo colectivo como la minga sigue existiendo aquí en Guayaquil, la forma de convivencia y organización se mantiene, los indígenas no podemos estar separados, siempre vamos a estar organizados en una cuadra, en una iglesia, en un equipo de fútbol, en una asociación, en una organización de comerciantes. (Entrevista José Yungán Presidente encargadodel Movimiento Indígena Kichwa de la Costa, junio de 2013) (Yépez, 2014: 64)

Como se puede apreciar, los kichwa puruway accedieron a la apropiación del espacio urbano a finales de la década de los noventa y en la primera década del nuevo siglo. En realidad, les tomó cerca de medio siglo lograr visibilizarse social y culturalmente en el medio urbano de Guayaquil.

En cuanto a la apropiación laboral, ya mencioné que desde el inicio de la migración definitiva la ocupación mayoritaria de los kichwa puruway, fue el comercio de los productos agrícolas de primera necesidad provenientes de la Sierra. Este hecho les confirió a sus miembros dos ventajas que fueron aprovechadas para consolidarse como comerciantes. La primera, los contactos de paisanaje y parentesco que establecieron con los productores agrícolas de ciclo corto en su provincia de origen. La segunda,

---

7 Se refiere a que la provincia de Chimborazo, lugar de origen de los puruway, está dividida administrativamente en diez cantones o municipios.

8 Las actividades deportivas son muy importantes, en especial la práctica del fútbol, lo que ha dado lugar a la creación de clubes deportivos de hombres y mujeres.

las organizaciones de pequeños productores que se formaron, luego de la reforma agraria, que pudieron acceder a un proceso intensivo de producción debido al uso de agua de riego, lo que les permitió el suministro de productos durante todo el ciclo agrícola, a través de tres o cuatro cosechas anuales, a sus paisanos en la ciudad de Guayaquil.

Desde la perspectiva de la organización productiva de la ciudad, los kichwa puruway debieron enfrentar dos procesos de inclusión urbana destinados a la organización de la venta de productos agrícolas. En 1992, se inició el proceso de regeneración urbana que reglamentó las ventas ambulantes, los vendedores indígenas ambulantes fueron perseguidos por la policía metropolitana, despojados de sus mercancías y apresados. Este hecho se unió a la reubicación del mercado mayorista de la calle Pedro Pablo Gómez hacia el norte de la ciudad al mercado Montebello, lo cual les obligó a conseguir puestos fijos en los diferentes mercados urbanos y, debido a la nueva reglamentación de mercados, se prohibieron las organizaciones de comerciantes dentro de los mercados.

Ambos hechos provocaron no solo un cambio del lugar de trabajo, sino también un cambio de lugar de sus viviendas y de las escuelas para los niños y niñas. Sin embargo, estos cambios aparentemente negativos para el futuro de los indígenas urbanos, trajo consigo la consecución de una vivienda propia en los barrios populares de la ciudad, en especial hacia el norte, y la apertura de las escuelas bilingües interculturales en los nuevos asentamientos, como se explicará en el siguiente acápite.

Es importante destacar que todos estos cambios formaron parte del proceso de regeneración urbana, según Allán este proceso supuso que:

En el caso de Guayaquil, la regeneración pretende un blanqueamiento de la ciudad a través de a) la expulsión de los que representan la "mala imagen", los que atentan contra el ornato de la ciudad y b) una opción un tanto más sutil, pero no por ello menos perversa, invocar la transformación de las gentes de mal vivir a través del proceso educativo, la cultura, la moral y las buenas costumbres. (Allán, 2010: 118)

Como se podrá observar los indígenas formaban parte de la "mala imagen" de la ciudad, para lo cual era necesario erradicar cualquier vestigio de ruralidad, sobre todo la encarnada en los vendedores de los mercados, es decir, los kichwa puruway de la Sierra.

El acudir a las razones culturales para el blanqueamiento de la ciudad tiene un sesgo claramente racista: "En una sociedad de matriz colonial como la ecuatoriana, la cultura aparece como sinónimo de civilización, decencia y buenas costumbres frente a la barbarie de indios, negros, cholos, vendedores ambulantes, etc. La cultura es utilizada como un mecanismo de diferenciación social" (Allán, 2010: 120).

El mismo autor cita el testimonio de uno de los dirigentes de los vendedores informarles, al referirse al trato que reciben del director del Departamento de Aseo y Mercados del Municipio de Guayaquil: "Nos tilda como delincuentes, cloacas, somos lo último, somos una peste que hay que eliminar, hay bastante racismo, para él somos longos, somos indios, somos montubios, somos negros, y nos grita ¡hijos de puta, váyanse a su tierra!" (Allán 2010: 121).

La lucha de las organizaciones indígenas por lograr la ciudadanía étnica

A pesar de todo el despliegue que supuso el proceso de regeneración urbana, el pueblo kichwa puruway ha sabido llevar adelante su incorporación a la ciudad de manera digna y persistente. Quisiera detenerme en tres hechos que sustentan actualmente su identidad y participación ciudadana. La conformación del Movimiento Indígena Kichwa de la Costa MOPKICE, la creación de las escuelas bilingües interculturales y el establecimiento de la fiscalía indígena.[9]

El proceso de migración del pueblo kichwa puruway, iniciado a mediados del siglo pasado hacia la ciudad de Guayaquil, dejó de ser temporal y se volvió definitivo en la década de los ochenta. Las nuevas generaciones de indígenas nacidas en la ciudad se consideran guayaquileños sin desconocer su origen andino (Cliche y García 1994). Luego del reconocimiento de los derechos colectivos de las nacionalidades y pueblos indígenas y afroecuatoriano por parte de la Constitución de 1998, las organizaciones indígenas de Guayaquil convocaron a un congreso el 18 y 19 de agosto de 2003 con el fin de reconocerse como pueblo kichwa de la Costa. En esa ocasión decidieron auto definirse como "los hijos de los indígenas kichwas que viven en la Costa, hayan nacido o nacieren en la Costa ecuatoriana".[10]

Otra conclusión del mencionado congreso fue la formación del Movimiento Indígena Kichwa de la Costa, como filial de la Confederación de Nacionalidades Indígenas del Ecuador (CONAIE), una de las organizaciones indígenas nacionales. Se trata de:

---

9 Estos tres factores no hubieran sido posible si la situación económica de los puruway de Guayaquil no hubiera mejorado.

10 Disponible en <http://deikcyg-eib.blogspot.com/p/historia.html> acceso 20 de julio de 2017.

Una organización clasista dedicada a fortalecer, rescatar y estar en defensa de la identidad de los indígenas Kichwas (lengua, vestimenta, la cosmovisión, los principios éticos, organizativos), que lamentablemente el ambiente hostil de racismo, sectarismo de la región ha obligado a que se acoplen a la realidad, y tomen la identidad que no les corresponde, fomentando la aculturalización.[11]

El MOPKICE ha llevado adelante acciones vinculadas con la organización, capacitación y defensa de los derechos colectivos de sus organizaciones filiales. Lucha que no ha sido solamente contra los atropellos racistas y regionalistas por parte de las autoridades del gobierno nacional y local, sino también contra las omisiones de las autoridades indígenas nacionales, que en la mayoría de casos desconocen la realidad que viven los indígenas urbanos.

Antes de la constitución del MOPKICE, una acción prioritaria de muchas organizaciones indígenas fue el acceso de la educación bilingüe e intercultural para los niños y niñas kichwa puruway. La primera iniciativa surgió en 1998, por parte de la Asociación de Profesionales Organizaciones y Estudiantes Indígenas del Litoral (APOEIL), liderada por el abogado Pedro Chango, creándose el Centro Educativo Comunitario Intercultural Bilingüe Belén, frente al antiguo mercado sur (actual Malecón 2000), con acuerdo ministerial Número 082, dirigido por el profesor José Bagua Mendoza.

A esta primera escuela le siguieron otras ubicadas en diferentes barrios de la ciudad, los Centros Educativos Comunitarios Interculturales Bilingües Santiago de Guayaquil en Bastión Popular, dirigido por el profesor José Manuel Ilvis Vacacela, y el Atahualpa, en la ciudadela Brisas del Estero, del cantón Durán, dirigido por el profesor Francisco Valente.

Igualmente se unieron a este esfuerzo en el año 2000, el Centro Educativo Comunitario Intercultural Bilingüe Manantial de Vida, en la ciudadela los Piñuelos, del cantón Samborondón, dirigido por el pastor evangélico José Evas Guamán. Este centro fue auspiciado por la Asociación de Comerciantes Minoristas y la Iglesia Evangélica Kichwa Bethel. En septiembre del 2003, se creó el Centro Educativo Comunitario Intercultural Bilingüe Sultana de los Andes, proceso que fue liderado por Miguel Guacho, en la parroquia Tarqui de la ciudad de Guayaquil. Finalmente, también en septiembre de 2003 se inició el Centro Educativo Comunitario Intercultural Bilingüe Cintaguzo, en la parroquia Sucre, de la ciudad de Guayaquil.

---

11   Disponible en <http://deikcyg-eib.blogspot.com/p/historia.html> acceso 20 de julio de 2017.

Los seis centros educativos lograron, en enero del 2003, la creación de la Coordinación Provincial de Educación Intercultural Bilingüe de la Nacionalidad Kichwa de la provincia del Guayas, la cual se transformó en noviembre del mismo año en la Dirección de Educación Intercultural Kichwa de la Costa y Galápagos (DEIKCYG), con sede en la ciudad de Guayaquil. Logrando de esta manera garantizar a los niños y niñas indígenas una educación bilingüe kichwa-castellano, con la participación de maestros y maestras kichwa puruway. Como se puede apreciar las iniciativas educativas no surgieron del Estado nacional ni del gobierno local, sino de las organizaciones de base indígenas tanto religiosas como barriales.

En noviembre del año 2007, la Fiscalía General de la Nación en convenio con el Consejo de Desarrollo de las Nacionalidades y Pueblos del Ecuador (CODENPE), acordaron la creación de once fiscalías de asuntos indígenas al interior del sistema judicial ecuatoriano. Su función es la de colaborar con las fiscalías territoriales en cualquier aspecto específico que deba realizarse durante la investigación de delitos en los que intervenga un ciudadano o ciudadana indígena. El propósito es ofrecer a los ciudadanos indígenas un servicio en su lengua natal. Se tramitan todo tipo de delitos que se dan dentro de las comunidades, pueblos y nacionalidades indígenas.[12]

Una de las once fiscalías creadas fue la de la provincia del Guayas, con sede en la ciudad de Guayaquil. El primer fiscal indígena nombrado para ejercer sus funciones fue el abogado Pedro Chango Viñán, en el período comprendido entre agosto de 2008 y febrero de 2014. Chango, que era funcionario del Servicios Bancarios Nacionales del Banco Central, fue en calidad de comisión de servicios a ocupar este cargo. Además, era un dirigente reconocido del MOPKICE y de algunas de sus organizaciones afiliadas. El actual fiscal es el abogado Juan Guamán Sagñay.

De acuerdo al informe rendido por el fiscal Chango al término de su período los resultados fueron los siguientes:

Desde 2008 hasta 2013 la justicia indígena, amparada en el artículo 171 de la Constitución de Ecuador, procesó un promedio de 32 casos mensuales en la provincia del Guayas. 108 denuncias fueron judicializadas en el primer año, 289 en 2009, 303 en 2010, 323 en 2011, 522 en 2012 y 384 en 2013. Los afectados expusieron sus querellas

---

12 Estas fiscalías fueron consideradas por la CONAIE como una forma de intromisión de la justicia ordinaria en la justicia indígena, según ella, no pueden de ninguna manera reemplazar a las autoridades indígenas que administran su propia justicia. En muchas ocasiones la CONAIE ha pedido su disolución.

a quienes actúan como jueces, es decir, dirigentes de cooperativas de viviendas, asociaciones de comerciantes, iglesias evangélicas y autoridades del Movimiento Indígena Kichwa de la Costa (MOPKICE), para que restablezcan el orden.

Pedro Chango, quien hasta el 1 de febrero actuó en calidad de fiscal indígena, explicó que las denuncias generalmente respondían a infracciones como deudas, robo, infidelidades y violencia intrafamiliar. Chango informó que, como todo proceso, una vez efectuada la declaración pública de las víctimas, iniciaba la indagación previa, luego se llamaba a audiencia y señalaba la sentencia. Sobre la resolución de los litigios, detalló que se aplicaron medidas conciliatorias y que las sanciones se centraron en el trabajo comunitario, pero también hubo multas, devoluciones de objetos robados e indemnizaciones. (El Telégrafo, 2014)[13]

Si se observa el comportamiento de la fiscalía de asuntos indígenas de la ciudad de Guayaquil con respecto al resto, se pueden obtener conclusiones que la hacen peculiar. La primera es que por iniciativa del fiscal Chango decidió resolver conflictos suscitados entre indígenas de la ciudad de Guayaquil, a pesar de que la función de estas fiscalías se debía activar cuando un indígena sometía su denuncia en la justicia ordinaria.

La segunda conclusión es que debido a la ausencia de las autoridades indígenas comunitarias en la ciudad el fiscal enviaba la resolución de conflictos a los dirigentes de cooperativas de viviendas, asociaciones de comerciantes, iglesias evangélicas y autoridades del Movimiento Indígena Kichwa de la Costa (MOPKICE), con lo cual consolidaba la competencia de los mismos y evitaba, de esa manera, que los kichwa puruway lleven sus problemas al sistema de justicia ordinaria, donde generalmente eran maltratados, discriminados racialmente e incomprendidos al no hablar la lengua kichwa sus operadores.

Las aseveraciones anteriores tienen el aval del informe que realizó la Veeduría Internacional sobre la Reforma a la Función Judicial del Ecuador, coordinada por el ex juez español Baltazar Garzón, en el año 2012, cuando visitó la fiscalía de asuntos indígenas de Guayaquil:

La resolución en la justicia indígena no es individual sino colectiva, en la justicia ordinaria una de las partes es el perdedor. Cita un ejemplo en los delitos de robo, aunque no hay documentos, en el mundo indígena no prescribe la acción, la única manera de resolver es pagando,

---

13   Disponible en <http://www.eltelegrafo.com.ec/noticias/judicial/13/justicia-indigena-tramita-1-929-casos-en-guayas> acceso 20 de julio de 2017.

mientras que en la justicia ordinaria existe un responsable por lo tanto este es juzgado. Con respecto a su competencia, cuando existe un problema entre dos indígenas, conoce la causa, si una de las fiscalías y comisarías emite competencia, debe ser automáticamente remitido de acuerdo a la constitución y el Código Orgánico de la Función Judicial.

Solicita respeto por parte de los operadores de justicia con respecto a la justicia indígena, ya que sufren de un complejo de superioridad y no quieren aceptar a la justicia indígena como tal, si el fiscal indígena quiere resolver un caso para ellos eso es inaudito, por lo que surge el problema de que cada vez existe menos entrada en la justicia ordinaria. Existe racismo y regionalismo.[14]

A manera de cierre de este acápite, las acciones organizativas, educativas y de justicia que han llevado adelante las organizaciones de los kichwa puruway de la ciudad de Guayaquil, han permitido no solo luchar contra el racismo y la discriminación propio de las urbes latinoamericanas, sino también han servido para posicionarlos como un colectivo diverso en el marco de una ciudad intercultural, lo que les ha permitido afirmar tanto su identidad propia como realizar un verdadero ejercicio de ciudadanía étnica.

Conclusiones

A continuación, desarrollaré algunas reflexiones a manera de conclusión. En Guayaquil hay una estrecha coincidencia entre los procesos de asentamiento territorial y la segmentación residencial socio-racial que afectan negativamente a los kichwa puruway. La segmentación socio racial y territorial de la que son víctimas se comprueba empíricamente, pero también es corroborada por los datos estadísticos. Estas zonas son las más pobres, vulnerables y menos atendidas por el Estado nacional y por el gobierno local. Una verificación interesante es que, si no se reducen las desigualdades, se hace difícil discutir las diferencias, por lo que es indispensable plantear en forma conjunta las políticas de la diferencia y las políticas de la desigualdad.

El modelo de apropiación territorial kichwa puruway, descansa en una matriz geográfica que combina la exclusión social con la exclusión racial y cuyo resultado es la negación ciudadana. Para comprender bien

---

14 Disponible en <http://www.cpccs.gob.ec/wp-content/uploads/2016/04/28-3.pdf> acceso 20 de julio de 2017.

lo que pasa con ellos, es necesario precisar la lógica de la segmentación socio racial y espacial. Esta no puede ser interpretada solamente desde una dimensión presente del racismo estructural y de la discriminación institucional. Más bien, obedece a procesos históricos de cómo se formó la sociedad guayaquileña, la misma que desde la colonia relegó a las poblaciones no blancas a los extremos sociales y espaciales de menor oportunidad. Así, el modelo de ciudadanía urbana se tejió en medio de imaginarios oligárquicos y blanco-mestizos, que se apoderaron de los centros de poder y generaron allí una arquitectura simbólica que solo representaba a una élite o clase económicamente consolidada y "blanqueada".

Otro elemento de la lógica de la segmentación socio-racial y espacial en la que se encuentran los kichwa puruway tiene que ver con explicaciones que no solo obedecen a lógicas racistas. La segmentación también es resultado de la negación de oportunidades residenciales que brinda la ciudad a los migrantes o personas no aceptadas dentro del patrón estándar de la guayaquileñidad. Como se explicó Guayaquil soportó distintas oleadas migratorias, las cuales crecieron con mucha fuerza desde la segunda mitad del siglo pasado. Estas oleadas han tenido comportamientos heterogéneos, fines diferentes y orígenes geográficos y sociales diversos. En el caso que nos ocupa este factor de migración con intereses particulares marcó la pauta de asentamiento o apropiación territorial en la ciudad.

A pesar de lo anterior, es importante mencionar que el proceso de apropiación laboral de los kichwa puruway observado en la ciudad, muestra una serie de políticas de la diferencia desarrollado por sus organizaciones y dirigentes. La más visible consiste en haberse posicionado como abastecedores de productos básicos de la ciudad, esto es, asegurar el acceso a estos bienes a través del control de su introducción y venta a los mercados de la ciudad. Este hecho aparentemente invisibilizado, ha permitido que muchos miembros del pueblo kichwa puruway acumulen suficiente capital económico que inclusive permitiría hablar del inicio de una burguesía indígena todavía en ciernes.

Este hecho inédito dentro del país solo es comparable con el caso del pueblo kichwa Otavalo,[15] que a través de la acumulación económica proveniente de la producción de textiles, ha podido consolidar a un grupo de élite como burguesía indígena que controla el poder económico de la ciudad de Otavalo y, hasta hace poco, el poder político local.

---

15   Ver Colloredo-Mansfeld (1999; 2009), y Wibbelsman (2004).

Además del recurso económico mencionado, las acciones vinculadas con el mantenimiento de formas propias de organización social, de educación bilingüe intercultural y de aplicación de justicia indígena, también han contribuido a la vigencia de sus derechos fundamentales como pueblo, como es el derecho a la identidad cultural, a la educación y a la justicia propia, que de alguna manera afirman su calidad de ciudadanos étnicos. Hago alusión al planteamiento de Said (1990) sobre la acción perversa de la pobreza como destructora de las identidades colectivas, que de alguna manera ha sido puesto en cuestión por la realidad que viven los kichwa puruway actuales.

Para finalizar menciono un elemento importante: el referido a la ausencia dentro del gobierno de la ciudad de políticas de la diferencia, dirigidas hacia el pueblo indígena del que forma parte. En este sentido, las prácticas más bien han sido represivas y de control del orden público, y el gobierno del partido Social Cristiano y del movimiento Madera de Guerrero no ha sido capaz de generar espacios de poder en los cuales la diversidad étnica y cultural se manifieste, me refiero tanto al pueblo indígena como al pueblo afroguayaquileño, que no cuentan ni con departamentos dentro de la estructura municipal dedicados a ellos como tampoco con políticas públicas que los beneficien.[16]

Bibliografía

Allán, H. 2010 "Regeneración urbana y exclusión social en la ciudad de Guayaquil", Tesis de Maestría (Ecuador: FLACSO).

Arias, A. 1985 "Los flujos migratorios en Guayaquil 1964-1972" en *Ecuador Debate* (Ecuador) Nº 8.

Cliche, P.; García, F. 1994 *Escuela e Indianidad en las Urbes Ecuatorianas* (Quito: Abya-Yala).

Colloredo-Mansfeld, R. 1999 *The native leisure class. Consumption and cultural creativity in the Andes* (Chicago: The University of Chicago Press).

Colloredo-Mansfeld, R. 2009 *Fighting like a community. Andean civil society in an era of indian uprisings* (Chicago: The University of Chicago Press).

García, F. 2013 "Geografía de la exclusión y negación ciudadana: el pueblo afrodescendiente de la ciudad de Guayaquil, Ecuador" en Grimson, A.; Bidaseca, K. (coords.) *Hegemonía Cultural y Políticas de la Diferencia* (Buenos Aires: CLACSO).

Garzón, B. 2012 *Veeduría Internacional sobre la Reforma a la Función Judicial del Ecuador* (Quito: Consejo de Participación Ciudadana y Control Social y Ministerio de Justicia y Derechos Humanos).

---

16   Distinto es el caso del Municipio del Distrito Metropolitano de Quito, que cuenta con una Secretaria de Inclusión Social, y el Municipio de Otavalo que ha reconocido a Cabildos Urbanos Indígenas.

Said, E. 1990 *Orientalismo* (Madrid: Libertarias).

Urrea, F.; Barbary, O. (eds.) 2004 *Gente negra en Colombia* (Medellín: Lealón; Universidad del Valle; BID).

Villavicencio, G. *et al.* 1989 *El mercado del suelo urbano y barrios populares en Guayaquil* (Guayaquil: CERG; CIUDAD; IDRC).

Wibbelsman, M. 2004 *Rimarishpa Kausanchir: dialogical encounters: festive ritual practices and the making of the otavalan moral and mythic community* (Urbana, Illinois: University of Illinois at Urbana, Champaing).

Yépez, M. N. 2014 "Migración interna y reestructuración de la organización social indígena. Caso Colta Guayaquil", Tesis de maestría (Ecuador: FLACSO).

www.ingramcontent.com/pod-product-compliance
Lightning Source LLC
Chambersburg PA
CBHW020522270326
41927CB00006B/414